U0941485

中国文库
史　学　类

国故论衡疏证

（上）

章太炎　撰　庞　俊　郭诚永　疏证

中国出版集团
中華書局

图书在版编目(CIP)数据

国故论衡疏证/章太炎撰;庞俊,郭诚永疏证. - 北京:中华书局,2011.9
(中国文库)
ISBN 978 - 7 - 101 - 07922 - 7

Ⅰ.①国… Ⅱ.①章…②庞…③郭… Ⅲ.①国学 - 研究 - 中国 - 近代 Ⅳ.①Z126.275②B259.21

中国版本图书馆 CIP 数据核字(2011)第 054820 号

责任编辑:洪 涛
责任校对:孙迎丰
整体设计:翁 涌 李 梅
责任印制:王铁生

国故论衡疏证
Guogu Lunheng Shuzheng
章太炎 撰 庞 俊 郭诚永 疏证

中華書局 出版
http://www.zhbc.com.cn
E - mail:zhbc@zhbc.com.cn
北京市丰台区太平桥西里 38 号 邮编:100073
北京瑞古冠中印刷厂印刷 新华书店经销
2011 年 9 月第 1 版 2011 年 9 月第 1 次印刷
开本:880 毫米×1230 毫米 1/32 印张:26.625
字数:396 千字 印数:1 - 4500
ISBN 978 - 7 - 101 - 07922 - 7
定价:60.00 元(全二册)

“中国文库”出版前言

“中国文库”主要收选20世纪以来我国出版的哲学社会科学研究、文学艺术创作、科学文化普及等方面的优秀著作。这些著作，对我国百余年来的政治、经济、文化和社会的发展产生过重大积极的影响，至今仍具有重要价值，是中国读者必读、必备的经典性、工具性名著。

大凡名著，均是每一时代震撼智慧的学论、启迪民智的典籍、打动心灵的作品，是时代和民族文化的瑰宝，均应功在当时、利在千秋、传之久远。“中国文库”收集百余年来的名著分类出版，便是以新世纪的历史视野和现实视角，对20世纪出版业绩的宏观回顾，对未来出版事业的积极开拓，为中国先进文化的建设，为实现中华民族伟大复兴做出贡献。

大凡名著，总是生命不老，且历久弥新、常温常新的好书。中国人有“万卷藏书宜子弟”的优良传统，更有当前建设学习型社会的时代要求，中华大地读书热潮空前高涨。“中国文库”选辑名著奉献广大读者，便是以新世纪出版人的社会责任心和历史使命感，帮助更多读者坐拥百城，与睿智的专家学者对话，以此获得丰富学养，实现人的全面发展。

为此，我们坚持以邓小平理论和“三个代表”重要思想为指导，深入贯彻落实科学发展观，坚持贯彻“百花齐放、百家争鸣”的方针，坚持按照“贴近实际、贴近生活、贴近群众”的要求，以登高望远、海纳百川的广阔视野，披沙拣金、露钞雪纂的刻苦精神，精益求精、探赜索隐的严谨态度，投入到这项规模宏大的出版工作中来。

“中国文库”所收书籍分列于6个类别，即：(1)哲学社会科学类

（哲学社会科学各门类学术著作）；(2)史学类（通史及专史）；(3)文学类（文学作品及文学理论著作）；(4)艺术类（艺术作品及艺术理论著作）；(5)科技文化类（科技史、科技人物传记、科普读物等）；(6)综合·普及类（教育、大众文化、少儿读物和工具书等）。计划出版约1000种，分辑出版。自2004年以来，已先后出版四辑，每辑约100种，分精平装两类。2011年时值辛亥革命100周年，特将“中国文库”第五辑作为“纪念辛亥革命100周年”特辑推出，主要收选民国时期原创性人文社科类名著。

“中国文库”所收书籍，有少量品种因技术原因需要重新排版，版式有所调整，大多数品种则保留了原有版式。一套文库，千种书籍，庄谐雅俗有异，版式整齐划一未必合适。况且，版式设计也是书籍形态的审美对象之一，读者在摄取知识、欣赏作品的同时，还能看到各个出版机构不同时期版式设计的风格特色，也是留给读者们的一点乐趣。

“中国文库”由中国出版集团发起并组织实施。收选书目以中国出版集团所属出版机构出版的书籍为基础，并邀约其他数十家出版机构参与，共襄盛举。书目由“中国文库”编辑委员会审定，中国出版集团与各有关出版机构按照集约化的原则集中出版经营。编辑委员会特别邀请了我国出版界德高望重的老专家、领导同志担任顾问，以确保我们的事业继往开来，高质量地进行下去。

“中国文库”，顾名思义，所收书籍应当是能够代表中国出版业水平的精品。我们希望将所有可以代表中国出版业水平的精品尽收其中，但这需要全国出版业同行们的鼎立支持和编辑委员会自身的努力。这是中国出版人的一项共同事业。我们相信，只要我们志存高远且持之以恒，这项事业就一定能持续地进行下去，并将不断地发扬光大。

“中国文库”编辑委员会

"中国文库·第五辑"
编辑委员会

中国文库

（第五辑）

【哲学社科类】

孙中山著作选编　　陈铮选编 ………………………… 中华书局
黄兴集　　湖南省社会科学院编 ……………………… 中华书局
宋教仁集　　陈旭麓主编 ……………………………… 中华书局
廖仲恺集　　广东省社会科学院历史研究所编 ………… 中华书局
朱执信集　　广东省哲学社会科学研究所历史研究室编 … 中华书局
中国政治思想史　　陶希圣著 ……………… 中国大百科全书出版社
民国政制史　　钱端升等著 ………………… 上海人民出版社
民国政党史　　谢彬撰　章伯锋整理 ………………… 中华书局
经学历史　　皮锡瑞著　周予同注释 ………………… 中华书局
清代学术概论　　梁启超著　朱维铮校订 …………… 中华书局
新唯识论　　熊十力著 ……………………… 上海书店出版社
逻辑　　金岳霖著 ………………………… 中国人民大学出版社
科学与玄学　　罗家伦著 ………………………… 商务印书馆
中国古代经济史稿　　李剑农著 ……………… 武汉大学出版社
中国近代经济史　　汪敬虞主编 ……………………… 人民出版社
中国交通史　　白寿彝著 …………………………… 团结出版社
中国经济原论　　王亚南著 ……………… 中国大百科全书出版社
中国经济思想史　　唐庆增著 ……………………… 商务印书馆
财政学　　何廉、李锐著 …………………………… 商务印书馆
货币与银行　　杨端六著 ……………………… 武汉大学出版社
刑法学　　蔡枢衡著 ………………………… 中国民主法制出版社
乡土中国　　费孝通著 ……………………………… 人民出版社
文化人类学　　林惠祥著 …………………………… 商务印书馆
优生概论　　潘光旦著 ………………………… 北京大学出版社
西洋文化史纲要
　　雷海宗撰　王敦书整理导读 ………………… 上海古籍出版社
西学东渐记　　容闳著　徐凤石　恽铁樵等译
　　钟叔河导读、标点 ……………… 生活·读书·新知三联书店
中国现代语法　　王力著 …………………………… 商务印书馆
语言学史概要　　岑麟祥编著　岑运强评注 …… 世界图书出版公司

蔡元培教育论著选　　高平叔编 …………………… 人民教育出版社
陶行知教育论著选　　董宝良主编 ………………… 人民教育出版社
中国报学史　　戈公振著 ……………… 生活·读书·新知三联书店
陆费逵文选　　陆费逵著 …………………………………… 中华书局
张元济论出版　　张元济著　张人凤　宋丽荣选编 …… 商务印书馆
韬奋文录新编　　邹韬奋著 …………… 生活·读书·新知三联书店

【史学类】

国故论衡　　章太炎撰　庞俊　郭诚永疏证 ……………… 中华书局
国史大纲　　钱穆著 ………………………………………… 商务印书馆
通史新义　　何炳松著 ……………………………………… 商务印书馆
台湾通史　　连横著 ………………… 生活·读书·新知三联书店
武昌革命史　　曹亚伯著 ……………………… 中国大百科全书出版社
辛亥革命与袁世凯　　黎澍著 ………………… 中国大百科全书出版社
北洋军阀史　　来新夏等著 …………………………… 东方出版中心
中国国民党史稿　　邹鲁编著 ………………………… 东方出版中心
中华民国外交史　　张忠绂编著 ………………………… 华文出版社
西洋史　　陈衡哲著 ……………………… 中国大百科全书出版社
欧化东渐史　　张星烺著 ……………………………… 商务印书馆
清末立宪史　　高放著 ………………………………… 华文出版社

【文学类】

秋瑾诗文选注　　郭延礼　郭蓁编选 ……………… 人民文学出版社
邹容集　　张梅编注 ……………………………… 人民文学出版社
陈天华集　　刘晴波　彭国兴编　饶怀民补订 …… 湖南人民出版社
于右任诗词选　　杨中州选注 ……………………… 河南文艺出版社
南社诗选　　林东海　宋红选注 …………………… 人民文学出版社
鸳鸯蝴蝶派作品选　　范伯群编选 ………………… 人民文学出版社
文学研究会小说选　　李葆琰编选 ………………… 人民文学出版社
创造社作品选　　刘纳编选 ………………………… 人民文学出版社
太阳社小说选　　李松睿　吴晓东编选 …………… 人民文学出版社
湖畔派诗选　　刘纳编选 …………………………… 人民文学出版社
浅草－沉钟社作品选　　张铁荣编选 ……………… 人民文学出版社
《语丝》作品选　　张梁编选 ……………………… 人民文学出版社
未名社作品选　　黄开发编选 ……………………… 人民文学出版社
新月派诗选　蓝棣之编选 ………………………… 人民文学出版社

象征派诗选　孙玉石编选 …………………… 人民文学出版社
新感觉派小说选　严家炎编选 ………………… 人民文学出版社
现代派诗选　蓝棣之编选 …………………… 人民文学出版社
论语派作品选　庄钟庆编选 ………………… 人民文学出版社
京派小说选　吴福辉编选 …………………… 人民文学出版社
东北作家群小说选　王培元编选 …………… 人民文学出版社
七月派作品选　吴子敏编选 ………………… 人民文学出版社
西南联大文学作品选　李光荣编选 ………… 人民文学出版社
九叶派诗选　蓝棣之编选 …………………… 人民文学出版社
荷花淀派小说选　冯健男编选 ……………… 人民文学出版社
山药蛋派作品选　高捷编选 ………………… 人民文学出版社
红楼梦辨　俞平伯著 …………………………… 商务印书馆
中国诗史　陆侃如、冯沅君著 ……………… 百花文艺出版社
中国文学发展史　刘大杰著 ………………… 复旦大学出版社

【艺术类】

万木草堂论艺　康有为著 ……………………… 荣宝斋出版社
中国绘画史　潘天寿著 …………………………… 团结出版社
中国绘画理论　傅抱石著 …………………… 江苏教育出版社
中国雕塑艺术史　王子云著 ………………… 人民美术出版社
中国陶瓷史　吴仁敬　辛安潮著 ………………… 团结出版社
中国戏剧史　徐慕云著 ………………………… 东方出版中心
洪深戏剧论文集　洪深著 ……………………… 东方出版中心
焦菊隐戏剧论文集　焦菊隐著 ………………… 华文出版社
中国古代乐论选辑　吴钊　伊鸿书　赵宽仁　古宗智
　　吉联杭编 ……………………………………… 人民音乐出版社
素月楼联语　张伯驹编著 ………………………… 华文出版社
中国书法理论体系　熊秉明著 ……………… 人民美术出版社
夏衍电影论文集　夏衍著 ……………………… 东方出版中心
银幕形象塑造　赵丹著　赵青整理 …………… 东方出版中心

【科技文化类】

自然辩证法在中国　龚育之著 ……………… 北京大学出版社
科学家谈 21 世纪　李四光等著 ………… 中国大百科全书出版社
继承与叛逆——现代科学为何出现于西方
　　陈方正著 ………………………… 生活·读书·新知三联书店

中国医学史　陈邦贤著 ………………………………… 团结出版社
化学史通考　丁绪贤著 ……………………… 中国大百科全书出版社
科学概论　王星拱著 ……………………………… 武汉大学出版社
竺可桢科普创作选集　竺可桢著 ………… 中国大百科全书出版社

【综合普及类】

书林清话　叶德辉著 ……………………………………… 华文出版社
文坛五十年　曹聚仁著 ……………… 生活·读书·新知三联书店
张菊生先生七十生日纪念论文集
　　胡适　蔡元培　王云五等编 ……………………… 商务印书馆
佛教常识问答　赵朴初著 ………………………………… 华文出版社
词心笺评　邵祖平著 ………………………………… 复旦大学出版社
西潮与新潮　蒋梦麟著 ……………………………………… 东方出版社

出版説明

章炳麟(一八六九——一九三六),初名學乘,後改名絳,字枚叔,號太炎。浙江餘杭人。近代著名學者、思想家、民主革命家。早年師從俞樾研習經史,後參加革命活動、組織光復會、參加同盟會,曾主編《民報》、《大共和日報》,並曾任孫中山總統府樞密顧問。晚年在蘇州設章氏國學講習會,以講學爲業。

章氏一生著述宏富,其中《國故論衡》是一部有關中國語言文學和哲學思想的概論性著作。該書作於辛亥革命前作者旅居日本時,一九一〇年首次出版,一九一二年由大共和日報館再版。全書分上中下三卷。上卷論中國傳統語言文字聲韻,根據聲韻轉變的規律,上探語源,下明流變。共十一篇。中卷論文學,第一次提出文學界説,認爲"有文字著於書帛"者均屬"文"的範圍;並論及歷代散文、詩賦的優劣。共七篇。下卷論諸子學説,通論諸子哲學的流變,尤重道家。共九篇。

《國故論衡》在近代學術史上具有十分重要的地位。在語言學方面,從形、音、義等各個角度展現了漢語發展的自然史過程，揭示了漢語發展演變的一系列重要規律，爲使漢語適應新的社會需要，發展爲真正統一的近代民族語言，從學術理論方面奠定了重要基礎。在文學方面，倡導廣義的"文學復古"，反對雕琢、浮華、頹敗、陳腐的舊文風，要求樹立立誠、質樸、抒情、新鮮的新文風，提倡魏晉古文及五言古詩的文學體裁。在哲學方面，貫穿諸子，縱論中國古代哲學，突破傳統子學模式，開近代哲學史研究先河，在學術史上有着較大影響。

《國故論衡》文字典雅古奥，意藴深邃，較爲難讀。龐俊和郭誠永先生的《疏證》，不僅疏通了原作的文意，而且對章氏的思想觀點亦多所闡發。龐俊（一八九五——一九六四），字石帚，四川綦江人。一九二四年後歷任成都高等師範教授、成都師範大學教授兼中文系主任、四川大學教授、華西協和大學教授兼中文系主任、光華大學教授兼中文系主任，建國後任四川大學中文系教授兼古典文學教研室主任、研究生導師。著有《養晴室筆記》等。郭誠永（一九一三——一九九八），字君恕，四川成都人，爲龐石帚的學生。任四川師範大學中文系漢語研究所教授、研究生導師。龐氏的中、下卷《疏證》從未正式出版，郭氏的上卷《疏證》更是稿本。本次合並出版,均係首次公開問世。爲體例一致,我們給中、下卷部分添加了新式標點。這對於研究中國學術史和章太炎的學術思想,以至于近代文史研究學風的轉變,無疑將有所裨益。

中華書局編輯部

二〇〇七年十二月

國故論衡疏證上卷序

誠永生十二歲，始知太炎先生。越三年，請業石室，先師龐公石帚名俊首以先生所撰《中學國文書目》相詔，且諭之曰：力學而昧徑途者，當尋繹斯目而三復之也。聞之瞿然。遂抗志奉爲自勵之經。年稍長，得諷誦《章氏叢書》，其《檢論》暨《國故論衡》兩編，尤所忻慕。後者先師既爲疏證矣，而《檢論》之注，尚猶俟之其人。因請于師，願爲通譯，慨然善之，且示方略。自爾計日程功，期以十年卒業，而憂患相襲，作輟靡常，屬比未終，大難繼作，積稿三十八帙，一旦悉見裂毁。摧傷之餘，心灰慮沮，重以學殖荒落，計將不復有爲矣。豈意遲暮，乃逢太平。轉念先師所疏，尚闕一卷，幸有餘力，當續成之。朋儕聞其志者，輒復殷勤相勖。爰重振精神，奮然命筆，寒暑再易，未敢怠荒。頃者繕寫既定，刊行有日矣，敢揭四事，敬告讀者：

一、先生之文，雄深雅健，綜其一生，約有三變。蓋嘗自道："余少已好文辭。本治小學，故慕退之造詞之則，爲文奥衍不馴。""三十四歲以後，欲以清和流美自化，讀三國兩晉文辭，以爲至美，由是體裁初變"《自述學術次弟》。比及晚年，則絢爛之極，漸趨平淡矣。今讀《檢論》，雖修訂《訄書》而成，仍有"危側趨詭"之語。"危側趨詭"者，先生自品其少壯所作也。見《致譚獻書》。《訄書》初出，人已苦"其文艱深，驟難通曉"。"即海内通識之士，且或致敬慕于章氏者，亦艱于一讀"矣。《民報》第七號載《國學講習會序》。《國故論衡》，成于中歲，行文固視《訄書》平徹朗暢。然以"綜核字句，必契古訓"，《致譚獻書》。經史百家，信手攬掇，亦非素習常文者所能盡明也。今兹疏證，于世所罕用之詞語，輒就所知，舉其來歷，通其義藴。冀幸敲破外殼，探彼内函，庶于讀者，少有裨益。

一、先生之學，閎大精深。嘗自明其所詣云："窮研六書，囊括九流，余素殫精于此。"是斯二者，尤所獨至。而于文學之業，以王闓運爲第二人，則其自居可想。《國故論衡》者，榷論小學、文學、諸子學之要略也。既自詡"此書之作，較陳蘭甫《東塾讀書記》，過之十倍"。《與龔未生書》。近人更謂：《國故論衡》乃文獻中之上品。兩千年來，精心結構，堪稱著作者，惟《文心雕龍》、《史通》、《文史通義》之屬，以及先生此書，總七八部耳。誠服之談，諒非溢美。蓋欲窺先生學術之大，舍此書末由；欲窺先生語言文字之學，亦舍此書之上卷末由也。

一、“前修未密，後出轉精”。“如謂不然，請俟來哲”。此本書開宗明義之語也。先生之講學，非惟向不自封，抑且勇于改作。《文學》、《諸子》兩卷，龐公論之既詳，不敢復贊一辭。但就上卷觀之，于古音通轉，初立交紐、隔越之律，見本書《成均圖》。嗣悟其拘虚，而易云雙聲相轉。見《文始》。于先秦聲類，初以齒頭爲正齒之變，亦見《文始》。既聞黄侃古無正齒之論，而又譽之爲一發明。《葑漢微言》。于上古文字，初謂鐘鼎有五疑，甲骨悉僞品，見本書《理惑論》。而所涉日廣，所見漸殊，晚年與金祖同書乃云：“鐘鼎可信爲古器者，什有六七。甲骨之爲物，真僞尚不可知。”視前説復大異其趣矣。若斯之儔，具見先生所務，獨在實事求是。今箋其書，自秉斯旨，或有陳獻，竊比壤流，于所未詳，蓋闕如也。

一、《叢書》初録，原具句讀，或謂弗雅，乃盡去之。斯後生之所苦，每敝精于點勘。職是之由，敢爲妄補。符號則“問”、“歎”酌采，“省略”悉捐，庶幾視之清明、誦之調達云爾。

兩年劬苦，轉益康彊，投筆而興，百體從令。念我生之寡樂，惟兹業其足歆。儻辱方聞君子，匡其戾而拾其遺，俾無大悖先生立言之奥，故當振董再拜以謝之矣。

公元一九八四年秋九月，成都郭誠永序。

國故論衡疏證目録

上　卷

中　卷

國故論衡疏證上之一

成都郭誠永學

小學略説

公元一九〇六年(清光緒三十二年),《民報》在日本東京成立國學講習會,請章氏臨席宣講,有《論語言文字之學》一題。首云:"今日諸君欲知國學,則不得不先知語言文字。此語言文字之學,古稱小學。蓋古者八歲入小學,教之識字。其書與今《千字文》相類。周有《史籀篇》,秦有《倉頡篇》,漢有《凡將篇》、《滂喜篇》、《急就篇》。大抵非以四字爲句,即以七字爲句,取其便于誦習,故以小學爲名(誠按:《説文叙》云:"《周禮》,八歲入小學。"段《注》:"《大戴禮·保傅篇》曰:'古者年八歲而出就外舍,學小藝焉,履小節焉。'盧景宣注曰:'外舍,小學,謂虎門師保之學也。'按《食貨志》曰:'八歲入小學,學六甲、五方書計之事。'《白虎通》曰〔誠按:見《辟雍篇》〕:'八歲毁齒,始有識知,入學學書計。'許亦曰'《周禮》八歲入小學',皆是汎言教法,非專指王太子。《周禮》無'八歲入小學'之文,因《保氏》併系之《周禮》。"段又云:《内則》言"十年學書詁"者,"所傳不同也")。雖然,自許叔重創作《説文解字》,專以字形爲主,而音韵屬焉。前乎此者則有《爾雅》、《小爾雅》、《方言》,後乎此者則有《釋名》、《廣雅》,皆以訓詁爲主,而與字形無涉。《釋名》專以聲音爲訓,其他則否。又自李登作《聲類》,韋昭、孫炎作反切,至陸法言,乃有《切韵》之作,凡分二百六韵(誠按:據宋跋本王仁昫《刊謬補闕切韵》及其小注,知陸氏分韵,原爲一百九十又三。章氏未見此書,故云然)。今之《廣韵》,即就《切韵》增潤者。此皆以音爲主,而訓詁屬焉。其於字形,略不一道。合此三種,乃成語言文字之學。此非兒童占畢所能盡者,然猶名爲小學,則以襲用古稱,便于指示,其實當名語言文字之學,方爲確切。"其言云云,前賢所未嘗道,而本書上卷,亦猶沿襲舊稱焉(章氏此説,日本秀光社先印之,又連載于上海出版之《國粹學報》丙午年第十二號及第十三號)。

《地官·保氏》:教國子以六藝、曰禮、樂、射、御、書、數。《周禮·地官·保氏》:"掌諫王惡而養國子以道,乃教之六藝,一曰五禮,二曰六樂,三曰五射,四曰五馭,五曰六書,六曰九數。"《漢書·禮樂志上》:"國子者,卿大夫之子弟也。"**《七略》列書名之守于小學。**《漢書·劉歆傳》:"復領校五經,卒父前業。歆乃集六藝羣書,種别爲《七略》,語在《藝文志》。"《藝文志》曰:"至成帝時,以書頗散亡,使謁者陳農求遺書於天下。詔光禄大夫劉向校經傳諸子詩賦，步兵校尉任宏校兵書，太史令尹咸校數術，侍醫李柱國校方技。每一書已，向輒條其篇目，撮其指意，録而奏之。會向卒，哀帝復使向子侍中、奉車都尉歆卒父業，歆於是總羣書而奏其《七略》。故有《輯略》，有《六藝略》，有《諸子略》，有《詩賦略》，有《兵書略》，有《術數略》，有《方技略》。"誠按：《七略》雖佚，而班固撰《藝文志》，於圖書分類，仍依劉氏之舊，故據《漢志》猶可見其梗概也。清馬國翰、姚振宗等皆有《七略》輯本，章氏亦有《七略别録佚文徵》一卷（已編入《章太炎全集》第一卷），又有《徵七略》一文（見《檢論》卷二）。章氏云："以其父子同業，不可割異，故仍題《七略别録》。"書名者，許慎《説文序》云："著於竹帛謂之書。書者如也。"段玉裁《注》："謂如其事物之狀也。"誠按：《周禮・外史》："掌達書名于四方。"鄭玄注："古曰名，今曰字。"《儀禮・聘禮記》："百名以上書于册，不及百名書于方。"鄭《注》："名，書文也，今謂之字。"守者，《説文》："守，守官也，从宀，从寸，从宀，寺府之事也，从寸，法度也（依段氏訂）。"《孟子・公孫丑下》："有官守者，不得其職則去。"按：《漢書・藝文志・六藝略》序六藝爲九種，其九曰小學，著録《史籀篇》以下至杜林《蒼頡故》，凡十家、四十五篇。此亦當本《七略》。所謂列書名之守于小學也。**《律曆志》曰："數者，一十百千萬也。其法在算術，宣于天下，小學是則。**《漢書・律曆志》："自伏戲畫八卦，由數起，至黄帝、堯、舜而大備。數者，一十百千萬也。紀於一，協於十，長於百，大於千，衍於萬。其法在算術、宣於天下，小學是則。”王先謙《補注》引葉德輝曰：“人幼而習之，通算法也。”**此則書數並稱，而禮樂射御闕焉。**《七略》僅言書，《律曆志》僅舉數，皆不道禮樂射御之事。**蓋六藝者，習之不一時，行之不一歲。**此謂學習與實行六藝，不在同時或同年。**射御非兒童所任。**任謂勝任。**六樂之舞：**《周禮·春官·大司樂》：“以樂舞教國子，舞《雲門》、《大卷》、《大咸》、《大磬》、《大夏》、《大濩》、《大武》。”鄭《注》：“此周所存六代之樂。”又《地官·保氏》：“教之六藝，三曰六樂。”鄭據《大司樂》文釋之，無“大卷”二字。“磬”作“韶”。**十三始舞《勺》，**《禮記·内則篇》：“十有三年，學《樂》、誦《詩》、舞《勺》。”**成童舞《象》，**《禮記·内則篇》：“成童舞《象》，學射御。”鄭《注》：“先學《勺》，後學《象》，文武之次也。成童，十五以上。”孔《疏》：“舞《象》，謂舞《武》也。熊氏云：‘謂用干戈之小舞也。以其年尚幼，故習文武之小舞也。’”**二十而舞《大夏》。**《禮記·内則篇》：“二十而冠，始學禮，可以衣裘帛，舞《大夏》。”鄭《注》：“《大夏》，樂之文武備者也。”**禮亦準是。**此謂學禮亦如學樂，有先後之次也。**獨書數不出刀筆口耳，**原注：按古多用籌算，筆算乃始梵僧，事見《開元占經》。而後漢徐岳《數術記遺》已云“了知算首唯秉五，腹背兩兼”，甄鸞《注》曰：“了算之法，一位爲一了字。其了有三曲，其下股之末，内主一，外主九，下次第一曲，内主二，外主八，當第二曲，内主三，外主七，其第三曲，内主四，外主六，當了字之首則主五。”此亦筆算之術。岳時雖已見梵書，而以一了字兼晐九數，與彼土九字各有符號者不同，則僞中土舊筆算術也。上推史趙，以亥有二首六身計日，是亦已用筆算矣。要之，書數皆刀筆之事，書兼聲韵，亦在口耳。○刀筆，見《史記・酷吏傳》。《傳》云："臨江王欲得刀筆，爲書謝上，而〔郅〕都禁吏不予。"籌者，《説文》"壺矢也"。《儀禮・鄉射禮》"箭籌八十"，鄭注："籌，算也。"《漢書・五行志》下之上："籌，所以紀數。"《開元占經》，唐瞿曇悉達撰，凡一百二十卷。其卷一百○四，《九執曆法》，梵天所造。所載算字法用一、二、三、四、五、六、七、八、九凡九字乘除。"其字皆一舉札而成，凡數至十，進入前位，每空位處，恒安一點，有間咸記，無由輒錯，運算便眼邇須先及歷度。"《數術記遺》，託名徐岳，《津逮祕書》有其書，戴震嘗校之。史趙説見《左氏・襄三十年傳》。《傳》云："史趙曰：'亥有二首六身，下二如身，是其日數也。'"誠按：後人説此句者，或據小篆形體，或就金文結構，加以解析，皆未必確。史趙殆就晉國當時寫法言之耳。獨書數句，謂識字與計數二者，所用工具，不外刀與筆爾，而書兼字音，又資口耳也。**長幼宜之。**此謂學習書數非同學習禮樂之以年齡爲條件也。**《説文叙》曰："保氏教國子，先以六書。"明節次最初也。**節謂時節，次謂次第。《左氏・僖十二年傳》："若節春秋，來承王命。"杜《注》："節，時也。"**其與九數容得並習，**《周禮・地官・保氏》"教之六藝，六曰九數"，《注》引鄭司農云："九數：方田、粟米、差分、少廣、商功、均輸、方程、贏不足、旁要。"賈公彦《疏》："九數者，方田已下，皆依《九章算術》而言。今按,《九章算術》中,差分作衰分,無旁要而有句股。"孫詒讓《周禮正義》云:"差分即衰分,旁要即句股,古今異名耳。"**故劉歆言小學,獨舉書數。**章氏《七略别録佚文徵序》:"自班氏爲《十志》,多本子駿,其法式具在。"又云:"班氏爲《藝文志》,删要備篇。"誠按:《七略》列書名之守於小學,《律曆志》以數爲小學所則,並見上文。《後漢書·律曆志》云:"元始中,博徵通知鍾律者,考其意義,羲和劉歆典領條奏,《前史》班固取以爲志。"**若夫理財正辭,**《周易·繫辭下傳》:"理財正辭,禁民爲非曰義。"《左氏·桓六年傳》:"祝史正辭,信也。"蔡邕《郭有道碑》亦有"直道正辭"之語。《左傳》杜《注》:"正辭,不虚稱君美。"**百官以治,萬民以察,**《繫辭下傳》又云:"上古結繩而治,後世聖人易之以書契,百官以治,萬民以察,蓋取諸夬。"**莫大乎文字。**《易·繫辭上傳》:"縣象著明,莫大乎日月。"**自李斯、蕭何以降,小學專任八體久矣。**《説文叙》云:"至孔子書《六經》,左丘明述《春秋傳》,皆以古文,厥意可得而説。其後諸侯力政,不統於王,惡禮樂之害己,而皆去其典籍,分爲七國,田疇異畝,車涂異軌,律令異灋,衣冠異制,言語異聲,文字異形。秦始皇帝初兼天下,丞相李斯乃奏同之,罷其不與秦文合者。斯作《倉頡篇》,中車府令趙高作《爰歷篇》,大史令胡毋敬作《博學篇》,皆取史籀大篆或頗省改,所謂小篆者也。"徐鍇《説文通釋》引蕭子良曰:"署書、漢高六年,蕭何所定,以題蒼龍白虎二闕。"羊欣云:"蕭何覃思累月,然後題之。"八體者,《説文叙》云:"自爾秦書有八體：一曰大篆，二曰小篆，三曰刻符，四曰蟲書，五曰摹印，六曰署書，七曰殳書，八曰隸書。”**《世本》言蒼頡作書，**《漢書·藝文志》有《世本》十五篇。《史記集解序》《索隱》引劉向曰：“《世本》，古史官明於古事者所記，録黄帝以來帝王諸侯及卿大夫系謚名號。”誠按：原書久佚，清孫馮冀、雷學淇、張澍、秦嘉謨各有輯本。此引見《尚書》僞孔《序疏》及《廣韵》。**司馬遷、班固、韋誕、宋忠、傅玄皆云蒼頡爲黄帝史官，**原注：《説文叙》亦同此説。○《説文叙》：“黄帝之史倉頡，見鳥獸蹏迒之迹，知分理之可相别異也，初造書契。”**崔瑗、曹植、蔡邕、索靖以爲古之王者。張揖言蒼頡爲帝王，生於禪通之紀。揖所説蓋本慎到曰“蒼頡在庖犧前”，其時代無以明焉。**原注：皆見《書正義》引。○自“《世本》言”至“慎到曰”皆孔穎達《尚書》僞孔《序正義》所引。禪通者，《廣雅·釋天》：“天地辟設，人皇以來至魯哀公十有四年，積二百七十六萬歲，分爲十紀，曰九頭、五龍、攝提、合雒、連通、序命、循蜚、因提、禪通、疏訖。”司馬貞《補三皇紀》引《春秋緯説》同。誠按：世傳《慎子》乃漢以後僞託。**《説文叙》曰：“蒼頡之初作書，蓋依類象形，故謂之文，**類謂物類，即各類客觀事物。《説文》：“文，逪（交錯）畫（猶今言線條）也。”段《注》：“这逪（交錯）其畫而物象在是。”又云：“依類象形，謂指事、象形二者也。”**其後形聲相益，即謂之字。**段《注》：“形聲相益、謂形聲、會意二者也。有形則必有聲，聲與形相軵（輔）爲形聲。形與形相軵爲會意。”**文者物象之**

本，此六字大小徐均無之。段氏據《左氏·宣十五年傳正義》補。物象之本，謂物有本然之象，文如之也。**字者言孳乳而寖多也。"**段《注》："孳者，汲汲生也；人及鳥生子曰乳。寖，猶漸也。字者，乳也。"今按字皆合體，合二者其常也，從而益之，至合七而止，則其變也。《説文》所録九千餘字中，象形、指事二書，僅三百餘字，會意則一千二百餘字，其餘皆形聲矣。**鄭康成注《禮》曰："古曰名，今曰字。"**《周禮·外史》、《儀禮·聘禮記》鄭《注》皆云然，已見上。《論語·子路篇》《注》亦同。**尋討舊籍，書契稱字，慮非始於李斯。**此蓋駁段玉裁之説。段氏《説文叙注》云："六經未有言字者，秦刻石'同書文字'，此言字之始也。"書契者，《尚書》僞《孔序》云："古者伏羲氏之王天下也，始畫八卦、造書契，以代結繩之政，由是文籍生焉。"陸德明《釋文》："書者、文字；契者，刻木而書其側。"慮者，《漢書·賈誼傳》"慮亡不帝制而天子自爲者"，顔《注》："慮，大計也。"誠按：單言曰慮，複言則曰亡(無)慮(《漢書·趙充國傳》)，皆總計之詞也。《周語注》："尋，討也。"《説文》："討，治也。"**何者，人生幼而有名，冠爲之字。**《禮記·曲禮上》："人生十年曰幼，學；二十曰弱，冠。"又云："男子二十冠而字，女子許嫁笄而字。"《檀弓上》："幼名冠字。"**名字者，一言之殊號。名不可二，孳乳寖多謂之字，足明周世有其稱矣。**觀上引《曲禮》、《檀弓》之文可見。

六書之次：六書之分名，始見東漢，説之者有班固、鄭衆、許慎三家，但稱號及次第各不相同。班氏所定者爲象形、象事、象意、象聲、轉注、假借（見《漢書·藝文志》）。鄭衆所定者爲象形、會意、轉注、處事、假借、諧聲（見《周禮·地官·保氏注》）。許慎所定，如下文所引，爲指事、象形、形聲、會意、轉注、假借（見《説文叙》）。按文字發展順序言之，則班説爲是；以名實相符衡之，則許説爲優。迄於近世，更有新六書説，發自錢玄同、黎錦熙二氏。黎氏《中國文字之太極圖辯證式的歷史進展》云："舊時所謂六書，今當定一新説，一曰指事，二曰象形，此爲單體的圖象文字。三曰會意，此爲合體的圖象文字。皆離音而製形，故這三書可統於象形。四曰假借，此爲純音標文字。五曰轉注，六曰形聲，此爲半音標文字，皆準音以定形，故這三書可統於假借。假借者，假借字形以表語音也。析之則六，統之則二，曰象形，曰假借而已。"誠按：舊六書説所以説明文字之分類及其界義；新六書説則以説明文字製造之先後次第，二者各有側重，未宜以此廢彼。惟新舊兩説並當以象形居首耳。至唐蘭氏又倡爲三書之論，謂文字但有形符、意符與音符，即象形、象意、象聲三者而已（見《古文字學導論》）。治古文字者多韙之。《説文叙》曰：**"一曰指事。指事者，視而可識，察而見意，上下是也。**王筠《説文釋例》："視而可識，指字形言；察而見意，指字義言。"**二曰象形。象形者，畫成其物，隨體詰詘，日月是也。**段《注》："詰詘，猶今言屈曲。"誠按：體者，客觀事物之形體也。**三曰形聲。形聲者，以事爲名，取譬相**

成，江河是也。段《注》："以事爲名，謂半義也；取譬相成，謂半聲也。江、河二字以水爲名，譬其聲如工、可，因取工、可之聲而成其名。"其别於指事、象形者，指事、象形獨體，形聲合體。**四曰會意。會意者，比類合誼，以見指撝，武信是也。**段《注》："誼者，人所宜也。先鄭《周禮注》曰：'今人用義，古書用誼。'誼者本字，義者假借字。指撝，與指麾同，謂所指向也。比合人言之誼，可以見必是信字；比合戈止之誼，可以見必是武字。是會意也。"誠按：據甲骨文：武字从戈从止，乃征伐用武之意。止戈爲武者，後起義也。**五曰轉注。轉注者，建類一首，同意相受，考老是也。**許氏釋轉注，語不清明，後世論者，異説紛紛，綜而言之，約有六派：或主形轉，如唐之裴務齊（見《切韵序》）；或主音轉，如宋之張有（見《復古編》）；或主義轉，如清之戴震（見《答江慎修論小學書》）及段玉裁（見《説文注》）；或兼重形義，如明之趙宧光（見《説文長箋》）；或兼重音義，如章氏之《轉注假借説》；或形音義並重，如清之曹仁虎（見《轉注古義考》）。凡此異説，曹氏爲長。惟轉注之字，不必局於同部，其形義相近或相通之部，亦有轉注之例。而曹氏以爲既曰建類一首，則必其字部之相同，斯與江聲（見《六書説》）同其蔽矣。**六曰假借。假借者，本無其字，依聲託事，令長是也。"**孫詒讓《與王子壯論假借書》："天下之事無窮，造字之初，苟無假借一例，則逐事而爲之字，而字有不可勝造之數，此必窮之數也，故依聲而託以事焉。視之不必是其字，而言之則其聲也。聞之足以相喻，用之可以不盡。是假借可救造字之窮而通其變。"**世稱異域之文諧聲，中國之文象形，**《後漢書·班超傳》："嘗輟業執筆歎曰：'大丈夫無它志略，猶當效傅介子、張騫，立功異域。'"**此徒明其大校，**大校，猶言大率、大計。《荀子·王霸篇》"故憂患不可勝校也"，楊《注》："校，計也。"**非復刻定之論。**《荀子·王制篇》"夫是之謂定論"，楊《注》："定論，不易之論。"《廣雅·釋詁》："刻，畫也。"**徵尋外紀，**《史記·貨殖傳索隱》："徵者，求也。"宋劉恕撰《通鑑外紀》，此用其名而轉指外國歷史。**專任象形者，有西南天教之國。**天教，當即祆教，舊稱波斯教，流行於古代波斯，中亞等地區。**會意一例，域外所無。**《史記·鄒陽傳》："馳域外之議。"章氏所云，乃指外國。**至於計數之文，始一終九，自印度、羅甸、亞羅比耶，皆爲指事。**羅甸，當即拉丁。亞羅比耶，即阿拉伯。**轉注、假借爲文字繁省之例，語言變異之端，**章氏以爲轉注所以恣文字之孳乳，故曰繁。又謂假借所以節文字之孳乳，故曰省。詳後《轉注假借說》。**雖域外不得闕也。**原注：假借非謂同音通用，見《轉注假借說》。**六書所以首指事者，固由夷夏所同，引以居首。**章氏篤信許書，以指事爲六書之首，且謂中外所同，一家之言云爾，此不具論。夷夏，謂外族與中國。《孟子·滕文公上篇》"吾聞用夏變夷者，未聞變於夷者也"。**若其常行之字，中土不可一用并音，亦誠有以。**《後漢書·西域傳論》:"其國則殷乎中土。"并音,今作拼音。一者,《晉語》"勠力一心",韋《注》:"一,同也。"《吕氏春秋·情欲篇》"欲之若一",高《注》:"一,等也。"有以,猶言有故。《詩·邶風·旄丘篇》:"何其久也,必有以也。"又《老子》二十章:"衆人皆有以。"**蓋自軒轅以來,**《史記·五帝本紀》始於黄帝。《紀》云:"黄帝者、少典之子、姓公孫、名曰軒轅。"《集解》引皇甫謐云:"黄帝生於壽丘,長於姬水,因以爲姓,居軒轅之丘,因以爲名,又以爲號。"誠按:古代學者公認黄帝爲華族之始祖。**經略萬里,**《左氏·昭七年傳》"天子經略",杜《注》:"經營天下,略有四海。"《小爾雅·廣詁》:"略,界也。"**其音不得不有楚夏,**楚喻方音,夏指通語。《荀子·儒效篇》:"君子居楚而楚,居越而越,居夏而夏,是非天性也,積靡使然也。"**并音之用,衹局一方,**《説文》:"局,促也。"**若令地望相越,**地望,猶言地界。《吕氏春秋·下賢篇》"神覆宇宙而無望",高《注》:"無望,無界畔也。"司馬相如《喻巴蜀檄》:"人之度量相越,豈不遠哉。"《左氏·襄十四年傳》"聞君不撫社稷而越在他竟(境)",杜《注》:"越,遠也。"**音讀雖明,語則難曉。**《方言》:"曉,明也。楚謂之黨,或曰曉。"**今以六書爲貫,字各歸部,**貫謂條貫。**雖北極漁陽,**秦置漁陽郡,治所在今北京市密雲縣西南。極者,《詩·大雅·崧高篇》"駿極於天",毛《傳》:"極,至也。"**南暨儋耳,**漢元鼎六年,置儋耳郡,今海南省儋縣。暨者,《小爾雅·廣言》:"暨,及也。"**吐言難諭,而按字可知,此其所以便也。**《説文》:"吐,寫也。"

《廣雅·釋言》:“論,曉也。”**海西諸國**,海西本指大秦(羅馬帝國),見《史記·大宛列傳》安息《注》引《魏略》,此則泛指西洋各國。**土本陿小**,《漢書·景帝紀》“郡國或磽陿”,顔《注》:“陿,謂褊隘也。”**尋響相投**,《楚辭·大招》“投詩賦只”,王《注》:“投,合也。”《後漢書·楊震傳注》引《春秋演孔圖》宋《注》:“投,應也。”**媮用并音**,《漢書·路温舒傳》“媮爲一切”,顔《注》:“媮,苟且也。”**宜無疐礙**。《説文》:“疐,礙不行也。”**至於印度,地大物博**,印度面積約二百九十七萬餘平方公里。礦藏有煤、鐵、錳、雲母、鉻、金、鋁土、菱鎂、重晶石、鈦等;農作物有稻米、小麥、棉花、黄麻、甘蔗、花生、茶葉之屬。**略與諸夏等夷**,《論語·八佾篇》:“夷狄之有君,不如諸夏之亡也。”《集解》引包《注》:“諸夏,中國。亡,無也。”等夷,謂彼此地位相等。《史記·留侯世家》“今諸將皆陛下故等夷”,《集解》引徐廣曰:“夷,猶儕也。”如淳曰:“等夷,言等輩。”**言語分爲七十餘種**,印度語言複雜,其共同交際語爲印地語。其他屬於印歐語系者,有興都斯坦語,馬拉地語,孟加拉語,奥里亞語,阿薩姆語等;屬於達羅毗荼語系者,有泰盧固語,泰米爾語,坎納達語等。至梵語則早消亡,今僅婆羅門教徒仍用作宗教語言耳。**出疆數武**,《孟子·滕文公下篇》:“出疆必載質。”《國語·周語》下“夫目之察度也,不過步武尺寸之閒”,韋《注》:“六尺爲步。賈君以半步爲武。”**則筆札不通**。筆札猶言文書。《漢書·游俠·樓護傳》:“與谷永俱爲五侯上客。長安號曰‘谷子雲筆札,樓君卿脣舌。’”**梵文**

廢閣，梵文，印度之古文字。閣者，《説文》："閣，所以止扉也。"引申之，凡止而不行皆曰閣。此義後作"擱"。**未逾千祀**，《爾雅·釋天》："載，歲也。夏曰歲，商曰祀，周曰年，唐虞曰載。"**隨俗學人，多莫能曉**，《史記·李斯列傳·諫逐客書》："阿縞之衣，錦繡之飾，不進於前，而隨俗雅化，佳冶窈窕趙女不立於側也。"《索隱》："謂閑雅變化而能通俗也。"**所以古史荒昧**，《説文》："荒，蕪也。"《禮記·曲禮上》孔《疏》："荒，廢穢也。"《淮南子·原道訓》"神非其所宜而行之則昧"，高《注》："昧，不明也。"**都邑殊風**，《吕氏春秋·貴因篇》："舜一徙成邑，再徙成都，三徙成國。"司馬遷《報任安書》："傳之其人，通邑大都。"**此則并音宜於小國，非大邦便俗之器明矣**。章氏在此，止云拼音非大邦便俗之器，固非絶對之論。《太炎文録·初編·别録》卷二《論漢字統一會》云："彼欲用羅甸字母以切音者，辨聲有法，猶有規則可求，不至散無友紀。"其意甚明，當通觀之。**漢字自古籀以下**，古即古文，籀即籀文。《説文》所録古文，當從王國維説，乃指六國文字。《觀堂集林》七《説文所謂古文説》云："許叔重《説文解字叙》言古文者凡十，皆指漢時所存先秦文字言之（中畧）。漢代鼎彝，所出無多，《説文》古文又自成一系，與殷周古文，截然有别。其全書中正字及重文中之古文，當無出壁中書及《春秋左氏傳》以外者。即有數字不見於今經文，亦當在逸經中。或因古今經字有異同之故。"籀文，傳爲周宣王時太史籀所作，實乃春秋戰國間通行於秦之文字。羅振玉《殷商貞卜文字考》謂:"《史籀》一篇亦猶《蒼頡》、《爰歷》、《凡將》、《急就》等篇,取當世用字,編纂章句,以便誦習耳。"**改易殊體,**《説文叙》"以迄五帝三王之世,改易殊體",段《注》:"其間文字之體,更改非一,不可枚舉。"**六籍雖遥,文猶可讀。**《文選》班固《東都賦》"蓋六籍所不能談,前聖靡得言焉",李善《注》:"六籍,六經也。"

古字或以音通借,隨世相沿,王引之《經義述聞·通説》:"許氏《説文》論六書假借曰:'本無其字,依聲託事,令長是也。'蓋無本字而後假借他字,此謂造作文字之始也。至於經典古字,聲近而通,則有不限於無字之假借者。往往本字見存,而古本則不用本字而用同聲之字。學者改本字讀之,則怡然理順;依借字解之,則以文害辭。是以漢世經師作注,有讀爲之例,有當作之條,皆由聲同聲近者,以意逆之而得其本字。所謂好學深思,心知其意也。"**今之聲韵,漸多譌變,**《方言》三:"譌,化也。"郭《注》:"譌、化,聲之轉也。"**由是董理小學,**《説文序》云:"庶有達者,理而董之。"段《注》:"理,猶治也;董,督也,正也。"**以韵學爲候人。**《國語·周語中》:"敵國(位敵也)賓至,關尹以告,行理(小行人)以節逆之(執瑞節爲信而迎之),候人爲導。"韋《注》:"導賓至於朝,出送之於境也。"**譬猶旌旃辨色,**《説文》:"旌,游車載旌,析羽注旄首,所以精進士卒。"朱駿聲曰:"虞制但以氂牛尾注竿首,周復析五采羽注其上。"旃者,《説文》云:"旗曲柄也,所以旃表士衆。"又《爾雅·釋天》:"因章曰旃。"郭《注》:"以帛練爲旒，因其文章，不復畫之。《周禮》云：'通帛爲旃。'"**鉦鐃習聲**，《説文》："鉦，鐃也，似鈴、柄中，上下通。""鐃，小鉦也。"段《注》："鉦鐃一物，而鐃較小，渾言不别，析言則有辨也。"**耳目之治，未有不相資者焉**。此言文字之學，既須以目辨其形體，又當用耳審其聲韵，二者相因爲用，乃能有成。**言形體者始《説文》**，東漢許慎撰《説文解字》十四篇，自《序》云："此十四篇，五百四十部也，九千三百五十三文，重一千一百六十三（今本多於此數），解説凡十三萬三千四百四十一字（今本少於此數）。其建首也，立一爲耑。方以類聚，物以羣分。同條牽屬，共理相貫。雜而不越，據形系聯。引而申之，以究萬原。畢終於亥，知化窮冥。"誠按：許書所列，小篆爲主，今之治古文字（甲骨金文）者，莫不據爲梯航焉。**言故訓者始《爾雅》**，《爾雅》作者，舊説皆不可信，大抵漢初學者綴輯舊文，遞相增益而成。全書分十九篇：始於《釋詁》，終於《釋畜》。郭璞《爾雅注序》云："夫《爾雅》者，所以通訓詁之指歸，叙詩人之興詠，揔絶代之離詞，辯同實而殊號者也。誠九流之津涉，六藝之鈐鍵，學覽者之潭奥，摛翰者之華苑也。若乃可以博物不惑，多識於鳥獸草木之名者，莫近於《爾雅》。"誠按：郭氏數語，足盡《爾雅》之用矣。**言音韵者始《聲類》**，三國魏李登撰《聲類》，《隋志》著録十卷，其書久佚。唐封演《聞見記》卷二云："魏時有李登者，撰《聲類》十卷，凡一萬一千五百二十字，以五聲命字，不立諸部。"此其體製之可考見者。**三者偏廢，則小學失官**。《左氏·昭十七年傳》:"吾聞之,天子失官,學在四夷,猶信。"杜《注》:"失官,官不脩其職也。"**自《聲類》而下者,卷軸散亡,今所難理。**李登以後,晉吕静有《韵集》,六朝李概有《韵譜》,陽休之有《韵略》,夏侯詠有《四聲韵略》,杜臺卿有《韵略》,以及其他,近二十種,並已散亡。至隋而有陸法言之《切韵》,唐代則孫愐撰《唐韵》,李舟撰《切韵》,亦久失傳。陸、孫兩家之作,猶有殘卷。李書則但能從徐鉉改定《説文解字篆韵譜》中窺見一二而已。卷軸者,古代以軸卷舒之帛書或紙書。《南齊書·陸澄傳》:"然見卷軸,未必多僕。"**後出之書,獨有《廣韵》,**《廣韵》爲北宋陳彭年等奉詔重修,就陸氏《切韵》加字加注,並略增訂其部目,故以"廣"爲名。全書收字凡二萬六千一百九十又四。潘耒《重刊古本廣韵序》云:"古音之條理猶可考見者,獨賴此書之存。"其信然也。**則其粲然者矣。**《荀子·非相篇》"欲觀聖王之迹,則於其粲然者矣",楊《注》:"粲然,明白之貌。"**《廣韵》者,今韵之宗,**前代學人習稱隋唐宋之音爲今音,章氏亦然。《廣韵》爲研求漢語中古音之首要依據,故云。**其以推迹古音,猶從部次。**推迹猶言考求。按清代學者考訂古音,自顧炎武以下,莫不據《廣韵》爲古韵分部之樞紐。江永《古韵標準·例言》云:"古韵既無書,不得不借今韵離合以求古音。今韵有隋唐相傳二百六部之韵,有宋末劉淵合併一百七部之韵。夫音韵精微,所差在豪釐間,即此二百六部者。吾尚欲條分縷析,以别音呼等第,以尋支派脈絡,況又以併韵混而一之,宜乎不得要領,而迷眩於

《真》、《文》、《元》、《寒》、《删》、《先》之通轉,《質》、《物》、《月》、《曷》、《黠》、《屑》之通轉也。顧氏書悉用《唐韻》,最爲有見,今本之。”**上考《經典釋文》及《一切經音義》,**《經典釋文》三十卷,唐陸德明撰。所釋者自《易》、《書》、《詩》等十二經外,兼及《老》《莊》二子。全書以注音爲主,並有釋義與校勘。《一切經音義》有二種:玄應撰者,二十五卷;慧琳撰者,凡一百卷。並爲解釋佛經音義而作。**舊音絶響,多在其中。**《經典釋文·條例》云:“徐仙民反易爲神石,郭景純反餤爲羽鹽,劉昌宗用承音乘,許叔重讀皿爲猛,若斯之儔,今亦存之音内,既不敢遺舊,且欲俟之來哲。”此陸氏保存舊音之例也。而玄應、慧琳兩家所引古佚書、古韻書、古字書之屬,其中音讀,多已失傳,此所謂絶響也。**顧炎武爲《唐韻正》,始分十部。**顧氏著《音學五書》,《唐韻正》其一也。其《古音表》變更《唐韻》之舊次,分古韻爲十部。但各部無建首字,僅以序數標目,曰:《東》、《冬》、《鍾》、《江》第一,《支》、《脂》、《之》、《微》、《齊》、《佳》、《皆》、《灰》、《咍》第二,《魚》、《虞》、《模》、《侯》第三,《真》、《諄》、《臻》、《文》、《殷》、《元》、《魂》、《痕》、《寒》、《桓》、《删》、《山》、《先》、《仙》第四,《蕭》、《宵》、《肴》、《豪》、《幽》第五,《歌》、《戈》、《麻》第六,《陽》、《唐》第七,《耕》、《清》、《青》第八,《蒸》、《登》第九,《侵》、《覃》、《談》、《鹽》、《添》、《咸》、《銜》、《嚴》、《凡》第十。**江永《古韻標準》分十三部。**江氏古韻分部,亦無建首字,仍以序數標目。《古韻標準·例言》云:“顧氏分十部,今何以平上去皆十三部也？第四部爲《真》、《文》、《魂》一類，第五部爲《元》、《寒》、《仙》一類，顧氏合爲一也。第六部爲《蕭》、《肴》、《豪》分出一支，不與《尤》、《侯》通，第十一部爲《尤》、《侯》一類，當分《蕭》、《肴》、《豪》之一支，不與第六部通，而顧氏亦合而爲一也。第十二、十三、自《侵》至《凡》九韵，當分兩部，而顧氏又合爲一也。"**段玉裁《六書音均表》分十七部。**段氏以爲江氏所分，較諸顧氏益密，而仍於《三百篇》有未合者。又改定二百六部爲十七部。各部仍無建首字。段從江氏第二部分出《脂》、《之》兩部，使《支》、《脂》、《之》截然分立。從江氏第四部分出《諄》、《文》、《欣》、《魂》、《痕》，使《真》、《文》各自爲部。從江氏第十一部分出《侯》部，使《侯》、《幽》不相雜厠。凡多於江氏者四部，故爲十七。**孔廣森《詩聲類》分十八部。**孔氏十八部中，陽韵九部曰《原》、《丁》、《辰》、《陽》、《東》、《冬》、《綅》、《蒸》、《談》。陰韵九部曰《歌》、《支》、《脂》、《魚》、《侯》、《幽》、《宵》、《之》、《合》。陰陽兩兩相配，形成齊整之局。其異於段氏者，分段之第九部爲《東》、《冬》兩部，從段氏第八部中分出《合》部，而又合段之十二(《真》)、十三(《文》)兩部爲一部，(《辰》類)故爲十八。**王念孫分二十一部。**王氏分部，見《與李方伯書》(《經義述聞》卷三十一)。除《緝》、《盍》兩部獨立，再從段氏之十五部分出《祭》、《至》兩部，故爲二十一。王氏晚年，又主《東》《冬》分立，則當爲二十二部。**大氏前修未密，後出轉精，**《漢書・食貨志》"天下大氏無慮皆鑄金錢矣"，顔《注》："氏，讀曰抵。抵，歸也。大歸，猶言大凡也。”又《司馬遷傳·報任安書》云：“《詩三百篇》，大氐聖賢發憤之所爲作也。”“氐”，《史記·太史公自序》作“抵”。前修者，《離騷》“謇吾法夫前脩兮，非世俗之所服”，王《注》：“前修，謂前代修習道德之人。”**發明對轉，孔氏爲勝**。孔氏《詩聲類序》：“竊嘗基於《唐韵》，階於漢魏，躋稽於二《雅》三《頌》十五國之《風》而繹之，而審之，而條分之，而類聚之，久而得之，有本韵，有通韵，有轉韵。通韵聚爲十二，取其收聲之大同。本韵分爲十八，乃又剖析於斂、侈、清、濁，豪釐繊眇之際。爲陽聲者九，陰聲者九。此九部者，各以陰陽相配而可以對轉。”嚴式誨《重刻詩聲類序》：“陰陽對轉之律，剖析益精，條理益密。自昔學者，每遇陰陽交紐，輒目爲叶韵，宏通如段氏，亦僅斥言異部合韵，而未區其畛域。自是書出，鄉所視爲干越夷貉扞格不相入者，今則巠派流輸，同爲族類，雖審音之神瞽，何以尚兹。段式稱其精心神解，諒非過情之譽已。”**若其悛次五音**，悛次，猶言序列。《左氏·哀三年傳》：“蒙葺公屋，自大廟始，外内以悛。”杜《注》：“悛，次也。先尊後卑，以次救之。”五音者，《玉篇》前有《五音聲論》，《廣韵》末有《辨字五音法》，以五音類别聲母，此爲最早。五音，謂脣、舌、齒、牙、喉也。**本之反語**，反語之興，頗多異説，詳後《音理論》篇疏證。**孫炎、韋昭，財有魄兆**。孫炎，三國魏人，著《爾雅音義》，以反切注音，例見《音理論疏證》。韋昭，三國吳人，注音亦用反切，如《尚書·牧誓篇》《釋文》引韋氏《辯釋名》云：“車，古皆尺遮反，從漢始有音居。”即其例。

財，借爲纔。《漢書·李陵傳》"初，上遣貳師大軍出，財令陵爲助兵"，顏《注》："財與纔同，謂淺也，僅也，史傳通用字。"魄兆者，《國語·晉語》"公子重耳其入乎，其魄兆於民矣"，韋《注》："魄，形也；兆，見也。"**舊云雙聲**，《南史·謝莊傳》："王玄謨問謝莊：何謂雙聲疊韵，答曰：'玄護爲雙聲，璈碻爲疊韵'。"**《唐韵》云紐**，孫愐《唐韵序》："紐其脣、齒、喉、牙部，仵而次之。"**晚世謂之字母**。唐末沙門守温，始立字母之名。**三十六母雖依擬梵書**，守温據梵藏體文，擬定三十字母，宋人復增益爲三十六母。誠按：三十六字母當是唐末迄於宋初之實際聲母系統，觀宋人所補益之《非》、《敷》、《奉》、《微》、《娘》、《牀》六母，正説明此際漢語聲母有所分化與發展也。**要以中夏爲準**。中夏，猶言中國。班固《東都賦》："目中夏而布德。"誠按：漢語字母之興，雖受梵文字母之啓發，然其取捨之間，必令符我本然，斯殆無可疑者。**顧氏稽古有餘，審音或滯**。稽古，猶言考古。《尚書·堯典篇》："曰若稽古帝堯。"滯者，《説文》："滯，凝也。"《周禮·廛人》"凡珍異之有滯者"，鄭《注》："滯，讀如沈滯之滯。"江永《古韵標準·例言》："細考《音學五書》，亦多滲漏。蓋過信古人韵緩不煩改字之説，於天田等字皆無音。《古音表》分十部，離合處尚有未精。其分配入聲多未當。此亦考古之功多，審音之功淺，每與東原歎息之。"**江氏復過信字母，奉若科律**。科律猶言法律。《太玄》《從》"從水之科滿"，又《玄攡》"三儀同科"，《注》並云："科，法也。"江永《音學辨微》三《辨字母》云：

“自孫炎撰《爾雅音義》,反切之學,行於南北,已寓三十六母之理。傳字母者爲之比類詮次,標出三十六字,爲反切之總持。不可增,不可減,不可移動。學者既識四聲,即當精研字母,不但爲切字之本原,凡五方之音,孰正孰否,皆能辨之。”**段、孔以降,含隱不言。**含隱,謂蓄而不露。吾友趙克剛氏近撰《段玉裁對上古聲母系統的研究》一文,知段氏於古聲紐自有一家之旨,但未專門立説耳。**獨錢大昕差次古今,**《漢書·高后紀》“今欲差次列侯功,以定朝位”;顔《注》:“以功之高下爲先後之次。”**以舌上輕唇二音,古所無有,**詳見錢氏《十駕齋養新録》卷五及《潛研堂文集》十五、《荅問》十二。**然後宫商有準,**宫商本五音之二,此則概指五音。**八風從律。**《禮記·樂記篇》“八風從律而不姦”,鄭《注》:“應節至也。”《左氏·隱五年傳》“舞所以節八音而行八風”,杜《注》:“八風,八方之風,以八音之器播八方之風。”按:章氏借此以喻各地方言自爾乃有同律可遵也。**斯則定韵莫察乎孔,**孔氏既立合部,又以歸於陰聲,則不得謂之察矣。**審紐莫辯乎錢,**錢氏古無輕唇及舌上之説,可爲定論。**雖有損益,百世可知也。**《論語·爲政篇》:“殷因於夏禮,所損益,可知也;周因於殷禮,所損益,可知也;其或繼周者,雖百世,可知也。”何晏《集解》:“其變有常,故可預知。”

段氏爲《説文注》,與桂馥、王筠並列,桂馥,著《説文義證》,王筠著《説文句讀》及《釋例》,與段氏並稱《説文》學大家。**量其殊勝,**《吕氏春秋·貴己篇》“有殊弗知慎者”,高

《注》:"殊,猶甚也。"**固非二家所逮。**段氏注《説文》,先爲長編,曰《説文解字讀》,歷二十年,然後隱括成《注》。王念孫歎爲千七百年未有之作,信非過譽。**何者,凡治小學,非專辨章形體,**辨章,猶言辨明。《尚書·堯典篇》"平章百姓",鄭作"辯章",《尚書大傳》作"辨章",《史記》作"便章"。鄭《注》:"辯,别也;章,明也。"(見《後漢書·劉愷傳注》及《史記集解》)**要於推尋故言,**《説文》:"詁,訓故言也。"段《注》:"故言者,舊言也。十口所識前言也。《毛詩》云故訓傳者,故訓猶故言也。"**得其經脈。**經脈,猶言脈絡,本醫家用語。《靈樞·本藏篇》:"經脈者,所以行血氣而營陰陽,濡筋骨、利關節者也。"**不明音韵,不知一義所由生,此段氏所以爲桀。**段氏注《説文》前,已完成古韵分部之研究而寫成《六書音均(韵)表》。其於《説文》每字之下標明古音在某部,即據此書所分十七部言之。誠按:漢字有假借(包括通借)一科,往往一字多義,倘聲韵之不明,則不知其所從來矣。桀者,《詩·衛風·伯兮篇》"邦之桀兮"、毛《傳》:"桀,特立也。"**旁有王氏《廣雅疏證》,**王念孫撰《廣雅疏證》二十卷,竭十年之力而後成之,在清代訓詁學著作中,當推第一。其《自序》云:"訓詁之旨,本於聲音,故有聲同字異,聲近義同,雖或類聚羣分,實亦同條共貫。譬如振裘必提其領,舉網必挈其綱,故曰本立而道生,知天下之至嘖而不可亂也。此之不寤,則有字别爲音,音别爲義,或望文虚造而求古義,或墨守成訓而尟會通,易簡之理既失,而大道多歧矣。今則就古音以求古義，引伸觸類，不限形體，苟可以發明前訓，斯淩雜之譏亦所不辭。”其言如此，創獲所以良多也。**郝氏《爾雅義疏》，**郝懿行撰《爾雅義疏》二十卷，宋翔鳳序之云：“唐代但用郭景純之注，而漢學不傳。至宋邢氏作《疏》，但取唐人《五經正義》綴緝而成，遂滋闕漏。乾隆間，邵二雲學士作《爾雅正義》，翟晴江進士作《爾雅補郭》，然後郭《注》未詳未聞之説，皆可疏通證明，而猶未至於旁皇周浹、窮深極遠也。迨嘉慶間，棲霞郝户部蘭皋先生之《爾雅義疏》，最後成書。其時南北學者，知求於古字古言，於是通貫融會諧聲、轉注、假借，引端竟委，觸類旁通，豁然盡見。且薈萃古今，一字之異，一義之偏，罔不搜羅。分别是非，必及根原，鮮逞胸肊。蓋此書之大成，陵唐轢宋，追秦漢而明周孔者也。”其推崇可謂至矣。**咸與段書相次。**《爾雅·釋詁》：“咸，皆也。”相次，猶言相比，相近。《文選》張衡《東京賦》“次和樹表”，薛《注》：“次，比也。”《廣雅·釋詁》三：“次，近也。”**郝於聲變，猶多億必之言。**郝氏雖主訓詁必通聲音，而又疏於聲韵之學，嘗乞陳奂審訂其稿，具見不敢自信（見陸建瀛刻《爾雅義疏》陳奂《跋》）。今觀其書，凡所謂音同、音近、音轉者，大氐皆不可信。如以“寡婦”、“嫠婦”巧合“笱”、“罶”之切音，然古音“婦”與“負”同，在《之》部，而“笱”在《侯》部，“罶”在《幽》部，部類相隔，如何合聲（此黄侃所舉，見《爾雅略説》），即其一例。億必者，《論語·子罕篇》“毋意毋必”，何晏《集解》以任意釋意，以專必釋必。又《先進篇》“億則屢中”，何以億度釋億。**段**

於雅訓，又不逮郝。宋翔鳳稱郝氏"通貫融會諧聲、轉注、假借，引端竟委，觸類旁通"（見前引）。而段氏之釋形聲字，既將形聲截然分離（見《説文敘注》），又似以聲旁皆有意義（如《説文》藁字下《注》），於轉注則主其師戴震互訓之旨（見《説文敘注》），於假借則謂必同韵部（見《六書音均表》），且與引申同異不清（《説文注》中常見之）。凡此諸義，或失專斷，或病繳繞。以之爲則，故訓焉得不淩亂耶？雅訓者，《漢書·敘傳》下"函雅故，通古今"，《注》引張晏曰："包含雅訓之故及古今之語。"**文理密察，王氏爲優，**《禮記·中庸篇》："文理密察，足以有別也。"**然不推《説文》本字，是其瑕適。**章氏《小學荅問》云："近代言小學者衆矣，經典相承，多用通叚。治雅訓者徒以聲誼比類相從，不悉明其本字。段君粤通叚以㝷本字，猶未宣究。朱氏拘牽同部，晻於雙聲相耤，又不明旁轉對轉之條，𢗊有補苴，猶不免於嫥斷。"觀此可知，段玉裁、朱駿聲之考本字，章氏意尚未足，則其於王念孫之鮮所致意，自當目爲瑕適矣。瑕適者，《管子·水地篇》"夫玉瑕適皆見，精也"，尹《注》："瑕適，玉病也。"《荀子·法行篇》："夫王者瑕適並見，情也。"王念孫曰："適，讀爲讁，經傳通以適爲讁，讁亦瑕也。《老子》曰'善言無瑕讁'是也。"**若乃規摹金石，**《漢書·高帝紀》"雖日不暇給，規摹宏遠矣"，顔《注》引鄧展曰："若盡工規模物之摹。"韋昭曰："正圓之器曰規。摹者，如畫工未施采事摹之矣。"**平秩符璽，**《尚書·堯典篇》"平秩東作"，《史記》"平秩"作"便程"。《西京賦》薛《注》："程，謂課其技能也。”符璽者，符節印信之文字，秦書八體有刻符、摹印。**此自一家之業。**司馬遷《報任安書》：“通古今之變，成一家之言。”誠按：吉金之學，自宋人《考古》、《博古》兩《圖》以及薛尚功《鐘鼎彝器款識》以後，殊爲寂然。至清乾隆朝，倣《宣和博古圖》爲《西清古鑑》、《寧壽鑑古》、《西清續鑑》甲乙編諸巨著，於是海内學人，聞風而起，拓本器物，競相購求，圖摹考釋，用力甚勤，若阮元、吴榮光、吴式芬、潘祖蔭、吴大澂之輩，皆名家也（不具舉）。又摹繪石刻，清始有之。若褚峻之《金石經眼録》，黄易之《小蓬萊閣金石文字》，何澂之《漢碑篆額》、劉心源之《奇觚室樂石文述》等，皆其卓卓者（亦不具舉）。其通古今四海而總論之者，則有光緒季年葉昌熾之《語石》一編焉。至於古之兵符，皆以銅製，傳世殊少。宋人著録，僅一品耳。清代始有專門之輯，如瞿中溶之《集古虎符魚符考》，翁大年之《古兵符考略》是也（近人羅振玉、王國維兩家並有撰述，此不舉）。又搜輯古璽印之業，亦至清始盛。據羅福頤《印譜考》所列，自順治至宣統，私家著録，達百餘種，而陳介祺其尤顯者（著有《十鐘山房印舉》，世稱萬印樓）。**漢之鴻都，**《後漢書·靈帝紀》“光和元年，始置鴻都門學生”，李賢《注》：“鴻都，門名也，於内置學。時其中諸生，皆敕州郡三公舉召能爲辭賦尺牘及工書鳥篆者相課試，至千人焉。”又同書《蔡邕傳》云：“帝好學，引諸生能爲文賦者。後諸爲尺牘及工書鳥篆者，皆加引召。拜待制鴻都門下。”**鳥篆盈簡，**《後漢書·陽球傳》，奏罷鴻都門學，有“或獻賦一篇，或鳥篆盈簡”之語。鳥篆者，鳥形之古篆也。又見《晉書·索靖傳》。《藝文類聚》七十四引索靖《草書狀》云：“聖王御世，隨時之宜，倉頡既生，書契是爲，科斗鳥篆，類物象形。”誠按：鳥篆，又作鳥籀。《文心雕龍·練字篇》云：“《蒼頡》者，李斯之所輯，而鳥籀之遺體。”《説文叙》稱秦書八體，其四曰鳥蟲書。又新莽六書，其六曰鳥蟲書。云所以書幡信也。段玉裁曰：“書幡，謂書旗幟；書信，謂書符節。上文四曰蟲書，此曰鳥蟲書，謂其或像鳥，或像蟲，鳥亦稱羽蟲也。”**曾非小學之事守也。**《經傳釋詞》八：“曾，乃也，則也。”事守，猶今言主管業務。**專治許書，竄句增字，**竄句見《莊子·駢拇篇》。《釋文》引司馬，以穿鑿文句釋之。**中聲雅誥，略無旁通，**中聲，借指聲韵；雅誥，借指訓詁。《國語·周語》“古之神瞽，考中聲而量之以制”，韋昭以中和之聲釋中聲。又《荀子·勸學篇》：“詩者中聲之所止也。”《尚書·僞孔序》“雅誥奥義，其歸一揆”，孔《疏》：“雅正辭誥有深奥之義。”**若王筠所爲者，又非夫達神恉者也。**《説文叙》云：“曉學者，達神恉。”段《注》：“曉者，明之也。達，猶通也。恉者，意也。達神恉者，使學者皆通憭於文字之形之音之義也。神恉者，指事、象形、形聲、會意、轉注、叚借神妙之恉也。”誠按：王筠撰《説文句讀》，據羣籍所引許書，於叔重原文，或增字，或删改，迭見層出，以就己意，而未能按形音義三者相互求之，所以謂之不達神恉。**蓋小學者，國故之本，王教之端，**《説文叙》云“蓋文字者，經藝之本，王教之始”，段《注》：“蓋，承上啓下之辭。”

誠按：國故，謂中國固有之文化學術。王教，謂國家教育。端者，始也。**上以推校先典，下以宜民便俗，**推校，猶言考究。先典，猶言舊籍。**豈專引筆畫篆，**《釋名·釋書契》："徐引筆書之如畫者也。"《説文》："篆，引書也。"**繳繞文字而已。**繳繞猶糾纏。《史記·太史公自序》"名家苛察繳繞，使人不得反其意"，《集解》引如淳曰："繳繞，猶纏繞，不通大體也。"**苟失其原，巧僞斯甚。**《莊子·盜跖篇》："此夫魯國之巧僞人孔丘非邪？"**昔二徐初治許書，**二徐，謂徐鉉、徐鍇兄弟。鉉字鼎臣，鍇字楚金，並生於五代，卒於宋初。《説文》自經唐李陽冰竄亂，許書原貌，不可復見。宋太宗時，鉉受詔與句中正、葛湍、王惟恭等同校之（見《宋史·徐鉉傳》），而徐鍇又作《説文繫傳》四十卷（見陸游《南唐書》），學者可由此以達形聲相生、音義相轉之理（清盧文弨語）。白有二徐之校訂，而許氏之書，乃得保存，此其所以可貴也。**方在草創，**《論語·憲問篇》："裨諶草創之。"**曾未百歲，而荆舒《字説》横作，**曾，猶乃也。已見前。横作，謂任意妄作。《周禮·野廬氏》"禁野之横行徑踰者"，鄭《注》："横行，妄由田中。"《漢書·田蚡傳》《集注》："横，恣也。"荆舒，謂王安石。王氏曾封荆國公，又封舒王，因合稱之。按：王氏作《字説》，成於宋元豐三年（公元一〇八〇年），上距大徐之死（太宗淳化二年，公元九九一年），爲八十九年（大徐死於小徐後），故云曾未百歲。晁公武《郡齋讀書志》卷四："《字説》二十卷（誠按：王氏《進字説表》云"謹勒成《字説》二十四卷"，而其《熙寧字説序》則云二十卷），王安石介甫撰。蔡卞謂介甫晚年閒居金陵，以天地萬物之理著於此書，與《易》相表裏。而元祐中言者指其糅雜釋老，穿鑿破碎，聾瞽學者（誠按：與荆公並時之黄庭堅則謂此書出入百家，語簡意深），特禁絶之。”**自是小學破壞，言無典常**。按王書雖早失傳，而據葉大慶《考古質疑》、袁文《甕牖閒評》、邵博《聞見後録》、朱翌《猗覺寮雜記》等書所引，猶可窺見其概，如其解伶字云：“伶非能自樂也，非能與衆樂樂也，爲人所令而已。”解役字云：“戍則操戈，役則執殳，謂役字不必從彳，止合作役。”（見《甕牖閒評》）此類大抵昧於六書，師心自用。惟王氏亦非一意穿鑿，全無可取，以孫詒讓之謹嚴，而其所作《周禮正義》，亦頗引用王説也。典常者，《詩·周頌·我將篇》“儀式刑文王之典”，毛《傳》：“典，常也。”《周禮·太宰》“掌建邦之六典”，鄭《注》：“典，常也，經也，瀍也。”《國語·越語》“無忘國常”，韋《注》：“常，典法也。”**明末有衡陽王夫之，分文析字，略視荆舒爲愈**。《船山遺書》内，有《説文廣義》三卷。奉六書爲宗主，以廣《説文》之義，諸不見《説文》者不及之，此則有異於安石之杜撰，故云視荆舒爲愈。**晚有湘潭王闓運，亦言指事會意不關字形**。王闓運《湘綺樓文集·六書討原序》云：“余自弱冠，始比學僮，諷誦九千，察其恉誼，乃知承學之士，未達六書，以事意爲字形，誤轉注爲虚用。”**此三王者，異世同術，後雖愈前，乃其刻削文字，不求聲音**，《國策·齊策》三：“今子，東國之桃梗也，刻削子以爲人。”《韓非子·説林下篇》:"刻削之道,鼻莫如大,目莫如小。"王充《論衡·量知篇》:"夫竹木,麤苴之物也。彫琢刻削,乃成爲器用。"**譬瘖聾者之視書,**《説文》:"瘖,不能言也。""聾,無聞也。"**其揆一也。**《孟子·離婁下篇》"先聖後聖,其揆一也",趙《注》:"揆,度也。"

或言書契因於八卦,《説文叙》云:"古者庖犧氏之王天下也,仰則觀象於天,俯則觀法於地,視鳥獸之文與地之宜,近取諸身,遠取諸物,於是始作《易》八卦,以垂憲象。"自此遂成爲常見之論。唐蘭《古文字學導論》:"説到中國文字之起源,一般人就會把八卦和結繩提出來。八卦究竟起源在什麽時代,我們還不能明悉。銅器裏有刻☰形的卣(《嘯堂集古録》卅二葉),和卦象相似,或者是商代的遺物。筮字從巫,那末,《易》卦是巫的事業。巫在殷世極盛,所以我們可説:八卦是殷或殷以前遺留下來的。但八卦的起源,縱使很古,和文字却漠不相干。卦爻的本質,只是一和--,用以象徵陽和陰。至於疊三爻而成八卦,疊六爻而成六十四卦,僅是一種數術的把戲而已。至多説一和數目的一相同,而照思想産生的程序,一字決不在卦爻之後(有人以爲☵即氵(水)字,巛即☷卦字,都是附會)。"又《導論》(增訂本)云:"我以爲八卦的本身是巫術和算術混合的東西,所以筮字從巫,而筭和算實在是一個字。它的起源,雖難詳考,但既叫做《周易》,八卦的名義,就未必是周以前的舊觀。卦的基礎是爻,拿奇數的一來代表陽,偶數的--來代表陰,所以八卦的名義是隨爻的陰陽剛柔等錯綜而成。☰有剛健的意思,卜☷有柔順的意思,

《震》☳、《坎》☵、《艮》☶，均近於剛，《巽》☴、《離》☲、《兑》☱均近於柔。定八卦名義的人，實是一個巫術哲學家。他把奇偶的卦畫、看出許多抽象的意義（至於《坎》水、《離》火等説法，更是後起，《坎》、《離》何嘗不是日月呢）。這個人一定産生在哲學文學等已很發達的時代，距離創造文字的時期，至少也在千年以上了。”**水爲《坎》象，巛則《坤》圖，**《周易》《坎卦》象辭“水洊至”，《説卦》“坎者水也”，又“《坎》爲水、爲溝瀆”。唐蘭《古文字學導論》（增訂本）云：“《坎卦》作☵，和小篆的氺（原注、在偏旁裏，水有作☵形的）正同，這是許多小學家所樂於稱道的。但其他各卦，就不能這樣湊巧了。坤字在漢碑裏作川、水等形。《周易音義説》：坤本又作巛。毛居正、鄭樵就説是☷卦的直寫了。”**若爾，八卦小成，《乾》則三畫，**若爾，猶言如此。《周易·繫辭》上：“是故四營而成易，十有八變而成卦，八卦而小成。”孔《疏》：“八卦而小成者，象天、地、雷、風、日、月、山、澤，於大象略盡、是易道小成。”**何故三畫不爲天乎。**唐蘭曰：“天字草書作3，也被傅會做《乾》卦的☰了。”**又言始一終亥，**《説文》始於一部，終於亥部。**是即《歸藏》。**《周禮·春官·大卜》：“掌三《易》之灋：一曰《連山》，二曰《歸藏》，三曰《周易》。”鄭《注》：“《歸藏》者，萬物莫不歸而藏於其中。杜子春云：‘《連山》，宓戲；《歸藏》，黄帝。’”蔣元慶《説文始一終亥説》云：“洨長宗孟《易》，故《説文》自序稱《易》孟氏。許書所列五百四十部次第，始於一，終於亥，其即得諸孟喜易學之意乎。《説文》爲字書，而因字達義，以周知天下之情狀，《自序》所云萬物咸覩，靡不兼載是也。顧善究物情之變者莫如《易》。庖犧以一畫開天，天下之數起於一，字之必以一始，固《易》理也。其知許宗孟《易》者，則以許書分部，末取干支而終之以亥也。《説文》亥下云：荄也。又子下云：十一月陽氣動，萬物滋。按《漢書·儒林傳》：趙賓以《易》箕子明夷爲萬物荄滋，云受孟喜，喜爲名之。則許君荄滋之説，即采諸孟《易》，確有明徵矣。”**循是以推，韵書始於一《東》**，今所見《切韵》、《唐韵》殘卷以及《廣韵》、《集韵》諸韵書，凡韵部之排列，均以《東韵》爲首。**何知非帝出乎《震》**，《周易·説卦傳》：“帝出乎《震》，萬物出乎《震》。《震》，東方也。”孔《疏》：“康伯於此無注，然《益》卦六二‘王用亨於帝吉’，王輔嗣《注》云：‘帝者生物之主；興《益》之宗，出《震》而齊《巽》者也。’王之《注》意，正引此文，則輔嗣之意，以此帝爲天帝也。”**爲大一下行九宫之法乎。**大一，即太一，又作泰一，神之名也。《史記·封禪書》“亳人謬忌奏祠太一方曰：天神貴者太一”，《索隱》引宋均云：天一，太一，北極神之名。又《天官書》：“中宫天極星，其一明者，太一常居也。”《正義》：“泰一，天帝之别名也。劉伯莊云：‘泰一，天神之最尊貴者也。’”下行九宫者，《後漢書·張衡傳》：“臣聞聖人明審律曆以定吉凶，重之以卜筮，雜之以九宫。”李賢《注》：“《易乾鑿度》曰：‘太一取其數以行九宫’，鄭玄《注》云：‘太一者，北辰神名也。下行八卦之宫，每四、乃還於中央。中央者，地神（王先謙云：當作北辰）之所居，故名。’”**《爾雅》始於**

“初”字，《爾雅》十九章，《釋詁》第一，《釋詁》所釋，又以“初”字爲首。**初者裁衣之始**，《説文》：“初，始也。从刀，从衣，裁衣之始也。”**復可云“取諸乾坤”，“垂衣裳而天下治”邪**。《周易·繫辭下》：“黄帝、堯、舜垂衣裳而天下治，蓋取諸乾坤。”**或言文字之始，肇起結繩**，《爾雅·釋詁》：“肇，始也。”《周易·繫辭下》云：“上古結繩而治，後世聖人易之以書契。”《説文叙》云：“及神農氏，結繩爲治而統其事。”唐蘭《古文字學導論》（增訂本）云：“結繩記事，在原始部落裏很習見。不過古代中國是否有過這個時期和這種記事法，是否在文字産生以前，是無法證明的。因爲作這樣説法的，最早是《莊子·胠篋》和《繫辭》，都是戰國時書。那時人喜歡把推想中的文化演進史當做真實的歷史，庖犧、神農、燧人、有巢等，大都是那時人所擬議以代表某種文化的。所以可信的成分很少。即使古代中國有過結繩的事情，也和文字的發生没有直接關係，因爲這只是幫助記憶的符號罷了。”**一繩縈爲數形**，《詩·周南·樛木篇》“葛藟縈之”，毛《傳》：“縈，旋也。”《文選·思玄賦》“臨縈河之洋洋”，李《注》：“縈，紆也。”**一畫衍爲數字**，《周易·繫辭上》“大衍之數五十”，《釋文》引鄭《注》：“衍，演也。”誠按：鄭樵《通志》（三十五）《六書略》（第五）有《起一成文圖》，説云：“衡爲一，從爲丨（音袞），邪丨爲丿（房必切），反丿爲乀（分勿切），至乀而窮。折一爲㇆（音及），反㇆爲厂（呼旱切），轉厂爲𠃊（音隱），反𠃊爲亅（居月切），至亅而窮。折一爲㇆者，側也。有側有正，正折爲∧（即宀字，又音帝，又音入），轉∧爲∨（側加切），側∨爲く（音畎），反く爲＞（音泉），至泉而窮。一再折爲冂（五犯切），轉冂爲凵（口犯切），側凵爲匚（音方），反匚爲コ（音播），至コ而窮。引一而繞合之，方則爲口（音圍），圓則爲○（音星），至○則環轉無異勢，一之道盡矣。丶（音拄）與一偶，一能生，丶不能生，以丶不可屈曲，又不可引，引則成丨。然丶與一偶，一能生而丶不能生，天地之道，陰陽之理也。”**此又矯誣眩世，**《尚書·僞仲虺之誥篇》：“夏王有罪，矯誣上天以布命於下”，某氏《傳》：“言託天以行虐於民，乃桀之大罪。”《國語·周語》“其刑矯誣”，韋《注》：“以詐用法曰矯，加誅無辜曰誣。”眩者，《説文》：“眩，目無常主也。”《漢書·元帝紀》：“俗儒不達時宜，好是古非今，使人眩於名實。”顔《注》：“眩，亂視也。”**持論不根。**《漢書·嚴助傳》“朔皋不根持論”，顔《注》：“論議委隨，不能持正，如樹木之無根柢也。”**即如是者，**即，猶若也。詳《經傳釋詞》八。**始造一字，繼則有二，二必繼一，宜在諸文之前，何故重絫成文，不以一畫紆詘。**重絫，猶言重疊、累積。《説文》：“絫，增也。”紆詘，猶言屈曲、回旋。《説文》：“紆，詘也。”**且蒼頡造文，本象鳥獸蹏迒之迹，**《説文叙》云：“黄帝之史倉頡，見鳥獸蹏迒之迹，知分理之可相别異也，初造書契。”段《注》：“分理，猶文理。”**馬蹏而外，寧有指爪不分，獨爲一注者哉。**誠按：馬屬奇蹄類動物，第三趾發育而爲蹄，其餘四趾退化，非不分指爪也。注者，《周禮·天官·獸人》“及弊田，令禽注於虞中”，孔《疏》：“注，猶聚也。"《左氏·成六年傳》"有韎韋之跗注",孔《疏》引賈逵,以屬釋注。**若斯之徒,妄穿崖穴,務欲勝前。**《説文》:"穿,通也。"引申爲挖掘。**不悟音訓相依,妙入無閒,**無閒者,至微之處。《淮南子·原道訓》:"老聃之言曰:出於無有,入於無閒。"**先達之所未袪,當推明者尚衆。**先達,謂先我達於道者。朱暉稱張堪爲先達,見《後漢書·朱暉傳》。同書《班彪傳》上李《注》:"袪,舉也。"**何爲亢越兔蹊,**《釋名·釋道》:"鹿兔之道曰亢。行不由正,亢陌山谷草野而過也。"又云:"步所用道曰蹊。蹊,傒也。"**自絶大道。**《列子·説符篇》:"大道以多歧亡羊。"**斯所謂"攻難之士,求名而不得"者也。**《左氏·昭三十一年傳》:"或求名而不得,或欲蓋而彌章。"又云:"若艱難其身以險危大人、而有名章徹,攻難之士,將奔走之。"杜《注》:"攻,猶作也。奔走,猶赴趣也。"**大凡惑并音者,多謂形體可廢。**《荀子·大略篇》:"禮之大凡。"**廢則言語道窒,**《説文》:"窒,塞也。"**而越鄉如異國矣。**《説文》:"越,度也。"《漢書·司馬相如傳》下顔《注》引文穎説:越,踰也。**滯形體者,**滯,猶言拘守。《説文》:"滯,凝也。"《淮南子·時則訓》"流而不滯",高《注》:"滯,止也。"**又以聲音可遺,**《詩·小雅·谷風篇》"棄予如遺",鄭《箋》:"如遺者,如人行道遺忘物,忽然不省存也。"**遺則形爲糟魄,而書契與口語益離矣。**《莊子·天道篇》:"然則君之所讀者,古人之糟魄已夫。"《釋文》:"'魄',本又作

'粕'音同。"《淮南子·道應訓》"是直聖人之糟粕耳",高《注》:"糟,酒滓也。粕,已漉之精也。"

余以寡昧,《南史》齊高帝《策文》:"天贊皇宋,實啓明宰,爰登寡昧,纂承大業。"**屬兹衰亂**,屬,今言適值。《左氏·成二年傳》:"下臣不幸,屬當戎行,無所逃隱。"杜《注》:"屬,適也。"章氏著書之年,正清王朝崩潰前夕,故云屬兹衰亂。**悼古義之淪喪**,《尚書·微子篇》:"今殷其淪喪。"《説文》:"淪,没也。"**愍民言之未理**,《説文》:"愍,痛也。"《左氏·昭元年傳》《正義》引服《注》:"愍,憂也。"民言,謂民間常言。**故作《文始》以明語原**,公元一九一〇年(清宣統二年),《學林》初刊登此書,一九一三年(民國二年),手寫改定稿石印。作者以自建古音學説爲綱領,以《説文》所録獨體(包括準獨體)爲基準,説明文字繁衍、義訓牽聯之規律。其音義相讎者,謂之變易(黄侃云:變易者,形異而聲義俱通);義自音衍者,謂之孳乳(黄侃云:孳乳者,聲通而形義小變)。由是而千差萬别之詞義,枝葉扶疏之形體,乃有源頭可尋,有統紀可按,在漢語言文字學史上,實足前無古人。惟其所謂初文,僅據《説文》揭舉之獨體字,而於甲骨金文,概置弗道,是猶未能盡窺文字之本。而字源語源,或涉淆混,又未能如楊樹達之所爲,並有待於後來者之補苴也。**次《小學荅問》以見本字**,此書成於一九〇九年(清宣統元年),錢玄同手寫付刊。卷首有云:"余以鞅掌之暇,息肩小斆,諸生往往相從問字,既爲敶先正故言,亦以載籍成文鉤校枉韋,斷之己意,以明本字稽字流變之迹。其聲義相禪，别爲數文者，亦稍示略例，觀其會通；次爲《小斆荅問》。"按章氏所考，亦或失之專斷，當分别觀之。並世有劉師培，撰《古本字考》，黄侃著《求本字捷術》一文，皆樂道此事者也。**述《新方言》以一萌俗。**一，猶言齊同。《淮南子·原道篇》高《注》："一，齊也。"《國語·晉語》韋《注》："一，同也。"萌俗，猶言民俗。《文選·上林賦》李《注》引韋昭説：萌，民也。誠按：《新方言》撰於一九〇六年（清光緒三十二年），成於一九〇八年（光緒三十四年）。章氏自謂："編次《新方言》，以見古今語言雖遞相嬗代，未有不歸其宗，故今語猶古語也。《新方言》不過七八百條，展轉訪求，字當逾倍。"（《自述學術次第》）羅常培戴氏《續方言稿序》云："〔章氏〕循音變友紀，博考今言，以推迹語根，杭、程諸家（誠按：清杭世駿有《續方言》，程際盛有《續方言補正》），遠非其匹。顧凡語皆求本字，以上合於《爾雅》、《説文》，必欲今之殊言，不違姬漢，則猶未能如戴氏所謂去其穿鑿，自然符合者也。"誠按：羅説足盡是書之得失。然復有一事須贊明者，則章氏之重視方言普查也。一九〇八年六月，《民報》第二十一號曾載章氏《博徵海内方言告白》一文，略謂"前撰《新方言》一册，略得三百七十餘條，近復展轉鉤考，又發現百餘事，一人耳治，勢不能周，願海内知言之選，各舉鄉土殊言以告，上書今語，下解義訓；旁注某省某府某縣，以便訂實"云云。此在當時誠天球之音也。**簡要之義，著在茲編。**欲窺章氏語文學説之全，此卷其綱領也。**舊有論纂，**

亦或入録。《説文》:“籑,具食也。”《漢書・司馬遷傳贊》“至孔氏籑之”,顔《注》:籑與撰同。**若夫陰陽對轉,區其弇侈;**《周禮・典同》:“凡聲:侈聲筰,弇聲鬱。”鄭《注》:“侈,謂中央約也。侈則聲迫筰出去疾也。弇,謂中央寬也。弇則聲鬱勃不出也。”孫詒讓《正義》:“鍾中央約於常度,則下口銑於必外出而大,故曰侈。中央寬於常度,則下口銑於必内斂而陿,聲爲所籠,回旋而不能出也。”清江永作《古韻標準》,乃以弇侈喻吾人吐韵之情狀。其書第四(《真》《諄》)、第六(《宵》)、第十二(《侵》)諸部《總論》皆以爲言,蓋前賢之所未發。尋江氏所言斂弇者,謂腭下抑而舌高升也;侈開者,謂腭隆起而舌低降也。與開合之指脣之翕張,初不相涉。而章氏作《成均圖》,弇侈之分,與慎修又頗有異同。先師趙少咸氏嘗撰《論弇侈》一文詳之。**半齒彈舌,歸之舌頭;**詳後《古音娘日二紐歸泥説》。半齒彈舌,謂日紐也。唐沙門不空譯《孔雀明王經》卷上、自注云:“此經須知大例,若是尋常字體旁加口者,即彈舌呼之。”按:彈舌之稱,又見慧琳《音義》卷二十五。**明一字之有重音;**詳後《一字重音説》。**辨轉注之繫造字;**詳後《轉注假借説》。**比於故老,**《詩・小雅・正月篇》“召彼故老,訊之占夢”,毛《傳》:“故老,元老。”**蓋有討論修飾之功矣。**《論語・憲問篇》:“爲命,裨諶草創之,世叔討論之,行人子羽修飾之,東里子産潤色之。”《集解》:“馬曰:更此四賢而成,故鮮有敗事。”**如謂不然,請俟來哲。**沈約《宋書・謝靈運傳論》:“如曰不然,請待來哲。”

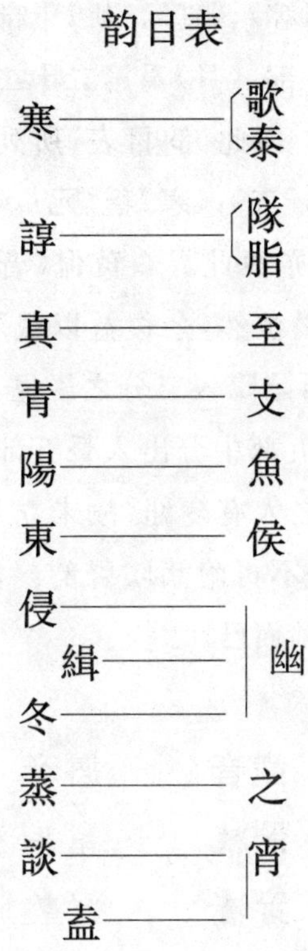

右韻目：上列陽聲，下列陰聲，爲對轉。其數部同居者，同一對轉。章氏初用王念孫之説，復采《東》、《冬》分部之義，分古韻爲二十二部（見《太炎文録初編》卷二《丙午與劉光漢書》）。嗣復自《脂》部分出《隊》部（見《文始》二），遂爲二十三部。而晚年又併《冬》、《侵》爲一，（見《音論》，刊於光華大學《中國語文學研究》），仍爲二十二部。按《新方言・音表》所列韻部次第，陰聲韻爲《之》、《幽》、《宵》、

《侯》、《魚》、《歌》、《灰》、《脂》、《支》九部;陽聲韵爲《蒸》、《侵》、《冬》、《談》、《東》、《陽》、《元》、《諄》、《真》、《耕》十部;而以《緝》爲第二十部,《盇》爲第二十一部,《月》爲第二十二部,《質》爲第二十三部,謂之曰奇觚韵。與此《韵目表》所列,頗有異同。又韵部標目,《音表》《隊》稱《灰》,《寒》稱《元》,《清》稱《耕》,《泰》稱《月》,《至》稱《質》,亦與此異。黄侃《音略》云:"本師章氏論古韵二十三部,最爲憭然,余復益以戴君所明,成爲二十八部。"誠按:戴君云者,陰陽入三分之説也。黄自章之《之》、《宵》、《侯》、《魚》、《支》五部中分出入聲五部(本當分出入聲六部,以《蕭》即《幽》部之入有變紐,故未立爲一部),使《錫》、《鐸》、《屋》、《沃》、《德》不再附諸陰聲韵。自此説出,影響頗大,時賢亦僅能小有修補而已。

紐目表

喉音	牙音	舌音	齒音	脣音
見	曉	端知	照精	幫非
谿	匣	透徹	穿清	滂敷
羣	影喻	定澄	牀從	竝奉
疑		泥日娘	審心	明微
		來	禪邪	

右紐目:其旁注者,古音所無。《新方言·音表》第十一紐目後云:"右二十一紐,古音凡目,凡同紐者爲雙聲音和,凡同音者(原注:謂同一喉音牙音等)爲雙聲旁紐。又牙喉古相通轉,今亦不殊。舌頭《端》、《透》、《定》、《泥》,錢大昕説古以

《知》、《徹》、《澄》、《娘》分隸，故古無舌上音。齒音亦與舌頭音通。今從其義。重脣《幫》、《滂》、《竝》、《明》，《唐韵》猶與輕脣《非》、《敷》、《奉》、《微》相合。慧琳新收《一切經音義》，始更師説。景審序之，抨彈古紐，謂'武與緜爲雙聲，斯類蓋所不取'；不悟舊音閎弁、晚更發舒，古祗重脣；無輕脣也。《精》、《清》、《從》、《心》、《邪》本是《照》、《穿》、《牀》、《審》、《禪》之副音。當時不解分等，析爲正齒、齒頭二音。若爾，《來》之與良，《見》之與貫，亦可分爲數紐。彼既掍成，此何煩碎。古今音既非大異，故亦如律分配。《娘》紐本非舌上，作字母者馮臆隸屬。尋檢古音，《娘》、《日》皆歸《泥》紐。今悉部署，不令離局。今音三十六紐，不能所在晐備。稽合方言，數或增益，明其通轉，則凡二十一紐而已。"誠按：章氏以《見》、《溪》、《羣》、《疑》爲喉音，《曉》、《匣》、《影》、《喻》爲牙音，命名與一般相反，不可從；仍當稱《見》、《谿》、《羣》、《疑》爲牙音，《曉》、《匣》、《影》(《喻》)爲喉音，乃得其實、古無《喻》紐之説，後賢更有申論：曾運乾《喻》母古讀考以《喻》紐三等字隸《匣》紐，《喻》紐四等字隸《定》紐。按《切韵指掌圖例》云："《匣》闕三四《喻》中見，《喻》虧一二《匣》中窮；上古釋音多具載，當今篇韵少相逢。"下注："户歸切幃，於古切户。"章氏《古音表》亦云："江左《匣》、《喻》相搰。"是《匣》、《喻》二紐；可能同出一源也。而《喻》四歸《定》，則不盡然。曾氏舉證雖豐，但只囿於古讀，其它無有，自難率爾論定。故先師李培甫氏(名植、章氏弟子)，嘗有《喻紐爲古聲説》之作(見所撰《聲韵學》)，不從其師併《喻》於《影》。至章氏以《精》、《清》、《從》、《心》、《邪》

爲《照》、《穿》、《牀》、《審》、《禪》之副音，亦難信從。黄侃併正齒三等於舌頭，併正齒二等於齒頭，按諸諧聲關係，宛爾符合，可謂後出轉精矣。時賢王力氏更以正齒三等與二等各自獨立，不復併入他類，亦自一家之言。

國故論衡疏證上之二

成均圖

此章氏古韻部通轉之學説也。謂古韻常相通轉，遠起宋之吴棫，然其書淩雜氾濫，經界華離，可以存而不論。迄於清代，休寧有戴震出，揭示古韻類正轉之三法。“一爲轉而不出其類：《脂》轉《皆》，《之》轉《咍》，《支》轉《佳》是也；一爲相配互轉：《真》、《文》、《魂》、《先》轉《脂》、《微》、《灰》、《齊》，《换》轉《泰》，《咍》、《海》轉《登》、《等》，《侯》轉《東》，《厚》轉《講》，《模》轉《歌》是也；一爲聯貫遞轉：《蒸》、《登》轉《冬》，《之》、《咍》轉《尤》，《職》、《德》轉《屋》，《東》、《冬》轉《江》，《尤》、《幽》轉《蕭》，《屋》、《燭》轉《覺》，《陽》、《唐》轉《庚》，《藥》轉《錫》，《真》轉《先》，《侵》轉《覃》是也”（《答段若膺論韻》、載《聲類表》卷首）。創通條例，前無古人。弟子孔廣森，益明陰陽對轉之理（陰陽相配，戴已先之，特未明標此稱耳），段玉裁又有《古合韻説》之作（見《六書音均表》），後來居上，推闡尤精。及嚴可均撰《説文聲類》，其《叙目》有云：“分（古韻）爲十六類，合爲八類，又大合爲四類。其合也一統無外，其分也豪釐有辨。廣其變通之路，審厥出入之由，夫而後羣經有韵之文皆可讀：古人假借之法無不包矣。”又《後叙》云：“武進張氏惠言，先余治古音。嘉慶辛酉，與議通轉之例，曰：‘媪从𥁕聲，讀若奥，奥从𢍜聲，𥁕在《真》類，𢍜在《元》類，媪奥在《幽》類而得聲，何也？’張氏曰：‘其从七《之》轉乎。’余書通轉之例，實由張氏一語發之。”誠按：嚴氏此書，重在推廣通轉之途，雖黄侃極賞之，謂爲最妙（見黄焯氏《筆記》），而先師李培甫氏則以爲“會通之極，將無畛域可守，流漫無紀之弊，亦宜有以節之”（見所著《聲韵學》），斯平實之論已。章氏生諸老之後，復擴展其音變之律而成是圖，以爲圜轉之則，誠盡善矣（胡以魯語，見所著《國語學草創》）。然既以陰陽爲大界，以魚陽爲軸聲，而又分立交紐。隔越兩轉，是爲子矛子盾，義難兩立（後改定《文始》時，已棄其名不用）。而韵次排列，以收ng之蒸位於收 m 之侵與覃閒，亦似失倫（雖古有蒸侵互用之例）。又以魚爲閉口之極，陽爲開口之極，而於陰陽聲又不言其開或閉之極。且魚部韵值，時賢多擬爲 a ，既非閉口，更非其極，斯皆可商者也。此外，弇侈之分，不過略舉大齊，魚陽軸聲，亦非刻定之論，又黄侃嘗詔示其弟子者（見黄焯《筆記》）。至於古音通轉之理，黄氏雖云自對轉外、餘名皆可不立（見《音略》），然其《聲韵通例》，又以旁轉、旁對轉爲通例之一（文見

《黄侃論學雜著》),是仍可以立其名矣。揆之音理,其以元音相近而旁轉者,如《之》與《幽》,《幽》與《宵》之屬是也。以元音相同而旁轉者,如《蒸》與《侵》,《清》與《真》之屬是也。以韵尾相同而旁轉者,如《真》與《諄》,《真》與《寒》之屬是也。事例紛紛。不必縷舉。而旁對轉雖較罕見,如《寒》與《脂》、《東》與《幽》之類,亦古漢語所固有也。然則章氏以近轉(二部同居),近旁轉、次旁轉、正對轉、次對轉(自旁轉而成對轉、主要元音與韵尾皆異)爲正聲,改交紐隔越兩轉爲雙聲相轉(見《新方言》《韵表》),其説誠不可易矣。

成均圖

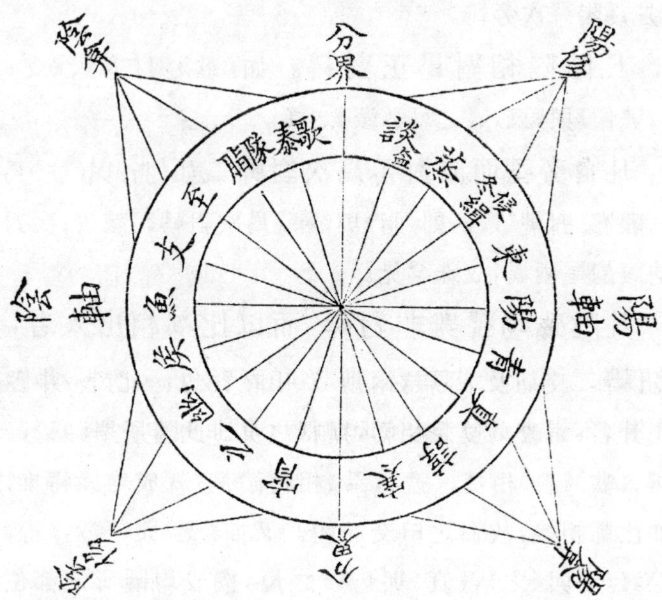

陰弇與陰弇爲同列。 自此以下四事,並如圖所示。

陽弇與陽弇爲同列。

陰侈與陰侈爲同列。

陽侈與陽侈爲同列。

凡同列相比爲近旁轉。 如《歌》與《脂》,或《侯》與《幽》之類,是爲陰聲近旁轉。《青》與《真》,或《蒸》與《侵》之類,是爲陽聲近旁轉。比者,《禮記·經解篇》"屬辭比事",孔《疏》:"比,近也。"《漢書·諸侯王表》"諸侯比境",顔《注》:"比,謂相接次也。"

凡同列相遠爲次旁轉。 如《泰》與《至》,或《幽》與《宵》之類,是爲陰聲次旁轉。《寒》與《真》,或《東》與《蒸》之類,是爲陽聲次旁轉。

凡陰陽相對爲正對轉。 如《歌》與《寒》、《支》與《青》、《侯》與《東》、《之》與《蒸》之類。

凡自旁轉而成對轉爲次對轉。 如《脂》與《歌》爲旁轉,《歌》又對轉《寒》,則《脂》與《寒》爲次對轉。誠按:次對轉則韵腹韵尾兩異,故殊罕見。

凡陰聲陽聲雖非對轉,而以比鄰相出入者,爲交紐轉。 交紐及下隔越兩轉,章氏在《文始·韵表》中已不再用其名,而改爲雙聲相轉,斯得之矣。此篇所舉《寒》《宵》相轉、《歌》《談》相轉、《盍》《泰》相轉諸例,就成均旋轉推之,適如比鄰相接,故命之曰交紐轉。又如《支》與《宵》,《青》與《談》,《至》與《之》,《真》與《蒸》之屬,按成均圖所定都位觀之，適皆隔五而轉，故稱之爲隔越轉。然韵部排列，雖大體可定，要難趨於一尊。倘韵次有變，則起例無所憑依矣。誠不如逕歸乎雙聲相轉之爲近理也。

凡隔軸聲者不得轉。然有間以軸聲隔五相轉者，爲隔越轉。 説已見上。

凡近旁轉、次旁轉、正對轉、次對轉爲正聲。《文始・韵表》更立近轉一項，以二部同居者當之：如《歌》與《泰》，《隊》與《脂》，《侵》《冬》與《緝》，《談》與《盇》是也。與近旁轉等合計，凡爲五轉。

凡交紐轉，隔越轉爲變聲。《文始・韵表》作"凡雙聲相轉，不在五轉之例，爲變聲"。

孔氏《詩聲類》列上下兩行爲陽聲陰聲。 孔氏《詩聲類》卷一所列如次：

《原》類陽聲第一	《歌》類陰聲第十
《丁》類第二（辰通用）	《支》類第十一（脂通用）
《辰》類第三	《脂》類第十二
《陽》類第四	《魚》類第十三
《東》類第五	《侯》類第十四
《冬》類第六（綅蒸通用）	《幽》類第十五（宵之通用）
《綅》類第七	《宵》類第十六
《蒸》類第八	《之》類第十七

《談》類第九　　　　　　　《合》類第十八

誠按:孔氏之《原》類,即諸家之《元》部或《寒》部。孔氏之《丁》類,即諸家之《耕》部或《青》部。孔氏之《辰》類,即諸家之《真》部或《諄》、《真》兩部。孔氏之《合》類,即諸家之《緝》、《盍》兩部。《綅》,諸家均依《切韵》、《廣韵》作《侵》。**其陽聲即收鼻音,**《原》、《辰》兩類收n,《丁》、《陽》、《東》、《冬》、《蒸》五類收ng,《綅》、《談》兩類收m。**陰聲非收鼻音也。**《之》、《支》、《魚》三類開口無尾,《歌》,《脂》兩類收i,《侯》、《幽》、《宵》三類分别收n、o及u,皆羅常培所謂不附聲韵也。羅氏《漢語音韵學導論》云:"清代治古韵學者,分韵部爲陰陽兩類,而陰聲陽聲之定義,則至章炳麟氏始炳焉大明。"**然鼻音有三孔道,其一侈音。印度以西皆以半摩字收之,今爲《談》、《蒸》、《侵》、《冬》、《東》諸部,名曰撮脣鼻音。**原注:古音《蒸》《侵》常相合互用,《東》《談》亦常相合互用,以《侵》《談》撮脣,知《蒸》《東》亦撮脣。今音則《侵》《談》撮脣,而《蒸》《東》與《陽》同收,此古今之異。○誠按:上古《蒸》《侵》合用,乃由元音無異,而非尾音之同。而《東》《談》合用,則韵腹韵尾兩異,實即雙聲相轉耳。章氏此注,殆有可議。半摩、半那者,慧琳《音義》卷廿五:"其三十四字母譯經者呼爲'半'字。"**其一弇音。印度以西皆以半那字收之,今爲《青》《真》《諄》《寒》諸部,名曰上舌鼻音。**誠按:《青》部收ng,乃穿鼻,與《真》、《諄》、《寒》之收n抵齶者異,章説未析。**其一軸音。印度以姎字收之。**

不待撮脣上舌，張口氣悟、其息自從鼻出，名曰獨發鼻音。《廣韵》、《唐韵》："姎，烏郎切。"又《蕩韵》"烏朗切"。《説文》大徐本音烏浪切。**悟者，**《史記·老子韓非列傳》："大忠無所拂悟，辭言無所擊排。"《正義》："拂悟當爲咈忤，古字假借耳。咈，違也；忤，逆也。"息者，《論語·鄉黨篇》"屏氣似不息者"，皇《疏》："息亦氣也。"孔《疏》亦以氣息釋息。**夫撮脣者使聲上揚，上舌者使聲下咽，既已乖異。**咽，謂聲塞而小。《後漢書·董祀妻傳》載其《悲憤詩》云："欲舒氣兮恐彼驚，含哀咽兮涕沾頸。"乖者，《説文》："乖，戾也。"**且二者非故鼻音也。以會厭之氣，被閉距於脣舌，**會厭，今生理學稱會厭軟骨，喉頭上面之黄色彈性軟骨片也。劉歆《移太常博士書》"深閉固距而不肯試"，《廣雅·釋詁》："閉，塞也。"《管子·小問篇》《注》："距，止也。"**宛轉趨鼻，**宛轉，猶言展轉曲折。《莊子·天下篇》"椎拍輐斷，與物宛轉"，成玄英《疏》："宛轉，變化也。"**以求渫宣，**《説文》："渫，除去也。"《左氏·昭元年傳》"於是乎節宣其氣"，杜《注》："宣，散也。"**如河決然。**《孟子·盡心上篇》："若決江河，沛然莫之能禦。"**獨發鼻音則異是。印度音"摩""那"皆在體文，而"姎"獨在聲埶，亦其義也。**本書本卷《音理論》云："慧琳《一切經音義》稱梵文'阿'等十二字爲聲埶，'迦'等三十五字爲體文。聲埶者韵，體文者紐也。"**《談》、《蒸》、《侵》、《冬》、《東》諸部，少不審則如《陽》，然其言之自**

別。誠按:《談》部與《陽》部,韵尾不同。《蒸》與《陽》,韵尾雖同,而元音則侈弇不同。《侵》與《陽》、韵尾既不同,元音亦有侈弇之别。《東》、《冬》與《陽》,韵尾雖同,而前者音侈,後者音弇,區别皆極顯然。《釋名》云:"風,沇、豫、司、冀横口合脣言之,風,氾也。青、徐踧口開脣推氣言之,風,放也。"此《釋名·釋天》文。放在《陽》,爲開脣,風、氾在《侵》《談》,爲合脣,區以别矣,焉可憮也。《論語·子張篇》:"譬諸草木,區以别矣。"又云:"君子之道,焉可誣也。"《漢書·薛宣傳集注》引蘇林説:"憮,同也。"夫陽聲弇者,陰聲亦弇,陽聲侈者,陰聲亦侈,陽聲軸者,陰聲亦軸。是故陰陽各有弇侈而分爲四,又有中軸而分爲六矣。分詳《二十三部音準篇》。不悟是者,鼻音九部悉似同呼,不能得其鰓理。《説文》玉字下云:"鰓理自外,可以知中。"又鰓字下云:"角中骨也。"今江河之域,撮脣鼻音收之亦以半那字,江謂長江,河謂黄河,非汎指也。惟交廣以半摩字收之。漢武帝置交州(領南海、鬱林、蒼梧、交阯、合浦、九真、日南等七郡),三國吴分置廣州(尋仍併入交州),此交廣之名所由來。此於聲音大劑,能條理始終矣。大劑,猶言大齊。《爾雅·釋言》:"劑,齊也。"《列子·楊朱篇》:"百年壽之大齊。"張湛《注》:"齊,限也。"《孟子·萬章篇》:"金聲也者,始條理也;玉振之也者,終條理也。"戴震《孟子字義疏證》云:"在物之質曰肌理,曰腠理,曰文理。得其分則有條而不紊,謂之條理。”**然《魚》者閉口之極,《陽》者開口之極。**章氏審音如此。蓋謂《魚》部之元音爲u,而時賢或擬測爲a,則非閉口也。與《陽》部同元音(a)者尚有《寒》部,亦非開口之極。**故《陽》部與陽侈聲、陽弇聲皆旁轉。**　原注〔一〕《陽》部轉《東》者:如《老子》以盲、爽、狂與聾爲韵;及泱滃音轉,伀鍾作章,是也。○《老子·道經》十二章云:“五色令人目盲,五音令人耳聾,五味令人口爽,馳騁田獵,令人心發狂,難得之貨,令人行妨。”按:盲从亡聲,狂从王聲,與爽聲(以及妨字)並在《陽》部。聾从龍聲,在《東》部。○《説文》:“泱,滃也。”“滃,雲氣起也。”段玉裁曰:“泱滃雙聲。”《廣韵》:“泱,於良切,又烏朗切。”在《陽》部。“滃:烏孔切。”○在《東》部。《釋名·釋親屬》:“俗或謂舅曰章,又曰伀。”《漢書·廣川惠王越傳》“背尊章嫖以忽”,顔《注》:“今關中俗,婦呼舅爲鍾。鍾者,章聲之轉也。”按:伀从公聲;鍾从重聲,並在《東》部。章聲在《陽》部。《廣韵》:“伀,職容切。”　原注〔二〕轉《侵》《冬》者:如《漢書·李廣傳》“諸妄校尉”,張晏釋妄爲凡;《説文》訓訪爲汎謀;《釋名》訓風爲放;《易》“朋盍臧”,或爲“盍簪”,或爲“盍宗”;又“商”轉爲“宋”;《周頌》以崇、皇爲韵,是也。○張晏説見《漢書·李廣傳集注》。按:妄從亡聲,在《陽》部,凡聲在《侵》部。○《説文》:“汎謀曰訪。”按:訪从方聲,在《陽》部。段玉裁曰:汎訪雙聲。○《釋名》之訓,已見前引。○《周易·豫卦》:“九四,由豫,大有德,勿疑朋盍簪。”王《注》:“盍,合也。簪,疾也。”

《釋文》:"簪,馬作臧,荀作宗。"孔《疏》:"若能不疑於物,以信待之;則衆陰羣朋合聚而疾來也。"按:臧聲在《陽》部,簪从朁聲,在《侵》部。宗聲在《冬》部。○商轉爲宋者,《論語·八佾篇》:"殷禮吾能言之,宋不足徵也。"按:契封於商,湯滅夏後,以爲國號。傳至盤庚,遷都於殷,故又稱殷。宋本商帝乙子啓(微子)封地,周武王滅商,封紂子武庚於此,成王時,武庚叛,被誅,仍以其地封微子,爵爲宋公。戰國時,傳至偃,乃稱王圖霸。按:商聲在《陽》部,宋聲在《冬》部。○《周頌·烈文篇》:"無封靡於爾邦,維王其崇之,念兹戎功,繼序其皇之。"按:崇从宗聲,在《冬》部。皇聲在《陽》部。　原注〔三〕轉《蒸》者:如"揚觶"作"媵觶";未嘗即未曾;及彊通作强,是也。○《禮記·檀弓下篇》:"杜蕢洗而揚觶",鄭《注》:"《禮》(按:指《禮經》)'揚'作'媵'。揚,舉也。媵,送也。揚近得之。"《儀禮·燕禮》、《大射義》皆有"媵觚於賓"之文,鄭《注》並云:"媵,送也。"按:揚从昜聲,在《陽》部,媵从朕聲,在《蒸》部。○《論語·雍也篇》:"非公事,未嘗至於偃之室也。"《公羊·閔元年傳》:"莊公存之時,樂曾盈於宫中",《釋文》:"曾,才能反。"《經傳釋詞》八:"曾,猶嘗也。"按:嘗从尚聲,在《陽》部。曾聲在《蒸》部。○强本蟲名(《説文》:蚚也,)从虫,弘聲,而籀文作䕬,則从蚰彊聲。彊者,弓有力也。又勥迫之勥,从力,强聲,而古文作彊,則从力彊聲。按:經典相承以强爲彊。彊从畺聲,在《陽》部,强从弘聲,在《蒸》部。　原注〔四〕轉《談》者:如《大雅》以瞻、相爲韵;《商頌》以濫、皇爲韵;及鏡轉作鑑,是也。此與陽侈聲之轉也。○《詩·大雅·桑柔篇》:

“維此惠君，民人所瞻，秉心宣猶，考慎其相。”又《商頌·殷武篇》：“不僭不濫，不敢怠遑。”按：瞻从詹聲，濫从監聲，皆在《談》部。相聲皇（遑）聲皆在《陽》部。〇《説文》：“鏡，景也。从金，竟聲。”（段《注》：“金有光可照物謂之鏡。）又：“鑑，大盆也。一曰監諸。可以取明水於月。从金，監聲。”《左氏·莊二十一年傳》“王以后之鞶鑒予之”，《釋文》：“鑒，鏡也。”按：鏡从竞聲，在《陽》部。　原注〔五〕轉《青》者：如《禮經》竝亦作併；又將借爲請；丁，鼎借爲當，是也。〇《儀禮·士喪禮》、《聘禮》、《少牢饋食禮》、《公食大夫禮》、《士昏禮》、《有司》諸篇鄭《注》，皆以竝爲古文，併爲今文。《説文》：“竝，併也。从二立。”又：“併，並也。从人，并聲。”按：竝聲在《陽》部。併从并聲，在《青》部。段玉裁曰：“鄭注《禮經》，古文竝今文多作併，是二字音義皆同之故也。”〇《詩·衛風·氓篇》“將子無怒”，鄭《箋》：“將，請也。”按：將聲在《陽》部。請从青聲，在《青》部。〇《詩·大雅·雲漢篇》“寧丁我躬”，毛《傳》：“丁，當也。”《漢書·匡衡傳》“無説詩、匡鼎來”，《集注》引服虔曰：“鼎，猶言當也，若言匡且來也。”應劭曰：“鼎，方也。”按：當从尚聲，在《陽》部。丁聲鼎聲在《青部》。　原注〔六〕轉《真》者：如萌、甿、氓即民；榜又稱篇，今字扁亦爲榜；又楄部訓方木，是也。〇《管子·山國軌篇》“謂高田之萌”，劉績曰：“萌，田民也。”《説文》：“民，衆萌也。”段《注》：“古謂民曰萌，漢人所用，不可枚數。”又“甿，田民也。从田，亡聲。”“氓，民也。从民，亡聲，讀若盲。”按：萌、甿、氓三字皆在《陽》部。民聲在《真》部。〇《説文》：“篇，書也。一曰關西謂榜曰篇。”章氏

《小學答問》云："此則借篇爲扁。榜，即今榜題字。"《説文》："扁，署也。从户册，户册者，署門户之文也。"又："楄，楄部，方木也。从木，扁聲，《春秋傳》曰'楄部薦榦'。"按：榜、方二字在《陽》部。篇、扁、楄三字在《真》部。　原注〔七〕轉《諄》者：如《易傳》以炳君爲韵；《爾雅》英光亦作蕨攈；又芳轉爲芬；防轉爲墳，是也。〇《周易・革卦》九五象辭："大人虎變，其文炳也。"上六象辭："小人革面，順以從君也。"〇《爾雅・釋草》："蘱葿，芵光。"郭《注》："或曰蔆也。關西謂之蘱葿。"《釋草》又云："蔆、蕨攈。"錢大昕曰："麇，《釋文》音亡悲反，蓋從麇聲也。而兼存孫炎居郡、居羣二音，則字當從麇。按《説文》手部有攈無攈，當從孫音作攈字。凡草木蟲魚之名，多取雙聲疊韵，《釋草》一篇如蘱葿芵光（中略），皆雙聲也。蕨攈亦雙聲。故知攈爲轉寫之譌。"按：炳、光二字在《陽》部。君、攈二字在《諄》部。〇《説文》："芳，香草也。""芬，屮初生其香分布。从屮，从分，分亦聲。芬，或从艸。"按：芳字在《陽》部。芬字在《諄》部。〇《爾雅・釋丘》："墳，大防。"郭《注》："謂隄。"邢《疏》引李巡曰："墳，謂厓岸狀如墳墓，名大防也。"按：防字在《陽》部。墳字在《諄》部。　原注〔八〕轉《寒》者：如磺人作丱人；舜妃女英，《帝繫篇》作女匽；《説文》祥讀若普；《地理志》牂柯郡同並，應劭曰並音伴，是也。此與陽弇聲之轉也。〇《説文》："磺，銅鐵樸石也。从石，黄聲，讀若穬。丱，古文磺，《周禮》有丱人。"按：磺从黄聲，在《陽》部。丱在《寒》部。段玉裁云："丱，古音如關，亦如鯤。"〇《大戴禮記・帝繫篇》："帝舜娶於帝堯之子，謂之女匽氏。""匽"，《古今人表》作

“罃”,《世本》作“瑩”,《帝王世紀》作“英”。按:英聲在《陽》部,匽於蹇切,在《寒》部。○《説文》:“絆,衣無色也。从衣,半聲,讀若普。”按:絆从半聲,在《寒》部。普从竝聲,在《陽》部。《地理志》《集注》引應劭曰:“故同並侯邑,並,音伴。”

《魚》部與陰侈聲、陰弇聲皆旁轉。 原注〔一〕《魚》部轉《侯》者:如武借爲柎;傅借爲坿,是也。○《説文》:“柎,闌足也。”段《注》:“凡器之足皆曰柎。”《國語・周語》“不過步武尺寸之間”,韋《注》:“半步爲武。”《華嚴經音義》引何承天《纂要》:“三尺曰武。”朱駿聲曰:“或曰字實借爲步、爲柎,柎亦足也。”○《説文》:“傅,相也。”段《注》:“古借爲敷字,亦爲今之附近字,如凡言附著是也。”朱駿聲曰:“傅,借爲附。《漢書》《集注》傅讀曰附數十見。”《説文》又云:“坿,益也。”段《注》:“今多用附訓益,附乃附婁,讀步口切,今附行而坿廢矣。”朱駿聲曰:“附,借爲坿。《廣雅・釋詁》一:‘附,益也。’坿,經傳多以附爲之。”按:武、傅二字在《魚》部。柎、坿二字在《侯》部。 原注〔二〕轉《幽》者:如甫聲字爲牖;《大雅》以怓韵休、逑、憂,是也。○《説文》:“牖,穿壁以木爲交窻也。”《文始》五:“牖从片户,甫聲。然則牖在《魚》部,自《易》已轉入《幽》。然羼訓牖中网、舞聲,又依附《魚》部。”按:甫聲在《魚》部。牖字則在《幽》部。○《詩・大雅・民勞篇》:“民亦勞止,汔可小休。惠此中國,以爲民逑,無縱詭隨,以謹惛怓,式遏寇虐,無俾民憂,無棄爾勞,以爲王休。”按:怓从奴聲,在《魚》部。休、逑、憂三字在《幽》部。 原注〔三〕轉《之》者:如“民雖靡膴”作“民雖靡腜”;又憮、煤同訓;謨、謀同訓,是也。○《詩・小雅·小旻篇》“民雖靡膴”,《釋文》:“《韓詩》作靡腜。”〇《説文》:“憮,愛也。韓鄭曰憮。”又:“煤,撫也。讀若侮。”按:膴、憮皆从無聲,在《魚》部。腜、煤皆从某聲,在《之》部。〇《説文》:“謨,議謀也。”又:“慮難曰謀。”按:謨字在《魚》部。謀字在《之》部。　原注〔四〕轉《宵》者:如“犧牲不略”作“犧牲不勞”;古文以“臭”爲“澤”;又《漢書》“暴室”亦作“薄室”;《詩》之“暴虎”即爲“搏虎”,是也。此與陰侈聲之轉也。〇《管子·小匡篇》“犧牲不勞”,《國語·齊語》“不勞”作“不略”。王念孫曰:“略與勞一聲之轉,皆謂奪取也。勞讀爲撈,古無撈字,借勞爲之。今俗語猶謂略取人物曰撈矣。”按:略从各聲,在《鐸》部,舊附《魚》部。勞字在《宵》部。〇《説文·夰部》:“臭,大白也。从大,从白,古文以爲澤字。”《廣韵》:“臭,古老切。”按:澤从睪聲,在《鐸》(《魚》)部。臭在《宵》部。〇《漢書·宣帝紀》“既壯,爲取暴室嗇夫許廣漢女”,《集注》“應劭曰:“暴室,今曰薄室。”師古曰:“暴室者,掖庭主織作染練之署,故謂之暴室,取暴曬爲名耳。或云薄室。”〇《詩·鄭風·大叔于田篇》“襢裼暴虎”,毛《傳》:“襢裼,肉袒也。暴虎,空手以搏之。”《爾雅·釋訓》:“暴虎,徒搏也。”郭《注》:“空手執也。”按:暴字在《宵》部。薄、搏二字在《魚》部。　原注〔五〕轉《支》者:如“迹”籀文作“速”;狄字今從亦聲;闓闉爲豈弟;曰闉爲曰涕,是也。〇《説文》:“迹,步處也。从辵,亦聲。速,籀文迹从朿。”按:迹从亦聲,在《鐸》(《魚》)部。速从朿聲,在《錫》部,舊附《支》部。〇《説文》:“狄,赤狄。从犬,亦省聲。”按:狄聲在《錫》(《支》)部。〇《詩·齊風·載驅篇》

“齊子豈弟”，鄭《箋》：“豈，讀當爲闓；弟，《古文尚書》以弟爲圛，圛，明也。”按：《説文》：“闓，開也。”〇《尚書·洪範篇》、“七，稽疑，〔四〕曰圛。”《史記》作“曰涕”。按：圛字在《鐸》(《魚》)部。弟涕二字在《脂》部，非在《支》部，此殆有誤。

原注〔六〕轉《至》者：如《方言》云：“迹迹屑屑，不安也。”二語相轉；“刹⿰,黏也。”二語相轉；《説文》“渠蝌”，《釋蟲》作“蛣蜣”；又拮据爲連語；《釋詁》劼又訓固；《廣雅》石訓爲擿，《賈子》亦云提石，而擿字自《詩箋》已作擲也。〇《方言》十：“迹迹、屑屑，不安也。江沅之間謂之迹迹，秦晋謂之屑屑，或謂之塞塞，或謂之省省，不安之語也。”《廣雅·釋訓》：“屑屑，迹迹，不安也。”按：迹字在《鐸》(《魚》)部，屑字在《至》部，即《質》部，下同。〇《説文》：“㧗，黏也。刹，㧗或从刃。”《方言》二：“⿰，黏也。齊魯青徐自關而東，或曰刹，或曰⿰。”按：刹字在《至》部。《廣韵》“刹，尼質切。”⿰从女聲、在《魚》部。《説文》：“蝌，渠蝌，一曰天社，从虫；卻聲。”《廣雅·釋蟲》：“天社，蜣蜋也。”《爾雅·釋蟲》：“蛣蜣，蜣蜋。”郝懿行曰：“渠蝌雙聲，蜣蜋疊韵，蛣蜣亦雙聲也。準是而言，《説文》之渠蝌，即《爾雅》之蛣蜣。”按：渠字在《魚》部，蛣字在《至》部。〇《詩·豳風·鴟鴞篇》“予手拮据”，毛《傳》：“拮据，撠挶也。”陳奂《傳疏》：《玉篇》云：“拮据，手病也。戟挶者，即手病之謂。戟，俗作撠。”按：据字在《魚》部。拮字在《至》部。〇《爾雅·釋詁》：“劼，固也。”《釋文》：“劼、或作硈。”《説文》：“硈，石堅也。”《爾雅·釋言》：“硈，鞏也。”按：固字在《魚》部。〇《廣雅·釋詁》：“石，擿也。”賈誼《新書·連語篇》：“提石之者猶未肯止。”王念孫曰:“是石爲擿也。”《詩·邶風·北門篇》“王事敦我”,鄭《箋》:“敦,猶投擲也。”王念孫曰:“擲與擿同。”按:石聲在《鐸》(《魚》)部。擿从適聲,在《錫》(《支》)部。而擲从鄭聲,鄭在《真》部,擲在《質》(至)部。則陽入對轉也。

原注〔七〕轉《脂》者:如《説文》“壻讀若細”。壻本言諝,故字或作聟,假諝爲之;而今讀若細;《史記·匈奴傳》“黄金胥紕”,《漢書》作“犀比”,《戰國策》言“師比”,是也。〇《説文》“壻,夫也,讀與細同。”“諝,知也。从言,胥聲。”《禮記·昏義篇》“壻執鴈入”,《釋文》:“壻,或又作‘聟’,俗從知下作耳。”按:壻諝皆从胥聲,本在《魚》部,而壻讀若細,則在《脂》部。〇《漢書·匈奴傳》“孝文遺匈奴黄金犀毗一”,顔《注》:“犀毗,胡帶之鈎也。亦曰鮮卑,亦謂師比,總一物也,語有輕重耳。”《趙策》:“遂賜周紹胡服衣冠具帶黄金師比”,《史記·匈奴傳》《索隱》:“胥、犀與師並相近而説各異耳。班固《與竇憲牋》云:‘賜犀比金頭帶’是也。”按:胥聲在《魚》部。師、犀二字在《脂》部。　原注〔八〕轉隊者:如《説文》菸訓鬱;但訓拙;又鼓造爲屈造;《魏略》書徐庶白堊塗面作白堊突面,是也。〇按菸但二字在《魚》部。鬱拙二字在《隊》部。〇《淮南子·説林訓》:“鼓造辟兵,壽盡五月之望。”高《注》:“鼓造蓋謂梟,一曰蝦蟇。今世人五月望作梟羹,亦作蝦蟇羹。”《大戴禮記·夏小正篇》謂蜮爲屈造之屬。鼓在《魚》部。屈在《隊》部。〇此引《魏略》,見《三國志·蜀書·諸葛亮傳》裴《注》。塗在《魚》部。突在《隊》部。　原注〔九〕轉《泰》者:如于越同訓;又《釋名》稱草圓屋曰蒲,即草舍之废字,是也。〇《經傳釋詞》一：“于，猶越也，連及之詞。《夏小正傳》曰：‘越，于也’。”〇《釋名·釋宮室》：“草圓屋曰蒲。蒲，敷也，總其上而敷下也。”《説文》：“废，舍也。从广，犮聲。《詩》曰：‘召伯所废’。”按：于、蒲二字在《魚》部。越、废二字在《泰》部。　原注〔一〇〕轉《歌》者：如㹱字小篆作駕；削瓜曰華之，借爲撝之；又何亦作胡；莝讀如詐，是也。此與陰弇聲之轉也。〇《説文》：“駕，馬在軛中。从馬，加聲。㹱，籀文駕。”按：㹱从各聲，在《鐸》(《魚》)部。駕从加聲，在《歌》部。〇《禮記·曲禮上》：“爲國君者華之，中以綌。”鄭《注》：“華，中裂之，不四析也。”孔《疏》：“華，謂半破也。”《新方言·釋言》：“《説文》：‘撝，裂也。’許歸切。音轉爲華，若華蘤相通也。今謂以刀分物爲華開。”按：華字在《魚》部。撝字在《歌》部。〇《詩·魏風·伐檀篇》“胡取禾三百廛兮”、鄭《箋》：“胡，何也。”又《邶風·式微篇》“胡不歸”，鄭《箋》：“君何不歸乎。”按：胡字在《魚》部。何字在《歌》部。〇《禮記·曲禮篇》：“介者不拜。爲其拜而莝拜。”鄭《注》：“莝，猶詐也。”《釋文》：“莝，詐也，挫也。”按：莝从坐聲，在《歌》部。詐从乍聲，在《魚》部。**餘執未已，陽與陽弇聲旁轉，極於《寒》矣，又從《寒》以對轉而得《泰》。**原注：如對揚亦作對越；戚揚借爲戚戉，是也。〇《尚書·僞説命篇》“敢對揚天子之休命”，某氏《傳》：“對，答也，答受美命而稱揚之。”《詩·周頌·清廟篇》“對越在天”，鄭《箋》：“對，配；越，於也。”陳奐《傳疏》訓越爲揚。〇《詩·大雅·公劉篇》“干戈戚揚”，毛《傳》：“戚，斧也；揚，鉞也。”按：鉞爲戉之後起字，戉聲在《泰》部。**陽與陽侈聲**

旁轉，極於《談》矣，又從《談》以對轉而得《宵》。原注：如駫駫牡馬亦作驍驍牡馬；又枉轉爲夭；量轉爲料，是也。○《説文》："駫，馬盛肥也。"引《詩》"駫駫牡馬"。今《魯頌·駉篇》"駫駫"作"駉駉"。《説文》又云："驍，良馬也。"引《詩》"驍驍牡馬"。今《詩》無此文。○《説文》："枉，衺曲也。""夭，屈也。""量，稱輕重也。""料，量也。"段《注》："稱其輕重曰量，稱其多少曰料，其義一也。知其多少，斯知其輕重矣。"按：駫、枉、量三字在《陽》部。驍、夭、料三字在《宵》部。**《魚》與陰弇聲旁轉，極於《歌》矣，又從《歌》以對轉而得《寒》。**原注：如籆或作䚢；無作曼；烏作安；跋扈作畔援；魁梧作魁岸，是也。○《説文》："籆，收絲者也。从竹，蒦聲。䚢，籆或从角从閒。"《廣韵》："籰，亦作籆，王縛切。"○《小爾雅·廣詁》："曼，無也。"王煦《疏》："揚子《法言》云'聖人曼云'，又云'曼無之也'，李氏彼注云：'曼，無也。'後漢桓帝永興二年，詔郡國種蕪菁，蕪菁即蔓菁。"○《吕氏春秋·明理篇》"烏聞至樂"，高《注》："烏，安也。"《淮南子·時則訓》"天子烏始乘舟"，高《注》："烏，猶安也。"○《詩·大雅·皇矣篇》"無然畔援"，鄭《箋》："畔援，猶跋扈也。"《後漢書·朱浮傳》"往年赤眉跋扈長安"，李《注》："跋扈，猶暴横也。"○《史記·留侯世家》"計魁梧奇偉"，《集解》引應劭曰："魁梧，邱虚壯大之意。"《漢書·江充傳》："充爲人魁岸，容貌甚壯。"《廣雅·釋訓》："魁岸，雄桀也。"按：籆（籰）、無、烏、扈、梧五字在《魚》部。䚢、曼、安、援、岸五字在《寒》部。**《魚》與陰侈聲旁**

轉，極於《宵》矣，又從《宵》以對轉而得《談》。原注：如古文扈作𡵨，從马聲，草木之華爲马，音轉爲扈爲華；又𠭖從古聲；楈讀若芟，是也。〇《説文》：“马，讀若含。”〇“𠭖，進取也。从𠬪，古聲。”“楈，木也。从木，胥聲，讀若芟刈之芟。”《廣韵》：𠭖，古覽切。楈，相居切。芟，所銜切。按：户（扈所从）、古、胥三聲在《魚》部。马、𠭖、芟三字在《談》部。**夫惟當軸處中。**《鹽鐵論·雜論篇》：“車丞相即周魯之列，當軸處中”，原指車千秋之官居顯要，此則以喻《魚》《陽》兩部在《成均圖》中之地位。**故兼攬弇侈之聲：**《説文》：“攬，撮持也。”《漢書·揚雄傳》顔《注》：“擥，總也。”按：即總持。**與之交捷，**《爾雅·釋詁》：“接，捷也。”郭《注》：“捷，謂相接續也。”《左氏·莊十二年傳》：“宋萬弑其君捷。”《僖三十二年傳》：“鄭伯捷卒。”文《十四年經》：“晋人納捷菑於邾。”此三捷字，《公羊傳》皆作接。**其弇侈者爲軸所隔，則交捷之塗絶矣。**黄侃《音略》：“古音通轉之理，前人多立對轉、旁轉之名。今謂對轉於音理實有，其餘名目皆可不立。以雙聲疊韵二理，可賅括而無餘也。”誠按：黄説甚是。如此節所舉諸例，旁轉猶或可説，至謂《陽》與《泰》、《宵》相轉，《魚》與《寒》、《談》相轉，則似失之牽强。綜而觀之，實即雙聲相轉耳。**孔氏所表，以審對轉則優，以審旁轉則㲋。**孔氏所表，自《宵》《緝》（《侵》）相轉不合音理以及誤謂《合》部爲陰聲斯二者外，其餘七事，皆信而有徵，足爲定論，故曰優。至於旁轉，孔所不道。《表》中所注丁（《耕》）辰（《真》）通用，《支》《脂》通用，

《冬》《緝》《蒸》通用，《幽》《宵》《之》通用，乃指用韵之疏。其餘各部，雖鄰近亦不得通，故曰疐。《説文》："疐、礙不行也。"**《辰》《陽》鱗次**，《文選》潘岳《射雉賦》："綠柏參差，文翮鱗比。"按：孔氏《詩聲類》，《辰》列陽聲第三，《陽》列陽聲第四，有若魚鱗之相次比。**《脂》《魚》櫛比**，《詩·周頌·良耜篇》"其比如櫛"，《釋文》："比，毗志反。"朱《傳》："櫛，理髮器，言密也。"《文選》左思《吴都賦》："屯營櫛比。"按孔氏《脂》列陰聲第十二，《魚》列陰聲第十三，有若梳齒之相密接。**由不知有軸音，故使經界華離，首尾橫決，其失一也。**《孟子·滕文公上篇》"夫仁政必自經界始"，趙《注》："經亦界也。"焦循《正義》："趙氏以此經界即各國之疆界。"華離者，《周禮·夏官·形方氏》云"正其封疆，無有華離之地"，鄭《注》："華，讀爲低哨之低。正之使不低邪離絶。"賈《疏》："王者地有低邪離絶，遞相侵入不正，故今正之。"阮元《校勘記》："今俗語分析謂之花，即此經華字也。"賈誼《新書·數寧篇》："本末舛逆，首尾橫決。"**《緝》《盍》二部雖與《侵》《談》有别，然交廣人呼之，同是撮脣，不得以入聲相格。孔氏以《緝》《盍》爲陰聲，其失二也。**孔氏《詩聲類》云："至於入聲，則自《緝》《合》等閉口音外，悉當分隸自《支》至《之》七部而轉爲去聲，蓋入聲剏自江左，非中原舊讀。"誠按：孔氏誤認四聲乃江左沈約等所創，又以籍隸山東，已不復聞入聲，遂有中原自無此調之説。然觀其所言，又似承認合部之爲入聲。但既與陰聲韵同列，則仍以爲陰聲耳。格者，《禮記·學記篇》:"發而後禁,則扞格而不入。"《周語》韋《注》:"牴牾不相容曰格。"**對轉之理:有二陰聲同對一陽聲者;**如《歌》、《泰》同對轉《寒》,《隊》、《脂》同對轉《真》。**有三陽聲同對一陰聲者;**《成均圖》以《侵》、《冬》、《緝》同對轉《幽》,然《緝》乃《侵》之入聲,非即陽聲也。**復有假道旁轉以得對轉者;**原注:此所謂次對轉。若《東》亦與《幽》對轉,是假道於《冬》、《侵》也;《至》亦與《青》對轉,是假道於《支》也;《支》、《脂》亦與《寒》對轉,是假道於《歌》、《泰》也;《之》亦與《冬》、《侵》、《緝》對轉,是假道於《幽》也。○説見後。**非若人之處室,妃匹相當而已。**《孟子·萬章上篇》:"男女居室,人之大倫也。"《爾雅·釋詁》:"妃,媲也。"郭《注》:"相偶媲也。"《説文》:"媲,妃也。""妃,匹也。"**孔氏所表,欲以十八部相對,伉叡不踦,有若魚貫,**《國語·周語》"棄其伉儷妃嬪",韋《注》:"伉,對也。"《廣雅·釋詁》四:"叡,耦也。"《廣韵》:"叡,何犗切。"踦者,《説文》,踦本訓一足,引申爲奇偶之奇。《方言》:"踦,奇也。"魚貫者,謂如魚游之先後相續也。《晉書·范汪傳》:"玄冬之月,沔漢乾涸,皆當魚貫而行,排推而進。"**《真》《諄》二部,埶不得不合爲一,**自段玉裁始以《真》、《文》(即諄)分部,其後遂成定論。而孔氏爲求整齊,不得不合而一之。**拘守一理,遂令部曲掍殽,其失三也。**部曲,見《漢書·李廣傳》。本軍隊編制之稱,此則用如部伍義,借指韵部之排列組合。掍殽者,《説文》:"掍,同也。""殽,相雜置也。"誠按:孔氏列陰聲爲九類,於是陽聲亦只容九類，以利相配整齊。甚至陽聲二三兩類通用，陰聲亦隨之二三兩類通用，陽聲六七八三類通用，陰聲亦隨之六七八三類通用，此其失也。**今爲圜則正之，命曰《成均圖》。**《楚辭·天問》"圜則九重，孰營度之"，王《注》："言天圜而九重，誰營度而知之乎。"《周易·乾文言》："乾元用九，乃見天則。"**《成均圖》者，《大司樂》掌成均之法，鄭司農以均爲調。**《周禮·春官·大司樂》："掌成均之法，以治建國之學政而合國之子弟焉。"鄭司農云："均，調也。《樂師》主調其音；大司樂主受此成事已調之樂。"**古之言韵曰均，**段玉裁作《六書音均表》，以"均"爲"韵"字。**如陶均之圓也。**《史記·魯仲連鄒陽傳》："是以聖王制世御俗，獨化於陶鈞之上。"《集解》引《漢書音義》曰："陶家名模下圓轉者爲鈞。"《索隱》引張晏曰："陶，冶；鈞，範也。作器下所轉者名鈞。"

《東》《冬》旁轉。如窮字本在《冬》部，窮从躳聲，在《冬》部。**然《詩》言"不宜空我師"，《傳》以空爲窮；**此《小雅·節南山篇》文。**又窮乏、空乏，其義大同；**《孟子·告子上篇》"爲宫室之美、妻妾之奉、所識窮乏者得我與"，又下篇云："餓其體膚，空乏其身。"**亦語之轉也。**空从工聲，在《東》部。**中字本在《冬》部，而鍾子期亦作中旗；**鍾子期其人，見《吕氏春秋·精通篇》（伯牙事見同書《本味篇》）。《戰國策·秦策四》"中期推琴"，《史記·魏世家》作"中旗"，《説苑》作"申旗"，黄丕烈曰："申即中譌耳。"按：重聲、童聲在《東部》。**洚字本在《冬》部，而洚水亦即洪**

水，是也。《孟子·滕文公下篇》："《書》曰：'洚水警余'（《趙》注：《尚書》逸篇也），洚水者，洪水也。"又《告子下篇》："水逆行謂之洚水，洚水者，洪水也。"按：絳从夅聲，在《冬》部。洪从共聲，在《東》部。**《東》與《侵》旁轉。如含之與容，**《説文》："含，嗛也（嗛，口有所銜也）。"《荀子·解蔽篇》"故曰心容"，楊《注》："容，受也。"《史記·禮書》"函及士大夫"，《集解》："函，音含。"《索隱》："含謂包容。"誠按：含、容義近。含在《侵》部。容在《東》部。**豵之稱琴，是也。**《水經·泚水注》："楚人謂豕爲琴。"按：豕在《東》部。琴在《侵》部。**凡聲之字：風、芃、鳳輩，今皆讀入《東》部。**《廣韻》："風，方戎切。""芃，房戎切。""鳳，馮貢切。"皆在《東》部。按：凡聲則在《侵》部。

《冬》《侵》二部，同居而旁轉。故農字音轉則爲男；《文始》七："男又近轉《冬》，變易爲農，耕也。"（段氏據玄應《音義》卷十一，耕下補"人"字）按：農在《冬》部。男在《侵》部。**戎字音轉則爲荏；**原注：《釋草》："戎菽謂之荏菽。"○郭《注》："即胡豆也。"《詩·大雅·生民》《箋》："戎菽，大豆也。"誠按：戎任二字，《釋詁》並云大也。戎在《冬》部。荏从任聲，在《侵》部。**臨衝作隆衝，**《詩·大雅·皇矣篇》"與爾臨衝"，毛《傳》："臨，臨車也；衝，衝車也。"《釋文》："《韓詩》作隆衝。"按：臨在《侵》部。隆在《冬》部。**隆慮作林慮。**《漢書·地理志》河内郡有隆慮縣。《集注》："應劭曰：隆慮山在北，避殤帝名，改曰林慮也。"師古曰："慮，音廬。"按：林在

《侵》部。**《緝》《侵》本可爲平入，以《三百篇》用韵有分，故今亦分爲二。**《緝》部本入聲韵，理應獨立。**若夫及聲爲今；**《説文》："今，是時也。从亼，从ㄱ。ㄱ，古文及。"按：今聲在《侵》部。及聲在《緝》部。**甚聲爲卙；**《説文》："卙，卙卙，盛也。从十，甚聲。"按：甚聲在《侵》部。卙字在《緝》部。卙，《唐韵》"子入切"，《廣韵》"昌入切"。**厭厭或爲愔愔；**《詩·小雅·湛露篇》"厭厭夜飲"，毛《傳》："厭厭，安也。"《釋文》："《韓詩》作愔愔。"《左氏·昭十二年傳》"其詩曰：'祈招之愔愔'"，杜《注》："愔愔，安和貌。"誠按：《詩·秦風·小戎篇》"厭厭良人"，《列女傳》二引作"愔愔良人"。《廣韵》："厭，於葉切。"在《緝》部。愔从音聲，在《侵》部。**拾瀋即是拾汁，**《左氏·哀三年傳》："無備而官辦者，猶拾瀋也。"杜《注》："瀋，汁也。言不備而責辦，不可得。"《釋文》："北土呼汁爲瀋。"按：瀋从審聲，在《侵》部。汁从十聲，在《緝》部。**其相通轉亦冣親也。**《侵》《緝》相轉，雖有其例，但不如《談》《盍》相轉之多。

《冬》《蒸》旁轉。如营本在《冬》部，或作芎，則讀入《蒸》部；《説文》："营，营藭，香艸也。芎，司馬相如説：营或从弓。"按：营从宫聲，在《冬》部。芎从弓聲，在《蒸》部。**布八十縷爲升，本在《蒸》部，轉爲緵、稯、宗，則讀入《東》《冬》二部，是也。**《儀禮·喪服篇》"冠六升"，鄭《注》："布八十縷爲升。"《史記·景帝紀》"令徒隸衣七緵布"，

《正義》:"緵,八十縷也,與布相似。"《説文》:"稯,布之八十縷爲稯。从禾,㚇聲。"《儀禮·喪服傳》《孔疏》:"布八十一縷謂之宗,宗即古之升也。"按:緵、稯皆从㚇聲,在《東》部。宗在《冬》部。

《侵》《蒸》旁轉。如鳳本作朋,在《蒸》部,小篆从凡聲,則入《侵》部;《説文》:"鳳,神鳥也。从鳥,凡聲。朋,古文鳳。"**雁從瘖省聲,膺應又從雁聲,音本在《侵》部,雁、膺、應乃入《蒸》部;**《説文》:"雁,鳥也。从隹,瘖省聲。"膺,胷也。从肉,雁聲。""應,當也。从心,雁聲。"**馮几字本作凭,凭在《侵》部,今以《蒸》部之馮爲之,是也。**《説文》:"凭,依几也。从几,从任,讀若馮。"徐鉉曰:"馮,本音皮冰切。"按:《漢書·嚴助傳》、《甯成傳》《注》並云:"馮,讀曰凭。"

《蒸》《談》旁轉。如堋字亦轉作窆,是也。《説文》:"堋,喪葬下土也。从土,朋聲。""窆,葬下棺也。从穴,乏聲。"按:堋从朋聲,在《蒸》部,而窆則在《談》部。**《談》亦與《東》旁轉,**原注:次旁轉。**故窆又書作封矣。**《禮記·檀弓上篇》"縣棺而封",鄭《注》:"封,當爲窆。窆,下棺也。"**熊從炎聲,本在談部,**據金文及《三體石經》:熊乃純象形字,非从能炎省聲也。章氏乃沿許慎之誤。**張升《反論》以"鯀化爲熊"韵"積灰生蠅",**《左氏·昭七年傳正義》引張升作張叔,《反論》作《皮論》,錢大昕已辨其誤。(嚴可均《全後漢文》又題作《友論》)《論》云:"賓爵下革,田鼠上騰，牛哀虎變，鮌化爲熊，久血爲燐，積灰生蠅。”**則讀入《蒸》部。**熊字本在《蒸》部，故《左傳正義》引王劭云：“古人讀雄與熊皆於陵反，張叔用舊音也。”誠按：騰與蠅亦《蒸》部字。**《談》《盍》二部，其分亦如《侵》《緝》，**《侵》與《緝》既分爲二，《談》與《盍》自同其例。**乃如占耴二聲，常相轉變：**占聲在《談》部。《廣韻》：“耴，陟葉切。”在《盍》部。《説文》：“耴，耳垂也。”**故拈、㧕同訓；**《説文》：“拈，㧕也。从手，占聲。”“㧕，拈也。从手，耴聲。”《廣韻》：“拈，指取物也。奴兼切。”“㧕，陟葉切。”**鉆、銸同訓；**《説文》：“鉆，鐵銸也。从金，占聲。”“銸，鉆也。从金，耴聲。”《廣韻》：“鉆，持鐵者，巨淹切。”《説文》又敕淹切。《唐韻》：“銸，陟葉切。”**其相通轉亦冣親也。**《談》《盍》相轉，音理固然。

《東》《蒸》亦有旁轉。如送從併得聲，而《詩》以韵控、丰、巷；《説文》：“送，遣也。从辵，倂省。遴，籀文不省。”又：“倂，送也。从人，弅聲。”按：送从併聲，併从弅聲，本在《蒸》部，而控、丰、巷三字則在《東》部。《詩·鄭風·大叔于田篇》“抑磬控忌，抑縱送忌”，控、送爲韵。又《丰篇》：“子之丰兮，俟我乎巷兮，悔予不送兮。”丰、巷、送爲韵。**囮聲之字、乃有曾、層、竲、贈，是也。**《説文》：“囮，古文窗字。”在《東》部，而从囮聲之曾、及从曾聲之層、竲、贈等字，則在《蒸》部。**《東》《談》亦有旁轉。若坎侯即空侯；**《史記·封禪書》：“禱祠太一后土，始用樂舞，益召歌兒，作二十五弦及空侯琴瑟自此起。”《風俗通義·聲音篇》：“謹按《漢書》：孝武皇帝賽南越,禱祠太乙后土,始用樂人侯調依琴作坎坎(當作坎侯)之樂。言其坎坎應節奏也。侯以姓冠章耳。"按:空从工聲,在《東》部。坎从欠聲,在《談》部。**《史記》書張孟談、趙談作張孟同、趙同,是也。**《史記·趙世家》:"襄子懼,乃夜使張孟同私於韓魏。"《索隱》:"按《戰國策》作張孟談"(誠按:《趙策一》云:知伯因陰結韓、魏,將以伐趙,襄子召張孟談而告之云云)。談者,史遷之父名談,例改爲同。又《袁盎鼂錯列傳》:"袁盎常引大體忼慨,宦者趙同以數幸,嘗害袁盎。"趙同,《漢書·袁盎傳》作趙談。**《冬》《談》亦有旁轉。如函谷作降谷;**原注:鄭康成《尚書注》。○函谷,即函谷。《國策·西周策》"君臨函谷",高《注》:"函谷,關名也。在宏農城北。"顧祖禹《讀史方輿紀要》:"河南陜州靈寶縣南十里有幽谷故關。"《尚書·立政篇》"三亳阪尹"孔《疏》及《詩·玄鳥》《疏》引鄭《注》:"三亳者,湯舊都之民服文王者分爲三邑。其長居險,故言阪尹。蓋東成皋,南轘轅,西降谷也。"按:函字在《談》部。降从夅聲,在《冬》部,而函字則在《侵》部。**讒鼎作崇鼎,是也。**《左氏·昭三年傳》:讒鼎之銘云云。孔《疏》引服虔曰:"讒鼎,疾讒之鼎,《明堂位》所云崇鼎是也。"按:讒从毚聲,在《談》部。崇从宗聲,在《冬》部。**《侵》《談》亦有旁轉。如函與含,**《説文》:"函,舌也。""含,嗛也。(嗛,口有所銜也。)"按:含从今聲,在《侵》部。**巖與喦,音義多相通,是也。**《説文》:"巖,岸也。""喦,山巖也。讀若吟。"按:喦从品聲,在《侵》部。巖从嚴聲,在《談》

部。**此皆次旁轉也。**以上陽侈聲旁轉。

《青》《真》旁轉。如令訓爲善，本借爲靈；《説文》："令，發號也。"《爾雅·釋詁》："令，善也。"《詩·鄘風·定之方中篇》"靈雨既零"，鄭《箋》："靈，善也。"按：令在《真》部，靈在《青》部。**又顛之與頂，咽之與嗌，音義相轉，亦其例也。**《説文》："顛，頂也。""頂，顛也。""咽，嗌也。""嗌，咽也。"按：顛、咽二字在《真》部。頂从丁聲，在《青》部。嗌从益聲，在《錫》部，舊附《支》部或《青》部。

《真》《諄》旁轉。如身傓皆在《真》部，轉《諄》乃爲娠；身及身聲之傓在《真》部，辰聲之娠在《諄》部。《文始三》："《説文》：'申，神也。自申束，从臼自持。'神，《釋詁》云'重也'。申亦訓重。孳乳爲身，躳也；又爲傓、神也。神者重也。《廣雅·釋詁》：'孕，重、妊、娠、身、嬀，傓也。'《詩》'大任有身'，《傳》亦訓重。傓又變易爲娠，女妊身動也。"**尹君同聲，本在《諄》部。**按尹聲在《真》部，君聲乃在《諄》部。《文始三》亦云："尹轉《諄》，變易爲君也。"**而《記言》孚尹，則借爲浮筍，**《禮記·聘義篇》："孚尹旁達，信也。"鄭《注》："孚，讀爲浮；尹，讀如竹箭之筠。"《釋文》："尹，依注音筍。"**是又轉入《真》部也。**按：旬聲之筍，自在《真》部，而尹亦本《真》部字也。

《諄》《寒》旁轉。如堇聲在《諄》部，難漢等字從之，則入《寒》部；《説文》："堇，黏土也。"《廣韻》："堇，巨斤切。""難,那干切。""漢,呼旰切。"**貫聲在《寒》部,琨之或字從貫作瓘,則入《諄》部**;《説文》:"琨,石之美者。从玉,昆聲。瓘,或从貫。"《廣韵》:"貫,古玩切。""瓘,古渾切。"**薀積或作宛積**;《説文》:"薀,積也。"段玉裁曰:"宛與薀,薀與鬱,聲義皆通,故《方言》曰:宛,蓄也。"按:昷聲之薀在《諄》部,夗聲之宛在《寒》部。**薦席又爲荐席,皆其例也。**《楚辭・逢紛》"薜荔飾而陸離薦兮",王《注》:"薦,卧席也。"《説文》:"荐,薦席也。"按:薦字在《寒》部。荐从存聲,在《諄》部。

《青》《寒》亦有旁轉。如煢煢亦作嬛嬛;《左氏・哀十六年傳》"煢煢余在疚",鄭司農注《周禮・大祝》引作"嬛嬛予在疚"。《説文》嬛字下引《詩》亦作"嬛嬛在疚"。《詩・周頌・閔予小子篇》"嬛嬛在疚",鄭《箋》:"嬛嬛然孤特在憂病之中。"按:煢从營省聲,在《青》部。睘聲袁聲在《寒》部。**自營亦作自環,是也。**《説文》:"厶,姦衺也。《韓非》曰:'蒼頡作字,自營爲厶。'"今《韓非子・五蠹篇》"營"作"環"。**煢煢本作赹赹,則《寒》《青》皆與《真》相轉矣。**《説文》:"赹,獨行也。从走,匀聲,讀若煢。"按:匀聲在《青》部。**《真》《寒》亦有旁轉。如辨本在《真》部,釆本在《寒》部,釆訓辨别,則聲義通矣。**《説文》:"釆,辨别也。讀若辨。"**弁急之字,《説文》作辯,亦《寒》《真》之轉也。**《禮記・玉藻篇》"弁行,剡剡起屨",鄭《注》:"此急趨也。"孔《疏》:"弁,急也。急行欲速而身屨恒起也。"《説文》:"辯,憂也。从心,辡聲,一曰急也。"按:《廣韵》:"弁,皮變切。"在

《真》部。辮从辡聲,在《寒》部。**《青》《諄》亦有旁轉。如《詩》"巧笑倩兮,美目盼兮",倩在《青》部,盼在《諄》部,而以爲韵,**此《詩·衛風·碩人》文。按:盼从分聲,在《諄》部。倩从青聲,在《青》部。**子夏引《詩》,倩、盼又與絢韵,則《青》《諄》《真》三部相轉也。**子夏引《詩》,見《論語·八佾篇》。第三句云:"素以爲絢兮。"按:絢从旬聲,在《真部》。**此皆次旁轉也。**以上陽弇聲旁轉

《侯》《幽》旁轉。如句从丩聲;《説文》:"句,曲也。从口,丩聲。""丩,相糾繚也。"按:句聲在《侯》部。丩聲在《幽》部。**臞、脙二字,義同聲轉;**《説文》:"臞,少肉也。从肉,瞿聲。""脙,齊人謂臞脙也。从肉,求聲。"按:臞从瞿聲,在《魚》部。脙从求聲,在《幽》部。**蜀國,漢人書作叜;**《後漢書·劉焉傳》:"焉遣叟兵五千助之。"李賢《注》:"漢世謂蜀爲叟。"又《董卓傳》:"吕布軍有叟兵内反。"《注》云:"叟兵即蜀兵也。漢代謂蜀爲叟。"按:蜀聲在《屋》部,舊附《侯》部。叟聲在《幽部》。**尗字,漢以來皆書作豆,是也。**《説文》:"豆,古食肉器也。""尗,豆也。"段《注》:"尗豆古今語,亦古今字。此以漢時語釋古語也。《戰國策》:'韓地五穀所生,非麥而豆,民之所食,大抵豆飯藿羹。'《史記》豆作菽。"按:豆聲在《侯》部,尗聲在《覺》部,舊附《幽》部。

《幽》《之》旁轉。如求聲之字皆在《幽》部,而《詩》中裘字與梅、貍、試爲韵,則入《之》部;《詩·秦風·終南》:"終南何有,有條有梅,君子至止,錦衣狐裘。"裘、

梅爲韵。《豳風·七月》:"取彼狐貍,爲公子裘。"裘、貍爲韵。《小雅·大東》:"舟人之子,熊羆是裘,私人之子,百僚是試。"裘、試爲韵。臼聲之字,本在《幽》部,而鵂舊之字,自古以爲新舊之字,則借舊爲久,讀入《之》部;《説文》:"舊,鵂舊,舊留也。从萑,臼聲。"毒聲之字,本在《之》部,故《爾雅·釋訓》以毒韵德、忒、食,《爾雅·釋訓》:"哀哀悽悽,懷報德也;儵儵嘒嘒,罹禍毒也;晏晏旦旦,悔爽忒也;皋皋琄琄,刺素食也。"然《詩》已以毒韵鞫、覆、育、迪,爲《幽》部入聲,是也。《詩·邶風·谷風》:"昔育恐育鞫,及爾顛覆,既生既育,比予于毒。"毒、鞫、育、覆爲韵。又《大雅·桑柔》以"弗求弗迪"之迪韵"寧爲荼毒"之毒。

《之》《宵》旁轉。如毛《詩》"儦儦俟俟",韓《詩》作"駓駓騃騃";《詩·小雅·吉日篇》:"儦儦俟俟,或羣或友。"毛《傳》:"趨則儦儦,行則俟俟。"《後漢書·馬融傳》"鄙騃譟讙",李賢《注》引韓《詩》:"駓駓俟俟。"犛從犛聲,當在《之》部,而《唐韵》作莫交切,《廣韵》犛有莫交、里之兩切。犛音許其切。《説文》:"犛,西南夷長髦牛。"漢時亦以髦牛旄牛爲稱,是讀犛入《宵》部也。《史記·西南夷列傳》:"取其筰馬;僰僮、髦牛。"《漢書·西南夷傳》:"巴蜀民或竊出商賈,取其莋馬;僰僮,旄牛。"氂字從毛,《周禮·樂師》《音義》云:"氂,舊音毛。"是從毛聲在《宵》部也。《説文》:"氂,犛牛尾也。从犛省,从毛。"《廣韵》:"氂,莫交切。”而《左氏傳》晏氂,《國語》作晏萊,《唐韻》亦音里之切,是讀氂入《之》部也。晏氂,齊大夫。見《左氏·襄二十三年傳》。《釋文》:“氂,力之反,徐音來。”《國語·魯語下》,晏氂作晏萊。此皆二部相轉,故其音彼此相涉也。原注:今語言“之”則曰“的”、是由《之》轉《宵》也;言“巳”則曰“了”;亦由《之》轉《宵》也。○的从勺聲,在《藥部》,舊附《宵》部。了聲自在《宵》部。

《侯》《宵》亦有旁轉。如乘驕作乘駒,《詩·陳風·株林篇》“乘我乘駒”,《釋文》:“乘驕,音駒。沈云:或作駒字,是後人改之。”據此,陸德明所見本本作“乘我乘驕”。按:駒从句聲,在《侯》部。驕从喬聲,在《宵》部。車[illegible]讀蜂藪;《説文》:“楘,車轂中空也。从木,喿聲,讀若藪。”《周禮·考工記》“以其圍之阞捎其藪”,鄭《注》:“捎,除也。阞,三分之一也。鄭司農云:藪,讀爲蜂藪之藪。”按:橾从喿聲,在《宵》部。藪从數聲,在《侯》部。《説文》受訓上下相付,則受付一語之轉;《説文》:“受,物落上下相付也。”按:受聲在《宵》部。付聲在《侯》部。《毛詩傳》訓摽爲拊心;《詩·邶風·柏舟篇》“寤辟有摽”,毛《傳》:“摽,拊心貌。”按:摽从票聲,在《宵》部。今人書符契之字作票,皆是也。《説文》:“票,火飛也。”段《注》:“引申爲凡輕鋭之偁。今俗閒信券曰票,亦尚存古義。”誠按:今語鈔票、傳票、選舉票之類,皆信券也。《侯》《之》亦有旁轉。如音聲在《侯》部,故《易》以蔀、斗、主爲韻;《周易·豐卦》九四:“豐其蔀(王

注：蔀，覆曖鄣光明之物也。)，日中見斗，遇其夷主。”按：蔀从部聲，部从咅聲，《説文》：“咅，相與語唾而不受也。从丶，从否，丶亦聲。欧，咅或从豆欠。”《廣韵》：“蔀，蒲口切。”與斗、主二字同在《侯》部。**而陪、倍諸字，多讀入《之》部；**《廣韵》：“倍，薄亥切。”“陪，薄回切。”皆《之》部字。**又《小雅》鄂不，《箋》以爲鄂柎；**《詩·小雅·常棣篇》：“常棣之華，鄂不韡韡。”鄭《箋》：“承華者曰鄂。不，當作柎，柎，鄂足也。”按：不聲在《之》部。**《大雅》禦侮與附、後、奏爲韵，是也。**《詩·大雅·緜篇》：“予曰有疏附，予曰有先後，予曰有奔奏，予曰有禦侮。”按：侮从每聲，在《之》部。附、後、奏三字在《侯》部。**《幽》《宵》亦有旁轉。如《箾韶》亦作《簫韶》；**《説文》：“箾，以竿擊人也。从竹，削聲。虞舜樂曰《箾韶》。”又：“韶，虞舜樂也。《書》曰：‘《簫韶》九成，鳳凰來儀。’从音，召聲。”按：箾从削聲，在《藥》部，舊附《宵》部。《廣韵》有蘇彫切一音。簫从肅聲，在《覺》部，舊附《幽》部。《廣韵》：“蘇彫切。”**皋陶亦爲咎繇；**《尚書·皋陶謨篇》。《序釋文》：“皐，音高，本又作咎；陶，音遥，本又作繇。”按：《離騷》、《書大傳》、《説文》，“陶”並作“繇”。陶从匋聲，在《幽》部。繇从䍃聲，在《宵》部。**魯《詩》“素衣朱綃”，毛《詩》作“素衣朱繡”，是也。**《詩·唐風·揚之水篇》“素衣朱繡”，《儀禮·士昏禮注》引魯《詩》作“素衣朱綃”。按：綃字在《宵》部。繡字在《幽》部。**此皆次旁轉也。**以上陰侈聲旁轉

《支》《至》旁轉。如弟聲之字，當在《支》部，而鵜

讀如秩；《説文》："豑，爵之次弟也。《虞書》曰：'平豑東作'。"今《尚書·堯典篇》"豑"作"秩"。按：秩从失聲，在《質》部，即《至》部。**寔、實二字，春秋時已通用**，《春秋·桓公六年》"寔來"，杜《注》："寔，實也。"同年《左氏傳》："書曰寔來，不復其國也。"杜《注》："《言朝》則遂留不去，故變文言實來。"《詩·召南·小星篇》"寔命不同"，《釋文》："寔，韓《詩》作實。"按：《説文》："寔，止也。""實，富也。"寔从是聲，在《支》部。實聲在《質》(《至》)部。**漢時趙魏閒亦同聲呼之**；《詩·大雅·韓奕》："實墉實壑，實畝實籍。"鄭《箋》："實當作寔，趙魏之東，實寔同聲。寔，是也。"**八𦙍**原注：今作"佾"。**之字，《漢書》、《春秋繁露》皆作"溢"**；《説文》："𦙍，振𦙍也。从肉，八聲。"大徐《説文》音許乞切。《説文新附》："佾，舞行列也。从人，𦙍聲。"《廣韵》："佾，夷質切。"《漢書·禮樂志·郊祀歌》"千童羅舞成八溢"，顔《注》："溢，與佾同。佾，列也。"《春秋繁露·三代改制質文篇》："主天法商儛溢員，主地法夏儛溢方，主天法質儛溢橢，主地法文儛溢衡。"按：𦙍聲在《質》(《至》)部。益聲在《錫》部，舊附《支》部。**老洫之字亦或作溢，是也。**《莊子·齊物論篇》"以言其老洫也"，《釋文》："洫，本或作溢。"按：血聲在《質》(《至》)部。

《至》《脂》旁轉。如日聲之䵒，《左氏傳》用爲昵字；《説文》："䵒，黏也。从黍，日聲。《春秋傳》曰：'不義不䵒'。"按：《左氏·隱元年傳》："不義不暱，厚將奔。"杜《注》："不義于君，不親于兄。"《釋文》："暱，親也。"《説文》："暱，日近也。昵，或从尼。”按：日聲在《質》(《至》)部。昵从尼聲，在《脂》部。**密，本訓山如堂者，**見《説文》。**周密之密，則借爲比。故《説文》云：“比，密也”。是也。**《説文》：“比，密也。二人爲从，反从爲比。”按：比聲在《脂》部。密从必聲，在《質》(《至》)部。

《脂》《隊》二部，同居而旁轉，舊不别出。章氏定古韵二十三部，始以《隊》部獨立爲一類。顧江以來，未之有也；劉逢禄雖嘗建《未》部，與《微》部分列，然又兼收《泰》《曷》，則與《祭》部相掍，自不如章氏之審諦。别詳《二十三部音準篇》。**今尋《隊》與《術》、《物》諸韵，視《脂》、《微》、《齊》平入不同。**《文始》二云：“《隊》《脂》相近，同居互轉：若聿、出、内、朮、戾、骨、兀、鬱、勿、弗、卒諸聲，諧韵則《詩》皆獨用。而自、隹、靁或與《脂》同用。乃夫曶、昧同言，坻汷一體，造文之則已然，亦同門而異户也。”按：時賢王力氏改標《隊》部爲《物》部。**其相轉者：如豙從豕聲；**《説文》：“豙，从意也。从八，豕聲。”《廣韵》：“豙，徐醉切。”按：豙聲在《隊》部。豕聲在《脂》部。**渠魁之字借爲頠；**《尚書》僞《胤征篇》“殲厥渠魁”，某氏《傳》：“渠，大也；魁，帥也。”按：魁本訓羹斗(《説文》)，借爲頠。《説文》：“頠，大頭也。从頁，骨聲，讀若魁。”魁从鬼聲，在《脂》部。頠从骨聲，在《隊》(《物》)部。**突出之字借爲𠂤，䪼，是也。**《説文》：“突，犬从穴中暫出也。”“𠂤，小𨸏也。”“䪼，出頟也。”《廣韵》：“突，陀骨切。”“𠂤，都回切。”“䪼，直追切。”段玉裁《説文》𠂤字《注》：“小𨸏曰𠂤。

《國語》叚借魁字爲之。《周語》'夫高山而蕩以爲魁陵糞土'，賈逵、韋昭皆曰：小阜曰魁。即許之𠂤也。"又頣字《注》："謂頟肤出向前也。"按：𠂤聲隹聲在《脂》部。突聲在《隊》(《物》)部。

《脂》《歌》旁轉。如玼亦作瑳；《説文》："玼，玉色鮮也。从玉，此聲。""瑳，玉色鮮白。从玉，差聲。"《廣韵》："玼，雌氏切，又千禮切。""瑳，七何切，又七可切。"按：此聲在《脂》部。差聲在《歌》部。**呰、咨亦借爲嗟；**《説文》："呰，不思稱意也。"借爲嗟；《逸周書·太子晉篇》"四荒至、莫有怨呰"孔《注》："呰，歎恨也。"《説文》又云："謀事曰咨。"借爲嗟：《詩·大雅·蕩篇》"文王曰咨"，毛《傳》："咨，嗟也。"嗟者，《周易·離卦》九三："大耋之嗟"，王《注》："嗟，憂歎之辭也。"按：次聲在《脂》部。**彼交匪敖，亦作匪交，**《詩·小雅·桑扈篇》"彼交匪敖"，馬瑞辰《傳箋通釋》云："彼、匪古通用。《成十四年左傳》引《詩》'彼交匪傲'。《襄二十七年左傳》：公孫段賦《桑扈》，趙孟曰：'匪交匪敖，福將焉往。'《漢書·五行志》引《詩》作'匪儌匪傲'。蓋三家《詩》彼作匪，交作儌，毛《詩》作彼，即匪之叚借。交即儌之叚借。"胡承珙《毛詩後箋》云："匪彼二字，古雖通用，此詩義當作匪。"按：匪从非聲，在《脂》部。彼从皮聲，在《歌》部。**江南柀木或作棐木，是也。**《爾雅·釋木》"柀、煔"，郭《注》："煔似松，生江南。"郝懿行《義疏》："煔蓋黏字之誤。"是也。《本草》"榧實"，陶弘景《集注》："出東陽諸郡。"《爾雅翼》云：榧似煔而材光，文彩如柏，古謂文木，通作棐。

《隊》《泰》旁轉。如兀在《隊》部，月在《泰》部，而䟏亦爲𧿹，抈亦同扤；《説文》："䟏，斷足也。从足。月聲。𧿹，䟏或从兀。"《廣韻》䟏、𧿹二字並魚厥切。《説文》又云："抈，折也。从手，月聲。""扤，動也。从手，兀聲。"《國語·晉語》："其爲本也固矣，故不可抈也。"韋《注》："抈，動也。"《廣韻》抈、扤二字亦並魚厥切。**出在《隊》部，叕在《泰》部，而屈、鈯、拙諸字與叕、娺、棳諸字，同有短義。是本一語之别。此其例也。**《説文》："屈，無尾也。从尾，出聲。"《廣雅·釋詁》三："鈯，鈍也。"王念孫曰："鈯，猶拙也，方俗語轉耳。"《説文》又云："拙，不巧也。从手，出聲。""叕，綴聯也。""娺，短面也。从女，竅聲。""棳，木也。从木，叕聲。"《文始二》云："《淮南書》屈奇之服，許訓爲短，短引申爲拙，屈又孳乳爲拙，不巧也。旁轉泰爲娺、棳。娺，短面也。棳，梁上短木也。"章氏自注："《説文》無棳，用李巡説。《方言》又有䂌字，訓短。"誠按：《廣韻》："屈，區勿切。""鈯，陀骨切。"拙，職悦切。"叕，陟劣切。""娺，竹律切。"大徐《説文·音》："棳，職説切。"

《泰》《歌》二部，同居而旁轉。如曷即是何；《説文》："曷，何也。从曰，匃聲。"《廣韻》："曷，胡葛切。"按：曷聲在《泰》部。**䇭即是訶；**原注：《説文》："䇭，語相訶歫也。"〇《説文》："䇭，从口歫辛，辛，惡聲也。讀若櫱。"《廣韻》："䇭，五割切。"按：䇭聲在《泰》部。**揭即是何；**原注：儋何之何。〇《説文》:"揭,高舉也。"《莊子·胠篋篇》:"負匱揭篋擔囊而趨。"按:揭从曷聲,在《泰》部。何、訶皆从可聲,在《歌》部。**瀎泧即摩挲**;《説文》:"瀎,拭滅貌。从水,蔑聲。""泧,瀎泧也。从水,戉聲,讀若椒椴之椴。"段玉裁曰:"拭滅者,拂拭滅去其痕也。瀎泧,今京師人語如此,音如麻沙。《釋名》曰:'摩挲,猶末殺也。手上下之言也。'《巾部》幭字下曰:'讀如末殺之殺',末殺,《字林》作抹摋,即瀎泧也。異字而同音義。"誠按:《廣韵》:"瀎,莫撥切。""泧,呼括切。"蔑聲、戉聲在《泰》部;而摩从麻聲,莎从沙聲,則在《歌》部。**蛞蔞即果蠃,是也**。《説文》:"蛞,蛞蔞,果蓏也。从艸,昏聲。""蔞,艸也。可以烹魚。从艸,婁聲。"《本草綱目》草部:"栝樓即果蠃,二字音轉也。亦作菰蓏,後人又轉僞瓜蔞。"又《説文》蠃或作裸,段《注》:"俗作蠃,致爲不通。"誠按:蛞从昏聲,在《泰》部。果聲在《歌》部。《廣韵》:蛞,古活切。蠃、蠃二字並郎果切。

《支》《脂》亦有旁轉。如"樂只君子"作"樂旨君子";《詩》《樛木》、《南山有臺》、《采菽》及《魚藻》諸篇並有"樂只君子"之語。《采菽》一篇即六見。《左氏·襄二十四年傳》及《昭十三年傳》引《南山有臺》,"只"並作"旨"。又《左氏·襄十一年傳》引《采菽》,"只"亦作"旨"。《襄二十年傳》:"取其樂只君子"、《釋文》:"只,本作旨。"《昭十三年傳》引《詩》"樂只君子",宋本"只"作"旨"。按:只聲在《支》部。旨聲在《脂》部。**"積之秩秩"作"穦之秩秩"**;《詩·周頌·良耜篇》“積之栗栗”，毛《傳》：“栗栗，衆多也。”《説文》：“穦，積禾也。从禾，資聲。《詩》曰：‘穦之秩秩。’”按：積从責聲，在《錫》部。舊附《支》部。資从《次》聲，在《脂》部。**此从匕聲，本在《脂》部。而是、斯二字，同借爲此，則轉入《支》部**；《説文》：“此，止也。从止，从匕。”“是，直也。从日正。”借爲此：《論語·學而篇》“夫子至於是邦”，是也。《説文》又云：“斯，析也。从斤、其聲。《詩》曰：‘斧以斯之。’”借爲此：《禮記·檀弓篇》“歌於斯，哭於斯”，是也。按：是、斯二聲在《支》部。**示聲之字，《三百篇》多入《脂》部**，如祁字从示聲。《詩·采蘩篇》以祁與歸韵；《七月篇》以祁與遲、悲、歸韵；《出車篇》以祁與遲、萋、喈、祁、歸、夷韵；《大田篇》以祁與萋、私韵之類，並在《脂》部。**而《周禮》以示爲祇**；《説文》：“示，天垂象，見吉凶，所以示人也。”《周禮·春官·大宗伯》“掌建邦之天神、人鬼、地示”，以示爲祇。《説文》：“祇，地祇，提出萬物者也。从示，氏聲。”按：祇从氏聲，在《支》部。**《左氏傳》“提彌明”，《公羊傳》作“祁”，《史記》作“示”，則示亦出入《支》《脂》二部也**。提彌明其人，見《左氏·宣二年傳》。《公羊·宣六年傳》云：“趙盾之車右祁彌明者，國之力士也。”“提”作“祁”。《史記·晋世家》：“初，盾常田首山，見桑下有餓人。餓人，示眯明也。”《索隱》：“鄒誕云：示眯爲祁彌也，即《左傳》之提彌明也，提音市移反。劉氏亦音祁爲時移反，則祁提二字同音也。而此《史記》作示者，示即《周禮》古本地神曰祇皆作示字。鄒爲祁者，蓋由祇、提音相近，字遂變爲祁也。眯音米移反，以眯爲彌，亦音相近耳。”按：提从是聲，在《支》部。**《支》《泰》亦有旁轉。如知、哲二文，互訓通用；**《説文》：“知，〔識〕詞也。”“哲，知也。”《尚書·皋陶謨》：“能哲而惠”，《史記·夏本紀》作“能知而惠”。《洪範》“曰哲”，《宋微子世家作》“曰知”。按：知聲在《支》部。哲从折聲，在《泰》部。**《荀子》“朽木不折”，《大戴禮》作“朽木不知”，是也。**各見兩書之《勸學篇》。（《大戴禮記》據《四部叢刊》影印明袁氏本。）**《支》《歌》亦有旁轉。如芰或作茤；**《説文》：“芰，蔆也。从艸，支聲。茤，杜林説：芰从多。”按：芰从支聲，在《支》部。茤从多聲，在《歌》部。**輗或作輨，是也。**《説文》：“輗，大車轅耑持衡者。从車，兒聲。輨，輗或从宜。”按：兒聲在《支》部。宜聲在《歌》部。**《至》《泰》亦有旁轉。《説文》迭达二字，或説以爲互借；**《説文》：“迭，更迭也。从辵，失聲。一曰达。”“达，達或从大，或曰迭。”段《注》：“或曰：此迭字之異體也。达迭二字，互相爲用。”按：迭从失聲，在《質》（《至》）部。达聲在《月》（《泰》）部。**中聲之字，音本如徹，在《至》《支》二部，**原注：徹或從鬲聲。○《説文》：“屮，艸木初生也。讀若徹。”“徹，通也。从彳，从攴，从育。徹，古文徹。”按：徹聲在《質》（《至》）部。鬲聲在《錫》部，舊附《支》部。**而旹乃在《泰》部，是也。**《説文》：“旹，危高也。从𠂤，屮聲，讀若臬。”按：臬聲在《月》（《泰》）部。

《東》《侯》對轉。如冢從豖聲;《説文》:"冢(冢),高墳也。从勹,豖聲。""豖,豕絆足行豖豖。"按:冢聲在《東》部。豖聲在《屋》部,舊附《侯》部。**容從谷聲**;《説文》:"容,盛也。从宀,谷聲。"按:容聲在《東》部。谷聲在《屋》(《侯》)部。**誦轉爲讀**;《説文》:"誦,諷也(諷,誦也)。从言,甬聲。""讀,誦書也。从言,賣聲。"按:甬聲在《東》部。賣(余六切)聲在《屋》(《侯》)部。**洞借爲竇**;《説文》:"洞,疾流也。从水,同聲。"借爲竇。《説文》:"竇,空也。从穴,瀆省聲。"《文選·西京賦》"赴洞穴",薛《注》:"洞穴,深且通也。"按:洞从同聲,在《東》部。**童山即禿山**;《管子·國准篇》:"有虞之王,枯澤童山。"《荀子·王制篇》:"故山林不童而百姓有餘財也。"楊《注》:"山無草木曰童。"《釋名·釋長幼》同。《説文》:"童,男有辠曰奴,奴曰童。从䇂,重省聲。""禿,無髮也。从人,上象禾粟之形,取其聲。"按:童聲在《東》部。禿聲在《屋》(《侯》)部。**肯子即㱿子,是也**。《説文》:"肯,幬帳之象。从冃,㞢其飾也。""㱿,从上擊下也。从殳,肯聲。"段《注》:"俗作殼,或作𣪊,吴會閒音哭,卵外堅也。"又云:"幬帳,所以覆也。"按:肯,大徐本音苦江切,在《東》部。㱿,苦角切,在《屋》(《侯》)部。

冬幽對轉。如忠轉爲周;原注:忠信爲周。○《尚書》僞《太甲篇》"自周有終","某氏《傳》:"周,忠信也。"**蟲轉爲厹**;原注:蟲厹本異訓,而從厹之字,義與從虫者同。○《説文》:"厹,獸足蹂地也。九聲。"又:"萬,蟲也。从厹,象形。""禹，蟲也，从厶，象形。""离，蟲也。从厶，象形，讀與偰同(《廣韵》：偰，私列切。)。"按：《廣韵》："厶，人九切，又女九切。"在《幽部》。蟲聲在《冬》部。**猛變爲𡾰**；《説文》："猛山在齊地。从山，狃聲。"《詩·齊風·還篇》"遭我乎猛之閒兮"，《漢書·地理志》下"猛"作"𡾰"。顏《注》："字或作猛，亦作嶩。"按：𡾰从農聲，在《冬》部。猛从狃聲，在《幽》部。**夒變爲戎**；《説文》："夒，貪獸也。一曰母猴，似人。"《匡謬正俗》六："或問曰：'今之戎獸皮可爲褥者，古號何獸，何以謂之戎？'答曰：'按許氏《説文解字》曰："夒，貪獸也。"'李登聲類音'人周反'。字或作猱。此字既有柔音，俗語變訛，謂之戎耳。猶今之香葇謂之香戎。"**匔躬同訓**；《説文》："匔，曲脊也。从勹，籟省聲。""躳，身也。躬，躳或从弓。"段《注》："侯執信圭，伸圭人形直；伯執躳圭，躳圭人形曲；鞠躳者，斂曲之貌也。"按：躳聲在《冬》部。籟聲在《覺》部，舊附《幽》部。**窮究同訓，是也**。《説文》："竆，極也。从穴，躳聲。""究，窮也。从穴，九聲。"按：九聲在《幽》部。

《侵》《幽》對轉。如禫服作導服；《説文》："禫，除服祭也。从示，覃聲。"段《注》："《説文》一書三言'讀若三年導服之導'。考《士虞禮注》曰：'古文禫或爲導。'《喪大記注》曰：'禫或皆作道。'鄭君从禫，許君从導，各有所受之也。"按：禫(《廣韵》：徒感切)从覃聲，在《侵》部。導从道聲，在《幽》部。**味道作味覃**；章氏《新方言·釋器》："《説文》：'覃，長味也。'雙聲相轉，《侵》《幽》對轉，字變作道。今人通謂味道，本味覃也。"**侵從帚而音亦與帚相轉**；《説文》："侵，漸進也。从人又持帚。"按：帚聲在《幽》部。**寢訓宿而音亦與宿相轉**；《説文》："寑，卧也。从宀，侵聲。""寢，病卧也。从㝱省，㝳(籀文寑)省聲。"《後漢書·馬融傳》《注》："寢，宿也。"按：㝳聲在《侵》部。宿聲在《覺》部，舊附《幽》部。**冘豫即猶豫**；《説文》："冘，淫淫，行貌。"段《注》："古籍内冘豫義同猶豫，巴東《灎澦堆》亦曰猶豫，《坤元録》作冘豫，《樂府》作淫豫。"按：《廣韵》："冘，餘針切。"在《侵》部。猶从酋聲，在《幽》部。**栠弱即柔弱，是也。**《説文》："栠，弱皃。从木，任聲。""柔，木曲直也。从木，矛聲。"《楚辭·九章·哀郢》："外承歡之汋約兮，諶荏弱而難持。"《老子》："人之生也柔弱。"又云："天下柔弱，莫過於水。"按：任聲在《侵》部。矛聲在《幽》部。

《緝》《幽》對轉。如《小雅》"事用不集"即事用不就；《詩·小雅·小旻篇》："謀夫孔多，是用不集。"毛《傳》："集，就也。"誠按：《詩》文作"是"不作"事"，此蓋誤記。**《豳風》"九月叔苴"即九月拾苴**；見《七月篇》。毛《傳》訓叔爲拾。按：叔聲在《覺》部，舊附《幽》部。拾从合聲，在《緝》部。**勼合爲一語**；《説文》："勼，聚也。从勹，九聲，讀若鳩。"段《注》："《釋詁》曰：'鳩，聚也。'《左傳》作鳩。《古文尚書》作逑。《莊子》作九。今字則鳩行而勼廢矣。"誠按：《論語·憲問篇》："桓公九合諸侯，不以兵車。"作九合。九聲在《幽》部。**匌帀爲同訓，皆一語之轉也。**《説文》："匌，帀偏也。从勹,舟聲。”“帀,周也。”按:舟聲在《幽》部。帀聲在《緝》部。**今㬎聲之字;亦多讀入《幽》部入聲矣。**㬎从立聲,當在《緝》部。而㬎字以及㬎聲之煜、喅等字讀余六切,則在《覺》部。

《蒸》《之》對轉。如載、乘同訓;《説文》:“載,乘也。从車,𢦏聲。”段《注》:“乘者,覆也。上覆之則下載之,故其義相成。”按:𢦏聲在《之》部。乘聲在《蒸》部。《廣韵》:“𢦏,祖才切。”**止、懲同訓**;《吕氏春秋·知士篇》“静郭君不能止”,高《注》:“止,禁止也。”《説文》:“懲,𢗖也(𢗖,懲也)。”按:止聲在《之》部。懲从徵聲,在《蒸》部。**台、朕同訓**;台、朕同訓我,見《爾雅·釋詁上》。《尚書》僞《説命篇》:“朝夕納誨,以輔台德。”按:台聲在《之》部,朕聲在《蒸》部。**戴增同訓,皆一語之轉也。**《説文》:“戴,分物得增益曰戴。从異,𢦏聲。”“增,益也,从土,曾聲。”按:曾聲在《蒸》部。**倗讀如陪**;《説文》:“倗,輔也。从人,朋聲,讀若陪位。”按:倗从朋聲,在《蒸》部。陪从咅聲,在《之》部。**徵讀如止**;《説文》:“徵,召也。”《廣韵·蒸韵》:“徵,陟陵切。”《禮記·月令篇》:“孟夏之月其音徵。”《廣韵·止韵》:“徵,五音配夏,陟里切。”**繒亦作綷**;原注:從宰省聲。○《説文》:“繒,帛也。从糸,曾聲。綷,籀文繒从宰省。”按:宰聲在《之》部。**冰亦作凝,亦其例也。**原注:從疑聲。○《説文》:“冰,水堅也。凝,俗冰从疑。”按:冰聲在《蒸》部。疑聲在《之》部。

《談》《宵》對轉。誠按:《談》《宵》兩部,元音不同。上舉《緝》《幽》兩部，下舉《盍》《宵》兩部亦然。揆之音理，對轉爲難。此章氏一家之言云爾。**如《説文》"訬讀若毚"**；《説文》："訬，擾也。从言，少聲，讀若毚。"按：少聲在《宵》部，毚聲在《談》部。**爵弁之爵，字本作纔**；《儀禮·士冠禮篇》"爵弁服"，鄭《注》："爵弁者，冕之次，其色赤而微黑，如爵頭然。"《説文》："纔，帛雀頭色。一曰微黑色如紺。讀若讒。从糸，毚聲。"按：爵雀古今字。爵聲在《藥》部，舊附《宵》部。**瀺、灂同訓**；原注：《説文》無瀺，以灂該之。○《説文》："灂，水小聲。从水，爵聲。"《文選》馬融《長笛賦》"碓投瀺穴"，李《注》："瀺，水注聲也。"**嚵、噍同訓，皆一語之轉也。**《説文》："嚵，小啐也。（啐，小飲也）从口，毚聲。""噍，齧也。从口，焦聲。嚼，噍或从爵。"按：焦聲在《宵》部。

《盍》《宵》對轉。如砭轉爲剽；原注：《説文》："剽，砭刺也。"○《説文》："砭，以石刺病也。从石，乏聲。"按：剽从票聲，在《宵》部。乏聲在《盍》部。**疀轉爲斛**；《説文》："疀，斛也，古田器也。从甾，疌聲。""斛，从斗，庣聲。《爾雅》曰：'斛謂之疀'，古田器也。"按：疌聲在《盍》部，庣聲在《宵》部。《廣韵》："疀，楚洽切。""斛，吐彫切。"**捷**原注：《説文》訓獵。**轉爲鈔**；原注：《説文》訓叉取。○《説文》："捷，獵也，軍獲得也。"徐鉉曰："鈔，今俗别作抄。"**獵轉爲獠**；《説文》："獵，放獵逐禽也。从犬，巤聲。""獠、獵也。从犬，尞聲。"按：巤聲在《盍》部。尞聲在《宵》部。**擸**原注：《説文》訓理持**轉爲撩**，原注：《説文》訓理**是也。**

《東》《幽》亦有對轉。如蓳借爲督；《説文》："蓳，鼎蓳，也。从艸、童聲。杜林曰'藕根'。"段《注》："亦作董，古童、重通用。"《説文》又云："督，察也。从目，叔聲。"《尚書·大禹謨篇》"董之用威"，某氏《傳》："董，督也，威以督之。"《左氏·文六年》、《昭十三年傳》杜《注》並云："董，督也。"按：蓳从童(重)聲，在《東》部。督从叔聲，在《覺》部，舊附《幽》部。**縱訓爲縮**；《儀禮·鄉飲酒禮篇》"磬階閒縮霤"，鄭《注》："縮，從也。"《禮記·檀弓上篇》"古者冠縮縫"，孔《疏》："縮，直也。"按：從聲在《東》部。縮从宿聲，在《藥》(《幽》)部。**冡之音義得于冃**；《説文》："冃，重覆也。从冂一。""冡，覆也。从冃豕。"按：《廣韵》："冃、武道切。"在《幽》部。"冡，莫紅切。"在《東》部。**用之音義同于由**；《廣雅·釋詁》："由，用也。"《左氏·襄三十年傳》："以晉國之多虞，不能由吾子。"杜《注》："由，用也。"按：用聲在《東》部。由聲在《幽》部。**翳變爲幢**；《爾雅·釋言》："翢，纛也。""纛，翳也。"郭《注》："今之羽葆幢，舞者所以自蔽翳。"《説文》："翳(翿)，翳也，所以舞也。从羽，殹聲。"段玉裁曰："翳、翢、翿同字。"又《説文新附》云："幢，旌旗之屬。从巾，童聲。"按：翳从殹聲(殹从㠯聲)，在《幽》部。幢从童聲，在《東》部。**霿讀如蒙，是也。**《説文》："霿，天氣下地不應曰霿。霿，晦也。从雨，瞀聲。"《釋名·釋天》："霧，冒也。氣蒙亂覆冒物也。""蒙，日光不明蒙蒙然也。"段玉裁曰："經史霁、霿、霧三字往往淆譌。霚之或體作霧(《説文》：地氣發天不應曰霚)，霿之或體作蒙，不可亂也。”按:霿从瞀聲(瞀从敄聲),在《幽》部。蒙从冡聲,在《東》部。**《緝》《之》亦有對轉。急、亟相借;**《説文》:“急,褊也。从心,及聲。”“亟,敏疾也。”《孟子·滕文公下篇》“未嘗聞仕如此其急”,《史記·秦始皇本紀》“項羽急擊秦軍”,“急”皆借爲“亟”。按:及聲在《緝》部。亟聲在《職》部,舊附《之》部。**翌、翼相借,是也。**《爾雅·釋言》:“翌,明也。”郭《注》引《書》曰:“翌日乃瘳。”今《尚書·金縢篇》作翼日。郝懿行曰:“翌者,昱之叚音也。《説文》云:‘昱,明日也。’通作翌。《廣韵》:‘翌,明日也。’”按:翌从立聲,在《緝》部。翼从異聲,在《之》部。**《侵》《冬》與《之》亦有對轉。喑噁作意烏;**《史記·淮陰侯列傳》“項王喑噁叱咤”,《索隱》:“喑啞,懷怒氣;叱咤,發怒聲。”《漢書·韓信傳》作“意烏猝嗟”。《集注》引晉灼曰:“意烏,恚怒聲也。”按:喑从音聲,在《侵》部。意聲在《之》部。**得失作中失,是也。**《周禮·地官·師氏》:“掌國中失之事”,鄭《注》:“故書中爲得。杜子春云:‘當爲得,記君得失若《春秋》。’是也。”按:中聲在《冬》部,德聲在《職》(《之》)部。**《東》《之》亦有對轉。《公羊傳》:“宰上之木拱矣。”以宰爲冢;**原注:宰字《方言》作埰,《説文》無。○《説文》:“宰,辠人在屋下執事者。”借爲冢。《公羊·僖三十三年傳》云:“若爾之年者,宰上之木拱矣。”何《注》:“宰,冢也;拱,可以手對抱。”陳立《義疏》:“《穀梁傳》:‘泰伯曰:子之冢木已拱矣。’錢詹事曰:‘二字聲相近,故可轉訓。’”按:宰聲在《之》部。冢聲在《東》部。**《説文》“艐讀若**

莘",是也。原注:茸亦從耳聲,其字在《東》在《冬》未定。○《説文》:"艐,船著不行也。从舟,㚇聲,讀若莘。""莘,羹菜也。从艸,宰聲。"按:㚇聲在《東》部。茸字亦當在《東》部。**此皆次對轉也。**以上侈聲對轉

《青》《支》對轉。如㣚訓使,轉而爲俾;《説文》:"㣚,使也。从彳,甹聲。""俾,益也。从人,卑聲。"《詩·魯頌·閟宫篇》:"俾爾熾而昌,俾爾壽而臧。"鄭《箋》:"俾,使也。"按:甹从甹聲,在《青》部。俾从卑聲,在《支》部。**趌訓半步,轉而爲頃;**《説文》:"趌,半步也。从走,圭聲,讀若跬同。"又:"頃,頭不正也。"借爲趌。《禮記·祭義篇》"故君子頃步而弗敢忘孝也",鄭《注》:"頃,當爲趌,聲之誤也。"《釋文》:"頃,讀爲趌。"按:圭聲在《支》部。頃聲在《青》部。**耿从烓聲;**《説文》:"耿,耳箸頰也。从耳,烓省聲。"按:耿聲在《青》部。**鞞讀如餅,是也。**《説文》:"鞞,刀室也。从革,卑聲。"《廣韵》:"鞞,補頂切。"按:并聲在《青》部。

《真》《至》對轉。如臻、至同訓,親、窺與至亦同訓,皆一語之轉也;《説文》:"臻,至也。"又親、窺亦並訓至。按:臻从秦聲,與親聲俱在《真》部。**妃嬪之與妃匹,**《國語·周語中》:"棄其伉儷妃嬪。"《管子·君臣下篇》:"古者未有君臣上下之别,未有夫婦妃匹之合。"《説文》:"妃,匹也。从女,己聲。"按:嬪从賓聲,在《真》部。匹聲在《質》(《至》)部。**振訊**原注:《爾雅》、《毛詩傳》皆有"振訊"之語**之與振佾**原注:《説文》:"佾,振佾也。"**,亦一語之轉也。**《爾雅·

釋言》:"振,訊也。"郭《注》:"振者奮迅。"《詩·豳風·七月篇》毛《傳》:"沙鷄羽成而振訊之。"《説文》:"振,一曰奮也。"《廣雅·釋詁》:"振,訊,動也。"按:訊从卂聲,在《真》部。佾从八聲、在《質》(《至》)部。

《諄》與《脂》《隊》對轉。如三㫳之㫳本作示;原注:《説文》示下云:"三垂,日、月、星也"。○《説文》:"㫳,房星爲民田時者。从晶,辰聲。"《文始二》:"《説文》:'示,天垂象,見吉凶,所以示人也。从二(原注:古文上字)。三垂,日、月、星也。'示本義即三辰之辰,故語轉入《真》,借辰爲之。孳乳爲㫳,房星也。《釋天》:'大辰,房心尾也,大火謂之大辰。'"按:辰聲在《諄》部。示聲在《脂》部。**"其祁孔有",讀爲麎;**《詩·小雅·吉日篇》"其祁孔有",鄭《箋》:"祁,當作麎。麎,麋牝也。中原之野甚有之。"《説文》:"麎,牝麋也。从鹿,辰聲。"**春之與推;**原注:《説文》:"春,推也。"○《説文》:"萅(春),推也。从艸,从日,艸春時生也。屯聲。"按:屯聲在《諄》部。推从隹聲,在《脂》部。**臀之與脽;**臀,《説文》作屍,云"髀也。脽,或从肉隼。"《周易·夬卦》九四:"臀無膚。"《説文》:"脽,屍也。从肉,隹聲。"按:殿聲在《諄》部。**鈍之與椎;**原注:漢人稱鈍爲椎。○《説文》:"鈍,錭也(錭,鈍也),从金,屯聲。"《史記·絳侯周勃世家》"其椎少文如此",《索隱》:大顔云:"俗謂愚爲鈍椎。"《漢書·周勃傳注》:"椎,謂樸鈍如椎也。"按:此義後又有雙音詞椎魯。**敦之與堆,皆一語之轉也。**原注:敦丘即自丘。○《説文》:"敦,怒也,詆也,一曰誰何也。从攴,𦎫聲。”又:“𠂤,小𨸏也。”徐鉉曰:“今俗作堆。”按:敦,或借爲堆。《爾雅·釋丘》“丘一成爲敦丘”,郭《注》:“成,猶重也。今江東呼地高堆者爲敦。”按:敦从𦎫聲,在《諄》部;𠂤聲在《脂》部。

《寒》與《泰》《歌》對轉。如憲得聲于害;《説文》:“憲,敏也。从心,从目,害省聲。”“害,傷也。丰聲。”按:憲聲在《寒》部。害聲在《月》(《泰》)部。**璿得聲于睿**;《説文》:“璿,美玉也。从玉,睿聲。”“叡,深明也,通也。睿,古文叡。”按:睿聲在《月》(《泰》)部,而璿字則在《寒》部。《廣韵》:“璿:似宣切。”**櫱得聲于獻**;《説文》:“櫱,伐木餘也。从木,獻聲。”“獻,宗廟犬名。从犬,鬳聲。”按:獻聲在《寒》部,而櫱字則在《月》(《泰》)部。《廣韵》:“櫱,五葛切。”**兑得聲于㕣,是《寒》《泰》之轉也**。《説文》:㕣,山閒陷泥地。讀若沇州之沇。”“兑,説也。从儿。㕣聲。”按:㕣聲在《寒》部,而兑字則在《月》(《泰》)部。《廣韵》:“㕣,以轉切。”“兑,杜外切。”**祼讀如灌**,《説文》:“祼,灌祭也。从示,果聲。”段《注》:“《大宗伯》《玉人》字作‘果’,或作‘淉’。《注》兩言‘祼之言灌’。凡云之言者,皆通其音義以爲詁訓。”誠按:祼从果聲,本在《歌》部,而讀曰灌,則在《寒》部矣。**閔讀如縣**,《説文》:“閔,試力士錘也。讀若縣。”按:閔从戈聲,在《歌》部。縣聲則在《寒》部。**獻尊即犧尊**,《周禮·春官·司尊彝》“其朝踐用兩獻尊”,鄭司農云:“獻,讀爲犧。犧尊飾以翡翠。”《釋文》:“犧,素何反。”按:犧从義聲,在《歌》部。**桓表即和表,是《寒》**

《歌》之轉也。《説文》:"桓,亭郵表也。"《漢書·酷吏·尹賞傳》:"便輿出瘞寺門桓東",《集注》:"如淳曰:瘞,埋也。舊亭傳於寺角西百步,築土四方,上有屋,屋上有柱出,高丈餘。有大板貫柱而出,名曰桓表,縣所治夾兩邊各一桓。陳宋之俗言,桓聲如和,今猶謂之和表。"師古曰:"即華表也。"錢大昕《廿二史考異》八:"桓、和、華,聲皆相近。"按:桓从亘聲,右《寒》部。

《青》《至》亦有對轉。如"戴戴大猶",今作"秩秩";《説文》:"戴,大也。从大,戥聲,讀若詩'戴戴大猷'。"今《詩·小雅·巧言篇》"戴戴"作"秩秩"。毛《傳》:"秩秩,進知也。"按:戥从呈聲,本在《青》部,而秩从失聲,則在《質》(《至》)部。《廣韵》:"戴,直一切。""戥,徒結切。"**"平秩東作"又爲"便程",是也。**《尚書·堯典篇》:"寅賓出日,平秩東作"。某氏《傳》:"平均次序東作之事以務農也。"《史記》"平秩"作"便程"。《索隱》云:"《大傳》'平'爲'辨',《周禮·馮相氏》鄭《注》作'辨秩'。"**《真》《支》亦有對轉。如《詩》言"麟之定",《傳》訓爲顛,本亦作"題",**《詩·周南·麟趾篇》"麟之定",毛《傳》:"定,題也。"孔《疏》:"傳或作顛。定本作題。"按:顛从真聲,在《真》部。題从是聲,在《支》部。**《説文》"瞶讀若瑱";**《説文》:"瞶,迎視也。从目,是聲,讀若珥瑱之瑱。""瑱,以玉充耳也。从玉,真聲。"《廣韵》:瞶,杜奚,他甸兩切。**《春秋》《傳》"西鄰責言",責讀如臻,是也。**原注:見《集韵》十九《臻》"緇詵切"下。此猶《説文》榛訓車簣，轃簣亦一聲之轉，必本舊讀。今《釋文》有側介反與如字二讀。案責字作去聲者，俗或作債。《唐韵·集韵》皆側賣切，在《卦》韵，與介在《怪》韵有别。側介必是側巾之誤。○《左氏·僖十五年傳》："西鄰責言，不可償也。"杜《注》："將嫁女于西，而遇不吉之卦，故知有責讓之言，不可報償。"按：轃从秦聲，在《真》部。責聲在《錫》部，舊附《支》部。**《真》《脂》亦有對轉。知"玭"古文作"蠙"**，《説文》："玭，珠也。从玉，比聲。蠙，《夏書》玭从虫賓。"按：玭从比聲，在《脂》部。蠙字在《真》部。**《説文》"臤讀若指"，是也。**《説文》："𧥢，訐也。从言，臣聲，讀若指。"按：臣聲在《真》部。指从旨聲，在《脂》部。**《寒》《支》亦有對轉。如"觶"或作"觗"**；《説文》："觶，鄉飲酒角也。从角，單聲。觗，《禮經》觶。"按：單聲在《寒》部。觗从氏聲，在《支》部。《廣韵》："觶，支義切。"**《地理志》越巂郡卑水，孟康音班，是也。**見《地理志集注》。**《寒》與《脂》《隊》亦有對轉。如熤轉爲烜**，《説文》："熤，火也。从火，毁聲。""爟，舉火曰爟。或从亘作烜。"《周禮·秋官·司烜氏》《注》云："讀如衛侯燬之燬。"按：毁聲在《脂》部。亘聲在《寒》部。《廣韵》："爟，古玩切。"**款从祟聲**，《説文》："欵(款)，意有所欲也。从欠，窾省。""窾，塞也。从宀，欵聲。"按：祟聲在《隊》部。欵聲在《寒》部。《廣韵》："祟，雖遂切。"**旛胡爲肥胡**，《説文》："旛，旛(原作福，段改)胡也。从㫃，番聲。"《韵會》引作"幡胡"。《國語·吴語》"建肥胡"，韋《注》："肥胡，幡也。"汪遠孫曰："胡，幅之下垂者也；肥，古與飛通。蓋言其飛揚之意也。"按：旛从番聲，在《寒》部。肥聲在《脂》部。段玉裁曰："旛胡蓋古語。如甂甈之名甂瓻，見《廣雅》。漢《堯廟碑》作墦坳。玉曰璠璵。艸木盛曰緐廡。皆雙聲字。"**焉使作夷使**；《周禮·秋官·行夫》"焉使則介之"，《釋文》："焉，劉音夷。"鄭《注》："鄭司農曰：'夷使，使於四夷，則行夫爲之介。'玄謂：夷，發聲。"按：焉聲在《寒》部。夷聲在《脂》部。**沙羨音沙夷，是也。**《漢書·地理志》：江夏郡有沙羨〔縣〕。《集解》：晉灼曰："羨。音夷。"按：羨从次聲，在《寒》部。**此皆次對轉也。**以上弇聲對轉。

《陽》《魚》對轉。如亡、無同訓；《説文》："亡，逃也。"通作無，見于傳注者甚多。按：亡聲在《陽》部。無聲在《魚》部。**荒、蕪同訓**；《説文》："荒，蕪也。从艸，巟聲。""蕪，薉也。从艸。無聲。"按：巟聲在《陽》部。**旁、溥同訓**；《説文》："旁，溥也。方聲。""溥，大也。从水，尃聲。"按：方聲在《陽》部。尃聲在《魚》部。**韡、雩同訓**；《説文》："雉(韡)，華榮也。从舜，生聲，讀若皇。""雩，艸木華也。从𠂹，亏聲。"按：韡字在《陽》部。亏聲在《魚》部。**往、于同訓**；《説文》："亏，於也。象氣之舒亏。""往，之也。"按：于訓往，屢見《詩》毛《傳》鄭《箋》。《往》聲在《陽》部。**昉**、原注：《説文》但作方、放。**甫同訓**；方訓併船，放訓逐，昉爲《説文》日部新附字，明也，皆各有本義。《公羊·隱二年傳》："曷爲貶，疾始滅也。始滅昉於此乎。"何《注》："昉，適也。齊人語。"《隸釋》載漢

《熹平石經·公羊》殘碑,昉作放,見阮元《校勘記》。《周禮·考工記·總目》:"摶埴之工陶旊",鄭《注》:"旊,讀如'放於此乎'之'放'。鄭司農云:'旊讀爲甫始之甫(段玉裁《周禮漢讀考》云:當作讀如)。'"又:《廣雅·釋詁》一:"方,始也。"《詩·召南·鵲樂篇》"維鵲方之",毛《傳》:"方之,方有之也。"段氏云:"猶甫有之也。"**攺、撫同訓**;《説文》:"攺,撫也。从攴,亡聲,讀與撫同。""撫,安也。从手,無聲。一曰循也。"**奘、駔同訓**;《爾雅·釋言》:"奘,駔也。"郭《注》:"今江東呼大爲駔。駔,猶麤也。"《方言》一:"秦晉之閒,凡人之大謂之奘,或謂之壯。"按:奘从壯聲,在《陽》部。駔从且聲,在《魚》部。**皆一語之轉也**。以上軸聲對轉。

交紐轉者云何?答曰:《寒》《宵》雖隔以空界,亦有旁轉。如《大雅》以虐、謔、灌、蹻、耄、謔、熇、藥爲韵,《大雅·板》之四章:"天之方虐,無然謔謔。老夫灌灌,小子蹻蹻。匪我言耄,爾用憂謔。多將熇熇,不可救藥。"《説文》:"薹,年九十曰薹。"段《注》:"今作耄,从老省,毛聲。"誠按:此詩灌字,或謂非韵(如江有誥《詩經韵讀》),蓋是。《詩》中耄字在《宵》部,虐、謔、蹻、熇、藥諸字均在《藥》部,舊附《宵》部。**《説文》訓芼曰艸覆蔓**,芼从毛聲,在《宵》部。蔓从曼聲,在《寒》部。**《廣雅》訓蹻曰健**,見《釋詁》。王念孫《疏證》:"蹻,讀爲趫。《説文》:'趫,善緣木之才。'《玉篇》音去驕切。"按:蹻从喬聲,在《宵》部。健从建聲,在《寒》部。**及夫榦之與稾**,《説文》:"榦,築墻耑木也。从木,倝聲。"(徐鉉曰:今别作幹,非是。)“稾,稈也。从禾,高聲。”段《注》:“叚借爲矢榦之稾,屈平屬艸稾之稾。”按:倝聲在《寒》部。高聲在《宵》部。**翰之與豪**,《説文》:“翰,獸豪也。从毛,倝聲。”“豪,豕鬣如筆管者,出南郡。从希,高聲。豪,籀文从豕。”徐鉉曰:“今俗别作毫,非是。”誠按:段玉裁以豪爲篆文。**翰之爲高**,《説文》:“翰,天雞赤羽也。从羽,倝聲。”誠按:翰訓高,見《周易·賁》及《中孚》兩卦王《注》,又《詩·小宛篇》《傳》,《四月篇》《箋》。**乾之爲槀**,原注:《周禮》作薨。《説文》:“槀,木枯也。从木,高聲。”“乾,上出也。”段《注》:“上出爲乾,下注則爲溼,故乾與溼相對。俗别其音,古無是也。”誠按:《齊策》及《吕覽》、《淮南》諸注:乾皆有燥之訓。《説文》有薨字,云“死人里也,从蒿省聲”。段《注》:“《周禮》‘乾魚謂之薨’,《内則》‘堇荁枌榆免薨’,鄭《注》:‘免,新生者,薨,乾也。’然則凡死而枯槁謂之薨,不必如許所説。”**瑑之與兆**,《説文》:“瑑,圭璧上起兆瑑也。从玉,篆省聲。”“兆,灼龜坼也。兆,古文兆省”。按:彖聲在《寒》部。兆聲在《宵》部。**彖之與逃**,《説文》:“彖,豕走也。从彑,从豕省。”“逃,亡也。从辵,兆聲。”**灌之與澆**,《廣雅·釋詁》二:“灌,漬也。”《素問·脈要精微論》:“當病灌汗”,《注》:“灌,謂灌洗。”《説文》:“澆,渶也。从水,堯聲。”按:雚聲在《寒》部。堯聲在《宵》部。**讙之與號**,《説文》:“嚻,呼也。从吅,莧聲,讀若讙。”“號,呼也。从号、从虎。”按:讙从莧聲,在《寒》部。號从号聲,在《宵》部。**柬選之與撟捎**,《説文》:“柬,分别簡之也。从束,从八。”按：謂分别選擇也。《方言》二：“撟捎，選也。自關而西，秦晉之閒，凡取物之上，謂之撟捎。”《説文》捎下云：“自關以西，凡取物之上者爲撟捎。”《廣雅·釋詁》：“撟，舉也。”按：柬選二字在《寒》部。撟捎二字在《宵》部。**偃蹇之與夭撟，其訓詁聲音皆相轉也。**原注：二皆見《廣雅·釋訓》。○《廣雅·釋訓》：“偃蹇，夭撟也。”王念孫《疏證》：“此疊韵之轉也。《漢書·禮樂志·郊祀歌》云：‘靈輿位，偃蹇驤。’《爾雅》‘人曰撟’，郭《注》云：‘頻伸夭撟。’夭撟謂之偃蹇，故屈曲亦謂之偃蹇。《淮南子·本經訓》云：‘偃蹇蓼糾，曲成文章。’司馬相如《大人賦》：‘掉指撟以偃蹇’，張《注》云：‘偃蹇，委曲貌。’是也。夭撟謂之偃蹇，故驕傲亦謂之偃蹇，崇高亦謂之偃蹇。哀六年《左傳》‘彼皆偃蹇’，杜預《注》云：‘偃蹇，驕傲。’《楚辭·離騷》‘望瑶臺之偃蹇兮’，王逸《注》云：‘偃蹇，高貌。’是也。”按：偃蹇二字在《寒》部。夭撟二字在《宵》部。**《談》、《盍》、《歌》、《泰》，雖隔以空界，亦有旁轉。如冄聲之字爲那；**按：冄聲在《談》部。冄聲之那則在《歌》部。**勇敢謂之勇果；**《禮記·聘義篇》“有義之謂勇敢”，《論語·雍也篇》：“由也果”，《集解》引包《注》：“果謂果敢，決斷也。”《説文》：“勇，氣也。从力，甬聲。”按：敢聲在《談》部。果聲在《歌》部。**盈科借爲盈坎；**《孟子·離婁下篇》“盈科而後進”，趙《注》：“科，坎也。”《説文》：“科，程也。”“坎，陷也。”按：科聲在《歌》部。坎从欠聲，在《談》部。**坎、律，銓也，坎又借爲科，是《歌》《談》之轉也。**《爾雅·釋言》郭《注》：

“《易》、《坎》卦主法，法、律皆所以銓量輕重。”郝懿行《義疏》：“《左氏·宣十二年》杜預《注》：‘《坎》爲法象。’《易集解·師》《坎》下並引《九家注》：‘坎爲法律。’”誠按：《太玄·從》“從水之科滿”，又《元攡》“三儀同科”，《注》並云：“科，法也。”**盇借爲曷**；《説文》：“盇，覆也。从血大。”《爾雅·釋言》：“曷，盇也。”郭《注》：“盇，何不也。”《經傳釋詞四》：“盇爲何不而又爲何，聲近而義通也。”按：曷聲在《泰》部。**蓋又從盇**；《説文》：“蓋，苫也。从艸，盇聲。”按：蓋聲在《泰》部。**葉從世聲**，《説文》：“葉，艸木之葉也。从艸，枼聲。”按：枼从世聲，在《泰》部，而葉聲則在《盇》部。**世又借葉，是《盇》《泰》之轉也。**《詩·商頌·長發篇》“昔在中葉”，毛《傳》：“葉，世也。”**此以近在肘腋**，肘腋，喻密接。《三國志·蜀書·法正傳》：“近則懼孫夫人生變於肘腋之下。”**而漫陰聲陽聲之界**，《廣雅·釋詁》三：“漫，敗也。”《列子·黄帝篇》“漫言曰”，《釋文》：“漫，散也。”**故謂之變聲也。**

問曰：凡陽聲之收半摩半那者，從陰聲而加之鼻音，《侯》、《幽》、《之》、《宵》，寧不可加以半那，《歌》、《泰》、《脂》、《隊》、《至》、《支》，寧不可加以半摩邪？答曰：有焉。然其埶不能上遂而復下墮，故陰聲有隔越相轉之條。《宵》欲對《青》，《支》欲對《談》，不及則適與其陰聲《支》《宵》隔越相轉，故蟫蛸爲蟲蛸；《禮記·月令篇》“仲夏之月，螳蜋生”，鄭《注》：“螳蜋，蟫蛸母也。"《説文》:"蛸,蟲蛸,堂蜋子。""蟲,蟲蛸也。从蚰,卑聲。"按:卑聲在《支》部。蟰从票聲,在《宵》部。**左膘爲左髀**;《詩·小雅·車攻篇》毛《傳》"自左膘而射之",《釋文》:"本亦作髀。"《説文》:"膘,牛脅後髀前合革肉也。从肉,㶾(票)聲。""髀,股也。从骨,卑聲。"**戎狄爲戎翟**,《禮記·王制篇》:"北方曰狄。"《國語·鄭語》"北有衛、燕、翟、鮮",韋《注》:"翟,北翟也。"按:狄从亦省聲,在《錫》部,舊附《支》部。翟聲在《藥》部,舊附《宵》部。**自古以然**。以、已本一字,經傳常見。**今敫聲、勺聲、樂聲、翟聲之字迆入《錫》韵者,由此也**。此四聲字,上古並在《藥》部。中古《錫》韵内:勺聲字有的、肑等,樂聲字有轢、礫等,敫聲字有激、燩等,翟聲字有籊、趯等。迆者,《説文》:"迆,衺行也。"《尚書·禹貢篇》"東迆北會于匯",某氏《傳》:"迆,溢也。"《釋文》:"馬云:靡也。"孔《疏》:"迆言靡迆,邪出之言,故爲溢也。"**《之》欲對《真》,《至》欲對《蒸》,不及則適與其陰聲《至》、《之》隔越相轉。故古文閾爲闆**;《説文》:"閾,門榍也。从門,或聲。闆,古文閾从洫。"按:或聲在《職》部,舊附《之》部。洫从《血》聲,在《質》(《至》)部。**肊亦爲臆**;《説文》:"肊,胷骨也。从肉,乙聲。臆,肊或从意。"按:乙聲在《質》(《至》)部,意聲在《職》(《之》)部。**宓羲爲伏羲**;《漢書·古今人表》,上上聖人第一爲太昊帝宓犧氏,《集注》:"宓,音伏,字本作虙。"皇甫謐《帝王世紀》:"太昊帝庖犧氏取犧牲以充庖厨,以食天下,故號曰庖犧氏,是爲羲皇。後世音謬,故謂之伏羲,或謂之慮羲(《顔氏家訓·書證篇》作《宓》羲)。”按:宓从必聲,在《質》(《至》)部。伏聲在《職》(《之》)部。**不暱爲不和**,《説文》:“和,黏也。从黍,日聲。《春秋傳》曰‘不義不和。’”今《左氏·隱元年傳》作“不義不暱”。按:日聲在《質》(《至》)部。暱从匿聲,在《職》(《之》)部。**由此也。**　原注〔一〕因《之》與《至》轉,故其左右之《幽》、《宵》皆附之以轉。如《小雅》“神之弔矣,民之質矣”,弔、質爲韵。○《詩·小雅·天保篇》;“神之弔矣,詒爾多福;民之質矣,日用飲食。”按:弔聲在《藥》(《宵》)部。　原注〔二〕“發彼有的”;毛《傳》訓的爲質。○見《詩·小雅·賓之初筵篇》。按:的从勺聲,本在《藥》(《宵》)部,已見前。　原注〔三〕到之音本轉于至。○《説文》:“到,至也。从至,刀聲。”錢大昕《十駕齋養新録五》:“古讀至亦爲陟利切,讀如疐,舌頭非舌上也。”按:到聲在《宵》部。　原注〔四〕而弔借爲到,亦借爲至。是《宵》《至》之轉也。○《爾雅·釋詁》:“弔,至也。”《詩·小雅·天保篇》及《節南山篇》毛《傳》同。按:弔聲在《宵》部。　原注〔五〕韓《詩》以“蓼薪”爲“票薪”。○《詩·豳風·東山篇》“烝在栗薪”,毛《傳》:“烝,衆也。”《釋文》:“韓《詩》作蓼。”王應麟《詩考》:“烝在蓼新,衆薪也。”按:蓼从漻聲,漻从翏聲,在《幽》部。栗聲在《質》(《至》)部。《廣韵》:翏,落蕭,力救兩切。

原注〔六〕《禮經》“軒輖”之字,《詩》作“軒輊”,是《幽》《至》《之》轉也。○《儀禮·既夕記》“志矢一乘,軒輖中”,鄭《注》:“輖,蟄也。”胡培翬《正義》:“軒言車輕,輖言車重,引申爲凡物之輕重。軒輖中者,謂矢前後之輕重適均而已。”《詩·小雅·六月篇》"戎車既安,如輊如軒",毛《傳》:"輊,摯也。"鄭《箋》:"戎車之安,從後視之如摯,從前視之如軒,然後適調也。"按:輖从周聲,在《幽》部。**《幽》欲對《諄》,《脂》、《隊》欲對《冬》、《侵》、《緝》,不及則適與其陰聲《脂》、《隊》、《幽》隔越相轉。故彫弓爲弤弓**,《孟子·萬章上篇》"琴朕,弤朕",趙《注》:"弤,彫弓也。"焦循《正義》引趙佑《温故録》云:"弤或别一弓之名,舜所常用,亦如五弦之琴爲舜自作者耳。"按:弤以氏聲,在《脂》部。彫从周聲,在《幽》部。**琱琢爲追琢**,《詩·大雅·棫樸篇》"追琢其章",毛《傳》:"追,彫也。金曰彫,玉曰琢。"《説文》:"琱,治玉也。"彫乃借字。按:追从自聲,在《脂》部。**遲任爲周任**,遲任其人,見《尚書·盤庚上篇》;周任見《論語·季氏篇》。又《左氏·隱六年傳》、《昭五年傳》皆引周任説。江永《羣經補義》疑即《書·盤庚》遲任。**翯昔爲誰昔,由此也。**《爾雅·釋訓》:"誰昔,昔也。"郭《注》:"誰,發語辭。"郝懿行《義疏》:"《釋詁》云:'疇、孰,誰也。'故誰昔或爲疇昔。《禮記·檀弓篇》:'疇昔之夜',鄭《注》:'疇,發聲也。'"誠按:《説文》:"翯,詈也。从白,𠷎聲。"𠷎者,疇之省文。𠷎聲在《幽》部。誰从隹聲,在《脂》部。**《侯》欲對《寒》,《泰》欲對《東》,不及則適與其陰聲《泰》、《侯》隔越相轉。故朱儒爲棳儒;**《淮南子·主術訓》"短者以爲朱儒枅櫨",高《注》:"朱儒,梁上戴蹲跪人也。"《釋名·釋宮室》:"棳儒也,梁上短柱也。棳儒猶朱儒。短,故以名之也。"按:朱聲在《侯》部。叕聲在

《泰》部。**鼃蝵爲蝃蝵**；《爾雅·釋蟲》"鼁鼃，鼃蝵"，郭《注》："江東呼蝃蝵，音掇。"**乘橃爲乘泭**；《爾雅·釋水》"庶人乘泭"，郭《注》："併木以渡。"《楚辭·惜往日》"乘氾泭以下流"，王《注》："編竹木以渡水曰泭。楚人曰泭；秦人曰橃。"《説文》："橃，海中大船。从木，發聲。"徐鉉曰："今俗别作筏。"段《注》："廣韵'橃'下曰：'木橃。'《説文》云：'海中大船。'謂《説文》所説者古義，今義則同筏也。"按：發聲在《泰》部。付聲在《侯》部。**誦説爲誦數**，《荀子·勸學篇》"誦數以貫之"，《正名篇》"誦數之儒"，又《致仕篇》"誦説而不陵不犯，可以爲師"，俞越《荀子平議》云："誦數，猶誦説也。凡稱説必一一數之，故即謂之數。"按：説从兑聲，在《泰》部。數从婁聲，在《侯》部。**由此也。**　原注〔一〕因《侯》與《泰》轉，故其比鄰之《幽》，亦附之以轉。《投壺》"若是者浮"，浮，借爲罰，亦或作匏作符，是《幽》、《侯》皆與《泰》轉也。○《禮記·投壺篇》："魯令弟子辭曰：毋幠，毋敖，毋偝立；毋踰言，偝立踰言有常爵。薛令弟子辭曰：毋幠，毋敖，毋偝立，毋踰言，若是者浮。"鄭《注》："幠，敖慢也。偝者，不正鄉前也。踰言，遠談語也。常爵，常所以罰人之爵也。浮亦謂是也。《晏子春秋》曰：'酌者奉觴而進曰：君令浮。'晏子時以罰梁丘據。浮，或作匏，或作符；踰，或爲遥。"按：匏从包聲，浮从孚聲，並在《幽》部。符从付聲，在《侯》部。罰聲在《月》(《泰》)部。　原注〔二〕因《侯》與《泰》轉，故其同列之《宵》亦附之以轉。《説文》少从丿聲，又雀聲之字爲截。《方言》云："㒟爵言㒟截也。”與𡮐正相近。《説文》云:“䰆,束髮少也。”段氏改爲𡮐小,其實小、少、𡮐,古本同語耳。○《説文》:“少,不多也。从小,丿聲。”按:《廣韻》:“丿,餘制切。”在《泰》部。而丿聲之少,則在《宵》部。○説文:“截,斷也。从戈,雀聲。”按:雀聲在《藥》(《宵》)部,而雀聲之截,則在《月》(《泰》)部。○此引《方言》,見卷八。《説文》:“𡮐,少也。从小,乀聲,讀若輟。”段《注》:“《方言》曰:‘𡮐、杪,小也。’《廣韻》十六屑曰:‘𥖽𡮐,小也。’《方言》‘懱爵’,《注》言‘懱截也。’懱截即𥖽𡮐。”按:爵聲在《藥》(《宵》)部。𡮐字在《月》(《泰》)部。《廣韻》:“𡮐,姊列切。”“乀,敷勿切。”○《説文》《䰆》下云“少也”,段氏改少爲𡮐、小二字。云:“《廣韻》十六《屑》,十七《薛》引作少小二字。少乃𡮐之誤。”○《文始》九:“小,孳乳爲少,不多也。轉《泰》變易爲𡮐,少出。猶截得聲于雀矣。《方言》:‘𡮐,杪,小也。’”誠按:此即所謂小、少、𡮐,古本同語也。　原注〔三〕因《泰》與《侯》轉,故其比鄰之《隊》亦附之以轉。如絀、絑同訓,柮、株同訓;拙、鈯與朱愚、銖鈍同訓,皆一語之轉也。○《説文》:“絀,絳也,从糸,出聲。”“絑,純赤也。从糸,朱聲。”按:出聲在《物》(《隊》)部。○《説文》:“柮,斷也。从木,出聲。”《列子·黄帝篇》“吾處也若槷株駒”,《釋文》:“崔譔曰:槷株駒,斷樹也。”○《説文》:“拙,不巧也。从手,出聲。”《廣雅·釋詁》三:“鈯,鈍也。”《莊子·庚桑楚篇》“不知乎,人謂我朱愚”,《集釋》引郭嵩燾曰:“朱愚者,智術短小之謂。”《淮南子·齊俗訓》“其兵戈銖而無刃”,高《注》:“楚人謂刃頓爲銖。”莊逵吉曰:“按頓即鈍字,故頑頓即頑鈍是。”　原注〔四〕

若夫銖訓鈍者，字本作錭。○《説文》："銖，權十絫（原作分，段改）黍之重也。从金，朱聲。""錭，鈍也。从金，周聲。"按：銖訓鈍乃錭之借。周聲在《幽》部。　原注〔五〕而周周爲短羽，乃几几之借。《緯》書言"冠短周周"，亦几字之借。○《説文》："几，鳥之短羽飛几几也，讀若殊"。《韓非子·説林下篇》："鳥有翢翢者，重首而屈尾。"《文選》阮籍《詠懷詩》之十四李《注》引作"周周"。《文始》六："此與隹古本雙聲，韓非以周周爲之，引申爲凡短之稱。孳乳爲短，从矢，豆聲，然則短音本如几，今入《寒》部者，猶疃从童聲，亦入《寒》部也。蓋周時音已轉矣。"誠按：《御覽》九一五引《論語摘衺聖》："鳳有六像九苞"；九苞，"六曰冠短周"。　原注〔六〕與屈爲短尾又相轉也。○《説文》："屈（屈），無尾也。从尾，出聲。"　原注〔七〕毛《詩》《傳》訓屈爲收，則以收拘同从丩聲，本一語之轉，故屈又爲收矣。○《詩·魯頌·泮水篇》"屈此羣醜"，毛《傳》："屈，收也。"《説文》："收，捕也。从攴，丩聲。""拘，止也。从手，从句，句亦聲。""句，从口，丩聲。"按：丩聲在《幽》部。　原注〔八〕句萌或作區萌，與詘又相轉也。○《禮記·月令篇》："生氣方盛，陽氣發泄，句者畢出，萌者盡達。"鄭《注》："句，曲生者。芒而直曰萌。"又《樂記》篇"區萌達"，鄭《注》："屈生曰區。"《説文》："詘，詰詘也。从言，出聲。誳，詘或从屈。"按：區聲在《侯》部，與詘爲《侯》、《隊》相轉。**然其陽聲亦往往效之。《支》《宵》隔五而轉，《青》《談》亦隔五而轉，故《公羊經》敬嬴作頃熊**；《左氏·文十八年傳》"敬嬴生宣公。"《公羊·宣八年經》作"頃熊"。按：嬴聲在

《青》部。熊,《説文》以爲从炎省聲,則在《談》部。**《説文》"耆讀若耿介之耿",由此也。**《説文》:"耆,老人面如點也。从老省,占聲,讀若耿介之耿。"按:占聲在《談》部。耿聲在《青》部。**《至》、《之》隔五而轉,《真》、《蒸》亦隔五而轉。故夌或作蓬;**《説文》:"蔆,芰也。从艸,淩聲。蓬,司馬相如説:蔆从遴。"按:淩从夌聲,在《蒸》部。遴从粦聲,在《真》部。**矜亦讀兢;**《説文》:"矜,矛柄也。从矛,今聲。"段《注》:"各本篆作矜,解云今聲。今依漢《石經·論語》、《溧水校官碑》、《魏受禪表》皆作矜正之。毛《詩》與天、臻、民、旬、填等字韵,讀如鄰,古音也"。按:今聲在《真》部。兢聲在《蒸》部。**勝屠之音,轉爲申屠;**《史記·酷吏·周陽由傳》:"由後爲河東都尉時,與其守勝屠公争權,相告言罪。"《索隱》引《風俗通》:"勝屠即申屠。"按:勝从朕聲,在《蒸》部。申聲在《真》部。**四北爲甸,甸可讀乘,由此也。**《左氏·哀十七年傳》"良夫乘衷甸兩牡",孔《疏》:"甸即乘也。四丘爲甸,出車一乘,故以甸爲名。"按:甸从田聲,在《真》部。乘聲在《蒸》部。**《脂》、《幽》隔五而轉,《諄》、《侵》亦隔五而轉。㐱聲之字爲參,**《説文》:"曑,商星也。从晶,㐱聲。參、曑或省。"按:参聲在《侵》部,㐱聲則在《諄》部、故大徐以爲㐱非聲,段玉裁亦疑爲後人竄改也。**殿屎借爲唸吚,是也。**《説文》:"唸,吚也。从口,念聲。《詩》曰:'民之方唸吚。'""吚,唸吚,呻也。"今《大雅·板篇》作殿屎。毛《傳》:"殿屎,呻也。"《爾雅·釋訓》郭《注》:"呻吟之聲。"按:念聲在

《侵》部。殿聲在《諄》部。　原注〔一〕因《諄》與《侵》轉，故其比鄰之《真》亦附之以轉。《本艸》梣皮作秦皮是也。○《本草綱目》木部，李時珍曰："秦皮本作梣皮，其木小而岑高，故以爲名。人訛爲桪木，又訛爲秦，或云本出秦地，故得秦名也。"按：梣从岑聲，在《侵》部。秦聲在《真》部。　原注〔二〕《真》又與《冬》轉：《大雅》以天韵躳是也。○《詩・大雅・文王篇》："命之不易，無遏爾躬，宣昭義問，有虞殷自天。"按：天聲在《真》部。躬聲在《冬》部。　原注〔三〕因《侵》與《諄》轉，故其比鄰之《東》亦附之以轉。《大雅》以東韵慇、辰、痻，《淮南》、《史記》、《漢書》皆以逢門爲逢蒙，是也。○《詩・大雅・桑柔篇》："憂心慇慇，念我土宇，我生不辰，逢天僤怒，自西徂東，靡所定處，多我覯痻，孔棘我圉。"誠按："自西徂東"句，江有誥、朱駿聲皆謂當作"自東徂西"，則東字非韵。慇从殷聲，痻从昏聲，與辰聲並在《諄》部。逢蒙，古之善射者。見《孟子・離婁下篇》。《淮南子・原道訓》亦作逢蒙，而《史記》《集解》引作逢門，不作逢門。《史記・龜策傳》："羿名善射，不如雄渠逢門。"《漢書・藝文志》兵技巧有《逢門》、《射法》二篇，顔《注》："即逢蒙。"按：蒙聲在《東》部。門聲在《諄》部。**《泰》《侯》隔五而轉，《寒》《東》亦隔五而轉。故百官爲百工，**《孟子・滕文公上篇》"父兄百官皆不欲"，又："百官有司，莫敢不哀"，《尚書・堯典篇》："允釐百工，庶績咸熙。"某氏《傳》："工，官。"按：官聲在《寒》部。工聲在《東》部。**衮從公聲，**公聲在《東》部。衮聲則在《諄》部。《説文》衮从台聲，乃在《寒》部。**曈從童聲**,《説文》:"曈,禽獸所踐處也。从田,童聲。"按:童聲在《東》部,曈字則在《寒》部。《廣韵》:"曈,吐緩切。"**鏦或從彖聲作錄,是也**。《説文》:"鏦,矛也。从金、從聲。錄,鏦或从彖。"按:從聲在《東》部,彖聲在《寒》部。**其幸而合會者,《宵》、《青》有轉,則《三蒼》訓熛爲迸火**;《四分律》卷一《音義》引《三蒼》:"熛,迸火也。"《説文》:"熛,火飛也。"按:熛从票聲,在《宵》部。迸从并聲,在《青》部。**《説文》訓艴爲縹色**:《説文》:"縹,帛青白色也。"**《莊子》洴澼絖即漂絖**;《莊子・逍遥遊篇》:"宋人有善爲不龜手之藥者,世世以洴澼絖爲事。"《釋文》引李云:"洴澼絖者,漂絮於水上。"**《淮南》生蔈即生蓱**。原注:《地形訓》:"容華生蔈,蔈生蘋藻。"《廣雅・釋草》:"薸,蓱也。"〇蘋,《淮南》通行本作萍。《説文》以苹訓蓱,王念孫《廣雅・釋草疏證》:"薸與瓢同,蓱與萍同。"**《之》、《真》有轉。則《説文》讀𡰥爲迅**,《説文》:"𡰥,列也。从㔾,吏聲,讀若迅。"按:吏聲在《之》部。迅从卂聲,在《真》部。**訓嬪爲服**,原注:與婦同訓。〇嬪从賓聲,在《真》部。服聲在《職》部,舊附《之》部。婦字自在《之》部。**《釋木》以櫬、采薪、即薪爲同名,是也**。櫬从親聲,在《真》部。采聲在《之》部。即聲在《質》(《至》)部。**《幽》《諄》有轉。則昷聲之字爲媪**;《説文》:"昷,仁也。""媪,女老稱也。从女,昷聲。"按:昷聲在《諄》部,昷聲之媪,則在《幽》部。《廣韵》:"媪,烏晧切。"**𦎧聲之字爲𩞟**;《説文》:"𦎧,孰也。从亯,从羊,讀若純。""𩞟,食飪也。从丮，𦎧聲。"按：𦎧聲在《諄》部。埶聲在《覺》部，舊附《幽》部。**《大雅》彫弓乃爲敦弓；**《詩·大雅·行葦篇》"敦弓既堅"，毛《傳》："敦弓，畫弓也。"孔《疏》："敦與彫古今之異，彫是畫飾之義，故云敦弓畫弓也。"按：彫从周聲，在《幽》部。**《司几筵》每敦一几，敦讀曰燾，是也。**《周禮·春官·司几筵》鄭《注》："敦，讀曰燾。燾，覆也。"按：燾从壽聲，在幽部。**《侯》、《寒》有轉。則《説文》短从豆聲；**按：豆聲在《侯》部，而豆聲之短則在《寒》部。**耎聲、需聲之字，往往相變；**錢大昕《養新録》卷四有"需有耎音"一則，章氏《管子餘義》從之（説見《幼官篇》），而段玉裁注《説文》則謂需、耎二聲分别畫然，不容相亂。兩家所論，段氏爲長。誠嘗作《需有耎音辨》一文詳之，謂需耎相亂，漢時已然矣。**敂關爲款關，**《周禮·地官·司關》："凡四方之賓客敂關，則爲之告。"鄭《注》："敂關，猶謁關人也。"《史記·商君列傳》："由余聞之，款關請見。"《集解》引韋昭曰："款，叩也。"按：敂从句聲，在《侯》部。款聲在《寒》部。**款款爲叩叩，是也。**《楚辭·卜居》"吾寧悃悃款款朴以忠乎"，王《注》："志純一也。"《廣雅·釋訓》："叩叩，誠也。"王念孫《疏證》："《楚辭·九歎》'行叩誠而不阿兮'，叩亦誠也。重言之則曰叩叩。"**《支》《談》有轉。則产有危、**原注：魚毁切**檐兩讀，**《説文》："产，仰也。从人在厂上。"《廣韵》："产，職廉切。"《注》云："本魚毁切。"按：产聲在《談》部，讀魚毁切，則在《支》部。**《釋宫》"垝謂之坫"，亦由是轉是也。**《説文》："垝，毁垣也。从土，危聲。"

"坫,屏也。从土,占聲。"按:危聲在《支》部。占聲在《談》部。《廣韵》:"垝,過委切。""坫,都念切。"**《至》《蒸》有轉。則《釋詁》訓凌爲凓;**《爾雅·釋言》"淩,慄也",郝懿行《義疏》:"《爾雅》古本作凌凓,故《釋文》引樊注作凌。慄者,凓之假借。"誠按:凌从夌聲,在《蒸》部。凓从栗聲,在《質》(《至》)部。又章氏誤記《釋言》爲《釋詁》。**荀子言陵謹,言節族欲陵,並即恂栗、嚴栗之栗,**原注:本作瑮**是也。**《荀子·富國篇》:"其於禮義節奏也,陵謹盡察。"又《致士篇》:"凡節族欲陵,而生民欲寬。"盧文弨曰:"陵謹義相近。"王念孫曰:"陵,謂嚴密也,故與寬相反。《富國篇》曰:'其於貨財取與計數也,寬饒簡易;其於禮義節奏也,陵謹盡察。'陵謹與寬饒亦相反。"誠按:《禮記·大學篇》:"瑟兮僩兮者,恂慄也。"鄭《注》:"恂,或作峻,讀如嚴峻之峻。言其容貌嚴栗也。"瑮者,《説文》:"玉英華羅列秩秩。"段《注》:"《爾雅·釋訓》:'秩秩,清也。'毛《傳》:'秩秩,有常也。'瑮,列雙聲,瑮,秩疊韵。《聘義》説玉云:'縝密以栗。'"**《隊》、《緝》有轉。則古文以入爲内:**《文始二》:"《説文》:'入,内也。''内,入也。'古文本以入爲内。入本在《緝》部,轉入《隊》。而内聲之訥、《詩》亦與合、邑爲韵,讀入《緝》部。"**以立爲位,是也。**《周禮·春官·小宗伯》"掌建國之神位",鄭《注》:"故書位作立。"按:立聲在《緝》部。位聲在《隊》部。**《泰》、《東》有轉。則以閲爲容,**原注:《詩》"我躬不閲",《傳》曰:"閲,容也。"○《詩·邶風·谷風篇》"我躬不閲,遑恤我後",毛《傳》:"閲,容也。”鄭《箋》:“我身尚不能自容,何暇憂我後所生子孫也。”按:閲从兑聲,在《月》(《泰》)部。容聲在《東》部。**以達爲通,**原注:達本訓行不相遇,無通義。〇《説文》:“達,行不相遇也。从辵,羍聲(依段校)。”“通,達也。从辵,甬聲。”《禮記·中庸篇》“天下之達道五”,鄭《注》:“達者常行,百主所不變也。”《漢書·公孫弘傳》載弘上書,達道作通道。按:羍聲在《月》(《泰》)部。甬聲在《東》部。**以蓬爲坺,是也。**原注:蓬顆勃壤,皆借爲坺。〇《説文》:“坺,治也;一曰臿土謂之坺;一曰塵貌。从土,犮聲。”《漢書·賈山傳》:“使其後世曾不得蓬顆蔽冢而託葬焉。”《集注》引晉灼曰:“東北人名土塊爲蓬顆。”《博物志》卷二:“徐州人謂塵土爲蓬塊。”《顔氏家訓·書證篇》:“北土通呼物一凷,改爲一顆(按:凷即塊字)。”《周禮·地官·草人》:“勃壤用狐。”鄭《注》:“勃壤,粉解者。”按:犮聲在《月》(《泰》)部。蓬从逢聲,在《東》部。**此皆奇牾錯出,不别弇侈,不入旁轉對轉之條。**《説文》:“奇,異也。”“牾,逆也。”**而亦成條貫,有分理。**條貫,猶言條理。《漢書·黄霸傳》:“條貫詳備,不可復加”,分理,猶言文理。《説文叙》:“見鳥獸蹏迒之迹,知分理之可相别異也。”**蓋餘分閏位,**《漢書·王莽傳贊》:“紫色蠅聲,餘分閏位。”《集注》:應劭曰:“紫,閒色;蠅,邪音也。”服虔曰:“言莽不得正王之命,如歲月之餘分爲閏也。”**聲音之閒氣也,**《後漢書·郎顗傳注》,《御覽·皇王》、《人事》、《治道》諸部,《類聚·帝王部》並引《春秋緯演孔圖》云:“正氣爲帝,閒氣爲臣。”**不爲常**

率，常率，猶言常律。《廣雅·釋言》："律，率也。"《顔氏家訓·書證篇》："率字自有律音。"又非可泯絶其文，故謂之變聲爾。《詩·大雅·桑柔篇》"靡國不泯"，毛《傳》："泯，滅也。"《爾雅·釋詁》："泯，滅，盡也。"音之正者：呼《侯》、《幽》、《之》、《宵》諸韵，聲固近撮唇。呼《歌》、《泰》、《脂》、《隊》、《至》、《支》諸韵，聲固近上舌矣。循是而施鼻音，既有常典，故範圍不可過。摩那二音，曷能更互以施焉。

國故論衡疏證上之三

音理論

此章氏關於字母及聲韵等第之學説也。在三十六字母中，牙、舌、唇三類，皆以四音爲列：清音各二，濁音各一，收聲有濁無清。齒音之精、清兩母與照、穿兩母，亦只各配有一濁母。故潘耒作《類音》，分别補入《舅》、《杜》、《語》、《乃》等十九母，復删去《知》、《徹》、《澄》、《娘》、《敷》等五母，而總爲五十母，並撰《圖説》以闡明之。至章氏則以爲"作字母者本以《羣》承《見》、《谿》，《定》承《端》、《透》，非謂《羣》專爲《谿》之濁；《定》專爲《透》之濁；然據例自當二清二濁，收聲亦當有濁有清。轉益緐多，三十六者可爲五十"云云。其增補以後之數，雖同潘氏，而視《類音》以"自然之音必皆陰陽相麗"，並以之强配字母，足成五十者，揆諸音理，誠後勝於前矣。章氏又謂："合、撮之閒，或開、齊之閒，不容更有佗音，否則哽介不能作語。"乃就明代以後變音言之耳。若在宋元，則開合二呼實各具四等也。自音變史實觀之，元明之際，舌上聲母已分别變入正齒諸聲。其後，正齒之二等三等兩類，再混同爲舌尖後音。喉音之《影》《喻》兩母,不復異讀。而全濁又按聲調之不同,分别變入送氣清音與不送氣清音。在韵母中,發音原有區别之一、二等韵,或合二爲一;或二等韵在牙音聲母之後産生;介音而以漸混入三等韵;三四兩等韵又緣主要元音之演變而漸趨於一致。至若介音,原爲複音之iu,化爲單音之y。合i、u及不帶介音之韵,形成四種韵頭。綜上所述,宋元之四等兩呼,在明代,先是變爲兩等兩呼,而後等呼結合,化爲四呼。至清人潘耒,遂明定開、齊、合、撮之稱焉。章氏以四呼審音,是也。以兩呼八等爲破碎,則似不尋端緒矣。

韵紐者,慧琳《一切經音義》稱梵文"阿"等十二字爲聲埶,"迦"等三十五字爲體文。聲埶者韵,體文者紐也。慧琳《音義》卷二十五,《大般涅槃經音義》第八:裹(阿可反)、啊(阿箇反、阿字去聲兼引)、賢(伊以反、伊字上聲)、縊(伊異反、伊字去聲兼引)、塢(烏古反、或作鄔、亦通)、污(塢固反、引聲牙關不開)、翳(嬰計反)、愛(哀蓋反、引聲、正體愛字也)、污(襖固反、大開牙引聲、雖即重用污字、其中開合有異)、奥(阿告反、引聲)、暗(菴紺反、菴音阿甘反)、惡(阿各反、正體惡字也),已上一十二字,是翻梵字之聲勢也。迦(居佉反、又取上聲)、佉(墟迦反、佉字取上聲、墟音丘於反)、誐(魚迦反、迦字准上音)、伽(渠賀反、伽字去聲重)、仰(虚鞅反、兼鼻音、鞅音央兩反)、左(藏可反、上聲)、瑳(倉可反、上聲)、嵯(慈我反)、醝(嵯賀反、引聲重)、孃(女兩反、兼鼻音)、綺(陟賈反)、姹(坼賈反)、絮(絮雅反)、槎(茶夏反、去聲引)、拏(儜雅反、兼鼻音)、嚲(多可反)、佗(他可反、他字上聲、正體他字也)、搽(那我反)、馱(陀賀反、重)、曩(乃朗反、鼻音)、跛(波下反)、頗(陂我反)、麼(莫我反、無鼻音)、嗒(婆賀反、去聲重)、麼(忙牓反、鼻音)、野(如本字音也)、囉(羅字上聲、兼彈舌呼之)、砢(勒可反)、嚩(舞可反)、捨(尸也反)、灑(沙賈反)、縒(桑可反)、賀(何馱反),乞灑(二合兩字合爲一聲,此一字不同衆例也),已上三十四字,名爲字母。誠按:玄應《音義》《大般涅槃經》《文字品》所述梵文十四音爲裒、阿、壹、伊、塢、烏、理、釐、黳、藹、污、奧、菴、惡等,視慧琳所傳,多理、釐二母、而慧琳所列四助聲(乙上聲、乙去聲、力短聲、力去聲),他家或譯爲魯、留(又作流)、盧、婁(又作樓),亦即理、釐二母(今所謂聲化元音)之長短音分列也。要之,兩家所述,實是一事。徒以數計之,則有十二(慧琳)、十四(玄應)、十六(十二聲勢並四助聲)之異矣。又按:日本《大正藏經・悉曇部・悉曇集記》卷中有"體文亦曰字母"之語。林記云:體文亦曰字母者,此字爲體,增以麼多而成十二,故云體文。又此字爲母,能生十二;故云字母。凡列迦、佉、伽(輕)、伽(重)、哦(已上牙聲)、者、車、社(輕)、社(重)、若(已上齒聲)、吒、侘荼(輕)、荼(重)、拏(已上舌聲)、多、他、陀(輕)、陀(重)、那(已上喉聲)、波、頗、婆(輕)、婆(重)、麼(已上唇聲)、也、囉、羅、縛、奢、沙(音近沙可反)、沙(音近婆可反)、訶、濫、叉(已上遍口聲)等三十五字。然又謂"後章用三十四字爲體,唯濫字全不能生,餘隨所生,具如當章論之"云云,是不計濫字,則三十五爲三十四矣。**斯蓋前代韵書之言。**黄淬伯《慧琳一切經音義反切考》、《慧琳經音義所據之韵書説》:"唐貞元、元和閒,西明寺僧慧琳撰《大藏音義》一百卷。采用音切,乃天寶時元廷堅所作之《韵英》也。《經音義》開卷注覆載二字云:'上敷務反,見《韵英》,秦音也。諸字書皆敷救反,吴楚之音也。'"然則《韵英》一書,準音定切,所依憑者爲此時之關中音。今欲上窺千百年前之關中音系,探其涯略,則《經音義》實爲之奥藏。"**《北史·徐之才傳》曰:"尤好劇談體語,公私言聚,多相嘲戲。"**原注:案南北朝人好以雙聲語相戲弄,故云然。《北齊書》"體"作"謔",義異。○《徐之才傳》附見《北史》卷九十《徐謇傳》。自《注》引《北齊書》,見卷三十三。明南北兩監本,清武英殿及金陵局本"體"作"謔"。南宋三朝本、汲古閣本仍作"體"。張元濟云:"按體語即反切隱語,見封演《聞見記》卷二。"誠按:《南史·羊玄保傳》:"子戎,少有才氣,而輕薄少行檢,語好爲雙聲。江夏王義恭嘗設齋,使戎布牀,須臾王出,以牀狹,乃自開牀。戎曰:'官家恨狹,更廣八分。'王笑曰:'卿豈惟雙聲,乃辯士也。'文帝好與玄保棊,嘗中使至,玄保曰:'今日上何召我邪。'戎曰:'金溝清泚,銅池摇颺,既佳光景,當得劇棋。'"《北史·魏收傳》:"博陵崔巖嘗以雙聲嘲收曰:'遇魏收衰曰愚魏。'魏答曰:'顔巖腥瘦,是誰所生,羊頤狗頰,頭團鼻平,飯房笭籠,著孔(當作札)嘲玎。'"又《洛陽伽藍記》云:"龍西李元謙能雙聲語:嘗經郭文遠宅,問曰:'是誰宅第?'婢春風曰:'郭冠軍家。'元謙曰:'凡婢雙聲。'春風曰:'儜奴慢駡。'"類此皆以雙聲語相戲弄之事也。**封演《聞見記》曰:"周顒好爲體語,因此切字皆有紐,紐有平上去入之異。"**今《玉篇》、《廣韵》所附《雙聲疊韵法》及神珙《四聲五音九弄反紐圖》中所舉章、掌、障、灼、廳、頲、聽、剔等字,正是綜合雙聲與四聲加以歸納而爲聲紐也。**然則收聲稱勢,發聲稱體,遠起齊梁閒矣。**徐之才,北齊丹陽人。周顒,南齊汝南安城人。**或以字母未出,儒者所傳切語,以上字爲雙聲標識,其文有定,亦若晚世三十六字。**原注:陳氏《切韵攷》説。〇陳澧《切韵考·通論》:"韵書分部,用東、冬、鍾、江諸字以爲標目。若雙聲之分類,則唐末僧家始有字母。字母未出之前,儒者傳習切語之學,以何者爲雙聲之標識乎?必以切語上一字矣。切語上字,凡雙聲皆可用。今考《廣韵》切語上字四十類,每類之中,常用者數字耳。合四十類,常用者不過百餘字。此非獨《廣韵》切語常用之,凡隋唐以前諸書切語皆常用之。孫叔然《爾雅音》,今見於《釋文》者數十條。其切語上字,即《廣韵》常用之字。可知此等字實孫叔然以來,師師相傳,以爲雙聲之標目。"**雖然,造反語者非始孫叔然也。**原注:案《經典釋文·序例》謂漢人不作音,而王肅《周易音》,則《序例》無疑辭,所録肅音用反語者十餘條。尋《魏志·肅傳》云:"肅不好鄭氏,時樂安孫叔然授學鄭玄之門人,肅集《聖證論》以譏短玄。叔然駁而釋之。"假令反語始于叔然,子雝豈肯承用其術乎?又尋漢《地理志》廣漢郡梓潼下應劭《注》:"潼水所出,南人墊江,墊音徒浹反。"遼東郡沓氏下應劭注:"沓,水也。音長答反。"是應劭時已有反語,則起於漢末也。〇王肅字子雝(雍),孫炎字叔然,各見《三國志·魏書》本傳。應劭字仲遠,見《後漢書》本傳。誠按:顔之推《家訓·音辭篇》、陸德明《經典釋文·敘録》、張守節《史記正義·論例》,皆謂反切創自孫炎。如章氏説,應劭時已有反語,而劭下距孫炎,歷年未久,要之均在漢季,則顔之推所謂漢末人獨知反語,説當可信。**叔然承襲舊文,體語已有數家。**郝懿行曰:"反語非起於孫叔然,鄭康成、服子慎、應仲遠年輩皆大於叔然,並解作反語,具見《儀禮》、《漢書注》,可考而知。"時賢周祖謨氏云:"反切之事,决非一人所能獨創。章太炎即謂造反語者非始於孫叔然。而應劭音外,復有服虔音數則,故唐人亦謂反切肇自服虔。如景審《慧琳一切經音義序》云:'古來反音,多以旁紐而爲雙聲,始自服虔,原無定旨。'唐末日本沙門安然《悉曇藏》引唐武玄之《韵詮·反音例》亦云:服虔始作反音,亦不詰定(《大正新修大藏經》)。是皆謂反切始自服虔也。服、應爲漢靈帝、獻帝閒人,是反切之興,時當漢末,固無疑矣。"誠按:日本大矢透氏據《後漢書·和帝紀》李賢《注》,又考見許慎亦嘗用反切注音(見趙蔭棠等《韵源流》)。周氏又云:"反切之所以興於漢末者,當與象教東來有關。"誠按:宋之鄭樵、沈括、陳振孫,清之紀昀、姚鼐,均先有是説。**故反語上字無定,見於《爾雅音》。**原注:《爾雅音》中反語如九遇、居衛、古貴,一類分用三字。苦穴、犬縣、虚貴、去貧,一類分用四字。五果、吾補、牛蒸、魚句,一類分用四字。大才、徒答，一類分用二字。直略、丈耕，一類分用二字。如羊、人垂、汝均，一類分用三字。是叔然一人所用，已非畫一也。○誠按：劉盼遂《反切不始於孫叔然辨》謂《經典釋文》所引孫氏《爾雅音》，共有六十五條。今檢孫音，絢音九遇反（《釋器》），蟨音居衛反（《釋地》），桄（孫作光）音古黄反（《釋言》），湀音苦穴反（《釋水》），駽音犬縣反（《釋畜》），肄音虚貴反（《釋詁》），頠音五果反（《釋詁》），迕音吾補反（《釋言》），凝音牛蒸反（《釋器》），寓又魚句反（《釋獸》），胎音大才反（《釋詁》），遝音徒答反（《釋言》），著音直略反（《釋天》），朾音丈耕反（《釋蟲》），儴音如羊反（《釋詁》），委音人垂反（《釋草》），犉音汝均反（《釋畜》），斯即章氏所引之文也。又按：此所舉切語上字中：九、居、古三字同屬《見》紐，若、犬、虚、去四字同屬《溪》紐，五、吾、牛、魚四字同屬《疑》紐，大、徒二字同屬《定》紐，直、丈二字同屬《澄》紐，如、人、汝三字同屬《日》紐。**及周顒整而一之，惜其不傳也。**《南史·周朗傳》附《顒傳》云："始著四聲切韵行於時。"**而晚唐五季閒，字母自兹起。**唐末沙門守温據梵藏體文，擬定三十字母。**喉、牙、舌、齒、脣者，分類就列，取於印度。**詳《悉曇集記》。又玄應《音義》載《大般涅槃經》有比聲二十五字，曰舌根聲，舌齒聲，上咢聲，舌頭聲，脣吻聲。此外超聲九字，包括二合音與今之所謂擦音及半元音。《論語·季氏篇》"陳力就列"，《集解》引馬融，以位釋列。**印度五音爲列，此土以四。**錢大昕《潛研堂答問》十二："其（按：謂三十六母）與梵書相似者：《見》、

《溪》、《羣》、《疑》即《涅槃》之迦、呿、伽、𠵊(其柯)、俄也，而去其一。《知》、《徹》、《澄》、《孃》即《涅槃》之吒、咃(丑加反)、茶、咤、拏也，而去其一。《端》、《透》、《定》、《泥》即《涅槃》之多、他、陀、馱、那(奴賀)也，而去其一。《邦》、《滂》、《竝》、《明》即《涅槃》之波、頗、婆、婆(去)也，而去其一。”**故《見》、《谿》與《羣》，《端》、《透》與《定》；其閒可補苴也。**原注：自來言字母者，皆以《羣》爲《谿》之濁，《定》爲《透》之濁，而《見》、《端》無濁音。返觀梵文，五字爲行；二清二濁，一爲收聲。而中土獨二清一濁一收，何以不相比類？蓋《羣》、《定》等字，揚氣呼之，爲《谿》、《透》之濁，抑氣呼之，爲《見》、《端》之濁。今北音多揚，南音多抑。又北音平去亦有抑揚之異，如呼《羣》皆揚如《谿》之濁，呼郡則抑氣如《見》矣；呼亭皆揚如透之濁；呼《定》則抑氣如《端》矣。同此一母而平去異貫，則知曩日作字母者，本以《羣》承《見》、《谿》，《定》承《端》、《透》，非謂《羣》專爲《谿》之濁，《定》專爲《透》之濁。然據例自當二清二濁，故潘耒《類音》爲之補苴焉。〇潘耒《類音》卷二有《五十母圖説》，謂：“諸書所列字母，多寡不一(中略)。今以自然之陰聲陽聲審之，定爲五十母。《徹》與《穿》，《澄》與《牀》，異呼而同母。《知》與《照》，《孃》與《泥》則一呼，故删之。《非》與《敷》亦異呼而同母，故去《敷》字而移《奉》以配《非》之陰聲。其《羣》、《疑》、《來》、《定》、《泥》、《日》、《牀》、《邪》、《從》、《微》、《並》、《明》十二母，有陽無陰，則增《舅》、《語》、《老》、《杜》、《乃》、《繞》、《朕》、《巳》、《在》、《武》、《奉》、《美》十二母爲陰聲以配之(原注：凡上聲多屬陰，舅、語等十二字皆上聲。巳爲辰巳之巳,《邪》母之陰聲也)。《心》母有陰無陽,則以些字爲陽聲以配之(原注:韵書些字即屬《心》母,但《心》母别無陽聲之字,不得已借用此字)。其'而'字雖獨音,然有平、上、去聲,有陰、陽、輕、重,則居然一母。且韵書中多以而字出切者,謂古讀爲如;未必然也。故增《而》母爲陽聲,復增《耳》母爲陰聲以配之。至如《牀》、《從》,濁母之下,確有二母,與《疑》、《泥》相類。以其爲甚濁之音,故混而難辨。細審連讀,當自得之。各有陰陽,故增四母(中略)。舊三十六母,今删者五,增者十九;遂成五十母。略如邵子之四十八而加詳焉。其陰陽者,非清濁之謂也。輕清爲陽,重濁爲陰,泛言之耳。審音則輕者爲陽爲濁,重者爲陰爲清。自昔相承,不可改也。若夫既立爲母,而其字或空或借,則以有其音而無其字,寧空寧借以存之,不可以無字而遂廢其音也。”誠按:《新序·刺奢篇》云:“衣弊不補,履决不苴。”《漢書·賈誼傳》云:“冠雖敝,不以苴履。”《説文》:“補,完衣也。”“苴,履中艸。”《禮記·曲禮篇》《釋文》:“苴,藉也。”**收聲音濁,而其上有清,清音復可補苴也**。原注:今音那、黏等字皆作清音,亦當補。〇三十六字母中之《疑》、《泥》、《娘》、《明》、《微》、《來》、《日》等七紐、皆次濁也。江永《音學辨微》、錢大昕《十駕齋養新録》、江有誥《等韵叢説》、陳澧《切韵考·外篇》等,均目之爲收聲。至那黏二字,雖或讀入陰調,而其聲則濁而非清也。**轉益緐多,三十六者可爲五十**。如于《見》、《端》、《知》、《幫》、《非》、《精》、《照》等七紐各加一濁聲,收聲七紐各加一清聲與之相配,則又得十四紐,與舊三十六紐並計，共爲五十。**又不知百年以後，音之分擘，將何底邪**，誠按：若以今北京音系與中古音系對比，則聲母自三十六損爲二十一（並零聲母計之，則爲二十二），韵母自六十左右損爲三十五。是漢語語音之發展，其主流當是由繁趨簡，而非有益無損，分别之無底止也。擘者，《廣雅・釋詁》："擘，分也。"底者，《左氏・昭元年傳》"勿使有所壅蔽湫底以露其體"，《釋文》引服虔云："底，止也。"（《廣雅》"擘"字，各本皆脱，王念孫據《衆經音義》引補。）**江慎修欲以大衍之數皮傅，其未知聲音損益，隨世而異也。**《周易・繫辭傳》"大衍之數五十"，韓《注》引王弼説："演天地之數，所賴者五十也。"孔《疏》引京房云："五十者，謂十日、十二辰、二十八宿也，凡五十。"《後漢書・張衡傳》"且《河》《洛》六藝，篇録已定，後人皮傅，無所容篡"，李注引揚雄《方言》曰："秦晉言非其事謂之皮傅。謂不深得其情核，皮膚淺近，强相傅會也。"《經傳釋詞》五："其，擬議之詞也。"按：江永《音學辨微・論圖書爲聲音之原》曰："《河圖》五十五點，《洛書》四十五點，合之得百，半之五十，是爲大衍之數，而聲音亦應之。故圖書者，聲音之源也。陽侵陰而缺其七濁，陰侵陽而缺其七清，故能制字之音，止於三十六也。"

又始作字母者，未有分等。據敦煌寫本守温《韵學殘卷，有《四等重輕例》，其所分等與宋元轉攝圖如《韵鏡》、《七音略》、《四聲等子》、《切韵指掌圖》、《切韵指南》之屬，每圖各分韵爲四等，悉相符合。是四等之分，守温前即已有之。

章氏未見此殘卷，故有是説。**同母之聲，大别之不過闔口開口。**宋元等韵，只分開口闔口二呼，《廣韵》末所附《辯十四聲例》法已採用之。江永《音學辨微》云："音呼有開口合口；合口者吻聚，開口者吻不聚。"按江氏所云吻聚、吻不聚，即今稱之圓唇、不圓唇也。**分齊視闔口而減者爲撮口，分齊視開口而減者爲齊齒，闔口開口皆外聲，撮口齊齒皆内聲也。**《詩·小雅·楚茨篇》："既齊既稷"，《釋文》："齊，一音才細反。謂分之齊也。"誠按：開齊合撮四呼之名，始定於潘耒《類音》，從此，宋元等韵之四等（開合各具四等、並計則爲八等）二呼，遂變爲清代等韵之開齊合撮四呼矣。潘耒《四呼圖説》云："一字必有四呼。凡音皆自内而外。初出於喉，平舌舒唇，謂之開口；舉舌對齒，聲在舌腭之閒，謂之齊齒；斂唇而蓄之，聲滿頤輔之閒，謂之合口；蹙唇而成聲，謂之撮口。撮口與齊齒相應，合口與開口相應。此四音者，本一語展轉而成。欲明音韵者，先明四呼，其餘自迎刃而解矣。鄭漁仲言，'人只知縱有四聲，不知横有七音'。余亦言人止知縱有四聲，不知横有四呼。神珙以來，未論及此。"誠按：唐宋以來，既按發音狀況之差異，將漢語全部韵母分别納入四個等列，又按發音部位及發音方法之不同，析聲母爲四等。因此，所謂等者，兼韵與聲而言之也。而明人又或從聲區分四呼。清趙紹基《拙庵韵語》，且以呼爲聲之發端。至章嘉胡土克圖撰《同文韵鏡》，更以呼爲等稱四呼爲四等矣。章氏所云，蓋本於此。又外聲内聲之説，見戴震《聲韻考》卷二。

依以節限，則闔口爲一等，撮口其細也。開口爲一等，齊齒其細也。撮口原屬合口，如《虞》韵在廣韵中爲合口三等。齊齒原屬開口，如《尤》韵在廣韵中爲開口三等之類。節限者，《釋名·釋形體》云："節，有限節也。"《禮記·中庸篇》云"發而皆中節謂之和"，孔《疏》："雖復發動，皆有節度。"本則有二，二又爲四，此易簡可以告童孺者。《周易·繫辭上傳》："易則易知，簡則易從，易簡而天下之理得矣。"季宋以降，或謂闔口開口皆四等，而同母同收者可分爲八。宋人有《四聲等子》及《四聲等第圖》，此以"等"名其韵書者也。羅常培氏云："所謂等者，即指介音；之有無及元音之弇侈而已。"誠按：據《廣韵》音系：韵分開合兩呼，而每呼又各分四等，是以爲八。是乃空有名言，《尚書》僞《大禹謨篇》："名言茲在茲"，某氏《傳》："名言此事，必在此義。"孔《疏》："名目言談此事，必在此事之義而名言之。"誠按：名言亦佛氏用語。《華嚴經》三十二云："於一一法名言，悉得無邊無盡法藏。"其實使人哽介不能作語。《說文》："哽，語爲舌所介也。"驗以見母收舌之音，昆原注：闔口、君原注：撮口、根原注：開口、斤原注：齊齒以外，復有佗聲可容其閒邪。章氏意謂四呼已足盡韵類之異，不能再加細分。原其爲是破碎者，嘗覩《廣韵》、《集韵》諸書，分部繁穰，不識其故，欲以是通之爾。《廣韵》平聲五十七韵，上聲五十五韵，去聲六十韵，入聲三十四韵，凡二百零六韵。《集韵》分部，與之全同。原者，《漢書·薛宣傳》："原心定罪"，顏

《注》:"原,謂尋其本也。"穰者,《廣雅·釋詁》:"穰,豐也。"**不悟《廣韵》所包,兼有古今方國之音,非並時同地得有聲埶二百六種也。**原注:且如《東》、《冬》於古有别,故《廣韵》兩分之,在當時固無異讀。是以李涪《刊誤》以爲不須區别也。《支》、《脂》、《之》三韵,惟《之》韵無闔口音,而《支》、《脂》開闔相閒,必分爲二者,亦以古韵不同,非必唐音有異也。若夫《東》《鍾》、《陽》《唐》、《清》《青》之辨,蓋由方國殊音,甲方作甲音者,乙方則作乙音。乙方作甲音者,甲方或又作乙音。本無定分,故殊之以存方語耳。**昧其因革,操繩削以求之,**《文心雕龍·物色篇》有"因革以爲功"之語。《荀子·王制篇》"中和者,聽之繩也",楊《注》:"繩,所以辨曲直。"《淮南子·本經訓》"無所錯其剞劂削鋸",高《注》:"削,兩刃鉤刀也。"《後漢書·蘇竟傳》李《注》:"削,一曰書刀也。"**由是侏離不可調達矣。**《後漢書·南蠻西南夷列傳》李《注》:"侏離,蠻夷語聲也。"調達,謂和暢。晉人已用是語。《詩品》評張協詩,亦有風流調達之語。**《唐韵》分紐,本有不可執者。若五《質》韵中,一、壹爲於悉切,乙爲於筆切,必以下二十七字爲卑吉切,筆以下九字爲鄙密切,蜜、謐爲彌畢切,密、蔤爲美畢切,悉分兩紐。**《廣韵》一、弌、壹三字,同在一紐,乙、鳦、乹三字又同在一紐。必、畢、篳、蓽、韠、㻫、趩、蹕、滭、斁、鷝、觱、珌、滭、熚、嬶、彃、樺、縪、鮅、饆、鏎、茟、嶧、鞸、襅、罼等二十七字同在一紐,筆、潷、鉍、柲、泌、㨶、咇、㻶、䟆等九字又同在一紐。蜜、䴑、謐、醯、檻、盜、宓、滵、矙（敦煌本《王韵》作瞔，《集韵》同）等九字同在一紐，密、峚、蔤、宓、滵、沕、榓、㫚（《説文》作㫚）、鶓、瞔等十字又同在一紐。（美畢切，《切三》及故宫本、敦煌本《王韵》、《唐韵》均作美筆反）。誠按：《廣韵》《支》、《脂》、《祭》、《真》、《仙》、《宵》、《侵》、《鹽》八韵中之喉、牙、唇音字，因其反切上字有對立，故韵圖分别置於三、四等。如此所舉，一在四等，乙在三等，必在四等，筆在三等，蜜在四等，密在三等。此即今之所謂重紐。時賢公認：重紐在語音上實有區别。**一屋韵中、育爲余六切、囿爲於六切、亦分兩紐也。**等韵圖育在四等，囿在三等。**夫其開闔未殊而建類相隔者，其殆《切韵》所承《聲類》、《韵集》諸書、丵嶽不齊，未定一統故也。因是析之，其違於名實益遠矣。**《説文叙》："建類一首"。《周易·繫辭下傳》："其殆庶幾乎。"《禮記·檀弓篇》鄭《注》："殆，幾也。"《吕氏春秋·自知篇》高《注》："殆，猶必也。"誠按：魏李登撰《聲類》（《隋志》著録十卷）、晉吕静撰《韵集》（《隋志》著録六卷），二書久佚，其詳不可得聞。但據前人所引，知其曾用反語。如顔師古《匡謬正俗》引"聆音力丁反"，玄應《音義·雜寶藏經》《音義》引"誃，昌紙反"，《後漢書·馮魴傳》李賢《注》引"鬄音他計反"等，皆出自《聲類》。陸德明《詩·有瞽篇》《釋文》引"編，布千反"，蕭該《漢書·朱博傳音義》引"蟜，己兆反"，裴駰《史記·留侯世家集解》引徐廣《史記音義》"鯫音此垢反"等，皆出自《韵集》。凡此音切，當爲陸法言所承用。又按：《説文》："丵，叢生艸也。象丵嶽相並出也。讀若浞。”段《注》:“丵嶽,疊韵字。或作族嶽。”若以是爲疑者,更舉五《支》韵中文字證之:嬀切居爲,規切居隋,兩紐也;《廣韵嬀》、規二字皆三等合口呼而分爲兩紐。韵圖嬀列合三;規列合四。虧切去爲,闚切去隨,兩紐也;《廣韵》虧、闚二字皆三等合口呼而分爲兩紐。韵圖虧列合三,闚列合四。奇切渠羈,岐切巨支,兩紐也;《廣韵》奇、岐二字皆三等開口呼而分爲兩紐。韵圖奇列開三,岐列開四。皮切符羈,陴切符支,兩紐也。《廣韵》皮、陴二字皆三等開口呼而分爲兩紐。韵圖皮列開三,陴列開四。是四類者:嬀、虧、奇、皮,古在《歌》。規、闚、岐、陴,古在《支》。魏晉諸儒所作反語,宜有不同。及《唐韵》悉隸《支》部,反語尚猶因其遺迹,斯其證驗最著者也。《左氏·僖四年傳》:“一薰一蕕,十年尚猶有臭。”《詩·小雅·小弁篇》“尚求其雌”,鄭《箋》:“尚,猶也。”審音者不尋耑緒,欲無回惑,得乎。《淮南子·精神訓》:“反覆終始,不知其端緒。”又《兵略訓》:“一晦一明,孰知其端緒。”《詩·齊風·載驅序》孔《疏》:“端,謂頭緒也。”回惑者,《詩·大雅·大明篇》“厥德不回”,毛《傳》:“回,違也。”揚雄《甘泉賦》“目駭耳回”,李《注》:“回,謂回皇也。”荀悦《申鑒·政體篇》:“肅恭其心,慎修其行,内不回惑,外無異望(明本“回”作“忒”)。”

一母或不兼有闔撮開齊,斯又口舌所礙也。李光地《音韻闡微·凡例》:"依韻辨音,各有呼法。舊分開合二呼,每呼四等。近來審音者,於開口呼内又分齊齒呼,於合口呼内又分撮口呼。每呼二等,以别輕重。"誠按:中古三十六字母自《見》、《溪》、《疑》、《影》、《曉》、《來》六紐及重唇四紐各具四等音外;其他舌頭四紐,齒頭四紐(除《邪》紐),只有一、四兩等。舌上四紐,正齒四紐(除《禪》紐),只有二、三兩等。《匣》紐只有一、二、四等。《喻》紐只有三、四兩等。而輕唇四紐及《羣》、《禪》、《日》三紐,則只有三等。《邪紐》則只有四等。再就韻部觀之,兼具四呼者,如《支》韻等是。僅有合撮者,如《東》韻等是。僅有開齊者,如《之》韻等是。**正齒撮齊即齒頭,齒頭闔開爲正齒。**按正齒實有二等音,齒頭亦有一等音,兩類音皆各具洪細也。**及夫《疑》、《尼》二母,其音易以㸚錯。**《説文》:"㸚,交也。"《尼》母即《娘》母。本卷《正言論》附表列有《疑》紐誤《娘》紐界:謂除廣東,他省多有。**今世呼疑、牛、顒、仰、皆亂於《尼》,銀、鄂、吾、危,又亂於《喻》,獨廣東不誤,江浙閒微出入耳。**誠按:今成都方音,亦大抵若此。惟顒讀若容(餘封切),讀鄂正在《疑》紐耳。**然《疑》母至於撮口齊齒,終不得不與《尼》母同呼、語、俁之譌如宇,雖近正者,財如女。顒之譌如容,雖近正者財如濃。**《廣韻》:"語,魚巨切。""俁,虞矩切。""宇,王矩切。""女,尼吕切。""顒,魚容切。""容,餘封切。""濃,女容切"。財者,《史記·孝文紀》《索隱》、《漢書·文帝紀》、《李陵》、《霍光》等《傳》顔《注》並云:"財,與纔同。"**斯由聲等不能完具，韵書雖著其音，而言者猶弗能剴切本紐，況欲令開闔皆四乎。**《説文》："剴，大鐮也。一曰摩也。"徐灝《段注箋》："剴者迫地芟草，故謂之剴切。今人所謂剴切，仍是切實之義。"誠按：《漢書·賈山傳集注》引孟康曰："劘，謂剴切之也。"《詩·小雅·雨無正篇》《正義》引《書大傳注》："剴，切。"**夫寄窠作規者，有其音無其字可也，本無其音可乎。**窠，謂空白之處。《説文》："窠，空也。"《楚辭·離騷》王《注》："圓曰規。"按：等韵圖表於韵書無其音節之空白處作〇以表之，所謂寄窠作規也。**章炳麟曰：聲音出口，則官器限之。**《荀子·正名篇》："然則何緣而以同異，曰，緣天官。"又《天論篇》："耳目鼻口，形能各有接而不相能也。夫是之謂天官。"誠按：《左傳》有"君子曰"，《史記》有"太史公曰"，章氏著書則有"章炳麟曰"，皆獨抒所見之語。**齵差之度，執非一劑，非若方位算數之整齊也。**《荀子·君道篇》："天下之變，境内之事，有弛易齵差者矣。"王先謙《集解》："齵差，參差不齊。"誠按：《説文》："齵，齱齵也。""齱齵，齒不正也。""劑，齊也。"《莊子·秋水篇》："萬物一齊，孰短孰長。"《淮南子·主術訓》："毋小大脩短，各得其宜，則天下一齊，無以相過也。"**故言音理者；亦故而已矣，惡其鑿也。**《孟子·離婁下篇》："天下之言性也，則故而已矣。故者以利爲本。所惡於智者，爲其鑿也。"趙《注》："惡人欲用智而妄穿鑿，不順物之性而改道以養之。"朱熹《集注》："利，猶順也。"**所謂聲埶者，謂韵終所收，若水之走**

尾閭也。《莊子·秋水篇》:"天下之水,莫大於海,萬川歸之,不知何時止而不盈;尾閭泄之;不知何時已而不虚。"《釋文》引司馬云:"尾閭,泄海水出外者也。"《文選》嵇康《養生論》李《注》引司馬云:"尾閭,水之從海水出者也。一名沃燋。在東大海之中。尾者,在百川之下,故稱尾。閭者,聚也。水聚族之處,故稱閭也。"**異域并音,以陰聲爲主,多者不能過十名。**原注:此即今人所謂母音。印度有十二字,爲最多矣。然其閒有長短音,有開闔音,亦可併省。〇并音即拼音,已見《小學略説》篇。母音,今多稱元音。據慧琳《音義》卷二十五"襖(阿可反)之與啊(阿箇反),賢(伊以反)之與縊(伊異反),塢(烏古反)之與污(塢固反),皆長短之異也。污(塢固反)之與污(襖固反,大開牙引聲,雖即重用污字,其中開合有異),又開合之異也。**咽喉曲折之度,雖中外不逾是矣。**《説文》:"喉,咽也。"《史記·李將軍列傳》"〔衛〕青欲上書報天子軍曲折",《正義》:"言委曲而行迴折。"《説文》:"逾,𧻚進也。"《尚書·禹貢篇》"逾于洛",某氏《傳》:"逾,越也。"**故古韵陰聲九類者,足以準度百代。**章氏所定古韵陰聲九類,見前《成均圖》。準度,猶言準則法度。《漢書·東方朔傳》"以仁義爲準度",顔《注》:"準,平、法也。"**季世二百六部之譜,依于因革,非依于音理也。**季世;猶言後代。《左氏·昭三年傳》:"叔向曰:'齊其何如?'晏子曰:'此季世也。'"誠按:北宋陳彭年等所修《廣韵》,凡立二百六部。所以如是繁穰,蓋由有所因襲,又有所改革。説已見前。**諸**

陰聲皆收喉，上古陰聲韵部或收 a，或收 e、ə，或收 o，或收 u，或收ai、ei、əi。皆喉音也。**陽聲或收脣收舌，悉可以喉音爲準。**上古陽聲韵，《侵》、《談》兩部收 m，《真》、《諄》、《寒》三部收 n，《東》、《冬》、《陽》、《青》、《蒸》五部收ng。**自戴君《聲類表》分九類二十五部，**戴震説見《聲類表》卷首《荅段若膺論韵》。**《歌》、《魚》、《鐸》曰阿、烏、堊，《蒸》、《之》、《職》曰膺、噫、億，《東》、《侯》、《屋》曰翁、謳、屋，《陽》、《宵》、《藥》曰央、夭、約，《青》、《支》、《錫》曰嬰、娃、戹，《諄》、《脂》、《質》曰殷、衣、乙，《寒》、《泰》、《曷》曰安、靄、遏，《侵》、《緝》曰音、邑，《談》、《盍》曰醃、諜。**原注：戴君收喉、收鼻、收舌、收脣之説未諦。陰陽相配，亦未精密。今但取其喉音表韵爾。○誠按：戴氏所立二十五部，全以《影》紐字標目，足見其深識音理。但以《膺》至《戹》皆收鼻音，其中《噫》(《億》)、《謳》(《屋》)、《夭》(《約》)、《娃》(《戹》)，豈收鼻音者耶？又以《殷》至《遏》皆收舌齒，其中《衣》(《靄》)部豈收舌齒者邪？戴氏雖精於審音，此則有所未諦。至於以《阿》(《歌》)爲陽聲而與《烏》(《魚》)相配，又以《夭》(《宵》)配《央》(《陽》)，以《靄》(《祭》、《泰》、《夬》、《廢》)爲陰聲，並其疏失之處。**若依其例以表二十三部，《魚》、《陽》曰"烏"、"姎"；**原注：《廣韵》烏郎切。戴以烏表《魚》部，章氏同。戴以央表《陽》部，央在《廣韵》《陽韵》，開口三等細音。章用姎，姎在《廣韵》、《唐韵》，開口一等大音。**《支》、《青》曰"烓"、**原注：《廣韵》：烏攜切。“䁝”；原注：《青》部今韵無可表音之字。䁝，今音嬰，依古當作一开切。誠按：幵，古賢切。戴以娃表《支》部，娃在《廣韵》《佳》韵，開口二等洪音。章用烓，烓在《廣韵》《齊》韵，合口四等細音。按：《庚》、《耕》、《清》、《青》四韵《影》紐字，惟《清韵》之嬰、縈是四等字，《耕》韵之甖、泓乃二等音也。又《廣韵》《清》韵，䁝、嬰二字並音於盈切。《至》、《真》曰“乙”、“因”；章氏之《至》部即戴氏之《質》部，兩家同用乙標目。戴氏《真》、《諄》不分，以“殷”表之。章氏改用“因”，“因”在《廣韵》《真》韵、開口四等細音。《脂》、《隊》、《諄》曰“㛱”、原注：《廣韵》於非切。“㷉”、原注：《廣韵》於胃切，又紆物切。昷；戴以“衣”表《脂》，“衣”爲開口三等字。章改用“㛱”，“㛱”爲合口三等字。《隊》部乃章氏所建，戴無之。“㷉”在《未》韵，於貴切。合口三等字。戴合《真》《諄》爲一，章不從，用“昷”表《諄》，合口三等字。《歌》、《泰》、《寒》曰“阿”、“遏”、“安”，以“阿”表《歌》，以“安”表《寒》，戴、章所同。戴氏既分《泰》，《曷》爲兩部，故以“靄”表《泰》，以“遏”表《曷》。章合泰、《昌》(《祭》、《月》)爲一部，故但用遏。《矦》、《東》曰“謳”、“翁”，兩家所同。《幽》、《冬》、《侵》、《緝》曰“幽”、“雝”，原注：邕聲字，近人皆説在《東》部，《詩》以禯、雝爲韵，沖、雝爲韵，則亦轉入《冬》部，故舉以表《冬》韵。“猎”、原注：《廣韵》：乙咸切。邑，《幽》部乃戴氏弟子段玉裁所建，章即以幽表之。《冬》部又戴氏弟子孔廣森所建。章氏據《詩經》用韵，以“雝”字表之。所引禯、雝爲韵，見《召南·

何彼襛矣篇》。沖、雝爲韵，見《小雅·蓼蕭篇》。又以"邑"表《緝》，兩家所同。戴以"音"表《侵》，三等字。章改"䪩"，二等字。《二十三部音準》云："《侵》當稱《咸》。"**《之》、《蒸》曰"埃"、"膺"**，戴氏以"噫"表《之》部，噫與之同爲開口三等字。黄以周改標《之》部曰《咍》部，咍乃一等大音。章氏《音準》云："《之》當稱《咍》。"此以"埃"表之，埃即在《咍》韵。又以"膺"表《蒸》，兩家所同。**《宵》、《談》、《盍》曰"夭"、"菴"、"𤴯"**，原注：《廣韵》、烏合切。以"夭"表《宵》，兩家所同。戴以"醃"表《談》，醃爲三等字。章改醃爲"菴"，一等字。戴以"諜"表《盍》，三等字（諜：余葉切），章改"𤴯"，一等字。**可以準音而視戴氏聲氣精儀冥合矣**。如上所析，戴氏既誤合《真》、《諄》，又誤《歌》爲陽，誤《祭》（《泰》）爲陰，而以"娃"表《支》，以"醃"表《談》、以"諜"表《盍》，並於洪細不合。章氏又易"噫"以"埃"，易"央"以"姎"，審音精謹，皆勝戴氏。《轉語序》云："人之語言萬變，而聲氣之微，有自然之節限。"精儀者，《説文》："儀，精謹也。"段《注》："凜凜庶幾之意也。"誠按：柳宗元始《得西山宴游記》："與萬化冥合。"《説文》："冥，幽也。"**抑夫聲埶所收，非氾走喉音而已矣**。《説文》："走，趨也。"**延袤之**，延袤，迆邐連續也。《史記·蒙恬傳》："因地形，用險制塞，起臨洮、至遼東，延袤萬餘里。"**纏緜之**，纏緜，固結不解也。《文選》潘岳《寡婦賦》："思纏綿以瞀亂兮，心摧傷以愴惻。"**慮無不開口者**，慮，猶言大率。已見前。**而分韵自有闔撮開齊**，原注：《魚》、《脂》、《隊》皆闔口，亦兼有撮口。《侯》《幽》之分,純以開口齊齒爲辨。○《魚》部中之《模》韵字,爲合口一等音,《魚》、《虞》兩韵字爲合口二、三等音。《脂》部中之《灰》韵字爲合口一等音,《微》韵字爲合口三等音(兼有開口三等音),《皆》韵字爲合口三等音(兼有開口三等音),《齊》韵字爲合口四等音(兼有開口四等音)。《隊》部中之《隊》韵字爲合口一等音(少數《代》韵字爲開口三等音),《未》韵字爲合口三等音(兼有開口三等音),《怪》韵字爲合口二等音(兼有開口二等音),《至》韵字兼有合口二、三、四等音(亦兼有開口三、四等音),少數《祭》韵字爲合口三、四等音(亦兼有開口三、四等音),少數《霽》韵字爲合口四等音(亦兼有開口四等音)。以上各韵之入聲字準此。是《魚》、《脂》、《隊》三部字兼有合撮兩呼也。又《侯》部中之《侯》韵字爲開口一等音,《虞》韵字爲合口二、三等音(兼有四等音),《幽》部中之《幽》韵字爲開口四等音,《尤》韵字爲開口三、四兩等音,其他《宵》、《蕭》兩韵字皆開口三、四等音(《宵》有四等合口音),《脂》部中部分《脂》韵字爲三、四等音,《幽》部中部分《侯》、《豪》兩韵字雖爲開口一等音,然主要乃《尤》、《幽》等韵之三、四等音,故云"《侯》、《幽》之分純以開口齊齒爲辨"也。

反語識音,其埶不能無雜用,趣以臨時磑礳得聲。

《廣雅·釋詁》:"趣,遽也。"王念孫《疏證》:"趣,曹憲音趨,又音聚。《周官·縣正》'趨其稼事',《釋文》:'趨,如字,李倉苟反,本又作趣,音促。'《月令》'乃命有司趣民收斂',《釋文》:'趣,七住反,本又作趨,又七緑反。'"磑者,《說文》:"磑,䃺也。"引申爲凡磨之稱。《太玄》(四)《疑》"陰陽相磑,物咸雕離"，范望《注》："是時陰陽分數，晝夜等齊，對相切磨，萬物雕傷而離散。"誠按：《廣韵》："磑，磨也。五對切。""礰，礰礫，打草田器，出《字林》，力摘切。"**及收韵猶當失以絫黍，**原注："烏"之收音，實亦開口而非烏也。《侯》、《幽》收音，同是一"謳"，宛無別異。〇《説文》："絫，十黍之重也。"陸法言《切韵序》："剖析豪氂，分别黍累。"**顧中外未有能免是也。夫以伊烏爲收者，其收時豈誠伊烏邪。**原注：收音不能不開口，伊，齊齒；烏，闔口。語歇收音，其實不爾。**窮言音理，大地將無解音之人，**《文選》潘岳《陶徵士誄》："茫茫大地。"《藝文類聚》七七載温子昇《寒陵山寺碑序》："雖復高天銷於猛炭，大地淪於積水，固以傳之不朽，終亦記此無忘。"**故順道大款而止。**《莊子·養生主篇》"批大郤，導大窾，因其固然"，郭《注》："節解窾空，就導令殊。"成玄英《疏》："因其空郤之處，然後運刃，亦因其眼見耳聞，必不妄加刀然也。"

國故論衡疏證上之四

二十三部音準

朱駿聲嘗作《古今韻準》,取今韻而權衡之,析一韻爲數類,以爲用韻之則,章氏此文,題曰《音準》,則以明所分古韻二十三部之音值。同用"準"字,而所施各異。按:清人江永頗致慊於顧炎武之《古音表》而歎其"考古之功多,審音之功淺",爾後學者,乃不復專以考證音類爲能事矣。惟直至章氏,始選用漢字擬儀各韻之古讀,實開近世學者全面構擬古代漢語音值之先。然既云構擬,視古讀自不能確然無閒,但求其近似,進而明其系統斯足已。而章氏晚年亦已明言及此。其序嚴刻《音韻學叢書》云:"余以爲江氏以上,所務在於抉發事證。《古韻標準》之成,其所援據已備矣。而段氏又發見《之》、《支》、《脂》異部之徵,戴本段氏師,反屈而從之。比嘉慶中,段氏已耋矣,能知三部異用之徵,顧不能成其理,更質之江晉三,謂得聞其義而死足以瞑目,江亦竟不能對。自是以後,言古音者漸舍事證而專求之聲勢,其根柢則猶所謂本音者是也。顧自孔氏謂南北異音,古今人又不相及。張皋文父子本之，謂當但求事證，不宜以意決稱本音。余謂本音之説亦不始陳氏，《集韵》"天"有鐵因切，"馬"有滿補切，"下"有後五切，是宋子京始窺本音之秘，顧不著其名耳。今之以聲勢擬儀者，誠不必確然無閒，要之得其近似，謂之假定則可矣。今遠西各國讀拉丁文，往往就其國所習讀者以爲定，固不盡羅馬正音，然不能不謂之近似也。非是則瘖者之識字而已。"誠按：章氏此論，至爲閎通。而其描寫音值，用漢字而不用音標，則時代爲之也。

古音流傳於晚世者，自二十三支分爲二百六，則有正韵支韵之異。以今觀古，《侯》當從正韵，不從支韵之《虞》。《侯》部以侯韵爲本音，其變音則闌入於《虞》。《支》當從正韵，不從支韵之《佳》。《支》部以支齊爲本音，《佳》則爲變音。《歌》當從正韵，不從支韵之《麻》。《歌》部以《歌》、《戈》爲本音。其變韵分爲兩支：變而仍侈者，則爲中古《麻》韵；變而趨斂者，則轉入《支》部及中古《佳》韵。《幽》當從正韵，不從支韵之《蕭》。此爲以正韵定音。《幽》部聲勢，介在《侯》、《宵》之閒，而轉音多入於《蕭》、《宵》、《肴》、《豪》。《脂》當從支韵之《微》。時賢或以《脂》《微》分爲兩部，或謂《微》部不能獨立。義各有當，此不詳説。《之》當從支韵之《咍》。《之》部以《咍》爲本音，《之》、《尤》則其變音。段氏雖分《支》、《脂》、《之》爲三部，但以《之》爲正音而《咍》爲變音，乃使三部音讀析於古而混於今。黄以周以《咍》建首,而後三部之疆界確然不復淆亂。**《青》當從支韵之《先》。**後文云:"《青》韵古音如今《先》、《仙》,所以異於《真》部。"清師及時賢皆無是説。《青》、《真》兩部,元音雖同而韵尾各别,本難相混。**《侵》當從支韵之《咸》。**《侵》部中《覃》、《咸》乃其洪音,而聲勢蓋當以《侵》爲主。章氏以音、歆、金、禽、吟、心等字爲流變之音,似尚可商。**《東》當從支韵之《江》。此爲以支韵定音。**原注:江南呼江,穹口而大異於《陽》、《唐》,江西尤塙。○《爾雅·釋詁》"穹,大也",郭《注》:"穹隆亦高大也。"《漢書·司馬相如傳》下"肇自顥穹生民",顏《注》:"穹,言形穹隆也。"**《魚》、《模》主《模》。**《魚》部當以《模》韵爲正音,此古今無變者。戴震標之爲《烏》。黄侃從其師説,則徑改《魚》爲《模》矣。**《祭》、《泰》、《夬》、《廢》、《曷》、《末》、《鎋》、《月》、《薛》主《曷》、《末》、《鎋》。**章氏所立《泰》部,去聲以《泰》、《夬》爲本音。由侈轉斂,則爲《祭》、《廢》。入聲以《曷》、《末》、《黠》、《鎋》爲本音,呼之稍斂,則爲《月》、《薛》、《屑》。**此爲以正韵諸部建其冢適之音。**適,通爲嫡。《後漢書·袁紹劉表傳》李《注》:"冢,嫡也。"按:嫡者,正也。**非審音端諦者莫能明也。**《左氏·成六年傳》"視流而行速",杜《注》:"視流,不端諦。"《淮南子·時則訓》"端權槩",高《注》:"端,正也。"《説文》:"諦,審也。"《關尹子·九藥篇》:"諦豪末者,不見天地之大。"**段氏言古音斂,今音侈,悉以支韵還就正韵。**

則《支》、《脂》、《之》何以分，《東》《冬》何以辨焉。段玉裁《六書音均表》一，《古十七部音變説》："大略古音多斂，今音多侈。《之》變爲《咍》，《脂》變爲《皆》，《支》變爲《佳》，變之甚者也。"又云："《冬》《鍾》者，音之正也；《東》者，《冬》《鍾》之變也。"自注："《鍾》爲正音，《冬》韵稍侈，《東》韵過侈。"錢君駁之曰：《歌》部字今多入《支》，此乃古侈今斂之徵也。錢大昕《潛研堂文集卷十五》，《荅問》十二："聲音或由斂而侈，或由侈而斂，各因一時之語言，而文字從之。如儀、宜、爲字，古音與《歌》近，今入《支》韵，即由侈而斂也。豈可執古斂今侈之説，一概而論乎？"余以古人呼《泰》，若今北方呼《麻》之去。今乃與《代》、《隊》、《至》亂，亦古侈今斂也。説見後。大氐聲音轉變，若環無端，《荀子·富國篇》："至於疆埸而端已見矣"，楊《注》："端，首也。"《家語·禮運篇》："五行之端"，《注》："端，始也。"終則有始。《莊子·秋水篇》："消息盈虚，終則有始。"必若往而不返，《禮記·閒傳篇》："斬衰之哭，若往而不反。"今世宜多解頤之憂矣。《漢書·匡衡傳》"匡説《詩》，解人頤"，顔《注》："使人笑不能止也。"昔《唐韵》以入聲配陽聲韵，據《唐韵》殘卷，校以《説文篆韵譜》，知其韵部之排列，仍與《切韵》相同。而《廣韵》韵目之次第以及四聲之相承，則當采自李舟《切韵》。李書雖早佚亡，但尋《説文篆韵譜》，猶可窺其大略。王國維《觀堂集林》八，有《李舟切韵考》一文。略謂："李舟《切韵》之爲宋韵之祖，猶陸法言《切韵》之爲唐人韵書之祖也。

乃南宋以後，皆以《廣韵》本於陸法言、孫愐，遂疑其次第亦本陸、孫，致使李舟整齊畫一之功，不顯於世。使陸、孫二韵殘本及二徐《篆韵譜》不存，此事將湮没終古矣。”**顧氏悉取以配陰聲**，顧炎武所分古韵十部，以《質》、《術》、《櫛》等入聲韵配第二部《支》、《脂》、《之》等韵，以《屋》、《沃》、《燭》、《覺》等韵配第三部《魚》、《虞》、《模》、《侯》等韵，以《屋》、《沃》等韵配第五部《蕭》、《宵》等韵，而《緝》、《合》以下九韵，仍只能配《侵》、《覃》以下九韵。此云“悉取”，小有語病。**及戴君言二平同入，以爲陰陽對轉之符**，戴震《聲類表》分古韵爲九類二十五部，入聲全部獨立，以之兼配陰陽。其前七類，每類三部，皆一陽一陰一入：如《歌》、《魚》、《鐸》爲一類（誠按：戴氏以《歌》、《戈》、《麻》近於陽聲，不合音理）；《蒸》、《之》、《職》爲一類，《東》、《尤》、《屋》爲一類，《陽》、《蕭》、藥爲一類，《庚》、《支》、《陌》爲一類，《真》、《脂》、《質》爲一類，《元》、《寒》、《桓》、《删》、《山》、《仙》、《祭》、《泰》、《夬》、《廢》、《月》、《曷》、《末》、《黠》、《鎋》、《薛》爲一類。其以入聲爲樞紐而通貫陰陽，實已開陰陽對轉之先，特未明白言之耳。至於第八類之《侵》、《緝》，第九類之《覃》、《合》，則無陰聲與之相配，惟有存而不論。**孔氏取聲焉，而復以爲古無入聲**。孔廣森《詩聲類》創陰陽對轉之説，大體本於東原，而分配較爲審諦（惟《脂》類兼收《祭》、《泰》、《月》、《曷》，則不如戴氏以《寒》、《泰》、《曷》自爲一類之善）。其言有曰：“入聲自《緝》、《合》等閉口韵外，悉當分隸自《支》至《之》七部而轉爲去聲。

蓋入聲創自江左，非中原舊讀。”誠按：孔氏古無入聲之説，一由誤解四聲乃江左文人所創，一由籍隸山東曲阜，乃入聲消失之北方話區，故竟有此臆論。且既標對轉之理，又謂古無入聲，尤矛盾難以自解也。**案古音本無《藥》、《覺》、《職》、《德》、《沃》、《屋》、《燭》、《鐸》、《陌》、《錫》諸部，是皆《宵》、《之》、《幽》、《侯》、《魚》、《支》之變聲也。**章氏以爲《宵》、《之》、《幽》、《侯》、《魚》、《支》諸部皆古平上韵，故無入聲，有入聲者，是其所變也。**有入聲者：陰聲有《質》、《櫛》、《屑》一類，《曷》、《月》、《鎋》、《薛》、《末》一類，《術》、《物》、《没》、《迄》一類。**《質》、《櫛》、《屑》一類爲《至》部之入，《曷》、《月》、《鎋》、《薛》、《末》一類爲泰部之入，《術》、《物》、《没》、《迄》一類爲《隊》部之入。**陽聲有《緝》類《盇》類耳。**《緝》爲《侵》之入。《盇》爲《談》之入。**顧君以《藥》、《覺》等部悉配陰聲，**顧炎武《古音表》以《藥》、《覺》、《沃》、《鐸》分别兼配第三(《魚》、《虞》、《模》、《侯》)、第五(《蕭》、《宵》、《肴》、《豪》、《幽》)兩部，《職》、《德》皆配第二部(《脂》、《之》、《微》、《齊》、《佳》、《皆》、《灰》、《咍》)，《屋》兼配第二、第三、第五凡三部，《燭》配第三部，《陌》配第三部，《錫》兼配第二第五兩部。其它《質》、《櫛》、《屑》、《曷》、《月》、《鎋》、《黠》、《薛》、《末》、《術》、《物》、《没》、《迄》諸韵皆配第二部。又《麥》、《昔》兩韵各兼配第二第三兩部。**徵之《説文》諧聲，《詩》、《易》比韵，其法契較然不迻。**《説文》諧聲一類，多有陰入互諧之字。《詩》、《易》等韵文中,又多陰入互押之例。顧氏據此,乃一反韵書之舊,以入配陰(惟《緝》韵附入陽聲韵)。爾後學者,並遵信之。惟宋之鄭庠,則以入配陽。時賢亦或謂:"徵諸口耳,入聲之音感雖更近於陰韵,而就體系言之,則入聲三類正當配對陽韵三類。"持論又與顧氏以下不同。然則此謂法契較然不迻,蓋猶可以斟酌焉。比韵者,《國語·吴語》韋《注》云:"比,合也。"法契者,《説文》:"契,大約也。"較然者,《史記·平津侯主父列傳》"較然著明",《索隱》:"較,音角。較,明也。"迻者,今通作移。《説文》:"迻,遷徙也。"**若"藐"得聲於"貌"**,《廣韵》上聲《小》韵:"藐,亡沼切,又亡角切。"去聲《效》韵:"貌,莫教切。"**"渓"得聲於"芺"**,《廣韵》入聲《沃》韵:"渓,烏酷切。"上聲《皓》韵:"芺,烏皓切。"**"瘵"得聲於"樂"**,《廣韵》去聲《笑》韵:"瘵,力照切。"入聲《鐸》韵:"樂,盧各切。又五角、五教二切。"**"試"得聲於"式"**,《廣韵》去聲《志》韵:"試,式吏切。"入聲《職》韵:"式,賞職切。"**"特"得聲於"寺"**,《廣韵》入聲《德》韵:"特,徒得切。"去聲《志》韵:"寺,詳吏切。"**"蕭"得聲於"肅"**,《廣韵》平聲《蕭》韵:"蕭,蘇彫切。"入聲《屋》韵:"肅,息逐切。"**"竇"得聲於"賣"**,《廣韵》去聲《候》韵:"竇,田候切。"入聲《屋》韵:"賣,余六切。"**"博"、"縛"得聲於"尃"**,《廣韵》入聲《藥》韵:"縛,符钁切。"又《鐸》韵:"博,補各切。"平聲《虞》韵:"尃,芳無切。"**"錫"得聲於"易"**,《廣韵》入聲《錫》韵:"錫,先擊切。"去聲《寘》韵:"易,以豉切。又以益切。"**兹其平、上、去、入皆陰聲也**,按:蕭爲平聲,藐爲上聲（又讀入聲），瘱、試、竇皆去聲。而其主諧字則皆入聲或去聲，又渼、特、博、縛、錫皆入聲也，而其主諧字則平、上、去、入皆有之（易有去入兩讀）。故云。**遽數之不能終其物。**此言陰入互諧，事例甚多，不勝枚舉。《禮記·儒行篇》："遽數之不能終其物，悉數也乃留，更僕未可終也。"鄭《注》："遽，猶卒也；物，猶事也。"《釋文》："遽，急也。卒，七忽反。"**江、戴以陰陽二聲同配一入，**戴震所配已見前。江永《四聲切韵表》亦以入兼配陰陽（如以《昔》韵兼配《支》、《耕》，以《質》兼配《脂》、《真》，以《職》兼配《之》、《蒸》，以《屋》兼配《侯》、《東》之類）。其言曰："平上去入，聲之轉也。一轉爲上，再轉爲去，三轉爲入，幾於窮，僅得三十四部，當三聲之過半耳。窮則變，故入聲多不直轉；變則通，故入聲又可同用。除《緝》、《合》以下九部爲《侵》、《覃》九部所專，不爲他韵借，他韵亦不能借。其餘二十五部諸韵，或合二三韵而共一入。無入者閒有之，有入者爲多。數韵同一入，猶之江漢共一流也。何嫌於二本乎。"（《四聲切韵表凡例》）**此於今韵得其條理，古韵明其變遷，因是以求對轉，易若截肪，**《説文》："截，斷也。""肪，肥也。"《文選》魏文帝《與鍾大理書》李《注》引《通俗文》："脂在腰曰肪。"**其實古韵之假象耳。已知對轉，猶得兔可以忘蹏也。**《莊子·外物篇》："荃者所以在魚，得魚而忘荃；蹄者所以在兔，得兔而忘蹄；言者所以在意，得意而忘言。"成玄英《疏》："此合喻也。意，妙理也。夫得魚兔本因荃蹄，而荃蹄實異魚兔。亦由玄理假於言説，言説實非玄理。魚兔得而荃蹄忘。玄理明而名言絶。”然顧氏以入聲麗陰聲，及《緝》、《盍》終不得不麗《侵》、《覃》。説已見前。《漢書·揚雄傳》上顔《注》：“麗，偶也。”孔氏云無入聲，而《談》與《緝》、《盍》乃爲對轉，見《詩聲類》。戴氏以一陰一陽同趣入聲，至《緝》、《盍》獨承陽聲《侵》、《談》，無陰聲可承者，皆若自亂其例。《詩·大雅·棫樸篇》“左右趣之”，毛《傳》：“趣，趨也。”《禮記·曲禮篇》《釋文》：“趨，向也。”戴説見前引《聲類表》。此三君者、坐未知古平上韵與去入韵塹截兩分，平上韵無去入、去入韵亦無平上。坐，猶言因。《樂府詩集·陌上桑》：“來歸相怒怨，但坐觀羅敷。”《説文》塹訓阬。夫《泰》、《隊》、《至》者，陰聲去入韵也，《緝》、《盍》者，陽聲去入韵也。入聲近他國所謂促音。用并音則陽聲不得有促音。先秦陽聲韵蓋只有平聲一類，不僅拼音之不得有促音也。入聲短促，平、上、去三調，則所謂舒聲。而中土入聲，可舒可促，時賢或謂上古入聲當分兩類；或又名之曰長入短入；其一類或長入變而爲後代之去聲，可與章説相參。舒而爲去，收聲屬陰聲則爲陰，收聲屬陽聲則爲陽。入聲韵皆有塞音尾。其中部分韵(即所謂次入韵)，由於韵尾之失落，乃舒而爲中古《祭》、《泰》、《夬》、《廢》等部所屬之字，未可一概而論。陰聲皆收喉，故入聲收喉者麗陰聲。陽聲有收脣、收舌，故入聲收脣者麗陽聲。

《緝》、《盍》收脣也，舒爲《侵》、《談》去聲，其收脣猶如故。以是與《侵》、《談》同居。《泰》、《隊》、《至》皆有入聲，舒其入聲歸泰隊至，猶故收喉，而不與《寒》、《諄》、《真》同收，以是不與《寒》、《諄》、《真》同居。戴震、黄侃以陰、陽、入三聲鼎立，則入聲於陰陽皆不相麗矣。入聲所以乏寡者：《之》部非不可促，促之乃與《至》同；《侯》、《幽》、《宵》非不可促，促之聲相似也；《歌》、《魚》非不可促，促之聲相似也；《蒸》部促之復若《緝》；《陽》部促之復若《泰》；聲相疑似則止矣。《吕氏春秋》有《疑似篇》。云："疑似之迹，不可不察。"衆家之説，各有馮依，要之皆未盡其常變。原注：又案戴君《聲類表》云："有入者如氣之陽，如物之雄，如衣之表；無入者如氣之陰，如物之雌，如衣之裏。"有入者如擊金成聲；無入者如擊石成聲。此所謂有入無入，乃據《廣韵》所配言之，不取顧氏所配也。後人則皆从顧，故戴、孔、嚴陰聲陽聲之説，非有相異。今人不解，以爲戴、孔所配，陰陽適相反易，故附辯之。入聲不屬陽聲，蓋漢魏訖今所同，顧惟陸《韵》爲異。《禮記・祭統篇》"顧上先下後耳"，孔《疏》以但釋顧。如"宿"轉去爲息救切，不入《送》、《宋》、《用》；《廣韵・屋》韵："宿，息逐切。"爲《東》韵之入。又息救切則在《宥》韵而爲《尤》韵之去。《宥》韵"宿"字下注云："息救切，又音夙。""惡"轉去爲烏故切，不入《漾》、《宕》；《廣韵・鐸韵》：

“惡，烏各切。”爲《唐韵》之入。又烏故切，則在《暮》韵而爲《模》韵之去。《暮》韵“惡”字下注云：“烏路切，又烏各切。”**“易”轉去爲以豉切，不入《勁》、《徑》；**《廣韵·昔韵》：“易，羊益切。”爲《清》韵之入。又以豉切，則在《寘》韵而爲《支》韵之去。《寘》韵“易”字下注云：“以豉切，又以益切。”**“織”、“識”轉去爲職吏切、不入《證》、《嶝》；**《廣韵》：“織，之翼切。”“識，賞職切。”並在《職》韵，爲《蒸》韵之入。而《志》韵同收此兩字，皆職吏切，則爲《之》韵之去。《志》韵“織”字下注云：“又音職。”“識”字下注云：“本音式。”**“質”轉去爲陟利切，不入《震》；**《廣韵·質韵》：“質，之日切。”爲《真》韵之入。又音致，則在《至》韵而爲《脂》韵之去。《至》韵“致”字下注云：“陟利切。”**此皆晉宋齊梁人舊音，其餘可知也。陸《韵》於此循舊，佗則反之，例自亂矣。**上舉諸字，《廣韵》去入兩收之。而由入轉去，並爲陰聲，蓋當有所承受也。**徵以今音，**《尚書·胤征篇》“明徵定保”，某氏《傳》：“徵，證也。”《左氏·昭元年傳》“徵爲五聲”，杜《注》：“徵，驗也。”**北方讀入聲皆作去，**古入聲字，今北方讀之，平、上、去皆有，不獨作去而已。説詳《正言論疏證》。**安徽、江蘇、浙江、福建、廣東五部，其入聲蔪然促音，與去絶異。**此亦言其大體耳。韓愈《柳子厚墓志銘》：“蔪然見頭角。”**而江西、湖北、湖南、廣西、四川、雲南、貴州七部，入聲似去而加沈重。**自江西、湖南外，其他五部皆今北方話區。古入聲之變讀，亦平、上、去並有之，特去聲字較多耳。**此七部者，言"力"似"吏"，**《廣韻》入聲二十四《職》："力，林直切。"去聲七《志》："吏，力置切。"**言"式"似"試"，**《廣韻》入聲二十四《職》："式，賞職切。"去聲七《志》："試，式吏切。"**言"錫"似"細"，**《廣韻》入聲二十三《錫》："錫，先擊切。"去聲十二《霽》："細，蘇計切。"**言"逖"似"遞"，**《廣韻》入聲二十三《錫》："逖，他歷切。"上聲十二《薺》："遞，徒禮切。""又亭繼切，則在去聲十二《霽》。**言"郭"似"故"，**《廣韻》入聲十九《鐸》："郭，古博切。"去聲十一《暮》："故，古墓切。"**言"鐸"似"度"。**《廣韻》入聲十九《鐸》："鐸，徒落切。"去聲十一《暮》："度，徒故切。"**其言篤言竹者：**《廣韻》入聲二《沃》："篤，冬毒切。"入聲一《屋》："竹，張六切。"**湖南、江西聲清，故"篤"似"鬥"，"竹"似"肘"；**《廣韻》去聲五十《候》："鬥，都豆切。"上聲四十四《有》："肘，陟柳切。"按：鬥在《端》紐，肘在《知》紐，皆清聲也。**其餘五部聲濁，故"篤"似"妬"，"竹"似"箸"；**《廣韻》去聲十一《暮》："妒，當故切。"去聲九《御》："箸，直慮切。又張略、長略二切。"按：妒在《端》紐，非濁聲。**旁皇《幽》、《侯》、《魚》、《模》之間，本相轉也。**此舉諸字，肘在《幽》部，《鬥》在《侯》部，《箸》在《魚》部，妬從石聲，在《鐸》部，舊附《魚》部。旁皇者，《史記·禮書》"房皇周浹"，《索隱》："房，音旁。旁皇，猶徘徊也。"按：又作方皇。《荀子·禮論篇》："方皇周挾"，楊《注》："挾，讀爲浹，帀也。"**未有言力、式似棱、勝，**《説文》："棱，止馬也。”大徐本音里甑切。《廣韵》去聲四十七《證》：“勝，詩證切。又詩陵切。”**言錫、逖似性、定**，《廣韵》去聲四十五《勁》：“性，息正切。”四十六《徑》：“定，徒徑切。”**言郭、鐸似桄、宕**，《廣韵》去聲四十一《宕》：“桄，古曠切。”“宕，徒浪切。”**言篤、竹似冬、中者**。《廣韵》上平聲二《冬》：“冬，都宗切。”一《東》：“中，陟弓切。”**此則入聲不繫陽聲，今音猶舊音也。及夫谷聲爲容**，《廣韵》入聲一《屋》：“谷，古禄切。”平聲三《鍾》：“容，餘封切。”**束聲爲竦**，《廣韵》入聲三《燭》：“束，書玉切。”上聲二《腫》：“竦，息拱切。”**屮聲爲蚩**，《廣韵》入聲十七《薛》：“屮，丑列切。”上聲二十八《獮》：“蚩，丑善切(《説文》：“蚩，蟲曳行也。讀若騁”)。”**易聲爲錫**，《廣韵》入聲二十二《昔》：“易，羊益切。”下平聲十四《清》：“錫，徐盈切。”按：錫字明本《廣韵》作餳。**黄聲爲彉**，《廣韵》下平聲十一《唐》：“黄，胡光切。”入聲十九《鐸》：“彉，虚郭切(《説文》：‘彉，弩滿也’)。”**昷聲爲殟**，《廣韵》上平聲二十三《魂》：“昷，烏渾切。”入聲十一《没》：“殟，烏没切。”**兀讀如夐**，《説文》：“兀，高而上平也。讀若夐。”《廣韵》入聲十一《没》：“兀，五忽切。”去聲四十五《勁》：“夐，休正切。”段玉裁曰：“夐，今韵在四十四《諍》，古音在《元》、《寒》部。今韵十《月》者，《元》之入也。兀音同月，是以䟘亦作䟚。”其平聲讀如涓，在十四部。**𦍞讀如聿**，𦍞从尹聲，當在諄部。而《廣韵》音餘律切，則與聿同音。兩字同收入聲六《術》。**此皆對轉變聲，非**

其相麗。以上八例,皆陽入對轉也。陸《韵》以入聲分麗陽聲,雖因是得見對轉之條,顧炎武以下,既以入聲派入陰聲(惟《緝》、《盍》仍配陽聲),倘無陸《韵》之入聲配陽,則陰陽對轉將失其樞紐,故云。卒非聲音本然之紀。《白虎通·三綱六紀篇》:"紀者理也。"陰陽聲者,例猶夫婦,入聲猶子。子雖合氣受形,褱妊必於其母。《説文》:"褱,一曰藏也。"《漢書·外戚·孝成許皇后傳》"褱誠秉忠,唯義是從",顔《注》:"褱,古懷字。"然則一平一入者,其説方以智,《周易·繫辭上傳》"卦之德方以知",韓《注》:"方者,止而有分,卦以方象知也。卦列爻分,各有其體,故曰方也。"二平同入者,其説圓而神。《周易·繫辭上傳》:"蓍之德圓而神。"韓《注》:"圓者,運而不窮。言蓍以圓象神,唯變所適,無數不周,故曰圓。"圓出於方,《周髀算經》上"圓出於方",《注》:"方,周匝也。"未有蔑棄榘則而作旋規者也。《國語·周語》"不共神祇而蔑棄五則",又云"不蔑民功",韋《注》:"蔑,棄也。"《説文》:"巨,規巨也。榘,巨或从木矢。"《爾雅·釋詁》:"則,法也。"旋規者,《莊子·達生篇》"旋而蓋矩",《釋文》引司馬《注》:"旋,圓也。"《吕氏春秋·自知篇》:"欲知方圓,則必規矩。"高《注》:"規,圓也。"

問曰:大江上游讀《術》、《物》、《没》諸韵有似《御》、《莫》、《遇》者,北方殆無分别矣,雖等陰聲,而分配固非其部,何也?荅曰:此其遷變久矣。宋人以

鶻突爲胡塗，鶻突一語，宋人語録常見之，義即胡塗。《宋史》卷二八一《吕端傳》："太宗欲相端，或曰：'端爲人糊塗。'太宗曰：'端小事糊塗，大事不糊塗。'決意相之。"誠按：鶻突、元人又作糊突，見王實甫《西厢記》三本一折、《古今名劇》載馬致遠《雷轟薦福碑·楔子》。《廣韵》入聲十一《没》："鶻，古忽切，又户骨、户八二切。""突，陀骨切。"又上平十一《模》："胡、糊並户吴切。塗，同都切。"**以兀朮爲烏珠**，《金史》卷七十七："宗弼，本名斡啜，又作兀朮，亦作斡出，或作晃斡出。太祖第四子也。"卷末《國語解》："兀朮曰頭。"按：清改兀朮爲烏珠。《廣韵》入聲十一《没》："兀，五忽切。"六《術》："朮，食聿切。"又上平十一《模》："烏，哀都切。"十《虞》："珠，章俱切。"**回鶻亦或作畏吾兒**，《舊唐書》卷一九五有《回紇傳》，《新書》卷二一七則題曰《回鶻傳》。《傳》云："〔回紇可汗〕請易回紇曰回鶻，言捷鷙猶鶻然。"按：宋元時併回鶻於蒙古，改號爲畏吾兒。《廣韵》上平十五《灰》："回，户恢切。"去聲八《未》："畏，於胃切。"又上平十一《模》："吾，五乎切。"**猶曰宋後然也**。誠按：糊塗一詞，唐已有之。《太平廣記》四九三引張鷟《朝野僉載》云："滄州南皮丞郭務静性糊塗。"**前世赫連氏之白口騮城，元魏謌爲薄骨律鎮**；原注：見《水經·河水注》。〇《水經·河水注》："河水又北徑薄骨律鎮城，城在河渚上，赫連果城也。桑果餘林，仍列洲上。但語出戎方，不究城名。訪諸耆舊，咸言赫連之世有駿馬死此。取馬色以爲邑號，故目城爲白口騮。韵轉之謬仍今稱所未詳也。"誠按：

赫連者,十六國夏國國主之姓。《晉書》有《赫連勃勃載記》。《廣韵》入聲二十《陌》:"白,傍陌切。"上聲四十五《厚》:"口,苦后切。"下平十八《尤》:"騮,力求切。"入聲十九《鐸》:"薄,傍各切。"十一《没》:"骨,古忽切。"六《術》:"律,吕卹切。"《魏略》稱徐庶白堊塗面而曰白堊突面;見《三國志·蜀書·諸葛亮傳》裴《注》引。及夫拙之爲銖,《説文》:"拙,不巧也。"《莊子·庚桑楚篇》"人謂我朱愚",章氏《莊子解故》云:"王念孫説:《淮南·齊俗訓》'其兵戈銖而無刃',《注》:'楚人謂刃頓爲銖。'此朱愚即銖愚。案銖、朱並假借字。《説文》本作錭,云鈍也。音變爲銖、爲朱,猶侏儒爲周饒矣。"誠按:《廣韵》入聲十七《薛》:"拙,職悦切。"上平十《虞》:"銖,市朱切。"勿之爲無,自古以然。《詩·豳風·東山篇》"勿士行枚",鄭《箋》:"勿,無也。"按:《廣韵》入聲八《物》:"勿,文弗切。"上平十《虞》:"無,武夫切。"以《術》、《物》、《没》闔口撮口呼之,《魚》、《模》、《虞》亦闔口撮口呼之,故相轉耳。上舉諸例:朮、律在《術》韵,勿在《物》韵,骨、鶻、突、兀在《没》韵,拙在《薛》韵,並上古《物》部字也。胡、塗、烏、吾在《模》韵,珠、銖、無在《虞》韵,而口、騮兩字,一在《厚》韵,一在《尤》韵,上古則皆屬《侯》部。《魚》、《侯》通轉最近。

問曰:"今人呼《緝》、《盍》諸部舒之、齊齒者如《支》部去聲,開口者如《歌》部去聲,違戾已甚。此今音不可證舊音也。"荅曰:"《緝》、《盍》之譌,以江河内外失收脣之音耳。呼以收脣,自轉爲《侵》、《覃》去

聲，廣東固未失矣。”今粵方言，鼻音韻尾保留古-m、-n、-g，入聲韻尾保留古-p、-t、-k，配對整齊。厦門音系亦然。《禮記·大學篇》鄭《注》：“違，猶戾也。”**今人讀入聲，惟《緝》、《盍》誤爲甚；平聲惟《侵》、《談》誤爲甚，故嶺外爲正音宗。**章氏有《嶺外三州語》一編，其言云：“廣東惠，嘉應二州東得潮之大阜豐順，其民自晉宋踰嶺，宅於海濱，言語敦古，與土著不相能，廣州人謂之客家。隘者且議其非漢種。余嘗問其邦人，雅訓舊音，往往而在。察其語柢，出於冠帶，不雜陸梁鄙倍之辭，足以庌攻者褊心之言。”誠按：《音準篇》所論，凡今音合於周秦古音者謂之正，異於周秦者則謂之譌，謂之誤。章氏明知語音自有發展變化，乃爲是説，則其崇古之念使然也。

魚部陽部聲埶

《魚》部古皆闔口，如烏、姑、枯、吾。此四字皆《廣韻》《模》韻一等合口字：烏，哀都切。姑，古胡切。枯，苦胡切。吾，五乎切。**其撮口如於、居、袪、魚者，後世之變也。**此四字皆《廣韻》《魚》韻三等合口字：於，央居切。居，九魚切。袪，去魚切。魚，語居切。**從是開口則近《歌》，**《魚》部之元音時賢多擬爲 a ，《歌》部同。**從是齊齒則近《支》，**支部之元音李方桂氏擬爲 i 。**此《魚》部所以常與**

《歌》、《支》相轉。見《成均圖》。對轉《陽》部，開闔皆備，如汪、王、荒、黄、光、匡、狂爲闔，《廣韵》汪、荒、黄、光四字在《唐韵》，皆合口一等：汪，烏光切。荒，呼光切。黄，胡光切。光，古黄切。又，王、匡、狂三字在《陽》韵，皆合口三等：王，雨方切；匡，去王切；狂，巨王切。央、羊、杭、岡、姜、羌、彊爲開，《廣韵》杭、岡二字在《唐韵》，皆開口一等：杭，胡郎切；岡，古郎切。央、羊、姜、羌四字在《陽》韵，其中央、姜、羌皆開口三等，羊則開口四等：央，於良切；姜，居良切；羌，去羊切；羊，與章切。以是推之，《魚》部雖無齊齒、不得言無開口。據時賢擬音亦可見。今舉烏、姑、枯、吾諸聲滿口呼之，及其語歇，收聲在烏、阿之閒原注：較烏則口開，較阿則聲噎，而非烏也。《廣韵》《歌》韵："阿，烏何切。"噎者，《詩·王風·黍離篇》"中心如噎"，孔《疏》："噎，咽喉閉塞之名。"徵以變音：《魚》變爲《麻》，瓜、華之與家、蝦，一闔一開殊也。《廣韵》："瓜，古華切。""華，呼瓜切。"皆《麻》韵合口二等音。"家，古牙切。""蝦，胡加切。"則開口二等音。與者，《周語》"少曲與焉"，《注》："與，類也。"變者既備開闔，亦可以知其本，平聲韵。《廣韵》《麻》韵兼有開口二、三、四等以及合口二等兩類。

《陽》部古音徑直，今或穹口。穹口者，《唐韵》之《江》，古韵之《東》也。平聲韵。《爾雅·釋天》"穹蒼，蒼天也"，郭《注》："天形穹隆。"

支部青部聲埶

左《支》部異於《脂》、《之》者，其聲與《之》爲縱横，《之》縱而《支》横也。今人得正音字九十六字，通部以是爲準。攱、去奇切，《支》韻。又詭僞切，《寘》韻。此舉九十六字，除"迟"一字，皆據《廣韻》録其音切。迟、大徐《説文》音，綺戟切，《陌》韻。企、丘弭切，《紙》韻。又去智切，《寘》韻。祇、巨支切，《支》韻。竣、去智切，《寘》韻。芰、奇技切，《寘》韻；又五佳切，《佳》韻。技、渠綺切，《紙》韻。岐、巨支切，《支》韻。魃、〇渠羈切，《支》韻；又奇寄切，《寘》韻。疧、巨支切，《支》韻。倪、五稽切，《齊》韻。涯、魚羈切，《齊》韻。睨、五計切，《霽》韻。郳、五稽切，《齊》韻。縊、於賜切，《寘》韻；又於計切，《霽》韻。烓、烏攜切，《齊》韻；又口迥切，《迥》韻。貤、以豉切，《寘》韻，又羊至、神至兩切，《至》韻。酏、弋支切，《支》韻；又移爾切，《紙》韻。迆、弋支切，《支》韻，又移爾切，《紙》韻。匜、音同上。歋、弋支切，《支》韻。敡、以豉切，《寘》韻。傷、以豉切，《寘》韻。伿、音同上。又支義切。畦、户圭切，《齊》韻。攜、音同上。系、胡計切，《霽》韻。繫、古詣、胡計兩切，《霽》韻。奚、胡雞切，《齊》韻。媄、音同上。豯、苦奚切，《齊》韻。豯、胡雞切，《齊》韻。雞、古奚切，《齊》韻。緹、杜奚切，《齊》韻；又他禮切，《薺》韻。帝、都計切，《霽》韻。諦、音同上。揥、都奚切，《齊》韻；又丑例切，《祭》韻。緹、杜奚切，《齊》韻；又特計切，《霽》韻。鬄、思積切，《昔》韻。髢、特計切，《霽》韻。鞮、都奚切，《齊》韻。蹏、杜奚切，《齊》韻。嗁、音同上。題、音同上。騠、音同上。又丁奚切。提、音同上。又是支切。踶、池爾切，《紙》韻；又特計切，《霽》韻。隄、都奚切，《齊》韻；又杜奚切。禘，特計切，《霽》韻。知、陟離切，《支》韻。智、知義切，《寘》韻。鼅、陟離切，《支》韻。篪、直離切，《支》韻。褫、敕豸切，《紙》韻。卮、章移切，《支》韻。梔、音同上。支、音同上。伎、巨支切，《支》韻；又音技，《紙》韻。枝、章移切，《支》韻。忮、支義切，《寘》韻。雄、章移切，《支》韻。只、諸氏切，《紙》韻。咫、音同上。枳、音同上。又居帋切。軹、音同上。翅、施智切，《寘》韻。啻、音同上。弛、施是切，《紙》韻。漬、疾智切，《寘》韻。積、音同上。朿、七賜切，《寘》韻。刺、音同上。斯、息移切，《支》韻。澌、斯義切，《寘》韻。嘶、先稽切，《齊》韻。虒、息夷切，《支》韻。徙、斯氏切，《紙》韻。賜、斯義切，《寘》韻。氏、承旨切，《紙》韻。軝、巨支切，《支》韻。馶、居企切，《寘》韻。是、承紙切，《紙》韻。禔、章移切，又是支切，並《支》韻。匙、是支切，《支》韻。豉、是義切，《寘》韻。嬖、博計切，《霽》韻。臂、卑義切，《寘》韻。譬、匹賜切，《寘》韻。避、毗義切，《寘》韻。俾、并弭切，《紙》韻。陴、符支切，

《支》韻。脾、音同上。髀、卑履切,《旨》韻;又旁禮切,《薺》韻。庳、便俾切,《紙》韻。裨、府移切,《支》韻;又音陴。婢、便俾切,《紙》韻。**右九十六字,今讀横口,乃《支》部正音。平聲韻。**此九十六字中:攱、迟、技、知、智、鼅、篪、褫、卮、梔、支、伎、枝、忮、雉、只、咫、枳、軹、翅、啻、弛、氏、是、禔、匙、豉等字爲開口三等,衹、彶、岐、疧、倪、涯、睨、郳、縊、䤱、池、匜、歋、皷、傷、系、繫、奚、嫇、谿、鼷、雞、緹、帝、諦、揥、締、鬄、髢、鞮、蹏、嗁、題、騠、隄、褅、漬、積、朿、刺、斯、澌、瘋、虒、徙、賜、軝、鼓、嬖、臂、譬、陴、脾、髀、裨等字爲開口四等,烓、畦、攜、避、俾、庳、婢等字爲合口四等。企字兼有開口四等與合口四等,芰字兼有開口二等與四等,魃、貤、伿、揥、提、踶等字兼有開口三等與四等。

《支》部横口,故對轉《青》亦横口。《青》韻古音如今《先》、《仙》。倩、綪、瞑、摒、軿、駢、胼、蛢、汧、雃、姸、研、趼、蜓、涏、蚩原注:《説文》讀若騁、《唐韻》丑善切。**是其正音,乃所以異於《真》部也。收舌,平聲韻。**據《廣韻》:倩,倉甸切,《霰》韻;又七政切,《勁》韻。綪,倉甸切,《霰》韻。瞑,莫經切,《青》韻;又莫賢切,《先》韻;莫甸切,《霰韻》。摒,彌殄切,《銑》韻。軿,薄經切,《青》韻;又部田切,《先》韻。駢,部田切,《先》韻。胼,音同上。蛢,薄經切,《青》韻。汧、苦甸切,《霰》韻。雃,苦堅切,《先》韻。姸,五堅切,《先》韻。研,音同上。趼,音同上。蜓,特丁切,《青》韻;又徒典切,《銑》韻;特鼎切,《迥》韻。涏,徒鼎切,《迥》韻;

又堂練切，《霰》韵。以上諸字，皆開口四等也。至於“蚩”字，依《説文》讀若在《静》韵，開口四等，依《唐》韵音則在《獮》韵（《廣韵》音同），開口三等。

至部真部聲埶

《至》部古音如今音，去入韵也。以此異《支》。 古韵《至》部，王念孫創立之。此部字，江永《質》《術》不别，取配《真》《諄》；段玉裁則以《質》、《櫛》、《屑》配《真》、《臻》、《先》；孔廣森、嚴可均及江有誥又并列於《脂》類。惟王念孫依據《詩》《騷》，别出《至》《質》一類，以爲古有去入而無平上。所見最爲卓持，而江有誥未之能從。劉逢禄遵用王説，以《質》標目；黄以周謂從至之字多入聲，至韵多支、脂、微字，不當據以立部。説皆有據。而時賢王力、董同龢兩氏又以《至》部字及《脂》部之部分字合爲《脂》部而以《脂》部其餘字别立《微》部焉。

《真》部古音如今音，收舌，平聲韵。 《真》部字以《真》、《臻》爲本音，皆讀開口。其有由開轉合者，乃與《諄》、《文》相混，又變而爲侈音，則入於《先》韵，且復與《寒》韵之細音字相淆也。

脂部隊部諄部聲埶

古《脂》部異於《支》、《之》者，其聲滿口而幎呼，

皆闔口音也。《説文》:"幎,幔也。"段《注》:"謂冡其上也。"《周禮·考工記·輪人》:"望而眡其輪,欲其幎爾而下迆也。"鄭《注》:"幎,均致貌也。"**《隊》異於《脂》,去入與平異也。**《隊》部乃章氏新建,此歸之去入韵。而《文始》二乃云:"《隊》、《脂》相近,同居互轉。自、隹、靁,〔《詩》〕或與《脂》同用。"殆又以此三聲爲《隊》部之平聲字。王力氏據此,增收《脂韵》之合口呼,以《微》、《灰》爲主,於《脂》部外别立《微》部,並稱章氏《隊》部之去入聲字爲《物》部。雖然,《脂》、《微》不同,自王氏所用例證外,《詩》三百篇仍多合韵之處。兩部是否截然有異,似乎尚可討論,故李方桂氏《上古音研究》亦云:"《脂》、《微》兩部的分野,仍不易分清。《詩》韵協韵的地方仍不少,諧聲也有例外。究竟那個字或那個偏旁應當入那一部,仍有可商榷的餘地。我們希望將來再詳細的作一番研究"云云。

今人得正音者,《脂》部九十七字,《隊》部三十八聲,二部各以是爲準。歸、舉韋切,《微》韵。此所舉九十七字,據《廣韵》有關諸韵,分别注出音切。**癸、**居誄切,《旨》韵。**揆、**求癸切,《旨》韵。**鬼、**居偉切,《尾》韵。**傀、**公回切,《灰》韵;又口猥切,《賄》韵。**瑰、**公回,户恢兩切,並在《灰》韵。**魁、**苦回切,《灰》韵。**夔、**渠追切,《脂》韵。**葵、**音同上。**睽、**苦圭切,《齊》韵。**危、**魚爲切,《支》韵。**頠、**五罪切,《賄》韵;又魚毁切,《紙》韵。**詭、**過委切,《紙》韵。**跪、**去委切,《紙》韵。**嵬、**五灰切,《灰》韵;又五罪切,《賄》韵。**隗、**

五罪切,《賄》韵。椳、烏恢切,《灰》韵。隈、音同上;又烏繢切,《隊》韵。煨、烏恢切,《灰》韵。猥、烏賄切,《賄》韵。媁、於非切,《微》韵;又于鬼切,《尾》韵。禕、許歸切,《微》韵。毁、許委切,《紙》韵;又况僞切,《寘》韵。燬、許委切,《紙》韵。徽、許歸切,《微》韵。微、音同上。幃、雨非切,《微》韵。□、音同上。韋、音同上。違、音同上。圍、音同上;又於貴切,《未》韵。闈、雨非切,《微》韵。偉、于鬼切,《尾》韵。韙、音同上。葦、音同上。韡、音同上。帷、洧悲切,《脂》韵。維、以追切,《脂》韵。唯、音同上;又以水切,《旨》韵。惟、以追切,《脂》韵。煒、於鬼切,《尾》韵。虫、許偉切,《尾》韵。回、户恢切,《灰》韵。洄、音同上。自、都回切,《灰》韵。推、尺隹切,《脂》韵;又他回切,《灰》韵。蓷、他回切,《灰》韵;又尺隹切,《脂》韵。魋、杜回切,《灰》韵。追、陟隹切,《脂》韵。椎、直追切,《脂》韵。隹、職追切,《脂》韵。錐、音同上。騅、音同上。鵻、音同上;又思尹切,《準》韵。崔、昨回、倉回兩切,並在《灰》韵。摧、昨回切,《灰》韵。催、倉回切,《灰》韵。誰、視隹切,《脂》韵。睢、息遺、許維兩切,並在《脂》韵;又許規切,《支》韵;香季切、《至》韵。雖、息遺切,《脂》韵。水、式軌切,《旨》韵。縗、倉回切,《灰》韵。悲、府眉切,《脂》韵。配、滂佩切,《隊》韵。裴、薄回切,《灰》韵;又符非切,《微》韵。陛、傍禮切,《薺》韵。眉、武悲切,《脂》韵。湄、音同上。媚、明祕切,《至》韵。枚、莫杯切,《灰》韵。**美**、無鄙切,《旨》韵。**媄**、音同上。**徽**、武悲切,《脂》韵;又莫佩切,《隊》韵。**飛**、甫微切,《微》韵。**非**、音同上。**誹**、音同上;又方味切,《未》韵。**妃**、芳非切,《微》韵;又滂佩切,《隊》韵。**菲**、芳非切,《微》韵;又敷尾切,《尾》韵;扶沸切,《未》韵。**匪**、府尾切,《尾》韵。**腓**、符非切,《微》韵;又扶沸切,《未》韵。**斐**、敷尾切,《尾》韵。**扉**、甫微切,《微》韵。**肥**、符非切,《微》韵。**微**、無非切,《微》韵。**靁**、魯回切,《灰》韵。**纍**、力追切,《脂》韵;又力遂切,《至》韵。**罍**、魯回切,《灰》韵。**讄**、力軌切,《旨》韵。**勴**、魯回切,《灰》韵;又盧對切,《隊》韵。**儡**、魯回切,《灰》韵;又落猥切,《賄》韵。**瓃**、魯回切,《灰》韵;又力追切,《脂》韵;力遂切,《至》韵。**鸓**、力追切,《脂》韵;又力軌切,《旨》韵。**耒**、力軌切,《旨》韵;又盧對切,《隊》韵。**誄**、力軌切,《旨》韵。**磊**、落猥切,《賄》韵。**甤**、儒隹切,《脂》韵;又如累切,《紙》韵;如壘切,旨《韵》。**蕤**、儒隹切,《脂》韵。**右九十七字,今讀闔口幓呼,乃《脂》部正音。平聲韵。**以上諸字:傀、瑰、魁、嵬、隗、椳、隈、煨、猥、回、洄、自、魋、崔、摧、催、縗、配、枚、靁、罍、勴、儡、磊等爲合口一等,歸、鬼、夔、葵、危、詭、跪、媁、禕、毁、燬、徽、微、幃、□、韋、遺、圍、闈、偉、韙、葦、韡、帷、煒、虫、推、追、椎、隹、錐、騅、誰、水、悲、眉、湄、媚、美、媄、飛、非、誹、菲、匪、腓、斐、扉、肥、微、纍、讄、鸓、誄、甤、蕤等爲合口三等,癸、揆、睽、維、唯、惟、雖、陛等爲合口四等,頠、萑、裴、黴、妃、瓃、耒等各兼有合口一、三兩等，雖、睢二字各兼有合口三、四兩等。**骨**、古忽切，《没》韵。**凷**、苦對切，《隊》韵。**圣**、苦骨切，《没》韵。**臾**、求位切，《至》韵。** 㕟**、苦怪切，《怪》韵。**兀**、五忽切，《没》韵。**陧**、五結切，《屑》韵。**鬱**，紆勿切，《物》韵。**聿**、餘律切，《術》韵。**曰**、王伐切，《月》韵。**胃**、于貴切，《未》韵。**位**、于愧切，《至》韵。**尉**、於胃切，《未》韵。**卉**、許偉切，《尾》韵；又許貴切，《未》韵。**欻**、許勿切，《物》韵。**旻**，望發切，《月》韵；又許列切，《薛韵》；況逼切，《職》韵；七役切，《昔》韵。**𦥑**、呼骨切，《没》韵。**寣**、音同上。**頪**、荒内切，《隊》韵。**惠**、胡桂切，《霽》韵。**突**、陀骨切，《没》韵。**𠫓**、他骨切，《没》韵。**内**、奴對切，《隊》韵。**頪**、郎外切，《泰》韵。**戾**、郎計切，《霽》韵；又練結切，《薛》韵。**出**、赤律切，《術》韵；又尺類切，《至》韵。**朮**、食聿、直律兩切，並在《術》韵。**卒**、子聿切，《術》韵；又臧没、倉没兩切，並在《没》韵。**彗**、徐醉切，《至》韵；又祥歲、于歲兩切，並在《祭》韵。**率**、所類切，《至》韵；又所律切，《質》韵。**甶**、分勿切，《物》韵。**弗**、分勿切，《物》韵。**䰻**、扶沸切，《未韵》。**乀**、敷勿切，《物》韵。**勿**、文弗切，《物》韵。**旻**、莫勃切，《没》韵。**未**、無沸切，《未》韵。**采**、徐醉切，《至》韵。**右三十八聲，今讀闔口幎呼，乃《隊》部正音，去入韵。**原注：《隊》部氣字，今誤横口，愾、鎎等字，今誤開口，古當如凷音。四字今誤横口，古當如碎音。○以上三十八字：骨、凷、圣、兀、𦥑、䆿、頪、突、云、内、頪、叟等爲合口一等，𠭥、率兩字爲合口二等，臾、鬱、曰、胃、位、尉、卉、欻、出、朮、由、弗、䦨、乀、勿、未等爲合口三等，聿、惠、采三字爲合口四等。卒字兼有一、四兩等；旻、彗兩字兼有三、四兩等。而隉、戾兩字則爲開口四等。又按：氣，去既切，《未》韵，開口三等。慨，苦愛切，《代》韵，開口一等。鎎，許既切，《未韵》，開口三等。四，息利切，至韵，開口四等。而碎字音蘇内切，在《隊》韵，以及甶字則爲合口一等。

《脂》《隊》闔口幎呼，故對轉《諄》亦闔口幎呼。《諄》部古音如今音，收舌，平聲韵。《諄》部以《魂》、《諄》、《文》爲本音，古今無變。《欣》、《臻》(部分字)則混於《真》部。江永合《真》《諄》爲一類，段玉裁以《真》、《臻》、《先》爲第十二部，以《諄》、《文》、《欣》、《魂》、《痕》爲第十三部。王念孫、江有誥並從之。章氏亦然。而戴震、孔廣森、嚴可均三氏則又同於慎修也。

歌部泰部寒部聲埶

古《歌》部如今音，《歌》開《戈》闔。平聲韵。此部以《歌》、《戈》爲本音，古今相同。時賢李新魁氏徑以《歌》、《戈》分立兩部，與章、黄以《歌》、《戈》皆古本韵而又併爲一部者不同。

古《泰》部音，開口橫呼，不與《代》近乎。闔口幎

呼，不與《隊》同乎。皆非也。音具開闔而聲埶與今人言《麻》部去入同。《泰》部字、顧、江兩家並列在第二部，與《支》、《脂》、《之》三類相混。段氏列於十五部，亦與《脂》同居。戴震、王念孫始別立爲部，江有誥與之相合。惟王、江以《祭》標目，而章氏從朱駿聲爲《泰》，黄以周又命之曰《泰》、《曷》部；所以明其爲去入韵也。時賢李方桂氏仍獨樹《祭》部，李新魁氏則列之次入韵類。世人皆云古無《麻》音，江南始有之，自宋吴棫、明陳第以來，討論古音者，莫不以《麻》韵爲《魚》、《模》兩韵之變。蓋據《經典釋文》韋昭讀車爲尺奢反也。《尚書·牧誓篇》《釋文》引韋昭《辨釋名》云："車，古皆尺遮反；從漢以來，始有居音。"然《爾雅》《注》言："江東呼華爲荂，荂，音敷。"則江東猶從古音。此《釋草》華荂也注文。尺奢之音，蓋與音居者異紐，非異聲埶也。尺在《穿》紐，居在《見》紐。今江寧、山陰，古吴越舊都也。江寧、今江蘇南京；山陰，今浙江紹興。山陰音讀加正如哥，讀麻正如摩，讀化正如貨，其餘一切，悉同《歌》、《戈》。而江寧言家、言馬，音亦在《魚》、《模》、《歌》、《戈》閒，是則《唐韵》《麻》部，與《歌》小殊耳，非若今中原之張口也。時賢擬音，《歌》爲 ɑ 而《麻》爲 a，元音舌位相同，僅前後略異耳。且譯釋典者，晉宋尚矣。據《開元釋教録》，西晉一代，中外譯師所譯經。律及集傳等凡三三三部，五九〇卷。東晉所譯經、律、論，凡一六八部，四六八卷。劉宋所譯經、律、論，凡四六五部，七一七卷。又晉宋兩朝之著名譯師；據釋慧皎《高僧傳》，有釋法顯，支謙，竺佛念，寶雲，曇無竭諸人。**雖逮隋唐，張口之聲猶取《歌》、《戈》而不及《麻》，明其時《歌》、《麻》非有大別。**汪榮寶《歌戈魚虞模古讀考》（《華國月刊》一卷二期）："中國古來傳習極盛之外國語，其譯名最富，而其原語具在，不難覆按者，無知梵語。六朝唐人之譯佛書，其對音之法，甚有系統。今尋其義例，則見其凡用《歌》《戈》韵之字，所代表者必爲 a 音，否則爲單純聲母。"**若是，古韵遂無張口者乎？曰：有焉。古之《泰》部如今中原呼《麻》，自《麻》部變爲張口，而《泰》部乃有横口縱口音矣。案貰本訓賒，字從世聲，**《說文》："貰，貸也。从貝，世聲。"《廣韵》世與貰同音，舒制切，在《祭》韵。貰又音神夜切，則在《禡》韵。《說文》又云："賒，貰買也。从貝，佘聲。"《廣韵》："賒，式車切。"《麻》韵。**《聲類》音"埶"、**見《匡謬正俗》七。《廣韵》《祭》韵，埶，魚祭切，《周禮》音世。**《地理志》鉅鹿郡貰，師古亦音式制反，**式制反與舒制切，同紐同韵。**而鄒昌宗讀時夜反，**劉昌宗《周禮音》，見《匡謬正俗》七。**《唐韵》則神夜反，**大徐《說文》："貰，神夜切。"《廣韵》同。按：時夜反在《禪》紐，神夜反在《神》紐，皆正齒三等字。**《史記·高祖本紀》《索隱》引《漢書·功臣表》；貰陽侯鄒纏。而《史記》作射陽，讀貰爲射。此則古之音貰，正**

如今呼賒也。《史記·高祖本紀》《索隱》：臨淮有貰陽縣。《漢書·功臣表》：貰陽侯劉纏，而此紀作射陽，則貰亦射也。又《史記·高祖功臣侯者年表》：兵初起，〔項伯纏〕與諸侯共擊秦，爲楚左令尹。漢王與項羽有郄於鴻門，項伯纏解難以破羽，纏嘗有功，封射陽侯。六年，賜姓劉氏。"《索隱》："射陽，縣名，屬臨淮。射，一作貰。"**《説文》稱艸之白華爲茇，**《説文》："茇，草根也。从艸，犮聲。一曰艸之白華爲茇。"《廣韵》茇有北末、蒲撥兩切，並在《末》韵。**《釋草》云："苕，陵苕；黄華，蔈；白華，茇。"**郭《注》："苕華色異，名亦不同。音沛。"按：《廣韵》沛有博蓋、普蓋、匹蓋三切，並在《泰韵》。**古之言茇，正如今呼葩也；**《廣韵》《麻》韵："葩，普巴切。"**古之言櫱糱，正如今呼芽也；**《説文》："櫱，伐木餘也。櫱，櫱或从木，辥聲。""糱，牙米也。从米，辥聲。"《尚書·盤庚上篇》"若顛木之有由櫱"，王先謙《漢書·貨殖傳補注》引劉奉世曰："櫱，讀如牙櫱之櫱，旁出嫩枝也。"《釋名》："櫱，缺也。漬麥覆之，使生芽開缺也。"《廣韵》櫱有魚列，五割兩切，分隸《薛》、《曷》兩韵。"糱，魚列切"，《薛》韵。"芽，五加切"，《麻》韵。**古之言迣，正如今呼遮也；**《説文》："迣，迾也，晉趙曰迣。从辵，世聲，讀若寘。""迾，遮也。从辵，列聲。""遮，遏也。从辵，庶聲。"《廣韵》："迣，征例切。"《祭》韵。"迾，良薛切。"《薛》韵。"遮，正奢切。"《麻》韵。**古之言泄，正如今呼寫也；**《詩·大雅·民勞篇》"俾民憂泄"，毛《傳》："泄，去也。"鄭《箋》："泄，猶出也，發也。"《廣雅·釋言》："泄，漏也。"《説文》:"寫,置物也。从宀,舄聲。"《廣韻》泄有餘制、私列兩切,分隸《祭》、《薛》兩韵。"寫,悉姐切。"《馬》韵。**古之言説駕,説正如今呼卸也**;《詩·曹風·蜉蝣篇》:"心之憂矣,於我歸説。"鄭《箋》:"説,猶舍息也。"《釋文》:"説,音税。"《史記·李斯傳》:"吾未知所税駕也",《索隱》:"猶解駕。"《説文》:"卸,舍車解馬也,讀若汝南人書寫之寫。"《廣韵》《禡》韵:"卸,司夜切。"**古之言"召伯所説"**,見《詩·召南·甘棠篇》。毛《傳》:"説,舍也。"《釋文》:"説,本或作税,始鋭反。"**説正如今呼舍也**;《説文》:"舍,市居也。"《廣韵》《馬》韵:書冶切。《禡》韵:始夜切。**古之言匄**,《説文》:"匄,气(乞)也。"《廣韵》匄有古太,古達兩切,分隸《泰》、《曷》兩韵。**正如今呼叚也**;《説文》:"叚,借也。"《廣韵》《馬》韵:"叚,古疋切。"**古之言逝**,《説文》:"逝,往也。讀若誓。"《廣韵》《祭》韵:"逝,時制切。"**正如今呼謝也**;原注:謝者辭去也。○見《説文》,《廣韵》《禡》韵:"謝,辭夜切。"**古之言歇言愒**,原注:《説文》皆訓息。○《説文》:"歇,息也。一曰氣越泄。从欠,曷聲。""愒,息也。从心,曷聲。"《廣韵》《月》韵:"歇,許謁切。"愒有苦蓋、丘竭兩切,分隸《泰》、《薛》兩韵。**正如今呼暇也**;《説文》:"暇,閑也。从日,叚聲。"《廣韵》《禡》韵:"暇,胡駕切。"**古之言肆**,《説文》:"肆,極陳也。从長,隶聲。"《左氏·昭十二年傳》"昔穆王欲肆其心",杜《注》:"肆,極也。"《廣韵》《至》韵:"肆,息利切。"**正如今呼奢也**,《説文》:"奢,張也。"《廣韵》《麻》韵:"奢,式車切。"皆去入聲讀之耳。以上所舉:芰字依《廣韵》音爲入聲,依《爾雅》音則去聲。泄有餘制、私列兩切,説有舒芮、失爇、弋雪三切;愒有苦蓋、丘竭兩切,匃有古太、古達兩切,皆去入兩讀也。此外貰、迣、逝、肆四字並爲去聲。蘖、蘗、歇三字並爲入聲。且《方言》"襎裷謂之幭",《注》云"即帊幞也",見《方言》卷四。錢繹《箋疏》:"《衆經音義》十八引《通俗文》:'帛兩幅曰帊。'徐鉉《新坿》《説文》帊字亦云:'帛二幅曰帊。'《玉篇》:'幭,帊也。幞,巾幞也。'"《廣雅》幭帊亦同訓幞,《廣雅·釋器》:"幭、帊、襎裷,幞也。"王念孫《疏證》:"此皆巾屬,所以覆物者也。"則古呼幭正如今呼帊也。《廣韵》入聲《屑》韵:"幭,莫結切。"去聲《禡》韵:"帊,普駕切。"《説文》云:"自,讀若鼻。始生子爲鼻子。"《説文》:"皇,大也。从自,自,始也。自,讀若鼻。今俗以始生子爲鼻子。"則古呼鼻正如今呼伯也。亦去入聲讀之也。原注:必駕切。長子曰伯。○《廣韵》去聲《至》韵:"鼻,毗至切。"入聲《陌》韵:"伯,博陌切。"《説文》:"伯,長也。"《白虎通·姓名篇》:"伯者,子最長,迫近父也。"按:必駕切一音見《洪武正韵》。蓋《泰》部、《魚》部爲張口閉口反覆之音,故《泰》部有此字者,音義相轉,在《魚》部,復成彼字。貰音本張口如俗呼賒,而賒乃閉口如今呼舒。《廣韵》《魚》韵:"舒,傷魚切。"及《泰》部音變,而常語未異,由是以《魚》部同義之字代之矣。嘗又驗之,《魚》與《陽》爲正對轉,其雙聲連語,《陽》則多與《泰》絣,若言忼慨,《史記·項羽本紀》"項王乃悲歌忼慨",《説文》:"忼,忼慨,壯士不得志於心也(依段氏校改)。"《廣韻》忼有呼郎、苦朗兩切,兼入《唐》、《蕩》兩韻。言沆瀣,原注:沆瀣,《漢書·司馬相如傳》作"沆溉"。〇《史記·司馬相如傳》"滂濞沆瀣",《漢書》"沆瀣"作"沆溉"。王先謙《補注》:"沆溉猶言忼慨也。"按:《廣韻》沆有胡郎、胡朗兩切,在《陽》部。溉有居豙、古代兩切,在《泰》部。言唐逮,《説文》:"逮,唐逮,及也。"章氏《一字重音説》嘗舉此字爲例。按:《廣韻》逮有徒耐,特計兩切,在《泰》部。言唐棣,《爾雅·釋木》:"唐棣,栘。"郭《注》:"似白楊,江東呼爲夫栘。"《廣韻》:"棣,特計切。"在《泰》部。言疆界。《詩·周頌·思文篇》:"無此疆爾界。"《説文》:"畺,界也,疆,或从彊土。"《廣韻》:"疆,居良切。"在《陽》部"界,古拜切。"在《泰》部。言滂沛,《楚辭·九歎·逢紛》:"波逢洶涌,濆滂沛兮。"《廣韻》:"滂,普郎切。"在《陽》部。"沛,博蓋、匹蓋兩切。"在《泰》部。皆其比類。比類,猶言相類之事例。《論衡·四諱篇》:"獨有一物,不見比類,乃可疑也。"惟《泰部》正如今世中原《麻》音,故旋轉爲《陽》爾。今江寧山陰呼《麻》皆斂,而吳越間呼《泰》則與佗方呼《麻》者同,亦可以驗矣。故《歌》與《泰》爲短長同居之音,"大"音不張口,則不得轉爲勑佐、唐佐、他佐諸切矣。原注:

籒文大字，大徐音他達切，則本張口呼也。○《説文・亣部》："亣、籒文大改古文，亦象人形。"錢大昕《養新録》卷四有《徐仙民多古音》一則，云："《詩》'無已大康'，徐勑佐反；'旱既大甚'，徐他佐反；《莊子》'且女亦大早計'，徐李勑佐反。勑佐、他佐二反即泰之轉音(讀如唾)。今韵書更爲唐佐切，而此音遂廢。"**杕音不張口、則不得轉爲柁字矣，**《淮南子・説林訓》"心所説毁舟爲杕"，高《注》："杕，舟尾。讀詩'有杕之杜'也。"按：《集韵》列杕爲柁之或字，訓正船木。《廣韵》："杕，特計切。"《集韵》："唐左切。"**今述《泰部》字通國皆張口呼者，通部以爲音準。聒、**古活切，《末韵》。以下音讀，並據《廣韵》切語：**括、**音同上。**栝、**音同上。**活、**原注："北流活活"之字。誠按：《廣韵》活有古活、户括兩切。**刮、**古頒切、《鎋》韵。**葛、**古達切，《曷》韵。**割、**音同上。**乙、**《廣韵》《質》韵乿下注云："《説文》本作乙，本烏轄切。"馭、烏括切，《末》韵。**轄、**苦蓋切，《泰》韵；又胡瞎切，《鎋》韵。**舝、**胡瞎切，《鎋》韵。**話、**下快切，《夬》韵。**撻、**他達切，《曷》韵。**獺、**音同上，又他鎋切。**大、**徒蓋切，《泰》韵。又唐佐切，《箇》韵。**達、**唐割、他達二切，並在《曷》韵。**剌、**盧達切，《曷》韵。**瘌、**音同上。**殺、**所拜切，《怪》韵；又所八切、《轄》韵。**椴、**所八切，《黠》韵，又山列切，《薛》韵。**薩、**原注：菩薩字即薛之譌。○《玄應音義》卷三：《明度無極經》第一卷開士下云：梵云扶薩，又作扶薛，或言菩薩，孫星衍曰："薩字不見《説文》。錢少詹謂即薛字，薛字聲形皆相近，字之誤也。"徐灝曰:“俗書辥字,變中爲艸,變𠂤爲阝,遂成薛字。梵書菩薩字,初作扶薛,復加土爲薩。”察、初八切,《黠》韵。詧、音同上;又千結切,《屑》韵。𣛎、桑葛切,《曷》韵。刷、數括切,《鎋》韵;又所劣切,《薛》韵。㕞、所列切、《薛》韵。拔、蒲八切,《黠》韵;又蒲撥切,《末》韵;房越切,《月》韵。茇、北末、蒲撥兩切,並在《末》韵。跋、蒲撥切,《末》韵。抹、原注:正作搣○《説文》:“搣,㧗也(依段校)。”《廣韵》:“搣,亡列切”,《薛》韵。抹、莫撥切,《末》韵。伐、房越切,《月》韵。橃、方肺切,《廢》韵;又房越切,《月》韵。罰、房越切,《月》韵。發、方伐切,《月韵》。髮、音同上。韈、望發切,《月》韵。去入聲韵。以上所舉:轄、殺兩字,各有去入兩讀,話、大二字爲去聲,餘皆入聲也。葛、割、撻、大、達、剌、瘌、薩、𣛎等字爲開口一等;乙、韲、樧察等字爲開口二等,搣字爲開口三等。薛字爲開口四等。獺字兼有開口一等與二等,詧字兼有開口二等與四等。又聒、括、栝、活、敓、茇、跋、抹等字爲合口一等;刮、話、刷、㕞等字爲合口二等;伐、橃、罰、發、髮、韈等字爲合口三等。拔字兼有開口二等、合口一等與三等。

吴越閒《泰》部字張口呼者復有十餘字:介,古拜切,《怪》韵。以下皆據《廣韵》録其音切。疥、音同上,但爲合口。界、音同上。价、音同上。芥、音同上。快、苦夬切,《夬》韵。戛、古黠切,《黠》韵。外、五會切,《泰》韵。愛、烏代切、《代》韵。齘、胡介切,《怪》韵。帶、當蓋切,《泰》韵。

泰、他蓋切，《泰》韵。**賴**、落蓋切，《泰》韵。**癩**、落蓋切，《泰》韵；又盧達切，《曷》韵。**拜**、博怪切，《怪》韵。**敗**、薄邁、補邁兩切，並在《夬》韵。**抈**、原注：謂折斷爲抈斷。○《説文》："抈、折也。"《廣韵》："魚厥切。"《月》韵。**齾**、原注：謂殘缺處爲缺齾。○《説文》："齾，缺齒也。"《廣韵》："五割切。"《曷》韵。又五鎋切，《鎋》韵。**去入聲韵**。以上所舉：癩有去入兩讀，抈、齾、戛三字爲入聲，餘皆去聲。齾兼有開口一等與二等。其他愛、帶、泰、賴等字爲開口一等；介、戛、齇、拜等字爲開口二等；外字爲合口一等；疥、界、价、芥、快、敗等字爲合口二等；抈字爲合口三等。

雲南呼貝爲海朳，或作海肥，則貝之古音也。《爾雅·釋魚》"蚆博而頯"，郭《注》："頯者，中央廣，兩頭鋭。"郝懿行《義疏》："蚆者，雲南人呼貝爲海蚆，蚆貝聲轉也。尤侗《暹羅竹枝詞》云'海朳買賣解香燒'，原注：'行錢用朳。'然則朳與肥皆蚆之别體矣。"按：《廣韵》："貝、博蓋切。"《泰》韵："蚆，伯加切。"《麻韵》：**入聲韵**。朳从八聲，當爲入聲韵。

《歌》部、《泰》部皆備開闔，故對轉《寒》亦備開闔。《歌》部之一、二、三等音各有開合口字，四等有開口字。**《寒》部古音如今音、《寒》開《桓》闔，皆收舌。平聲韵**。孔、王、嚴、江皆以《元》韵領此部。而戴氏標《安》、章氏用《寒》、黄侃以寒、桓皆古本韵而仍合爲一部。李新魁氏則《寒》、《桓》分立：《歌》與《寒》，《戈》與《桓》，陰陽相轉。

侯部東部聲埶

《侯》、《幽》古音分。顧氏以《魚》、《侯》合爲一部，江戴又以《侯》、《幽》合爲一部，迄段玉裁始獨立《侯》部，自此遂爲定論。《侯》開口，故有鉤、狗、彀、彄、口、敂、謳、耦、涑、樓諸音；以上諸字：鉤、彄、謳、樓等皆在《廣韵》《侯》韵，狗、口、耦在《厚》韵，彀、敂在《候》韵。涑在《屋》韵，舊附《侯》部。《幽齊》齒，故有鳩、九、究、求、絿、憂、攸、悠、猶、由、修、流、諸音。以上諸字：鳩、求、絿、憂、攸、悠、猶、由、修、流等皆在《廣韵》《尤》韵，九字在《有》韵，究字在《宥》韵。又《幽》音徑直，《侯》音稍穹口呼之，其音在侯號閒。今廣州呼《侯》《幽》皆穹口，《侯》則是，《幽》則非也；諸部呼《侯》《幽》皆徑直，《幽》則是，《侯》則非也。平聲韵。《侯》部韵類當以《侯》韵爲本音。由侈而斂，乃闌入於《虞》。而《幽》部轉音，則多入《蕭》、《宵》、《肴》、《豪》。此兩部之界畫也。李方桂氏擬《侯》部之元音爲 u ，《幽》部之元音爲 ə 。

《侯》音穹口，故對轉《東》亦穹口。《東》部古音如今江西呼《江》部音而收脣；《東》部韵類以《東》《鍾》爲本音。其《江》、《講》、《絳》諸韵之字，本讀如《東》，如“邦”字讀封之重脣，“雙”讀如舂，“巷”讀如鬨之類是也。江南浙江呼《江》韵皆穹口。或呼《陽》《唐》，亦宛轉肖之。《江》則是，《陽》、《唐》非也。《江》韵由歛而侈。遂漸近於《陽》、《唐》矣。江有誥《復王石臞先生書》云："《東》每與《陽》通，《冬》每與《蒸》、《侵》合，此《東》、《冬》之界限也（《音學十書》卷首）。"誠按：《東》、《陽》通協，《詩》三百篇所罕見。自《老子》以迄《淮南子》、陸賈《新語》諸書，則日以增多。兩部元音本異，而乃有此事例，故或謂爲楚語之徵矣。今之呼《東》者，不能如《江》部，音亂於《冬》矣。湖南呼《冬》如登，又亂於《蒸》，皆非正音也。《東》部中閒雜《侵》、《蒸》韵字，殆以《侵》、《蒸》閉口收脣，故能與撮脣合口之《東》部相轉歟。徵之故書：《孟子》引《書》"洚水"，言"洚水者洪水也"，此以今語釋古語也。見《滕文公篇》。案《説文》："洪，洚水也。""洚，水不遵道。"兩字同義。《説文》《水部》列字，"洪"次一百五十二、"洚"次一百五十三。洚，"一曰下也。"就如《唐韵》，洪、洚皆户工切，即不煩以今説古，見大徐《説文》。洚，又户江切。以洚在《冬》部，其聲徑直；洪在《東》部，其聲《穹隆》。是以古今語言微異，有待於轉譯也。原注：今《廣韵》洚有户公、户冬，下江三音，户冬者，洚之本音也。户公者，洪之今音也。下江者，洪之古音也。誠按："洚"尚有古巷一切。《侯》部字若叢、藂。顒、鰅、喁，轉入《東》、《鍾》、叢藂二字在《廣》韵《東》韵，並音徂紅切。顒、鰅、喁三字在《鍾》韵，並音魚容切。按:叢等二字从取聲,顒等三字从禺聲,此兩聲皆在《侯》部。**講、棓、㖃則轉入《講》、未有轉入《冬》《宋》者、《講》即《江》之上聲,**《廣》韵《講》韵:"講,古項切。""棓,步項切。""㖃,胡講切(又大口切)。"按:講从冓聲,棓从咅(天口切)聲,㖃从后聲,並在《侯》部。**以是知古音《東》部如今《江》部,而與《冬》部聲埶殊矣。平聲韵。**

幽部冬部侵部緝部聲埶

《幽》部古音如今音,齊齒而直,故與《侯》殊。平聲韵。黄以周謂《幽》部以鳩、軥、休、柔之類爲正音。章氏蓋亦從之。誠按:《幽》部字多在《尤》韵,而《尤》韵本音則在《之》部,故相承以《幽》標目。

《冬》部古音如今音,收脣聲直,故與《東》殊,與《幽》對轉。平聲韵。孔廣森始别立《冬》部,謂古音與《東》、《鍾》大殊,而與《侵》聲最近,與《蒸》聲稍遠,故在《詩》、《易》則《侵》韵陰、臨、諶、心、深、禽,《覃》韵驂字,《寑》韵飲字,《蒸》韵朋、應等字皆通協。而嚴可均則以《侵》、《冬》合爲一類。凡《冬》韵字皆改讀從《侵》,舉《小戎》中、驂協音,《七月》沖、陰協音,《雲漢》蟲、宫、宗、臨、躳協音,《艮》象傳心、躳協音,《屯》象傳禽、窮協音,《蕩》諶、終協音,《公劉》飲、宗協音,《無羊》降、飲、寑句中隔韵爲證。凡孔氏所謂《侵》《冬》通協者,皆可斷其本爲同韵也。按:章氏撰此文時,本從孔説,而晚歲論音，又改同嚴説矣。李方桂氏於《冬》、《侵》兩部元音皆擬爲ə，並謂兩部韵尾又皆爲有圓唇性之鼻音-m與-ngw，不僅音質相似，方言亦或當混-m與-ngw爲一也。

《侵》部古音略如今廣東音，齊齒而收唇，故與《幽》對轉。正音當舉㱃、妗、咸、緘、㒗、喦、綅、潛爲準。此亦黄以周之説，而章氏从之。李培甫師曰："《侵》、《談》兩類，今日通語皆混於《真》、《寒》。就令改《侵》從《覃》，而《覃》、《談》又復無别。若僅以大細分界，推之他部，皆不可通。既知《真》、《寒》收舌，《侵》、《談》收唇，則兩部各有節限，不必爲此更張矣。"誠按：章氏此舉諸字，據《廣韵》音讀：㱃有於琰、於念兩切，兼入《琰》、《㮇》兩韵；妗有許咸、處占、許兼三切，兼入《咸》、《鹽》、《添》三韵；咸，胡讒切，《咸》韵。緘，古咸切，《咸》韵。㒗有巨金、巨淹兩切，兼入《侵》、《鹽》兩韵；喦有五咸、而涉兩切，兼入《咸》、《葉》兩韵；綅有子心、七林、息廉三切，兼入《侵》、《鹽》兩韵；潛有昨鹽、慈豔兩切，兼入《鹽》、《豔》兩韵。**其流變爲音、歆、金、禽、吟、心、梣，乃作《蒸》部音矣。**此舉諸字，皆在《廣韵》《侵》韵。音，於金切。歆，許金切。金，居吟切。禽，巨金切。吟，魚金切。心，息林切。梣，昨淫切。李方桂氏謂《侵》部之部分字，其韵尾-m因受唇音聲母之異化作用而變爲《切韵》時代之-ng。**孔氏改《侵》稱《綅》，以綅有七林，息廉二音，**孔廣森《詩聲類》分部，以"綅"代"侵"，按：綅字尚有子心一切，見上。**蓋先覺是也。**《孟子・萬章上篇》："天之生此民也，使先知覺後知,使先覺覺後覺也。”趙《注》:“覺,謂悟其理之所以然。”《廣韵》復有《覃》韵,《廣韵》:“覃,徒含切。”其聲視《咸》爲開口齊齒之異,視《談》則舉頤下頤不同,《禮記·王制篇》“視公侯”,鄭《注》:“視,猶言比。”《孟子·萬章下篇》“受地視諸侯”,趙《注》:“視,比也。”按:《覃》爲一等韵,《咸》爲二等韵。定海黄以周嘗舉是爲《侵》部正音。黄以周《六書通故》三、《覃》《感》《勘》部以駸、函、貪、南之類爲古正音。謂近之言韵者,泥於以少從多之義,《覃》從《侵》讀,遂與《真》部音混。《凡》韵之音,又轉入《談》。今以《幽》部齊齒,故定對轉如《咸》韵音。平聲韵。《幽》、《侵》對轉之例,見《成均圖》。

《緝》部古音如今廣東音,齊齒而收脣,故與《幽》對轉。自《切韵》以《緝》《合》以下九韵分配《侵》《覃》以下九韵,爲其入聲,清人顧炎武等皆從之。江永、段玉裁析《侵》、《談》爲二,《緝》、《合》亦因之而分。王念孫始專立《緝》、《盇》爲兩部,不與平聲相系。誠按:《詩》三百篇押韵,無與《緝》部相配之陰聲韵。《侵》、《緝》可以對轉,而《緝》、《幽》殆難比例也。《緝》之與《盇》,《緝》横而《盇》縱。去入韵。《緝》、《盇》皆純入聲韵,而章氏以爲可以轉讀去聲。

《侵》、《談》皆陽聲,而《緝》、《盇》爲之入。陽聲何以有入?曰:《緝》《盇》之音非不可去也。今之聲從及,《説文》:“今,是時也。从亼,从ㄱ。ㄱ,古文及。”《廣韵》:“今,居吟切。”《詩傳》以今爲急詞,《詩·召南·摽有梅篇》"迨其今兮",毛《傳》:"今,急辭也。"段玉裁曰:"今急疊韵。"**明"及"、"急"可讀如"噤"、"禁"也。**《説文》:"唫,口急也。""噤,口閉也。"《廣韵》《沁》韵:"噤,巨禁切。""禁,居蔭切。"**袷與裣亦相轉相借,**《説文》:"袷,衣無絮。从衣,合聲。"段《注》:"《小戴記》以爲交領之字。"《説文》又云:"裣,交衽也。从衣,金聲。"段《注》:"袷者,交領之正字。交領宜作袷,而《毛詩》、《爾雅》、《方言》作衿。殆以衿、袷爲古今字與。"**明"袷"亦可讀如"禁"也。**《廣韵》《洽》韵:"袷,古洽切。"《説文》"裣"字段《注》:"凡金聲今聲之字,皆有禁制之義。"**斟音子入切,**《説文》:"斟,斟斟,盛也。"大徐音子入切。《廣韵》《緝》韵"昌汁切",引《字統》云:會聚也。**《詩·螽斯》作蟄蟄,**《詩·周南·螽斯》篇:"宜爾子孫,蟄蟄兮。"毛《傳》:"蟄蟄,和集也。"《廣韵》《緝》韵:"蟄,直立切。"**以斟甚聲,明"斟"可讀如"浸"也。**《廣韵》《沁》韵:"甚,時鴆切。""浸,子鴆切。"**厭厭即愔愔,**《詩·小雅·湛露篇》"厭厭夜飲",毛《傳》:"厭厭,安也。"《釋文》:"厭,於鹽反。《韓詩》作愔愔,和悦之貌。"《左氏·昭十二年傳》"左史倚相引《詩》:'祁招之愔愔'",杜《注》:"愔愔,安和貌。"《廣韵》厭字有於琰、於艷、於涉三切。**明"厭"可讀如"蔭"也。**《廣韵》《沁》韵:"蔭,於禁切。"**浥、湆同義,**《説文》:"浥,溼也。从水,邑聲。""湆,幽溼也。从水,音聲。"《廣韵》:"浥,於汲切。""湆,去急切。"**明"浥"可讀如"窨"也。**《説文》:"窨,地室也。"《廣韵》:"窨,於禁切。"**給贛同義,明"給"可讀如**

“禁”也。《説文》:“給,相足也。”“贑,賜也。”《廣韻》:“給,居立切。”“贑,古送切。”**亼、三同義,**《説文》:“亼,三合也。讀若集。”“三,天地人之道也。从三數。”《廣韻》亼有秦入、子入兩切。**明“亼”可讀如“滲”也。**《説文》:“滲,下漉也。从水,參聲。”段《注》:“今俗云滲屚。”《廣韻》:“滲,所禁切。”**吸爲吸气,**《説文》:“吸,内息也。”**歆爲神食气,**見《説文》。**歆之語出於吸,明“吸”可讀許禁切也。**《廣韻》:“歆,許金切。”“吸,許及切。”**執聲有墊、㝷,明執聲字古皆都念切也。**《廣韻》《緝》韻:“執,之入切。”墊有都念,徒協兩切,兼收《㮇》、《帖》兩韻,㝷有都念,丁愜兩切,亦兼收《㮇》、《帖》兩韻。**盍聲有豔、明盍聲字古皆以贍切也。**《説文》:“豔,好而長也。盍聲。”《廣韻》:“豔,以贍切。”**乏聲有貶、窆、覂、砭,明乏聲字古皆方驗切也。**《廣韻》《乏》韻:“乏,房法切。”《琰》韻:“貶,方斂切。”《豔》韻:“窆,方驗切。”砭有府廉、方驗兩切,兼收《鹽》、《豔》兩韻。又《集韻》:“覂,補范切。”**及如《詩》之《小戎》,以驂、合、邑爲韻,**《詩·秦風·小戎篇》:“騏駵是中,騧驪是驂。龍盾之合,鋈以觼軜。言念君子,温其在邑。”按:《廣韻》《覃》韻:“驂,倉含切。”《合》韻:“合,侯閤切,又音閤。”《緝》韻:“邑,於汲切。”**《常棣》以合、琴、翕、湛爲韻,**《詩·小雅·常棣篇》:“妻子好合,如鼓瑟琴。兄弟既翕,和樂且湛。”《廣韻》《侵》韻:“琴,巨金切。”《緝》韻:“翕,許及切。”湛有直深、丁含、徒減三切,兼收《侵》、《覃》、《鹻》三韻。正以平去閒叶矣。驂、琴、湛三字者，平聲韵也。合、邑、翕三字則入聲韵。章氏謂可讀去聲。因是知古音《緝》、《盍》可作去聲。去入同類，故通讀入耳。

之部蒸部聲埶

古《之》部異於《支》、《脂》者，其聲與《支》爲縱横，《支》横而《之》縱也。説見前。今人得正音者七十九字，通部以是爲準。陔、垓、晐、侅、該、胲、以上六字在《廣韵》《咍》韵，並古哀切。改、古亥切，《海》韵。戒、誡、並古拜切，《怪》韵。械、胡介切，《怪》韵。埃、烏開切，《咍》韵。唉、烏開、於駭兩切，兼入《咍》、《駭》兩韵。欸、烏開、於改兩切，兼入《咍》、《海》兩韵。誒、許其切，《之》韵。挨、於改、於駭兩切，兼入《海》、《駭》兩韵。毐、烏開、於改兩切，兼入《咍》、《海》兩韵。騃、牀史、五駭兩切，兼入《止》、《駭》兩韵。亥、胡改切，《海》韵。孩、户來切，《咍》韵。荄、古哀、古諧兩切，並在《咍》韵。頦、户來、古亥兩切，兼入《咍》、《海》兩韵。劾、胡槩切，《代》韵。駭、侯楷切，《駭》韵。海、醢、並呼改切，《海》韵。戴、都代切，《代》韵。能、奴代、奴來、奴登三切，兼入《代》、《咍》、《登》三韵。態、他代切，《代》韵。胎、鮐、並土來切，《咍》韵。台、與之、土來兩切，兼入《之》、

《咍》兩韻。**臺、落**、並徒哀切,《咍》韻。**駘**、徒哀、徒駭兩切,兼入《咍》、《海》兩韻。**怠、殆、待、紿**、並徒亥切,《海》韻。**代、岱**、並徒耐切,《代》韻。**來、萊、騋**、並落哀切,《咍》韻。**賚**、洛代切,《代》韻。**耐、能**、並奴代切,《代》韻。**才、裁、財、材**、並昨哉切,《咍》韻。**𢦏、哉、栽**、並祖才切,《咍》韻。**載**、作代、材代兩切,《代》韻。**再、䌨**、並作代切,《代》韻。**偲**、倉才切,《咍》韻。**塞**、先代、蘇則兩切,兼入《代》、《德》兩韻。**在**、昨宰切,《海》韻。**巛、災**、並祖才切,《咍》韻。**宰**、作亥切,《海》韻。**采**、倉宰切,《海》韻。**菜**、倉代切,《代》韻。**茝**、昌紿切,《海》韻。**桮**、布回切,《灰》韻。**坏、肧**、並芳杯切,《灰》韻。**陪、培**、並薄回切,《灰》韻。**倍**、薄亥切,《海》韻。**葡、備**、並平秘切,《至》韻。**憊**蒲拜切,《怪》韻。**佩**、蒲昧切,《隊》韻。**莓**、莫杯、莫佩兩切,兼入《灰》、《隊》兩韻。**每**、武罪切,《賄》韻。**媒、梅**、並莫杯切,《灰》韻。又原注:桮等十四字如江南音。**右七十九字,今讀縱口,乃《之》部正音。平聲韻。**

《之》部縱口,故對轉《蒸》亦縱口,《之》、《蒸》兩部之元音,時賢同擬爲 ə 。**其收脣與《侵》同。**《蒸》部本收 -ng,《侵》部本收 -m,章氏不泥於 ng、m 之界,故有是說。**《蒸》、《侵》所以分者,《蒸》視《侵》爲舒,平聲韻。**《蒸部》聲執,蓋介在《冬》《侵》兩部之閒。《詩》三百篇多以《侵》《蒸》通叶,如:《秦風・小戎》三章以膺、弓、縢,興與音爲韻,

《大雅·大明》七章以林、興、心爲韵，魯頌《閟宫》五章以乘，縢、弓、綅、增、膺、懲、承爲韵，皆其例。又如《成均圖》所舉，膺應从雁得聲，而雁从瘖省聲，則在《侵》部。朋爲古文鳳字，而鳳从凡聲，又在《侵》部，亦《蒸》《侵》相通之證。

宵部談部盇部聲埶

《宵》部古音如今音。以手承頤，言《侯》、《幽》頤舉而上，言《宵》頤朵而下。平聲韵。趙少咸師《論侈弇》云："聲音自内而外，内狹外亦斂，外斂頤必舉。内宏外亦侈，外侈頤必朵。今讀《侯》、《幽》必圓脣，故腭穹舌屈而頤朵，《宵》必横口，故腭抑舌平而頤舉。然又謂《侯》穹口，口勢既穹，頤必下朵，又何能舉歟。"

《談》部古音如今廣東音。收脣，初發頤亦朵下，故與《宵》對轉。平聲韵。按：《宵》部無與相配之陽聲韵。《成均圖》所舉《談》、《宵》對轉之例，實即雙聲相轉耳。

《盇》部古音如今廣東音，收脣。今粤方言，《談》部字仍收 m，《盇》部字仍收 p 。**初發頤亦朵下，故與《宵》對轉。去入韵。**按：《談》、《盇》可以對轉，而《談》、《宵》則元音互異。

章炳麟曰：説已見《音理論疏證》。**略依儒先所定部目而爲音準，無所改作，**章氏《嚴刻音韵學叢書序》亦謙云："余於古韵，所自得者亦寡。"此當謂《隊》部之建也。**校**

其名實:《荀子·彊國篇》"憂患不可勝校也",楊注:"校,計。"《文選·長楊賦》"校武票禽",李善引《國語》賈《注》:"校,考也。"**《魚》當稱《模》,《脂》當稱《微》,《之》當稱《咍》,《東》當稱《江》,《侵》當稱《咸》**。説並見前。

國故論衡疏證上之五

一字重音説

通觀上古漢語,單音綴詞實多於複音綴詞。就其發展言之,自單趨複,又爲通則。然别有同一詞也而兼具單複兩形,《説文》中即不乏其例。如"薜"即"薜苫"、""蔗"即"藷蔗"之類。此外,更有初本雙音後成單名之奇觚現象。斯蓋語言環境不同,爲用各有所宜,因而軼出常軌。尋章氏一字重音之説,可以明其遷變之迹矣。如本文所舉"唐逮"一詞,既明載之《説文》,自非出於虚構。而徵諸經籍,乃無用例,足見其早爲單形之"逮"所替代,而音讀仍爲雙綴。後來失落一綴,則一形一音矣。他如"解廌"、"黽勉"之屬,皆可準此類比之。自章氏此説出,物論紛紛:非之者若唐蘭氏,謂爲無稽;善之者若劉節氏,謂爲不可磨滅之事實。劉氏《名原校證序》云:"自餘杭章氏一字重音之説出,學者多知古有雙音綴字,《齊子仲姜鎛》有鞷叔,楊樹達以爲即鮑叔。《荀伯簋》'寶用'作'匋用',《公面父盤》'匋盤'即'寶盤';《説文》《革部》'鞄'字:柔革工也,而《周禮·考工記》作柔皮之工鮑氏;知鞷叔即鮑叔一説可信。因此而推，繇書即欒書矣。於是知匋從缶聲，而寶亦從缶聲，求之諧聲偏旁，章氏言之詳矣。則命、令一字，豊、豐一字，古語有雙音綴，乃至多音綴，已爲中國語言學上不可磨滅之事實矣。”又時賢或主上古漢語有複輔音，且或變爲雙音綴。陸宗達氏謂其與章説相得益彰，且可豐富章説，是亦不同於唐蘭者也（唐説見所著《中國文字學》，陸説見所著《説文解字通論》）。

中夏文字，率一字一音。中夏，已見《小學略説》篇。《史記·老莊申韓列傳》“大抵率寓言也”，《正義》：“率，猶類也。”**亦有一字二音者，此軼出常軌者也。**《説文》：“軼，車相出也。”《左氏·隱元年傳》“懼其侵軼我也”，杜《注》：“軼，突也。”**何以證之？曰：高誘注《淮南·主術訓》曰：“鵕鸃，讀曰私鈚頭，二字三音也。”**原注：按私鈚合音爲鵕，《諄》、《脂》對轉也。頭爲鸃字旁轉音。〇《淮南子·主術訓》：“趙武靈王貝（《史記》《漢書》皆作“具”）帶鵕鸃而朝，趙國化之。”高誘《注》：“趙武靈王出春秋後，以大貝飾帶、胡服。鵕鸃讀曰私鈚頭，二字三音也。曰郭洛帶位銚鏑。”誠按：此六字當從孫詒讓説作郭洛帶私鈚鉤。私鈚，《戰國策·趙策》作“師比”，《史記·匈奴傳》作“胥紕”（《索隱》引延篤説：胡革帶鉤也），《漢書·匈奴傳》作“犀毗”（顔《注》：“犀毗，胡帶之鉤也。亦曰鮮卑，亦謂師比，總一物也，語有輕重耳），《史記·匈奴傳》《索隱》引班固《與竇憲牋》作“犀比”。凡此異文，並胡語帶鉤一名之異譯。小顔謂亦曰鮮卑，《楚辭・大招》正用此文。蓋胡語原偁當爲鮮卑郭洛帶，《漢書》《集解》引張晏曰："鮮卑郭洛帶，瑞獸名也，東胡好服之(《史記》《索隱》引同)。鮮卑郭洛帶，節去郭洛兩音，則是鮮卑帶，只取其前兩音，則爲師比、犀比之屬，結合其首尾兩音，則爲《淮南》之鵕鸏，結合其首兩音與其末音，則爲高誘之私鈚頭，實係三字三音，而非二字三音也。一字重音，上古雖有其例，而章氏乃據胡語漢譯文字證之，似未深察高誘二字三音之説，在對音時，又以私鈚合音不能讀鵕(《廣韵》《稕》韵：鵕，私閏切)，而强以《脂》、《諄》對轉明之，斯所以啓後生之疑也。云鸏、頭旁轉者，壽聲在《幽》部，《豆》聲在《侯》部，《侯》、《幽》爲近旁轉。又壽字在《廣韵》《有》韵，音殖酉切，又承呪切，中古屬《禪》紐，上古通舌頭。**既有其例，然不能徵其義。**帶鉤因瑞獸而得名。比年此物出土，固多作獸首形者，足徵張晏説之有據。**今以《説文》證之：凡一物以二字爲名者，或則雙聲，或則疊韵。**錢大昕《十駕齋養新録》五，謂古人名多取雙聲疊韵，草木蟲魚之名多取雙聲，其説甚是，而未盡也。蓋自雙聲疊韵之外，且多與聲韵不相系聯之複音詞；而取雙聲疊韵爲名者，亦不限於人與草木蟲魚也。至于《説文》所載雙聲疊韵之名，清人頗多討論，宜擇觀之。**若徒以聲音比況，即不必别爲製字。**《華嚴經音義》下引劉熙：徒，猶獨也。《漢書・刑法志》："其後姦猾巧法，轉相比況，禁罔寖密。"**然古有但製一字，不製一字者，踸踔而行，可**

怪也。《莊子·秋水篇》"夔謂蚿曰，吾以一足踸踔而行，予無如矣"，成玄英《疏》："跉踔，跳躍也。我以一足跳躑，快樂而行，天下簡易，無如我者"。《文選》陸機《文賦》李善《注》："踸踔而行，謂脚長短也。"**若謂《説文》遺漏，則以二字爲物名者，《説文》皆連屬書之，亦不至善忘若此也。**錢氏《養新録》四有《説文》連上篆字爲句一則，謂"諸山名水名云山在某郡。水出某郡者，皆當連上篆讀。艸部蘻、藍、蔄、蘇諸字，但云艸也，亦承上爲句：謂蘻即蘻艸，藍即藍草耳。非艸之通稱也。芺、葵、菹、藙、薇、薙諸字，但云菜也，亦承上讀：謂芺即芺菜，葵即葵菜也。"**然則遠溯造字之初，必以一文而兼二音，故不必别作彼字。如《説文·虫部》有悉蟹，蟹，本字也，悉則借音字。何以不兼造蟋，則知蟹字兼有悉蟹二音也。**《説文·虫部》："蟹，悉蟹也。从虫，帥聲。"《廣韵》《質》韵："悉，息七切。""蟹，所律切。"此二字古聲同爲齒音，古韵悉在《質》部，蟹在《物》部。蟋蟀字見《詩·唐風·蟋蟀》、《爾雅·釋蟲》、《方言》十一。**如《説文·人部》有焦僥。僥，本字也，焦則借音字。何以不兼造僬，則知僥字兼有焦僥二音也。**《説文》："僥，南方有焦僥人，長三尺，短之極。从人，堯聲。"段《注》："見《魯語》。韋曰：'僬僥，西南蠻之别名。'《海外南經》曰：'焦僥國在三首東。'大荒南經曰：'有小人名曰焦僥之國。'許系之南方，蓋本《山海經》。"誠按：《廣韵》《蕭》韵："焦，即消切。""僥，五聊切。"焦字古聲在《精》紐，古韵在《幽》部；僥字古聲在《疑》紐，古韻在《宵》部。焦僥，見《荀子·富國》、《正論》兩篇，《淮南子·墬形訓》、《論衡·藝增篇》。僬僥，見《史記·孔子世家》、韋昭《魯語》《注》、《列子·湯問篇》。**如《説文》《廌》部有解廌。廌，本字也，解則借音字。何以不兼造獬，則知廌字兼有解廌二音也。**原注：廌字兼有解廌二音，更有確證：《左傳·宣十七年》"庶有廌乎"，杜《解》："廌，解也。"借廌爲解，即廌有解音之證。○《説文》："廌，解廌，獸也。似牛，一角。从豸省。"《廣韻·蟹》韻："解，胡買、佳買兩切，又有古賣一切。""廌，宅買切。"古聲解字兼在《見》、《匣》兩紐，廌字在《定》紐，古韻二字同在《支》部。按：解廌，見《漢書·司馬相如傳》；又作解豸，見《史記·司馬相如傳》；作獬豸，見《文選》司馬相如《上林賦》；作觟鯱，見《論衡·是應篇》。**艸部有牂蘮。蘮，本字也，牂則借音字。何以不兼造薢，則知蘮字兼有牂蘮二音也。**《説文》："蘮，牂蘮，可以作縻綆。从艸，毀聲。"段《注》："縻，牛轡也。綆，汲井綆也。"誠按：大徐《説文》音"牂，則郎切"，古聲在《精》紐。《廣韻》"蘮，乃庚切"，古聲在《泥》紐。古韻二字同在《陽》部。**其他以二字成一音者，此例尚衆。如黽勉之勉，本字也，黽則借音字，則知勉字兼有黽勉二音也。**《詩·邶風·谷風篇》"何有何亡，黽勉求之"，鄭《箋》："吾其黽勉勤力爲求之。"又《小雅·十月篇》"黽勉从事，不敢告勞"，鄭《箋》："自勉以从王事。"誠按：鄭以勤力説《谷風》之黽勉，義同《説文》之以彊訓勉；又以自勉説《十月》

之黽勉，則直用勉爲黽勉，故無庸更爲黽别造專字也。黽勉又見《大雅·雲漢篇》。其異形甚多：如密勿，蠠没，閔勉；文莫等並是。《廣韻·獮》韻："黽，彌兖切（又武盡切）。""勉，亡辨切。"此二字古聲同在《明》紐，古韻黽在《陽》部，勉在《諄》部。**詰詘之詘，本字也，詰則借音字，則知詘字兼有詰詘二音也。**《説文》："詘，詰詘也。"段《注》："二字雙聲，屈曲之意。"誠按：《楚辭·九思·遭厄篇》"思哽饐兮詰詘"，許慎《説文叙》："象形者，畫成其物，隨體詰詘。"《廣韻》《質》韻："詰，去吉切。"物韻："詘、區物切。"此二字古聲同在《溪》紐，古韻詰在《至》(《質》)部，詘在《隊》(《物》)部。**懤箸之懤，本字也，箸則借音字，則知懤字兼有懤箸二音也。**《説文》："懤，懤箸也。从心，筥聲。"段玉裁不明箸乃借音字，乃疑箸當作躇。《廣韻》《尤》韻："懤，直由切。"《御》韻："箸，陟慮切"。古聲懤在《定》紐，箸在《端》紐，皆舌頭音。古韻懤在《幽》部，箸在《魚》部。**唐逮之逮，本字也，唐則借音字，則知逮字兼有唐逮二音也。**《説文》："逮，唐逮，及也。"段《注》："唐逮雙聲，蓋古語也。"誠按：唐逮雖不見於古籍，而别有唐棣一詞，與之同音，則《詩》《傳》及《爾雅》均有之。《詩·秦風·晨風篇》"山有苞棣"，毛《傳》："棣，唐棣也。"《爾雅·釋木》："唐棣，栘。"唐亦作常，《詩·小雅》有《常棣》之篇。又作棠，《説文》："栘，棠棣也。"足見唐逮實是古語，但制逮字，唐乃借音。唐棣亦然。**此類實多，不可殫盡。**《廣雅·釋詁》一："殫，盡也。"**大抵古文以一字兼二**

音，既非常例，故後人旁駙本字，增注借音，久則遂以二字并書。《説文》："駙，一曰近也。"《後漢書·魯恭傳注》："駙，副也。"**亦猶越稱於越，**《春秋·定公十四年》"於越敗吳於檇李"，杜《注》："於越，越國也。"孔《疏》："於越，即越也。夷言發聲謂之於越，從彼俗而名之也。"**邾稱邾婁，**江永《春秋地理考實》於隱公元年"邾"下云：《公羊傳》皆作邾婁，《禮記·檀弓》亦然，婁者邾之餘聲也。"誠按：邾婁二字，古聲同爲舌音，古韵並在《侯》部，江説亦自可通。但春秋時以婁作地名者，並非全是附注之字，即如《春秋·隱公四年》之牟婁，杜《注》：杞邑，城陽諸縣東北有婁鄉。而《水經·濰水注》亦云"北逕婁鄉城東"，此蓋不能以婁爲附注轉入正文之字也。**在彼以一字讀二者，自魯史書之，則自增注"於"字"婁"字於其上下也。**

國故論衡疏證上之六

古音娘日二紐歸泥説

清錢大昕論定:古無舌上音,而於《娘》之歸《泥》,未有證明。其實《泥》、《娘》不分,《切韵》猶然。觀切語上字之多糾纏可知也。章氏乃援古據今,明其本非爲二,斯無復遺義矣。至《日》之歸《泥》,時賢雖尚有異論,以爲此二紐者,古聲但相近而非相同。然章氏陳義堅卓,殆難輕議。惟其徵證多囿諧聲一端,故史存直氏更舉域外譯音(日譯吴音日爲 n)及國内方音(福州、厦門、汕頭、温州等地,《日》紐字多讀 n、ȵ 或 l)以證成之(史氏説見所著《漢語語音史綱要》)。先是《切韵指掌圖》有《辨來日二字母切字一例,謂《來》、《日》二切則是憑韵與内外轉法異,惟有《日》字卻與《泥》《娘》二字母下字相通。蓋日字與舌音是親而相隔也。歌曰:《日》下三爲韵,音和故莫疑(原注:如六切肉,如精切寧),二來《娘》處取,一四定歸《泥》(原注:仁頭切羺,日交切鐃)。黄侃謂此乃《娘》、《日》二紐歸《泥》之始見者(見黄焯氏《筆記》)。章氏是否有悟於此,則非所知矣。

古音有舌頭《泥》紐，其後支别，則舌上有《娘》紐，半舌半齒有《日》紐，於古皆《泥》紐也。舌上及半舌、半齒之名，皆等韵家所立。**何以明之。涅從日聲，**《説文》："涅，黑土在水中也。从水，从土。日聲。"《廣韵》："涅，奴結切。"**《廣雅·釋詁》："涅，泥也。""涅而不緇"，亦爲"泥而不滓"，是日、泥音同也。**《論語·陽貨篇》"涅而不緇"，《史記·屈原賈生列傳》作"泥而不滓"。《索隱》："泥，亦音涅；滓，亦音緇。"**䵒從日聲，《説文》引《傳》"不義不䵒"，《考工記·弓人》杜子春《注》引《傳》"不義不昵"，是日、昵音同也。**原注：昵，今音尼質切，爲《娘》紐字。古尼、昵皆音泥，見下。〇《説文》："䵒，黏也。从黍，日聲。《春秋傳》曰：'不義不䵒（見《左氏·隱元年傳》。今本"䵒"作"暱"）。'"《周禮·考工記·弓人》"凡昵之類不能方"，鄭《注》："故書昵或作樴，杜子春云：'樴，讀爲不義不昵之昵。'或爲䋈，䋈，黏也。"阮元《校勘記》："此當經文作凡樴之類，《注》作故書樴或作昵，杜子春云：昵，讀爲不義不昵之昵。"**《傳》曰："姬姓，日也。異姓，月也。"**此見《左氏·成十六年傳》。杜《注》："周世姬姓尊，異姓卑。"**二姓何緣比況日月？《説文》復字从日，亦从内聲作衲，是古音日與内近；**《説文》："復，卻也。从彳日夊。衲，復或从内。"**月字古文作外，韵紐悉同，則古月、外同字。**原注：日月所以比内外者：《天文志》曰："日有中道，月有九行。中道者黄道，一曰光道。九行者：黑道二，出黄道北；赤道二，出黄道南；白道二，出黄道西；青道二，出黄道東；是爲日道在内，月道在外。”○《文始》一：“《説文》：‘月，闕也。’‘外，遠也，夘，古文外。’《門部》古文閒作閖。外即月字。二部古文怲作死，夘亦月字。然則夘乃月之古文奇字，外即夘之變也。外月並在《泰》部，又復同紐（誠按：《廣韻》：外，五會切；月，魚厥切。古聲並在《疑》紐），古音本不分去入，其爲一字明矣。”姬姓，内也；異姓，外也。音義同則以日月况之。太史公説武安貴在日月之際，亦以日月見外戚也。日與泥、内同音，故知其在《泥》紐也。《史記·魏其武安侯列傳》：“武安之貴，在日月之際。”又云：“武安侯田蚡者，孝景后同母弟也。”“入”之聲今在《日》紐，《廣韻》：“入，人執切。”古文以入爲内。《釋名》曰：“入，内也，内使還也。”是則入聲同内，在《泥》紐也。《説文》：“入，内也。”“内，入也。”二字互訓。此引《釋名》，見《釋言語》。明翻宋本兩“内”字均作“納”。“任”之聲今在《月》紐。《白虎通德論》、《釋名》皆云：男，任也。又曰：南之爲言任也。《淮南·天文訓》曰：“南吕者，任包大也。”是古音任同男、南，本在《泥》紐也。《廣韻》：“任，如林切。”此引《白虎通》，見《爵篇》。引《釋名》，見《釋長幼》。又以任訓南，見《白虎通·禮樂篇》。“羊”之聲今在《日》紐，臣鍇本言“讀若飪”，臣鉉本言“讀若能”，是古音羊聲在《泥》紐也。《説文》：“羊，撖（刺）也。”《廣韻》：羊、飪並音如甚切。能，奴登切。臣鍇即南唐徐鍇，世稱小徐。臣鉉即徐鉉、鍇之兄，世稱大徐。二徐校訂《説文》之功，已詳《小學略説篇疏證》。**然、而、如、若、爾、耳，此六名者，今皆在《日》紐。**《廣韻》："然，如延切。""而，如之切。""如，人諸切。""若，而灼切。""爾，而氏切。""耳，而止切。"**"然"之或體有難，從艸，難聲。《劇秦美新》"難除仲尼之篇籍"，《五行志》"巢難墮地"，皆從難聲。明然古音如難，在《泥》紐也。**原注：《史記·周本紀》"赧王延立"，《索隱》："按《尚書中候》以赧爲然。鄭玄云：'然，讀曰赧。'王劭按：'古音人扇反，今音奴板反。'"尋王劭此説，蓋以書赧作然，誤謂赧之古音如然之今音耳。不知古音然字正作奴板反也。〇《説文》"然"之或體下段《注》："按篆當作𦼮，或古本作𤎅，轉寫奪火耳。"誠按：今《文選》揚雄《劇秦美新》文及《漢書·五行志》，"難"皆作"𦼮"，李善小顔並云：𤎅，古然字。**"而"之聲類有耐。《易·屯》曰"宜建侯而不寧"，《淮南·原道訓》曰"行柔而剛，用弱而强"，鄭康成、高誘皆讀而爲能。是古音而同耐能，在《泥》紐也。**《説文》："耏，罪不至髡也。从彡而，而亦聲。耐，或从寸。"《周易·屯卦》《釋文》："鄭讀而曰能。能，猶安也。"**"如"從女聲，古音與奴、拏同。音轉如奈，《公羊·定八年傳》"如丈夫何"，《解詁》曰："如，猶奈也。"又轉如能，《大雅》"柔遠能邇"，《箋》曰："能，猶伽也。"奈、能與如皆雙聲，是如在《泥》紐也。**《廣韻》："拏，女加切。"《詩·大雅·民勞篇》孔

《疏》:"伽者,謂順適其意也。"《釋文》:"伽,檢字書未見所出。舊音如庶反,義亡難見。"胡承珙《毛詩後箋》引汪氏《異義》曰:"《釋文》謂伽字不見字書而引《廣雅》:如,若也,均也,謂義音相似。《疏》引鄭《書注》:謂與恣同,皆於順伽義近。《爾雅》如與適同訓。《説文》云:'如,从隨也。''恣,縱也',皆順適之意。《釋文》又云'伽,舊音如庶反',則又當作茹。《釋言》'茹,度也',度有謀義。安遠方之國,先順謀其近者,舊音宜得其義也。馬瑞辰《傳箋通釋》:漢《督郵碑》:'渘遠而邇',即柔遠能邇也。而如古同聲,故《箋》訓能爲伽,伽即如也,如猶若也(《廣雅》),若有順意(《爾雅》),故《箋》云順伽其近者,正與安善義通。"誠按:《尚書·堯典》、《顧命》、《文侯之命》及《左氏·昭二十年傳》,並有柔遠能邇之語,蓋當時恒言也。

"若"之聲類有諾。稱若稱乃,亦雙聲相轉,是若本在《泥》紐也。《説文》:"諾,譍也。从言,若聲。"《儀禮·士昏禮篇》"若則有常",鄭《注》:"若,猶女也。"又《覲禮篇》"伯父無事,歸寧乃邦",鄭《注》:"乃,女也。"**《釋名》曰:"爾,昵也。""泥,邇也。"**爾訓昵,見《釋名·釋典藝》。泥訓邇,見《釋名·釋宮室》。**《書》言"典祀無豐於昵",以昵爲禰;《釋獸》"長脊而泥",以泥爲儞。是古爾聲字皆如泥,在《泥》紐也。**《尚書·高宗肜日篇》《釋文》引馬云:"昵,考也,謂禰廟也。"《説文》:"禰,親廟也。从示,爾聲。"《爾雅·釋獸》"威夷長脊而泥",郭《注》:"泥,少才力。"錢大昕曰:"泥,當爲儞,聲近借用耳。《説文》:'儞,智少力劣也。'故郭

《注》訓泥爲少才力。"誠按:《廣韻》:"禰,奴禮切。""䦵,綿婢切,又乃禮切。"《漢書·惠帝紀》曰"内外公孫耳孫",師古以耳孫爲仍孫。仍,今在《日》紐,本從乃聲,則音如乃。是耳、仍皆在《泥》紐也。師古曰:"仍耳聲相近,蓋一號也。"《説文》:"仍,因也。从人,乃聲。"《廣韻》:"仍,如乘切。"耎、弱、儒、柔,此四名者今皆在《日》紐。耎聲之稬音奴亂切,耎聲之煗音乃管切,耎聲之嫰音奴困切,是耎本在《泥》紐也。《廣韻》:"耎,而兖切。""弱,而灼切。""儒,人朱切。""柔,耳由切。"按:稬、煗、嫰三字之音分别見於《廣韻》《换》、《緩》、《慁》三韻。弱聲之嫋音奴鳥切,弱聲之愵音奴歷切,弱聲之溺或以爲㞙,音奴弔切;此三音分别見於《廣韻》《篠》、《錫》、《嘯》三韻。按:廣韻愵字只有而灼一切,奴歷切有溺、惄兩字,溺又有而灼一切。《説文》:"㞙,人小便也。从尾水。"段《注》:"古書多假溺爲之。"《管子·水地》"夫水淖弱以清";《文選》李康《運命論》李《注》引此文,"弱"作"溺"。《莊子·逍遥游》"淖約若處子",李頤曰:"淖約,柔弱貌。"明古音弱與淖同,故得以淖爲弱,或爲聯語。是弱在《泥》紐也。淖本訓泥,見《説文》。《廣韻》:"淖,奴教切。"淖約,又見《荀子》,《宥坐篇》云"夫水,淖約微達,似察",楊《注》:"淖,當爲綽。綽約,柔弱也。"誠按:卓聲、弱聲、勺聲,古韻並在《藥》部。儒之聲類:羺、獳、鸋、䰭,《廣韻》竝音奴鉤切。

此則儒本音獳，在《泥》紐也。《廣韵》《侯》韵有此四字。《廣雅·釋詁》，柔訓爲弱。《説文》鞣，鍒皆訓爲耎。柔與弱、耎本雙聲，而義相似，故柔亦在《泥》紐也。《説文》："鞣，耎也。从革，从柔，柔亦聲。""鍒，鐵之耎也。从金，从柔，柔亦聲。"明此則恁爲下齎，荏染爲柔木，其音並在《泥》紐、可例推也。《説文》："恁，下齎也。"鍇注："心所齎卑下也。"段《注》："《廣雅》云：'恁，弱也'，與《詩》荏染同音通用。"誠按：《詩·小雅·巧言篇》"荏染柔木"，毛《傳》："荏染，柔意也。"《廣韵》恁、荏二字並音如甚切；染，而琰切。人仁之聲，今在《日》紐。人聲之年爲奴顛切，仁聲之佞爲乃定切。此則人、仁本音如佞，在《泥》紐也。《釋名·釋形體》："人，仁也。"《廣韵》人、仁，並音如鄰切。《説文》："秊(年)，穀孰(熟)也。从禾，千聲。""千，十百也。从十，人聲。""佞，巧讇高材也。从女，仁聲(依小徐)。"冄之聲今在《日》紐。那从冄聲，則冄、那以雙聲相轉，在《泥》紐也。《廣韵》："冉，而琰切。"那有諾何，奴可、奴箇三切，皆《泥》紐也。攘之聲今在《日》紐。槍攘古爲槍囊，是攘本音爲囊，毀亦爲囊，在《泥》紐也。《廣韵》攘有如兩、如羊兩切，又音讓，皆在《日》紐。"囊，奴當切"，"毀，乃庚切"，皆在《泥》紐。《説文》："槍，一曰槍攘也。"段《注》："許無从手之搶，凡槍攘、上从木，下从手。"誠按：《莊子·在宥篇》"乃始臠卷獊囊而亂天下也"，《釋文》："獊，崔本作戕云：戕囊猶搶攘，悤遽之貌也。"又《説文》：攘从襄聲，囊从襄省聲，襄又从㲋聲。“㲋，亂也。从爻工交吅，一曰窒㲋，讀若禳。”**舉此數事，今《日》紐者，古音皆在《泥》紐。其他以條列比況可也。**《禮記·服問篇》“上附下附，列也”，鄭《注》：“列，等比也。”**今音泥、昵在《泥》紐，**《廣韻》泥、昵二字並音奴低切。**尼、昵在《娘》紐，**《廣韻》：“尼，女夷切。”“昵，尼質切。”**仲尼，《三蒼》作仲昵，**《顏氏家訓·書證篇》：“仲尼字，《三蒼》尼旁益丘。”**《夏堪碑》曰“仲泥何侘”，**《隸釋》卷十二載《相府小史夏堪碑》，云：“古命有之，仲泥何侘。”**足明尼聲之字，古音皆如昵，泥，有《泥》紐，無《娘》紐也。**原注：今武昌言尼如泥，此古音也。○《玉篇》尼音奴啓、女飢二切。**今音男“女”在《娘》紐、爾“女”在《日》紐，**男女之女，《廣韻》音尼吕切；爾女之女，《廣韻》音人渚切。**古音女本如帑。妻帑鳥帑，其字則一；**《詩·小雅·常棣篇》“樂爾妻帑”，毛《傳》：“帑，子也。”《左氏·襄二十八年傳》“以害鳥帑”，孔《疏》：“帑者，細弱之名。於人則妻子爲帑，於鳥則鳥尾曰帑。妻子爲人之後，鳥尾亦鳥之後，故俱以帑爲言也。”《説文》：“帑，金幣所藏也。从巾，奴聲。”段《注》：“《常棣》叚帑爲奴，本謂罪人之子孫爲奴。引申之則凡子孫皆可稱奴。又叚帑爲之。鳥尾曰帑，亦其意也。今音‘帑藏’他朗切，以别於‘妻帑’乃都切。”**《天文志》顏師古説：帑，雌也。是則帑即女矣。**按：孥字初見于《字林》，古無是也。清人程大中、俞樾皆有説。**爾女之音，展轉爲**

乃，有《泥》紐，無《娘》紐也。原注：今武昌言女如奴而撮口，此古音也。〇《周禮·天官·小宰》“各修乃職，攷乃灋，待乃事”，鄭《注》：“乃，猶女也。”狃之聲今在《娘》紐，公山不狃，狃亦爲擾。往來頻復爲狃，《説文》作猱。擾猱今在《日》紐，古無《日》紐、則狃亦在《泥》紐也。其他亦各以條列比況可也。《廣韵》：“狃，女久切。”《左氏·定五年傳》：公山不狃，《論語·陽貨篇》作公山弗擾（擾）。《集解》孔曰：“弗擾爲季氏宰。”《爾雅·釋言》：“狃，復也。”《詩·鄭風·大叔于田》毛《傳》：“狃，習也。”《左氏·桓十三年傳》杜《注》：“狃，伏也。”《爾雅·釋言》邢《疏》引孫《注》：“狃忕，前事復爲也。”《説文》：“猱，復也。从彳，从柔，柔亦聲。”《廣韵》：“擾，而沼切。”大徐《説文音》：“猱，人九切。”問曰：聲音者本乎水土，《左氏·僖十五年傳》：“生其水土而知其人心。”《漢書·地理志》：“凡民稟五常之性，而有剛柔緩急聲音不同，繫水土之風氣，故謂之風。”中乎同律，《周禮·春官·大師》：“掌六律六同，以合陰陽之聲。”又《典同》：“掌六律六同之和，以辨天地四方陰陽之聲。”鄭《注》：“故書同作銅，鄭司農云：‘陽律以竹爲管，陰律以銅爲管。竹：陽也；銅：陰也。各順其性，凡十二律，故《大師》職曰：執同律以聽軍聲。’玄謂：律，述氣者也；同，助宣陽氣與之同，皆以銅爲。”發乎脣㐁，《説文》：“㐁，舌皃。”《廣韵》：“㐁，他念切。”節族自然。《漢書·嚴安傳》“調五聲，使有節族”，《集注》蘇林曰：“族，音奏。”師古曰：“節，止也。奏，進也。”今曰古無《娘》《日》，

將迫之使不言耶，其故闕也。《左氏·僖五年傳》："且虞能親於桓莊乎。其愛之也。"誠按：且與將同，乎與耶同，也亦同耶，並見《經傳釋詞》。章氏造語，正本《左傳》。**荅曰：凡語言者，所以爲别。**否則無能交流思想情感，亦自無從交際。**《日》紐之音，進而呼之則近《來》，退而呼之則近《禪》。**本卷《正言論·方音表》有"彈舌音變來紐界"：如安徽北部。又有"彈舌音誤《禪》紐界"：如江南、浙江、江西、湖南、雲南、貴州、廣東等地。**《娘》紐之音，浮氣呼之則近《影》，按氣呼之則近《疑》。**今北方話：《娘》或讀从《喻》紐。如章氏説，《喻》者，《影》之變也。粤方言中，舌上音又多轉爲牙音。《疑》紐者，牙音之一也。**古音高朗而徹，不相疑似，故無《日》、《娘》二紐矣。**錢大昕謂古音多侈，章氏从之。詳《二十三部音準篇》。又《吕氏春秋》有《疑似》篇已見前。**今閩、廣人亦不能作《日》紐也。**今粤方言中之《日》紐字：粤海、高雷兩音系轉爲 j，四邑音系轉爲 ŋ，欽廉、桂南兩音系轉爲 ȵ。而厦門話則轉爲 d，皆不讀本紐也。

國故論衡疏證上之七

古雙聲説

此章氏古聲類通轉之學説也。以爲喉、牙者生人之元音，喉、牙足以衍百音，百音亦復剸復喉、牙。歷舉喉、牙發舒爲舌、齒、唇諸音，舌、齒、唇及半舌遒斂爲喉、牙諸音之例，以證其義。後來徐昂氏著《聲紐通轉表》（見《文哲學報》第四期），魏建功氏作《音軌》（見《古音系研究》），並承其學而益廣通轉之途，所謂變其本而加之厲矣。惟章氏此説，殆非首創。清嘉定錢坫嘗著《詩音表》，卷首略云："言詩者必攷律，而言律者必正音。正音何先？先雙聲。雙聲者何、皃聲也，皃者意也，取其意之近似也。雙聲既著，究出、送、收。聲之始發爲出，從爲送，終爲收，是爲三聲。三聲既著，究通聲，通聲者何？矦（喉）音也。矦何以謂通聲，矦者生聲之母，諸聲爲子，母以統子也。牙、唇、舌、齒四音必主宰於矦者，猶人有五藏，皆主宰於心也。何以通之？與出、送、收皆協，故通之。矦無出、送、收者。凡天下之舉相似者，矦而已矣。音有南北、至矦而通，人辨舌、齒、唇，物或無之，矦則物與人亦無異焉。通音既著,究本類聲,宫、商、角、徵、羽,各自爲其類也。本類聲既著,究來音,來者聲之歸宿。凡人生而有聲,矦音即具,而歸宿必於來,來又聲之所自生也。”錢坫之言云爾。章氏於此,未必無所取裁也。又瑞典人高本漢作《漢語詞類》,分音變規律爲五,既繁瑣,又多臆測,兹不具論。

古音紐有舌頭,無舌上;有重脣,無輕脣,則錢大昕所證明。錢氏《十駕齋養新録》卷五有“古無輕脣音”一則,謂凡輕脣之音,古皆讀爲重脣(《潛研堂文集》十五、《荅問》十二説同)。同書同卷又有“舌音類隔之説不可信”一則,謂“古無舌頭舌上之分,《知》、《徹》、《澄》三母,以今音讀之,與《照》、《穿》、《牀》無别也。求之古音,則與《端》、《透》、《定》無異(又見《潛研堂荅問》十二)”。此二事者,皆以經典異文與古書注音爲據。其例甚多,不具録。再證以域外譯音及各地方音,知錢氏之説誠信而有徵矣。**《娘》、《日》二紐,古並歸《泥》,則炳麟所證明。**詳所著《古音娘日二紐歸泥説》。**正齒舌頭,慮有鴻細,**慮,猶言大概。見前。鴻細,同洪細。《文選·四子講德論》“夫鴻均之世”,李《注》:“鴻與洪古字通。”按:等韵圖以正齒音分隸二、三兩等,以舌頭音分隸一、四兩等,此洪細之别也。**古音不若是繁碎,**《梁書·王僧孺傳》載其《與何炯書》有云“委曲同之鍼縷,繁碎譬之米鹽”。又《南史》梁《鍾嶸傳》云:“繁碎職事,各有司存。”**大較不别。**大較,猶言大略。《史記·貨殖傳》“此其大較也”,

《索隱》:"較,音角。"**齊、莊、中、正爲齒音雙聲**,《禮記·中庸篇》:"齊莊中正,足以有敬也。"《廣韵》《皆》韵"齋"下云:"經典通用齊,側皆切。"又《陽》韵:"莊,側羊切。"並《照》紐二等字。**今音中在舌上**,《廣韵》:"中,陟弓切。"舌上音《知》紐字。**古音中在舌頭**,錢氏《養新録》卷五:"古音中如得。《周禮·師氏》:'掌王中失之事。'故書中爲得。杜子春云:'當爲得。'《三蒼》云:'中,得也(《史記索隱》)。'"《史記·封禪書》'康后與王不相中',《周勃傳》'勃子勝之尚公主,不相中',小司馬皆訓爲得。《吕覽》'以中帝心',《注》:'中猶得。'"**疑於類隔**。類隔者,謂切語上字與所切字在聲類上有重唇與輕唇或舌頭與舌上之不相合也。《養新録》云:"古人製反切,皆取音和。後儒不識古音,謂之類隔,實非古人意也。"陳澧《切韵考·通論》云:"《廣韵》每卷後所記'新添類隔今更音和切'者凡二十一字。音和者,謂切語上字與所切之字雙聲也。類隔者,謂非雙聲也。如卑字府移切,府與卑非雙聲,故改爲必移切,必與卑乃雙聲也,餘皆倣此。然府、卑非雙聲者,乃後世之音,古音則府、卑雙聲。陸氏沿用古書切語,宋人以其不合當時之音,謂之類隔。方密之《通雅》始辯其惑,錢辛楣《養新録》考辯尤詳。"**齒、舌有時旁轉,錢君亦疏通之矣**。《養新録》卷五云:"古人多舌音,後代多變爲齒音,不獨《知》《徹》《澄》三母爲然也。"綜觀錢氏所舉例證,蓋以正齒音之三等字大部來自舌頭,其説良是。錢氏而後,鄒漢勳作《五均論》,亦主《神》、《船》兩母古歸《定》《澄》兩母。

時賢周祖謨氏又謂《禪》、《定》兩母關係最密。實自錢氏啓之。**此則今有九音，**宋人據守温字母以定韵譜，於脣、舌、齒、牙、喉五音之外，復增半舌、半齒而爲七音。而脣分輕重，舌分舌頭、舌上，齒分齒頭、正齒，實係十類。併半舌與舌頭計之，則爲九音。**於古則六，曰：喉、牙、舌、齒、脣、半舌也。**古無《日》紐，舌齒脣各僅一類，益以半舌，總爲六音。**同一音者，雖旁紐則爲雙聲。**同一音，謂同一聲符。**是故金、欽、禽、唫，一"今"聲具四喉音；**喉音，當作牙音。《廣韵》《侵》韵，今與金並音居吟切，《見》紐；欽，去金切，《溪》紐；禽，巨金切，《羣》紐；唫，魚金切，《疑》紐。**汙、吁、芋、華，一于聲具四牙音。**牙音，當作喉音。據《廣韵》，汙有哀都、烏路兩切，並在《影》紐；吁，況于切，《曉》紐；于與芋並羽俱切，同在《喻》紐；華，呼瓜切，《曉》紐；又户花、户化二切，《匣》紐。**漢魏南北朝反語，不皆音和，以是爲齊。**觀《廣韵》所録"類隔今更音和諸切"，可知其概。齊者，《文選·長笛賦》"各得其齊"，李《注》："齊，分限也。"《禮記·少儀篇》鄭《注》："齊，和也。"**及夫喉、牙二音，互有蜕化，**《説文》："蜕，蛇蟬所解皮也。"《廣雅·釋詁》："蜕，解也。"王念孫《疏證》："今俗語猶謂蟲解皮爲蜕矣。"**募原相屬，**募原相屬，猶言部位相近。募原，原指胸膜與膈肌之間，此以喻發音之部位。《素問·舉痛論》第三十九"寒氣客於腸胃之間，膜原之下"。《靈樞經·百病始生》第六十六"其（邪氣）著於腸胃之募原也"。**先民或弗能宣究。**《詩·大雅·板篇》"先民有言，詢於芻蕘"，鄭《箋》："古之賢者有言，有疑事當與薪采者謀之。"《左氏·僖二十七年傳》"未宣其用"，杜《注》："宣，明也。"**證以聲類，公聲爲翁、爲容**，《廣韻》公在《見》紐，古紅切。翁在《影》紐，烏紅切。容在《喻》紐，餘封切。按：章氏併《喻》於《影》，此亦當謂容爲《影》紐字。**工聲爲紅**，《廣韻》工在《見》紐，古紅切；紅在《匣》紐，户公切。**叚聲爲瑕**，《廣韻》叚在《見》紐，古疋切；瑕在《匣》紐，胡加切。**古聲爲胡**，《廣韻》古在《見》紐，公户切；胡在《匣》紐，户吴切。**久聲爲羑**，《廣韻》久在《見》紐，舉有切；羑在《喻》紐；與久切。**圭聲爲鼃**；《廣韻》圭在《見》紐，古攜切；鼃有烏媧，户媧兩切，兼隸《影》《匣》兩紐。**夾聲爲挾**，《廣韻》夾在《見》紐，古洽切；挾在《匣》紐，胡頰切。**甲聲爲狎**，《廣韻》甲在《見》紐，古狎切；狎在《匣》紐，胡甲切。**見聲爲莧**；《廣韻》見在《見》紐，古電切；莧在《匣》紐，侯襇切。**气聲爲氣**，《廣韻》气在《溪》紐，去既切；氣在《曉》紐，許既切。**幵聲爲形**，《廣韻》幵在《見》紐，古賢切；形在《匣》紐，户經切。**厶聲爲弘**，《説文》："厶，古文厷，厷或从肉作肱。"《廣韻》肱在《見》紐，古弘切；弘在《匣》紐，胡肱切。**雚聲爲歡**，《廣韻》雚在《見》紐，古玩切；歡在《曉》紐，呼官切。**干聲爲汗**，《廣韻》干在《見》紐，古寒切；汗在《匣》紐，侯旰切。**咼聲爲禍**，《廣韻》咼在《溪》紐，苦媧切；禍在《匣》紐，胡果切。**區聲爲歐**，《廣韻》區在《溪》紐，豈俱切；歐在《影》紐；烏后切。**谷聲爲浴**，《廣韻》谷在《見》紐，古禄切(又欲、鹿二音);浴在《喻》紐,余蜀切。**角聲爲斛,**《廣韵》角在《見》紐,古岳切;斛在《匣》紐,胡谷切。**句聲爲昫,**《廣韵》句在《羣見》兩紐,有其俱、古侯、九遇、古候四切。昫在《曉》紐,香句切。**羔聲爲窯,**《廣韵》羔在《見》紐,古勞切;窯在《喻》紐,餘昭切。**丂聲爲號,**《廣韵》丂在《溪》紐,苦浩切;號在《匣》紐,胡到切。**高聲爲蒿,**《廣韵》高在《見》紐,古勞切;蒿在《曉》紐、呼毛切。**光聲爲黄,**《廣韵》光在《見》紐,古黄切;黄在匣紐,乎光切(《説文》:黄,从田,从炗,炗亦聲。炗,古文光。)**斤聲爲欣,**《廣韵》斤在《見》紐,舉欣切;欣在《曉》紐,許斤切。**君聲爲焄,**原注:《説文》讀若威。《廣韵》君在《見》紐,舉云切;焄在《影》紐,於非切。**軍聲爲運,**《廣韵》軍在《見》紐;舉云切;運在《喻》紐,王問切。**匃聲爲曷,**《廣韵》匃在《見》紐,古泰切;曷在《匣》紐,胡葛切。**今聲爲衾,**《廣韵》今在《見》紐,居吟切;衾在《影》紐,於金切。**毄聲爲繫,**《廣韵》毄在《見》紐,古歷切。繫有古詣、口奚、胡詣三切,兼隸《見》、《溪》、《匣》三紐。此當用胡計一切。**彑**原注:讀若罽。**聲爲彝,**《廣韵》彑在《見》紐,居例切(《説文》:"彑,豕之頭,讀若罽"),彝在《喻》紐,以脂切。按:以上羑、浴、窯、彝等字,章氏當皆歸之古《影》紐。**咎聲爲欲,**原注:于糾切。〇《廣韵》咎在《羣》紐,其久切;欲在《影》紐,於糾切(《説文》:"欲,蹴鼻也")。**元聲爲完,**《廣韵》元在《疑》紐,愚袁切;完在《匣》紐,胡官切。**午聲爲許,**《廣韵》午在《疑》紐,疑古切;許在《曉》紐,虚吕切。**我聲爲羲**,《廣韵》我在《疑》紐,五可切;羲在《曉》紐,許羈切。**此喉音爲牙音也。**當云此牙音爲喉音也。**叵聲爲姬**,《廣韵》叵在《喻》紐,與之切;姬在《見》紐,居之切。**異聲爲冀**,《廣韵》異在《喻》紐,羊吏切;冀在《見》紐,几利切。**羊聲爲羌、爲姜**,《廣韵》羊在《喻》紐,與章切;羌在《溪》紐,去羊切;姜在《見》紐,居良切。**灰聲爲恢**,《廣韵》灰在《曉》紐,呼恢切;恢在《溪》紐,苦回切。**或聲爲國**,《廣韵》或在《喻》紐,于逼切;國在《見》紐,古或切。**奚聲爲谿、爲雞**,《廣韵》奚在《匣》紐,胡雞切;谿在《溪》紐,苦奚切。雞在《見》紐,古奚切。**益聲爲鵑。**《廣韵》益在《影》紐,伊昔切;鵑在《見》紐,古玄切。**肙聲爲涓**,原注:肙,烏玄切。〇《廣韵》肙在《影》紐,烏玄切;涓在《見》紐,古玄切。**與聲爲舉**,《廣韵》與在《喻》紐,余吕切;舉在《見》紐,居許切。**虍聲爲豦、爲虧**,《廣韵》虍在《曉》紐,荒烏切;豦在《羣》紐,强魚切;虧在《溪》紐,去爲切。**户聲爲顧**,《廣韵》户在《匣》紐,侯古切;顧在《見》紐,古暮切。**爻聲爲教**,《廣韵》爻在《匣》紐,胡茅切;教在《見》紐,古孝切。**恒聲爲絙**,《廣韵》恒在《匣》紐,胡登切;絙在《見》紐,古恒切。**熒聲爲煢**,《廣韵》熒在《匣》紐,户扃切;煢在《羣》紐,渠營切。**㫃聲爲倝**,原注:古案切。〇《廣韵》㫃在《影》紐,於幰切;倝在《見》紐,古案切。**于聲爲夸**,《廣韵》于在《喻》紐,羽俱切;夸在《溪》紐,苦瓜切。**皀聲爲卿**,《廣韵》皀在《曉》紐,許良切(説文又讀若香);卿在《溪》紐,去京切。**𡉚聲爲匡**,《廣韻》𡉚在《匣》紐,户光切;匡在《溪》紐,去王切。**玄聲爲牽**,《廣韻》玄在《匣》紐,胡涓切;牽在《溪》紐;苦堅切。**衍聲爲愆**,《廣韻》衍在《喻》紐,以淺切;愆在《溪》紐,去乾切。**咸聲爲感**,《廣韻》咸在《匣》紐,胡讒切;感在《見》紐,古禫切。**臽聲爲峆**,原注:苦紺切。〇《廣韻》臽在《匣》紐,户猺切;峆在《溪》紐,苦紺切(《説文》:"峆,羊凝血也")。**合聲爲袷**,《廣韻》合在《匣》紐,侯閤切;袷在《見》紐,古洽切。誠按:此節所舉臣、異、羊、或、與、于、衍諸字,章氏當皆歸之古《影》紐。**此牙音爲喉也**。當云此喉音爲牙也。**是故梐枑爲梐柜**,《周禮・天官・掌舍》"掌王之會同之舍,設梐枑再重",鄭《注》:"故書枑爲柜。杜子春讀爲'梐枑',梐枑謂行馬。玄謂行馬再重者,以周衛有外内列。"按:《廣韻》枑在《匣》紐,胡誤切;柜在《羣》紐,其吕切。**曲紅爲曲江**,《水經注》三八:"溱水又南逕曲江縣東。縣昔號曲紅,曲紅,山名也。"朱翌《猗覺寮雜記》下、《曲江周府君碑》:"府君,後漢人。碑陰載門户皆云曲紅。古字簡,多借用,故以紅爲江。酈元不曉其義,載曲江縣,乃云昔號曲紅,又云曲紅山名。以地勢考之。武谿自北來,自西入海,古郡城在其上,眎江水正曲,何名爲山哉。"按:《廣韻》紅在《匣》紐,户公切;江在《見》紐,古雙切,**肉倍好爲肉倍孔**,《爾雅・釋器》"肉倍好謂之璧",郭《注》:"肉,邊。好,孔。"按:《廣韻》好在《曉》紐,呼皓切;孔在《溪》紐,康董切。**冶容爲蠱容**,《周易・繫辭上》:"慢藏誨盗，冶容誨淫。"《後漢書·張衡傳》《注》："蠱，音冶，謂妖麗也。"又《馬融傳》"田開古蠱"，李《注》："蠱與冶通。"按：《廣韵》冶在《喻》紐，羊者切；蠱在《見》紐，公户切。**苄爲大苦，**《説文》："苄，地黄也。""苦，大苦，苓也。"王念孫《廣雅·釋草疏證》："《爾雅》：'苄，地黄。'郭《注》云：'一名地髓，江東呼苄。'《公食大夫禮》'鉶芼，牛藿、羊苦、豕薇'，《注》云：'苦，苦荼也。今文苦爲苄。'苄乃苦之假借也。"按：《廣韵》苄在《匣》紐，侯古切；苦在《溪》紐，康杜切。**"何以恤我"爲"假以溢我"，**《左氏·襄二十七年傳》引《詩》"何以恤我，我其收之"，今《詩·周頌·維天之命篇》作"假以溢我，我其收之"，毛《傳》："假，嘉。溢，慎。"按：《廣韵》何在《匣》紐，胡歌切；假在《見》紐，古疋切。**"有蒲與荷"爲"有蒲與茄"，**《爾雅·釋草》："荷，芙蕖，其莖茄。"《詩·陳風·澤陂篇》："彼澤之陂，有蒲與荷。"毛《傳》："荷，芙蕖也。"鄭《箋》："芙蕖之莖曰荷。"孔《疏》引樊光《爾雅注》引《詩》作"有蒲與茄"。按：《廣韵》荷在《匣》紐，胡歌切；茄在《見》紐，古牙切。**詞有揚搉，**《莊子·徐無鬼篇》"則可不謂有大揚搉乎"，《釋文》引許《注》："揚搉，粗略法度。"《漢書·叙傳》述《食貨志》："揚搉古今，監世盈虚。"顔《注》："揚，舉也；搉，引也。揚搉者，舉而引之，陳其趣也。"《廣雅·釋訓》："揚搉，都凡也。"王念孫《疏證》："揚搉古今，猶約古今。"按：《廣韵》揚在《喻》紐，與章切；搉在《溪》紐，苦角切。**訓有謑髁，**原注：《莊子·天下篇》《釋文》：謑有胡啓、苦迷、五米三反，髁有户寡、勘禍二反。其音出入喉牙，而皆爲雙聲。○《莊子·天下篇》"謑髁無任"，郭嵩燾曰："謑髁，謂堅確能忍恥辱。"誠按：《説文》："謑，恥也。"《廣韻》謑在《匣》紐，胡禮切；髁在《溪》紐，苦卧切。**鳥有雝渠，**《爾雅·釋鳥》："鵬鴒，雝渠。"《廣韻》雝在《影》紐，於容切；渠在《羣》紐；强魚切。**樂有空侯，**空侯即箜篌，見《史記·武帝本紀》。《紀》云"作二十五弦及箜篌瑟自此起"，《集解》徐廣曰："應劭云：'武帝令樂人侯調始造箜篌。'"《索隱》："應劭云：'侯其姓也。'"按：《廣韻》空在《溪》紐，苦紅切；侯在《匣》紐，户鉤切。**形有句、股、弦，**《周髀算經》上："折矩以爲句，廣三；股，修四；徑隅五。"《注》："自然相應之法。徑，直；隅，角也，亦謂之弦。"又《句股圓方圖》《注》："句股各自乘，併之爲弦實。開方除之即弦也。"誠按：《廣韻》句、股均在《見》紐：句，古侯切；股，公户切；弦在《匣》紐，胡田切。**水有江、河、淮、沇，**此《爾雅》所謂四瀆也。《尚書·禹貢篇》"導沇水，東流爲濟"，按：《廣韻》江在《見》紐，古雙切；河在《匣》紐，乎哥切；淮在《匣》紐，户乖切；沇在《喻》紐：以轉切。**山有吴、嶨、恒、衡，皆雙聲也。**《爾雅·釋山》："河南華（又：華山爲西嶽）；河西嶽（郭《注》：吴嶽。），河東岱（《注》：岱宗泰山），河北恒（《注》：北嶽恒山），江南衡（注：衡山南嶽）。按：《廣韻》吴在《疑》紐，五乎切，嶨、恒、衡，並在《匣》紐；嶨，乎化切；恒，胡登切；衡，户庚切。**囮、𠙆同字，**《説文》："囮，譯也。从囗，化聲。率鳥者繫生鳥以來之，名曰囮。讀若譌。𠙆，囮或从繇。"（段改爲从䌛作䌛）《廣韻》囮在《疑》紐，五禾切；𠙆在《喻》紐,以周切。**油、膏通借**;《油》本水名,見《説文》。借爲脂膏字。《説文》:"膏,肥也。"段《注》:"肥、當作脂。"按:《廣韵》油在《喻》紐,以周切;膏在《見》紐,古勞切。**遽數之不能終其物**。語見《禮記·儒行篇》。鄭《注》:"遽,猶卒也;物,猶事也。"《釋文》:"遽,其據反,急也。數,色主反。卒,七忽反。"**昔守温、沈括、晁公武輩,喉牙二音,故已互易**,守温三十字母,以《見》、《溪》、《羣》、《疑》爲牙音,《曉》、《匣》、《影》、《喻》爲喉音;沈括《夢溪筆談》以《見》、《溪》、《羣》、《疑》爲牙音角,《曉》、《匣》、《影》、《喻》爲喉音羽;晁公武《郡齋讀書志》乃以《見》、《溪》、《羣》、《疑》爲喉音,《曉》、《匣》、《影》、《喻》爲牙音。**韓道昭乃直云深喉淺喉**,韓氏《五音集韵》分喉音爲深喉淺喉兩類。**斯則喉牙不有異也**。李新魁氏以《見》、《溪》、《羣》、《曉》、《匣》合爲一類,蓋亦有見於此。**百音之極,必返喉牙。喑者雖不能語,猶有喉牙八紐**。《方言》一:"平原謂啼極無聲,謂之嘵哴;齊宋之閒謂之喑。"《説文》有"瘖"字,解云:"不能言也"。段《注》"喑"字云:"喑之言瘖也。"**語或兜離了戾**,《後漢書·董祀妻傳》"人似禽兮食臭腥,言兜離兮狀窈停",李《注》:"兜離,匈奴言語之貌。"《説文》:"了,尥也。"段《注》:"尥,行脛相交也,牛行脚相交爲尥。凡物二股或一股結糾紾縛不直伸者曰了戾。《方言》:'軫,戾也。'郭《注》:'相了戾也。'《淮南·原道訓》《注》、楊倞《荀卿》《注》、王砅《素問注》、段成式《酉陽雜俎》及諸書,皆有了戾字,而或妄改之。"**舌上及齒必内入**

喉牙而不悟憭，《説文》："悟，覺也。"《素問・八正神明論》"慧然獨悟"，《注》："悟，猶了達也。"《方言》三："慧，或謂之憭。"郭《注》："慧、憭，皆意精明。"今交廣音則然，見本卷《正言論》。北方輕脣或時入牙，《正言論》云："除廣東、他省多有。"誠按："牙"當作"喉"。故喉牙者生人之元音。生人即生民，見《孟子・公孫丑上篇》。唐避李世民諱，改民爲人。遂有生人之語。元音，謂始發之音，非今語音學所謂也。凡字從其聲類，横則同均，縱則同音，其大齊不踰是。大齊，猶言大限。見《列子・楊朱篇》。然音或有絶異，世不能通。章氏《與吴承仕書》（載吴氏《經籍舊音辨證》卷首）云：鄙人尚記《莊子音義》，其音切有殊絶者：如《讓王篇》"土苴"，土音敕雅反，又片賈、行賈二反。敕雅爲韵轉類隔之音，無足駭異。其片賈、行賈二反，於聲紐絶遠，不知何以得此二音也。撢鉤元始，《説文》："撢，探也。"《小爾雅・廣詁》："鉤，取也。"《淮南子・天文訓》"鎮星以甲寅元始建斗"，蕭統《文選序》："式觀元始，眇覿玄風。"喉牙足以衍百音，百音亦終輴復喉牙，《説文》："輴，車約輴也。"段《注》："許意蓋謂轛、輢、軨等皆有物纏束之，謂之約輴，輴之言巡也，巡繞之詞。"按：《廣韵》："輴，丑倫切。"攸聲有條，《廣韵》攸在《喻》紐，以周切；條在定紐，徒聊切。由聲有笛，《廣韵》由在《喻》紐，以周切；笛在《定》紐，徒歷切。睪聲有鐸，《廣韵》睪在《喻》紐，羊益切；鐸在《定》紐，徒落切。厂聲

有虒，《説文》："厂，抴也。虒字从此。"《廣韻》厂在《喻》紐，余制切；虒在《定》紐，杜兮切。**亦聲有狄**，《説文》狄下云："亦省聲。"《廣韻》亦在《喻》紐，羊益切；狄在《定》紐，徒歷切。**也聲有地**，《廣韻》也在《喻》紐，羊者切；地在定紐，徒四切。**吕聲有台、有能**，《廣韻》吕在《喻》紐，羊止切；台在《透》紐，土來切；能在《泥》紐，奴登切。**弋聲有代、有忒**，《廣韻》弋在《喻》紐，與職切；代在《定》紐，徒耐切；忒在《透》紐，他得切。**舀聲有稻、有韜**，《廣韻》舀在《喻》紐，以沼切；稻在《定》紐；徒晧切；韜在《透》紐，土刀切。**尚聲有當**，尚从向聲，《廣韻》向在《曉》紐，許亮切；當在《端》紐，都郎切。**倂聲有騰**，《説文》："倂，送也。"《廣韻》倂在《喻》紐，以證切；騰在《定》紐，徒登切。**毐聲有毒**，《廣韻》毐在《影》紐，於改切；毒在《定》紐，徒沃切。**余聲有荼**，《廣韻》余在《喻》紐，以諸切；荼在《定》紐，唐都切。**俞聲有媮**，《廣韻》俞在《喻》紐，羊朱切；媮在《透》紐，託侯切。**庚聲有唐**，《廣韻》庚在《見》紐，古行切；唐在《定》紐，徒郎切。**㕣聲有兑**，《説文》："㕣，山閒陷泥地也。"《廣韻》㕣在《喻》紐，以轉切；兑在《定》紐，大外切。**炎聲有談**，《廣韻》炎在《喻》紐，于廉切；談在《定》紐，徒甘切。**鹹聲有覃**，《説文》："㠩（覃），長味也。鹹省聲。"《廣韻》鹹在《匣》紐，胡讒切；覃在《定》紐，徒含切。**昜聲有湯**，《廣韻》昜在《喻》紐，與章切；湯在《透》紐，他郎切。**甬聲有通**，《廣韻》甬在《喻》紐，余隴切；通在《透》紐，他紅切。**貴聲有穨**，《廣韵》貴在《見》紐，居未切；穨在《定》紐，杜回切。**堇聲有難，**《廣韵》堇在《見》紐，居隱切；難在《泥》紐，那干切。**㬎**原注：籀文婚。**聲有㜸，**原注：乃回切。〇《説文》："㜸，墀地（即涂地）。"《廣韵》婚在《曉》紐，呼昆切；㜸在《泥》紐，乃回切。**堯聲有嬈，**《廣韵》堯在《疑》紐，五聊切；嬈在泥紐，奴鳥切。**九聲有厹，**原注：篆文作蹂，音人久切，古《泥》紐，今《日》紐。〇《説文》："厹，獸足蹂地也。九聲。"《廣韵》九在《見》紐，舉有切；厹有人九、女九兩切，兼隸《日》、《娘》二紐，古並歸《泥》。**予聲有芧，**《廣韵》予在《喻》紐，有以諸、餘佇兩切。芧在《澄》紐、直吕切，古歸《定》紐。**此喉牙發舒爲舌音也。**以上所舉：《影》紐轉《定》紐者，有一毒字。《喻》紐轉《透》紐者有台、甙、韜、媮、湯、通六字。轉《泥》紐者有一能字。《曉》紐轉《泥》紐者有一㜸字。《匣》紐轉《定》紐者有一覃字，《見》紐轉《定》紐者有唐、穨二字，轉《泥》紐者有難、㕦二字。《疑》紐轉《泥》紐者有嬈一字。而《喻》紐轉《定》紐者乃有條、笛、鐸、蹏、狄、地、代、稻、騰、荼、兑、談、芧等十三字。除炎聲爲三等，餘皆四等字，足見《喻》（四等）《定》兩紐，關係實較密切，然不得徑謂之等無差别也。又當从尚聲，而尚則从向聲，自《曉》轉《端》也。**天音如顯，**原注：《釋名》。〇《釋名・釋天》："天，豫、司、兖、冀以舌腹言之，天，顯也，在上高顯也。"《廣韵》天在《透》紐，他前切；顯在《曉》紐，呼典切。**地訓爲易，**原注：《春秋元命苞》。〇《類聚・地部》、《白帖・地部》、《御覽・地部一》、《廣韵》六《志》並引《元命苞》云："地者易也，言養物懷任，交易變化，含吐應節，故其立字土力於乙者爲地。”按：《廣韵》地在《定》紐，徒四切；易在《喻》紐，羊益切。**弟讀爲圛**；原注：《詩》《箋》。〇《詩·齊風·載驅篇》“齊子豈弟”，鄭《箋》：“古文《尚書》以弟爲圛，圛，明也。”按：《廣韵》弟在《定》紐，特計切；圛在《喻》紐，羊益切。**田讀若引**，原注：田本作𨌥。〇《説文》：“𨌥，擊小鼓引樂聲也。”段《注》：“《周禮·小師》‘鼓𨌥’，鄭司農云：‘𨌥，小鼓名。’《周頌》‘應田縣鼓’，《箋》云：‘田，當作𨌥。𨌥，小鼓，在大鼓旁，應鼙之屬也。’聲轉字誤；變而作田。”誠按：《集韵》：“𨌥，同𨌥。”《廣韵》田在《定》紐，徒年切；引在《喻》紐，余忍切。**卣**原注：讀若調。**聲爲逌**，原注：讀若攸。《説文》：“卣，艸木實華卣然。讀若調。逌，氣行皃。从乃，卣聲，讀若攸。”《廣韵》卣在《定》紐，徒聊切；逌在《喻》紐，以周切。**多聲爲宜、爲移**，宜，亦古文宜。見《説文》。《廣韵》多在《端》紐，得何切；宜在《疑》紐，魚羈切；移在《喻》紐，弋支切。**𠂤聲爲歸**，《説文》：“𠂤，小𨸏也。”《廣韵》𠂤在《端》紐，都回切；歸在《見》紐，舉韋切。**壬**原注：他鼎切。**聲爲巠**，《説文》：“壬，善也。从人士。”“巠：水脈也，壬省聲。巠，古文巠不省。”《廣韵》壬在《透》紐，他鼎切，巠在《見》紐，古靈切。**彖聲爲緣**，《廣韵》彖在《透》紐，通貫切；緣在《喻》紐，與專、以絹兩切。**眔聲爲鰥、爲褱**，《説文》：“眔，目相及也。”“褱，俠也。”《廣韵》眔在《定》紐，徒合切，鰥在《見》紐，古頑切；褱在《匣》紐，户乖切。**兑聲爲閲**，《廣韵》兑在《定》紐，杜外切；閲在《喻》紐，弋雪切。**殳**原注：古音如投。**聲爲股、爲羖**，《説文》："夏羊牡爲羖。"《廣韵》殳在《禪》紐，市朱切，古讀《定》紐，度侯切；股在《見》紐，公户切；羖亦在《見》紐，音切同。**内聲爲禼、爲巂**，《説文》："巂周，燕也。"《廣韵》内在《泥》紐，奴對切；禼在《喻》紐，餘制切；巂在《匣》紐，户圭切。**竹聲爲簐**，《説文》："簐，窮理罪人也。"《廣韵》竹在《知》紐（張六切），古歸《端》紐；簐在《見》紐，居六切。**蟲聲爲融**，《説文》："融，炊氣上出也。蟲省聲。"《廣韵》蟲在《澄》紐（直弓切），古歸《定》紐；融在《喻》紐，以戎切。**姚銚**原注：大弔切。**同聲**，姚、銚同从兆聲（《廣韵》：兆，治小切，左《澄》紐，古歸《定》紐）而《廣韵》姚在《喻》紐（餘昭切），銚在《定》紐（徒弔切）。**錟**原注：以冉切。**恬同聲**，《説文》："錟、（段改燅）炎光也，从炎，㐁（原作舌，段改）聲。""恬（段改惗），安也。从心，甛省聲（段改㐁聲）。"《廣韵》㐁在《透》紐，他念切；燅（錟）在《喻》紐，以冉切；惗（恬）在《定》紐，徒兼切。**此舌音遒斂爲喉牙也**。《詩・豳風・破斧篇》"四國是遒"，鄭《箋》："遒，斂也。"此節所舉，除兆、銚二字同在《定》紐，其自《端》紐轉《喻》紐者有移字，轉《見》紐者有歸、簐二字；轉《疑》紐者有豙字。自《透》紐轉《喻》紐者有緣、錟二字；通《曉》者：天音如顯；轉《見》紐者有坙字。《定》紐通《喻》紐者如地訓易，弟讀圛，田讀引；轉《喻》紐者有卣、閱、融、姚四字；轉《匣》紐者有褭字；轉《見》紐者有鯀、股、羖三字。自《泥》紐轉《喻》紐者有禼字；轉《匣》紐者有巂字。綜而觀之，仍以《定》、《喻》通轉之事例爲多。**魯讀若寫**，《説文》:"𩢍,獸名。从㲋,吾聲,讀若寫。"《廣韻》吾在《疑》紐(五乎切);而寫則在《心》紐(悉姐切)。**午聲有卸**,《説文》:"卸,从卪午止,讀若汝南人寫書之寫。"《廣韻》午在《疑》紐,疑古切;卸在《心》紐,司夜切。**卸復有御**,《廣韻》御在《疑》紐,牛倨切。此齒又轉牙也。**魚聲有穌**,《廣韻》魚在《疑》紐,語居切;穌在《心》紐,素姑切。**户聲有所**,《廣韻》户在《匣》紐,侯古切;所在《審》(《生》)紐、疎舉切。**羊聲有詳**,《廣韻》羊在《喻》紐,與章切;詳在《匣》紐,似羊切。**昜聲有傷**,《廣韻》昜在《喻》紐,與章切;傷在《審》紐,式羊切。**乙聲有失**,《説文》:"失,从手,乙聲。"《廣韻》乙在《影》紐,於筆切;失在《審》紐,式質切。**失復有佚**,《廣韻》佚在《喻》紐,夷質切。此齒又轉喉也。**旮聲有屑**,説文大徐音:旮在《曉》紐,許乞切;《廣韻》屑在《心》紐,先結切。**血聲有恤**,《廣韻》血在《曉》紐,呼決切;恤在《心》紐,辛聿切。**亘聲有宣**,《廣韻》亘在《見》紐,古鄧切;宣在《心》紐,須緣切。**肙聲有圓**,原注:似沇切。〇《説文》:"肙,小蟲也。""圓,規也。"《廣韻》肙在《影》紐,烏玄切。圓在《邪》紐,似宣切;又火玄切,則在《曉》紐。**弋聲有式**,《廣韻》弋在《喻》紐,與職切;式在《審》紐,賞職切。**樂聲有鑠**,《廣韻》樂在《疑》紐,五角切;鑠在《審》紐,書藥切。**音聲有戠**,《廣韻》音在《影》紐,於今切;戠在《照》紐,之翼切。按:戠字、許慎所不詳,但云"从戈,从音。"**殸聲有聲**,《説文》:"磬,樂石也。殸,籀文省。"《廣韻》殸在《溪》紐,苦定切；聲在《審》紐，書盈切。**公聲有松**，《廣韻》公在《見》紐，古紅切；松在《邪》紐，祥容切。**谷聲有俗**，《廣韻》谷在《見》紐，古禄切；俗在《邪》紐，似足切。**匀聲有旬**，《説文》："旬，徧也。"段《注》："古旬，匀二篆，相假爲用。"按：《廣韻》匀在《喻》紐，羊倫切；旬在《邪》紐，詳遵切。**牙聲有邪**，《廣韻》牙在《疑》紐，五加切；邪在《邪》紐，似嗟切。**彦聲有産**，《説文》："産，生也。彦省聲。"《廣韻》彦在《疑》紐，魚變切；産在《審》紐，所簡切。**也聲有施**，《廣韻》也在《喻》紐，羊者切；施在《審》紐，式支切。**屰聲有朔**，《廣韻》屰在《疑》紐，宜戟切；朔在《審》(《山》)紐，所角切。**契聲有偰**，《説文》："偰，高辛氏之子，爲堯司徒，殷之先也。"《廣韻》契在《溪》紐，苦計、苦結兩切；偰在《心》紐，私列切。**埶聲有褻**，《廣韻》埶在《疑》紐，魚祭切；褻在《心》紐，私列切。**告聲有造**，《廣韻》告在《見》紐，古到切；造在《清》紐，七到、七刀兩切。**庫讀如舍**，原注：釋名。○《釋名·釋宫室》："庫，舍也。物所在之舍也。故齊魯謂庫曰舍也。"按：《廣韻》庫在《溪》紐，苦故切；舍在《審》紐，始夜切。**車讀如尺奢反**，《廣韻》車在《見》紐，九魚切；又尺遮、昌遮兩切，則在《穿》紐。**此喉牙發舒爲齒音也。**此節所舉：自《影》紐轉《照》紐者有戠字，轉《審》紐者有失字，轉《邪》紐者有圓字。自《喻》紐轉《審》紐者有傷、施二字，轉《邪》紐者有旬字。自《曉》紐轉《心》紐者有屑、恤二字。自《匣》紐轉《審》(《生》)紐者有所字。自《見》紐轉《清》紐者有造字，轉《心》紐者有宣字，轉《邪》紐者有松、俗二字。自《溪》紐轉《審》紐者有聲、舍二字；轉《心》紐者有僁字。自《疑》紐轉《審》紐者有鑠字及産、朔二字（《生》紐），轉《心》紐者有魯、卸、穌、褻四字；轉《邪》紐者有邪字。其車字則《見》與《穿》兩讀，羊與詳則喉音《喻》、《匣》互諧也。又自齒轉牙者有御字，轉喉者有佚字。**出聲爲屈**，《廣韻》出在《穿》紐，赤律、赤季兩切；屈在《見》紐，九勿切。**叀聲爲袁、爲睘**，《説文》："叀，小謹也。""袁，从衣，叀省聲。""睘，目驚視也。"《廣韻》叀在《照》紐，職緣切。袁在《喻》紐，雨元切。睘在《羣》紐，渠營切。**彗**原注：祥歲切。**聲爲慧**，《廣韻》彗在《邪》紐，祥歲切。又于歲切，則在《喻》紐。慧在《匣》紐，胡桂切。**歲聲爲薉**，《廣韻》歲在《心》紐，相鋭切；薉在《影》紐，於廢切。**世聲爲勩**，《廣韻》世在《審》紐，舒制切；勩在《喻》紐，餘制切。**戌聲爲威**，《廣韻》戌在《心》紐，辛聿切；威在《影》紐，於非切。**隹聲爲唯**，《廣韻》隹在《照》紐，職追切；唯在《喻》紐，以水切。**自聲爲洎、爲臮、爲臬**，《廣韻》自在《從》紐，疾二切；臮在《羣》紐，其冀切；臬在《疑》紐，五結切。**支聲爲芰、爲跂**，《廣韻》支在《照》紐，章移切；芰在《羣》紐，奇寄切；跂亦在《羣》紐，巨支切。**旨聲爲詣、爲稽、爲耆**，《廣韻》旨在《照》紐，職雉切；詣在《疑》紐，五計切；稽在《見》紐，古奚切；耆在《羣》紐，渠脂切。**只聲爲伿**，原注：以豉切。〇《廣韻》只在《照》紐，諸氏切；伿在《喻》紐，以智、以豉兩切。**氏聲爲祇**，《廣韻》氏在《禪》紐，承紙切；祇在《羣》紐，巨支切。**矢聲爲疑**，《廣韻》矢在《審》紐，式視切；疑在《疑》紐，語其切。**咠聲爲揖**，《廣韻》咠在《清》紐，七入切；揖在《影》紐，伊入切。**丞聲爲巹**，《廣韻》丞在《禪》紐，署陵、常證二切；巹在《見》紐，居隱切。**僉聲爲劍、爲險**；《廣韻》僉在《清》紐，七廉切；劍在《見》紐，居欠切；險在《曉》紐，虚檢切。**川聲爲訓**，《廣韻》川在《穿》紐，昌緣切；訓在《曉》紐，許運切。**井聲爲荆**，《廣韻》井在《精》紐，子郢切；荆在《匣》紐，户經切。**收聲爲莜**，《廣韻》收在《審》紐，式州切；莜在《羣》紐，渠遥切。**舟聲爲貈**，《廣韻》舟在《照》紐，職流切；貈在《匣》紐，下各切。**以疋爲雅**，《説文》："疋，古文以爲《詩》大疋字。"《廣韻》疋在《審》(《生》)紐，所葅切；雅在《疑》紐，五下切。**以所爲許**，《説文》："許，伐木聲也。"《詩・小雅・伐木篇》："伐木許許(毛《傳》：許許，柹貌。)"《説文》："柹，削木札樸也。"《説文》引作"所所"。《廣韻》所在《審》(《生》)紐，疎舉切；許在《曉》紐，虚吕切。**以聲爲馨**，《説文》："馨，香之遠聞也。"《詩・唐風・椒聊篇》二章"遠條且"，毛《傳》："言聲之遠聞也。"段玉裁曰："聲，當作馨。"阮元《揅經室集》一《釋磬》云："聲字與馨字，音義相近，漢人每相假借，故漢《衡方碑》亦借聲爲馨(《碑》云："維明維允、耀此聲香")。按：《廣韻》聲在《審》紐，書盈切；馨在《曉》紐，呼刑切。**此齒音遒斂爲喉牙也**。此節所舉：自《精》紐轉《匣》紐者有荆字。自《清》紐轉《影》紐者有揖字，轉《見》紐者有劍字，轉《曉》紐者有險字。自《從》紐轉《羣》紐者有𡧋字，轉《疑》紐者有臬字。自《心》紐轉《影》紐者有薉、威二字。自《邪》紐轉《匣》紐者有慧字。自《照》紐轉《喻》紐者有袁、唯、伿三字，轉《匣》紐者有貀字，轉《見》紐者有稽字，轉《羣》紐者有睘、芰、跂、耆四字，轉《疑》紐者有詣字。自《穿》紐轉《曉》紐者有訓字，轉《見》紐者有屈字。自《審》紐轉《喻》紐者有勩字，轉《曉》紐者如借許爲所，借聲爲馨，轉《羣》紐者有菝字，轉《疑》紐者有疑、雅二字。自《禪》紐轉《見》紐者有啓字，轉《羣》紐者有衹字。而彗字又兼《邪》、《喻》兩讀也。**亯亦爲亯**，原注：今作烹。《説文》："亯，獻也。"段《注》："亯象薦孰(熟)，因以爲飪物之稱，故又讀普庚切。其形薦神作亨，亦作享。飪物作亨，亦作烹。"《廣韵》亨(享)在《曉》紐，許兩切；亨(烹)在《滂》紐，撫庚切。又許庚切，則在曉紐。**爲聲有皮**；《説文》："皮，从又，爲省聲。"《廣韵》爲在《喻》紐，薳支切；皮在《並》紐，符羈切。**囧**原注：讀若獷。**聲有朙、𥂝**，《説文》，"囧，窻牖麗廔闓明。""𥂝貝母也。朙省聲。"《廣韵》囧在《見》紐，俱永切；朙在《明》紐，武兵切；𥂝亦在《明》紐，武庚切。**蒿聲有薹**，《説文》："薹，年九十曰薹。从老，蒿省聲。"段《注》："今作耄，从老省，毛聲。"《廣韵》蒿在《曉》紐，呼毛切；薹在《明》紐，莫報切。**允聲有玧**，原注：璊之或字。○《説文》："璊，玉䞓色也。璊或从允。"《廣韵》允在《喻》紐，余準切；璊在《明》紐，莫奔切。**马**原注：乎感切。**聲有氾**，《説文》："马，嘾也。艸木之𠦒未發函然。讀若含。"《廣韵》马在《曉》紐、乎感切；氾在《滂》(《敷》)紐，孚梵切。**黑聲有默**,《廣韻》黑在《曉》紐,呼北切;默在《明》紐,莫北切。**昏聲有揞、有脗**,《説文》:"揞,撫也。从手,昏聲。"《玉篇》:"脗,口邊也。"《廣韻》昏在《曉》紐,呼昆切;揞在《明》紐,武中切。脗亦在《明》(《微》)紐,武粉切。**幵聲有并**,《説文》:"幵,平也。""并,相從也。"《廣韻》幵在《見》紐,古賢切;并在《幫》紐,府盈切。**久聲有畝**,《説文》:"畮,或从田十久。"《廣韻》久在《見》紐,舉友切;畝在《明》紐,莫厚切。**交聲有駮**,《説文》:"駮,獸,如馬,倨牙,食虎豹。从馬,交聲。"《廣韻》交在《見》紐,古肴切;駮在《邦》紐,北角切。**此喉牙發舒爲脣音也**。此節所舉:自《喻》紐轉《並》紐者有皮字;轉《明》紐者有玧(璊)字。自《曉》紐轉《滂》紐者有烹、汜二字;轉《明》紐者有薹、默、揞、脗四字。自《見》紐轉《幫》紐者有并、駮二字;轉《明》紐者有明、莔、畝三字。大抵喉牙與《明》紐之關係,更爲密切。**丙聲爲㪅**,《廣韻》丙在《幫》紐,兵永切;㪅(更)在《見》紐;古孟切。**釆聲爲卷**,《説文》:"釆,辨别也。象獸指爪分别也。讀若辨。"卷,篆作𢍏,"从卩,𠔉聲。"《廣韻》釆在《並》紐,蒲莧切;卷在《見》紐,居轉切。**芇**,原注,母官切。**聲爲繭**,《説文》:"芇,相當也。"《廣韻》芇在《明》紐,母官切。又亡殄、武仙二切。繭在《見》紐,古電切。**冒聲爲勖**,《廣韻》冒在《明》紐,莫報切;勖在《曉》紐,許玉切。**勿聲爲忽**,《廣韻》勿在《明》(《微》)紐,文弗切;忽在《曉》紐,呼骨切。**母聲爲悔**,《廣韻》母在《明》紐,莫厚切;悔在《曉》紐；荒内切。**网聲爲岡**，《廣韵》网在《明》(《微》)紐，文兩切；岡在《見》紐，古郎切。**亡聲爲巟**，《廣韵》亡在《明》(《微》)紐，武方切；巟在《曉》紐，呼光切。**品聲爲喦**，《説文》："喦，山巖也。从山，品聲。讀若吟。"《廣韵》品在《滂》紐，丕飲切；喦在《疑》紐，五咸切。**分聲爲釁**，《説文》："釁，分亦聲。"《廣韵》分在《幫》(《非》)紐，府文切；釁在《曉》紐，許覲切。**釁復音門**，《説文》釁下段《注》："《方言》作璺，音問。"《廣韵》門在《明》紐，莫奔切。**文聲爲虔**，《廣韵》文在《明》(《微》)紐，無分切；虔在《羣》紐，渠焉切。**未聲爲沬**，原注：即頮字。〇《廣韵》未在《明》(《微》)紐，無沸切；沬在《曉》紐，荒内切。《説文》："頮，古文沬。"**嶶聲爲豈**，《説文》："豈，還師振旅樂也。从豆，嶶(段改)省聲。"《廣韵》嶶在《明》(《微》)紐，無非切；豈在《溪》紐，祛狶切。**豹約同聲**，二字同从勺聲。而豹在《幫》紐(北教切)；約在《影》紐(於略、於笑兩切)。**父、巨音訓**，《説文》："父，巨也。家長率教者。从又舉杖。"《廣韵》父在《並》(《奉》)紐，扶雨切；巨在《羣》紐，其吕切。**此唇音遒斂爲喉牙也**。此節所舉：自《幫》紐轉《曉》紐者有釁字，轉《見》紐者有更字。自《滂》紐轉《疑》紐者有喦字。自《並》紐轉《見》紐者有卷字。自《明》紐轉《曉》紐者有勖、忽、悔、巟、沬五字，轉《見》紐者有蘜、岡二字，轉《溪》紐者有豈字，轉《羣》紐者有虔字。而釁又讀門，喉復僞唇，豹、約同聲，而《幫》《影》異讀；父、巨一義而分隸《並》《羣》。惟《明》《曉》二紐，互諧尤多。斯則最可注意者。**各聲有路**，《廣韵》各在

《見》紐，古落切；路在《來》紐，洛故切。**京聲有涼**，《廣韻》京在《見》紐，舉卿切；涼在《來》紐，吕張切。**咎聲有綹**，原注：讀若柳。○《廣韻》咎在《羣》紐，其九切；綹在《來》紐，力久切。《説文》："緯十縷爲綹。讀若柳。"**柬聲有闌**，《廣韻》柬在《見》紐，古限切；闌在《來》紐，洛干切。**果聲有裸**，《廣韻》果在《見》紐，古火切；裸在《來》紐，郎果切。**兼聲有廉**，《廣韻》兼在《見》紐，古甜切；廉在《來》紐，力鹽切。**監聲有濫**，《廣韻》監在《見》紐，古銜切；濫在《來》紐，盧瞰切。**樂聲有藥**，《廣韻》樂在《疑》紐，五角切；藥在《來》紐，力照切。《説文》："藥，治也。療，或从尞。"**聿聲有律**，《廣韻》聿在《喻》紐，餘律切；律在《來》紐，吕卹切。**丣聲有桺**，《廣韻》丣在《喻》紐，與久切；桺在《來》紐，力久切。**䖒聲有量**，《説文》："量，从重省，䖒省聲。"《廣韻》䖒在《曉》紐，許兩切，又音向；量在《來》紐，力讓切。**魚聲有魯**，《廣韻》魚在《疑》紐，語居切；魯在《來》紐，郎古切。**可聲有砢**，原注：來可切。○《廣韻》可在《溪》紐，枯我切；砢在《來》紐，來可切。《説文》："砢，磊砢也。"**《詩》以肇革爲鋚勒**，《詩・小雅・蓼蕭篇》"肇革沖沖"，毛《傳》："肇，轡也；革，轡首也。"段玉裁曰："此謂革即勒字，古文省。攸革，古金石文字或作鋚勒。《説文》：'鋚，轡首銅也。'攸作肇，淺人爲之。"《誠》按：《小雅・采芑篇》"鉤膺肇革"，鄭《箋》："肇革，轡首垂也。"《大雅・韓奕篇》"肇革金厄"，鄭《箋》："肇革，謂轡也。以金爲小環，往往纏搤之。"《周頌·載見篇》"鞗革有鶬",鄭《箋》:"鞗革,轡首也。"《廣韻》革在《見》紐,古核切;勒在《來》紐,盧則切。**《考工記》故書以兩樂爲兩欒**,《周禮·考工記》鳧氏:"鳧氏爲鍾,兩欒謂之銑。"鄭《注》:"故書'欒'作'樂'。"杜子春云:"當爲欒,書亦或爲樂。銑,鍾口兩角。"按:《廣韻》樂在《疑》紐,五角、五教二切;欒在《來》紐,落官切。**此喉牙發舒爲半舌也。**此節所舉:自《喻》紐轉《來》紐者有律、栁二字。自《曉》紐轉《來》紐者有量字。自《見》紐轉《來》紐者有路、涼、闌、祼、廉、監、勒七字。自《溪》紐轉《來》紐者有砢字。自《羣》紐轉《來》紐者有絡字。自《疑》紐轉《來》紐者有灓、魯二字。而樂又爲欒,亦其例。大抵《見》、《疑》兩紐與半舌通轉爲多。**蠃聲爲羸**,《説文》:"蠃,或曰獸名。"《廣韻》蠃在《來》紐,郎果切;羸在《喻》紐,以成切。**里聲爲悝**、原注:苦回切。**爲趕**,原注:讀若孩。○《説文》:"趕,留意也。讀若小兒孩。"《廣韻》里在《來》紐,良士切,悝在《溪》紐,苦回切;趕在《匣》紐,户來切。**翏聲爲膠**,《説文》:"翏,高飛也。"《廣韻》翏在《來》紐,力救切;膠在《見》紐,古肴切。**鬲**原注:郎擊切。**聲爲隔**,《廣韻》鬲在《來》紐,郎擊切;隔在《見》紐,古核切。**吕聲爲莒**,《廣韻》吕在《來》紐,力舉切;莒在《見》紐,居許切。**令聲爲矜**,《説文》:"矜,矛柄也。从矛,今聲。"段玉裁據漢《石經·論語》、《溧水校官碑》、魏《受禪表》,改今聲爲令聲。按:《廣韻》令在《來》紐,力政切;矜在《見》紐,居陵切。又巨巾切,則在《羣》紐。**耒聲爲頛**,原注:讀若齧。○《説文》:"頛,頭不正也。讀又若《春秋》陳夏齧之齧。”《廣韵》耒在《來》紐，盧對切；頛在《疑》紐，五結切。**劍、斂同聲**，二字同从僉聲，而劍在《見》紐，居欠切；斂在《來》紐，力驗、力琰兩切。**蛾、羅一名**，《説文》：“蛾，羅也。”《廣韵》蛾在《疑》紐，五何切；羅在《來》紐，魯何切。**“總角丱兮”，《地官·丱人》，丱讀如貫**，《詩·齊風·甫田篇》“總角丱兮”，毛《傳》：“丱，幼稚也。”《釋文》：“丱，古患反。”《周禮·地官》有《丱人》之職。《釋文》：“丱，革猛反，又虢猛反，劉侯猛反，沈工猛反。”誠按：丱本古文卵字，《廣韵》在《來》紐，盧管切。而《詩》《禮》之丱，依《甫田》《釋文》音古患反，則在《見》紐。**“有略其柗”，略讀如䂮**，原注：䂮即籀文剽字。○《詩·周頌·載芟篇》“有略其耜”，毛《傳》：“略，利也。”《釋文》：“畧，字書作䂮，同。”《説文》：“柗，耒耑也。”段《注》：“柗，今經典之耜。”《説文》又云：“㓷，刀劍刃也。䂮，籀文㓷。”按：《廣韵》略在《來》紐，離灼切；䂮在《疑》紐，五各切。**古文《春秋》以即立爲即位**，《周禮·春官·小宗伯》“掌建國之神位”，鄭《注》：“立，讀爲位。古者立位同字。古文《春秋經》，公即位爲公即立。”按：《廣韵》立在《來》紐，力入切；位在《喻》紐，于愧切。**此半舌遒斂爲喉牙也**。此節所舉：自《來》紐轉《喻》紐者有羸、位二字；轉《匣》紐者有趕字，轉《見》紐者有膠、隔、莒、矜四字（矜字又隸《羣》紐）。而劍、斂同聲，《來》、《見》異讀；丱有兩音，亦分《來》《見》。其轉爲《疑》紐者，自頛字外，蛾、羅一物，蛾屬《疑》而羅屬《來》；略讀如䂮，亦《來》《疑》之相轉也，又

《來》轉《溪》者有悝字。**精氣爲物，游魂爲變。**此二語見《周易·繫辭上》。韓康伯注："精氣烟熅聚而成物。聚極則散，而遊魂爲變也。遊魂，言其遊散也。"**往者屈也，來者伸也。屈伸相感，以成形聲。**語見《繫辭下》，"伸"作"信（《釋文》：信，本又作伸）"，"以成形聲"作"而利生焉"。孔《疏》："此覆明上日往則月來，寒往則暑來，自然相感而生利之事也。往是去藏，故爲屈也；來是施用，故爲信也。一屈一信，遞相感動而利生。"**諷誦典籍病蹇吃者，由是得調達也。**《説文》："吃，言蹇難也。""蹇，彼也。"段《注》："行難謂之蹇，言難亦謂之蹇。"

國故論衡疏證上之八

語言緣起説

章氏此説,成於晚清,義或可商,時爲之也。近世考古、人類、生理、語言諸學,勃爾並興,於人類語言之來歷,乃有科學之闡釋。據所研究,約前三百五十萬年至前四百萬年間,大地已有人類。年深月長,原始一始能制造工具。但由於生理限制,勞動時彼此表情達意,協調動作,第能隨其手勢而叫喊,而呼唤耳。手足分工既久,其他器官,亦以漸變化:一則腦骨增大,腦容量增加,足以發展思維,指揮言談;一則喉嚨自口中下降,與軟顎距離相越,形成咽腔口腔雙道共鳴系統,能發出清晰而分節段之聲音。自此,事物或動作及其稱謂之間,始各有其約定之系聯,兼具明確音節及表義功能之名動諸詞,於焉出現,人人可以聞聲而喻其實。基礎既具,而語言由是興起。此近今中外學者陳義之大略也。上距章氏立論,殆將半世紀矣。又此文所云"上世先有表實之名,以次桄充,而表德表業之名因之。是故同一聲類,其義往往相似",誠爲卓特之見。弟子沈兼士氏嘗論之曰:"觀此知所舉引申義各字,十九皆是表示語根之字爲聲母與形聲字之關係,是雖不言右文,而右文之説,得此益增有力之憑證。章先生之論,更有進於前人者:(一)自來訓詁家,尟注意及語根者,章氏首先標舉語根,以爲研究之出發點,由此而得中國語言分化之形式,可謂獨具隻眼。(二)根據引申之説,系統的列舉形聲字孳乳之次第,亦屬創舉"云云。誠按:緣起亦佛氏語,謂諸法由因緣而起也。緣,今謂關係、條件。

語言者不馮虚起,説詳題解。馮者,《詩·魯頌·閟宫篇》鄭《箋》:"天用是馮依而降精氣。"《釋文》:"馮依,本又作憑,同。"**呼馬而馬,呼牛而牛**,《莊子·天道篇》:"昔子呼我牛也,而謂之牛;呼我馬也,而謂之馬。"**此必非恣意妄稱也**。《荀子·正名篇》云:"名無固宜,約定俗成謂之宜。"蓋語言初起,音義之間,並無必然聯系。及歷時滋久,以某音(或某類音)表某義(或某類義),既已衆口齊同而形成社會習慣,音與義乃結合爲一定之語言成分而不復能恣意妄稱矣。《説文》云:"恣,縱也。""妄,亂也。"**諸言語皆有根,先徵之有形之物,則可覩矣**。根謂本源,徵謂證驗。**何以言雀,謂其音即足也**。《説文》:"雀,依人小鳥也。讀與爵同。""爵,禮器也。象爵之形,中有鬯酒,又持之也。所以飲酒象雀者,取其鳴節節足足也。"《詩·大雅·卷阿篇》孔《疏》引《白虎通》云:"鳳雄鳴曰節節。"《廣雅·釋獸》云:"鳳皇鳴,雄曰即即,雌曰足足。"此則段玉裁所謂皮傅之言。**何以言**

鵲,謂其音錯錯也。《説文》:"舄,誰也。象形。誰,篆文舄从隹昔。"段《注》:"誰,隸變从鳥。"誠按:《淮南子·原道訓》:"鵲之唶唶。"《本草綱目》:"鵲,其鳴唶唶。"**何以言雅,謂其音亞亞也。**《説文》:"雅,楚烏也。一名鸒,一名卑居,秦謂之雅。"朱駿聲曰:"按大而純黑反哺者烏、小而不純黑不反哺者雅,雅即烏之轉聲,字亦作鴉,作鵶。"誠按:《淮南子·原道訓》"烏之啞啞"。**何以言雁,謂其音岸岸也。**《説文》:"雁,鳥也。讀若鴈。"《儀禮·士相見禮》"下大夫相見以雁",鄭《注》:"取知時飛翔有行列也。"**何以言駕鵝,謂其音加我也。**《説文》:"鴚,鴚鵝也。"段《注》:"鴚,字亦作駕,《太玄》作鴚鵝,《子虚》、《上林》、《南都賦》皆作駕鵞。古作駕。《山海經》駕鳥,魯大夫榮駕鵞皆即駕鵝也。"朱駿聲曰:"按雁也,字亦作鴐,作駕。"**何以言鶻鵃,謂其音磔格鉤輈也,**《説文》:"鶻,鶻鵃也。"《爾雅·釋鳥》:"鷓鳩,鶻鵃。"《禮記》孔《疏》引郭璞云:鷓音九勿反,鵃,音嘲。郝懿行《義疏》:"今驗其聲,正作鶻嘲,鶻嘲聲轉又爲鉤輈格磔也。"誠按:《本草綱目·禽部》引孔志約曰:"鷓鴣生江南,行似母鷄,鳴云鉤輈格磔者是。"**此皆以音爲表者也。**此舉六名,所謂象聲詞也。劉師培《物名溯原》亦言之。**何以言馬,馬者武也。**原注:古音馬、武同在《魚》部。○《説文》:"馬,怒也,武也。"**何以言牛,牛者事也。**原注:古音牛、事同在《之》部。○説文:"牛,大牲也。""牛,件也,件,事理也。"**何以言**

羊，羊者祥也。《説文》："羊，祥也。孔子曰：'牛羊之字，以形舉也。'"何以言狗，狗者叩也。《説文》"狗"下引孔子曰："狗，叩也。叩氣吠以守。"段《注》："叩氣，出其氣也。"何以言人，人者仁也。《釋名·釋形體》："人，仁也，仁生物也。"何以言鬼，鬼者歸也。《爾雅·釋訓》："鬼之爲言歸也。"《説文》："人所歸爲鬼。从人，由象鬼頭，从厶。"何以言神，神者引出萬物者也。《説文》："神，天神引出萬物者也。"何以言祇，祇者提出萬物者也。《説文》："祇，地祇提出萬物者也。"此皆以德爲表者也。以上八例，所謂聲訓。聲訓者，以同音或同聲或同韵之字爲訓也。遠在先秦，已有其迹，迄於兩漢，用之彌繁。而季漢劉熙，欲求事物得名之所以然，更專爲《釋名》一書，以廣其例。今觀其書，得失參見。其於兩字之音源流分明而稱述之者，斯爲得之。而宋人之右文説，清人之聲近義通説，皆從是出。至其穿鑿附會之失，故當據音理事理而屏棄之，不可曲爲辯護也。要之，以音爲表，惟鳥爲衆；以德爲表者，則萬物大抵皆是。以德爲表，非語言之初所有，説詳後。乃至天之言顛，《説文》："天，顛也。至高無上。"地之言底，《説文》："地，元氣初分，輕清揚爲天，重濁陰爲地，萬物所陳列也。"《釋名·釋地》："地，底也。其體底下，載萬物也。"山之言宣，《説文》："山，宣也。宣氣散生萬物，有石而高，象形。"水之言準，原注：水在《脂》部，準在《諄》部，同類對轉。○《説文》："水，準也。北方之行。象衆水並流，中有微陽之氣也。"**火之言毁，**原注：古音火、毁同在《脂》部。○《説文》："火，燬也。南方之行炎而上。象形。"**土之言吐，**《説文》："土，地之吐生萬物者也。二，象地之下，地之中，物出形也。"**金之言禁，**《白虎通・五行篇》："金之爲言禁也。"《釋名・釋天》："金，禁也。氣剛毅能禁制物也。"**風之言氾，**《釋名・釋天》："風，氾也。其氣博氾而動物也。"**有形者大抵皆爾。**山、水、火、土、金、風之訓，皆言其業，即其用也。此亦非語言之初所有。**以印度勝論之説儀之：實、德、業三，各不相離。**印度哲學有勝論派，以六諦説明宇宙萬有生起之所以。六諦者，一曰實，謂本體；二曰德，謂屬性；三曰業，謂作用；四曰有，謂萬有；五曰同異；六曰和合。同謂共通性，異與和合爲物物間之共有性。儀者，《説文》："儀，度也。"《國語・周語》"儀之於民"，韋《注》："儀，準也。"**人云馬云，是其實也；仁云武云，是其德也；金云火云，是其實也；禁云毁云，是其業也。一實之名，必與其德若與其業相麗，故物名必有由起。**《經傳釋詞》七："若，猶或也。"《周禮・秋官・大司寇》"而未麗於灋"，鄭《注》："麗，附也。"《禮記・祭義篇》"既入廟門，麗於碑"，鄭《注》："麗，猶繫也。"**雖然，大古草昧之世，其言語惟以表實，而德業之名爲後起。**原注：青、黄、赤、白、堅、耎、香、殠、甘、苦之名，則當在實先，但其字皆非獨體，此不可解。○《荀子・正論篇》："太古薄葬，棺厚三寸，衣衾三領。"《周易・屯卦・彖辭》"天造草昧"，王《注》：

“造物之始，始於冥昧，故曰草昧也。”孔《疏》：“草謂草創。”**故牛馬名冣先，事武之語乃由牛馬孳乳以生。世稍文，則德業之語早成，而後施名於實，故先有“引”語，始稱引出萬物者曰神；先有“提”語，始稱提出萬物者曰祇。此則假借之例也。**引、申（神从之）二聲同在古韵《真》部；是（提从之）、氏（祇从之）二聲同在《支》部。

物之得名，大都由於觸受。觸謂接觸，受謂感受。《莊子·養生主篇》：“手之所觸。”《俱舍論》四：“觸者，謂根境識和合生，能有觸對。”**觸受之噩異者，動盪視聽，眩惑熒魄，則必與之特異之名。**《周禮·春官·占夢》“二曰噩夢”，鄭《注》引杜子春云：“噩，當爲驚愕之愕。”《淮南子·氾論訓》：“同異嫌疑者，世俗之所眩惑也。”《法言·修身篇》“熒魂曠枯”，李《注》：“熒魂，司目之用者也。”**其無所噩異者，不與特名，以發聲之語命之。夫牛馬犬羊，皆與人異，故其命名也，亦各有所取義。及至寓屬，形體知識多與人同。**《爾雅·釋獸》有寓屬。邢《疏》：“言此上獸屬，多寄寓木上，故題云寓屬。”郝懿行《義疏》：“寓，《説文》作禺，云：‘蝯，善援，禺屬。’‘禺，母猴屬。’鄭《注》《司尊彝》亦引作禺屬，今本作寓，下云寓鼠曰嗛，郭《注》謂獮猴之類，寄寓木上。寓、禺古字通。”**是故以侯稱猴，侯者發聲詞也。**原注：如云“侯不邁哉”，“侯其禕而”。○《爾雅·釋詁》：“伊，乃也。”又云：“伊、維，侯也。”郝懿行《義疏》：“乃既語詞，故侯亦語詞。《史記·樂書》云‘高祖過沛詩《三侯之章》’，《索隱》

曰：‘俟，語詞也。’《文選·東京賦》云‘俟其褘而’，亦以俟爲語詞也。”誠按：“俟不邁哉”，見《漢書·司馬相如傳》，王引之《經傳釋詞四》已引之。《傳》云“君乎君乎，俟不邁哉”，李奇《注》：“俟，何也。”**以爰稱蝯**，《爾雅·釋獸》：“猱、蝯，善援。”郭《注》：“便攀援。”《説文》：“蝯，善援，禺屬。蝯，又作猨。”《玉篇》：“猨似獮猴而大，能嘯。”**爰者發聲詞也。**《爾雅·釋詁》“爰，於也”，又“於也”，又“曰也”。《漢書·禮樂志》“爰五止”，《司馬遷傳》“爰及公劉”，顔《注》並云：“爰，曰也。發語辭也。”詳《經傳釋詞》二。**蝯之變而爲“爲”**，據甲骨文及金文，爲乃以手牽象，令其服役之形。而《説文》誤解爲母猴。段玉裁既沿許誤，章氏又再襲其誤。**《元》《寒》《歌》《戈》相轉**，蝯从爰聲，古韵在《寒》部。爲字古韵在《歌》部。《歌》《寒》對轉是也。謂蝯變作爲則非也。**若楥讀如撝矣。**《説文》：“楥，履法也。从木，爰聲，讀若指撝。”《周易·謙卦》《釋文》，撝義與麾同。鄭讀撝爲宣。**以且稱狙**，《廣雅·釋獸》：“狙，獮猴也。”**且者發聲詞也。**《經傳釋詞》八：“且，發語詞也，引《韓非子·難二》、《吕氏春秋·貴信》等篇爲證。**以隹稱蜼**，《爾雅·釋獸》：“蜼，卬（《廣韵·六至》、《一切經音義》六引作“仰”）鼻而長尾。”郭《注》：“蜼似獮猴而大，黄黑色，尾長數尺，似獺，尾末有岐，鼻露向上，雨即自縣於樹，以尾塞鼻，或以兩指。江東人亦取養之。爲物捷健。”《説文》：“蜼，如母猴，卬鼻長尾。”**隹者，發聲詞也。**原注：發聲之“維”，古彝器皆作“隹”。〇金文唯多作隹，見《商卣》、《頌簋》、《中山王鼎》等器。維作隹，見《宰梚角》諸器。**以胡稱𨄊**，原注：《説文》："斬𨄊，類蝯雉之屬。"陸璣《毛詩草木疏》云："蝯之白腰者爲獑猢。"今猶有猢孫之語。〇《説文》："䶂，斬䶂鼠。黑身，白腰。若帶，手有長白毛，似握版之狀，類蝯雉之屬。"斬䶂，《史記・司馬相如傳》作"螹胡"，《漢書》同傳作"獑胡"，《文選・西京賦》作"獑猢"。陸璣《疏》卷下之下："猱，獮猴也。楚人謂之沐猴。老者爲玃，長臂者爲猨，猨之白腰者爲獑胡。"《本草綱目・獸部》："獮猴〔又名〕胡孫。"《注》："《格古論》又云：猴形似胡人，故曰胡孫（此附會之説）。唐張鷟《朝野僉載》："楊仲嗣燥急，號熱鏊上猢孫。"宋楊誠齋《無題詩》有"坐看猢孫上樹頭"之句。**胡者發聲詞也**。《經傳釋詞》四："胡也，奚也，遐也，侯也，號也，曷也，盍也，一聲之轉也。**以渠稱豦**，《爾雅・釋獸》："豦，迅頭。"郭《注》："今建平山中有豦，大如狗，似獮猴，黄黑色，多髯鬣，好奮迅其頭，能舉石擿人，玃類也。"《説文》："豦，司馬相如説：豦，封豕之屬。"**渠者發聲詞也**。原注：如何渠亦作何遽，俗字有詎，亦即遽字。〇《史記・陸賈傳》："使我居中國，何渠不若漢（《索隱》：渠，音詎。）"《漢書》"何渠"作"何遽"。《莊子・齊物論》："庸詎知吾所謂知之非不知邪，庸詎知吾所謂不知之非知邪。"又《大宗師篇》："庸詎知吾所謂天之非人乎，所謂人之非天乎。"《楚辭・哀時命》："庸詎知其吉凶。"誠按：渠爲發聲詞，詳《經傳釋詞》五。**蓋形體相似，耦俱無猜，目無異視，耳無異聽，心無異感，則不能與之特異之名，故以發聲命**

之則止。《左氏・僖九年傳》:"送往事居,耦俱無猜,貞也。"杜《注》:"往,死者;居,生者。耦,兩也。送死事生,兩無疑恨,所謂正也。"**其在人類亦然。異種殊族,爲之特立異名。如北方稱狄,**《禮記・王制篇》:"北方曰狄。"《説文》:"狄,赤狄,本犬種。"**東北稱貉,**《説文》:"貉,北方豸種。"《周禮・夏官・職方氏》"七閩九貉",鄭司農《注》云:"北方曰貉狄。"孫詒讓《正義》:"《秋官・叙官》'貉隸',《注》云:'東北夷。'《漢書・高帝紀》:'北貉',顔《注》云:'貉在東北方,三韓之屬,皆貉類也'。《後漢書・東夷傳》云:'句驪二名貊耳。'"**南方稱蠻、稱閩,**《禮記・王制篇》:"南方曰蠻。"《説文》:"蠻,南蠻,蛇種。""閩,東南越,蛇種。"《周禮・夏官・職方氏》:"掌四夷、八蠻、七閩、五戎、六狄之人民。"鄭《注》:"閩,蠻之别也。七,周之所服國數也。"孔《疏》:"叔熊居濮如蠻,後子從分爲七種,故謂之七閩。"**其名皆特異,被以犬及虫豸之形,謂其出於獸類。**《説文》所謂犬種、豸種、蛇種,謂其出於獸類也。**尚考蠻、閩二字,本由髳轉。**尚,猶上也。《説文》:"鬏,髮至眉也。《詩》曰'紞彼兩鬏'。髳,鬏或省,漢令有髳長。"**長言爲馬流,短言爲髳,**原注:唐以前史籍皆作馬流,或作馬留,今作馬來。〇《水經・温水注》:"鬱水又南自壽泠縣注於海。昔馬文淵(馬援)積石爲塘,達於象浦、建金標爲南極之界。俞益期牋曰:'馬文淵立兩銅柱於林邑岸北,有遺兵十餘家不反,居壽泠岸南而對銅柱,悉姓馬,自婚姻,今有二百户。交州以其流寓,號曰馬流。

言語飲食，尚與華同，山川移易，銅柱今復在海中，正賴此民以識故處也。'《林邑記》曰：'建武十九年，馬援樹兩銅柱於象林南界，與西屠國分漢之南疆也。土人以其流寓，號曰馬流，世稱漢子孫也。'"又《新唐書·南蠻傳》："又有西屠夷，蓋援還，留不去者才十户，隋末孳衍至三百，皆姓馬。俗以其寓，故號馬留人，與林邑分唐南境。"**《牧誓》言庸、蜀、羌、髳、微、盧、彭、濮，**《尚書·牧誓篇》某氏《傳》："八國皆蠻夷戎狄屬文王者國名。羌在西蜀，叟、髳、微在巴蜀，盧、彭在西北，庸、濮在江漢之南。**《小雅》言"如蠻如髦"；《傳》曰："髦，夷髦也。"**《詩·小雅·角弓篇》孔《疏》："《牧誓》曰：'及庸、蜀、羌、髳、微、盧、彭、濮人。'彼髳此髦，音義同也。"《釋文》："髦，舊音毛。尋毛鄭之意，當與《尚書》同音莫侯反也。"**髳云髦云，即馬流合音耳。**原注：今人呼西南夷爲苗，其實當作髦。《書》之三苗，舊説皆謂三族之不才子，乃苗裔字，非有異種名三苗也。〇《尚書·堯典篇》"竄三苗於三危"，某氏《傳》："三苗，國名，縉雲氏之後，爲諸侯，號饕餮。三危，西裔。"《名義考》卷五："《書傳》：三苗國在江南荆揚之間。《地理沿革表》：潭州，古三苗國。潭州，今長沙。蓋建國在長沙，而所治則江南荆揚也。國中多猫姓。"**稍變則曰蠻，又稍變則曰閩，非必是蟲類也。**髳、髦、蠻、閩，四字雙聲，上古同在《明》紐。**以其異族，故被之以惡名。狄、貉二名準是。**狄非必是犬類，貉非必是豸類。**抑諸夏種族自西來。**《經傳釋詞》三："抑，詞之轉也。"《説文》："夏，中國之人也。"《論語·八佾篇》:"夷狄之有君,不如諸夏之無也。"《集解》:"包曰:諸夏,中國。"丁謙《中國人種從來考》:"中國史書皆始於盤古,而三皇繼之,伏羲、神農、黄帝又繼之,並無言他處遷來之事。自光緒二十年(西曆一千八百九十四年),法人拉克伯里著《支那太古文明西元論》引據亞州西方古史,證中西事物法制之多同。而彼間亦實有民族東遷之事,於是中東學者,翕然贊同,初無異詞。且搜采古書以證明其説:如劉氏光漢之《華夏篇》、《思故國篇》;黄氏節之《立國篇》;章氏太炎之《種姓篇》;蔣氏觀雲之《中國人種考》及日本人所著之《興國史譚》等,雖各有主張,要無不以人種西來之説爲可信。五大洲中,立國最早者莫如埃及與加勒底,埃及弗論,而加勒底朝八十六代均在西元前二千三四百年以上,是先於吾國數千年矣。故五帝之世所稱爲神聖創造之物,無一非彼閒所已有。用是知中國人種由彼而來,非同臆説。"誠按:中國人種西來説,清末曾風靡一時。除此所舉,若夏曾佑,若蔣智由,並信從之。比辛亥革命以後,仍有學人據古代語言及天文、曆法諸事,比較研究,以翼其説。然至今迄無確證。但能謂之假設耳。而章氏於革命前,亦已不復道此矣。**《史記》稱高陽生於弱水,高辛生於江水,皆蜀西地也。**《史記·五帝本紀》:"黄帝正妃生二子:其一曰玄囂,是爲青陽,青陽降居江水。其二曰昌意,降居若水。昌意娶蜀山氏女,曰昌僕,生高陽。帝顓頊高陽者,黄帝之孫而昌意之子也。帝嚳高辛者,黄帝之曾孫也。高辛父曰蟜極,蟜極父曰玄囂,玄囂父曰黄帝。"《索隱》:"江水、若水皆在蜀,即所封國也。《水經》曰：'水出毛牛徼外，東南至故關爲若水，南過邛都，又東北至朱提縣爲盧江水。'是蜀有此二水也。"**隴西之姜戎者，又四岳苗裔也。**《説文》："姜，神農居楼水，以爲姓。"《左氏·昭十七年傳》杜《注》："炎帝神農氏，姜姓之祖也。"《尚書·堯典篇》"咨四岳"，某氏《傳》："四岳，即羲和之四子，分掌四岳之諸侯，故稱焉。"《國語·周語》云："共之從孫，四岳佐之。"又云："胙四嶽國；命爲侯伯，賜姓曰姜氏，曰有吕。"苗裔者，《離騷》云"帝高陽之苗裔兮"，朱《注》："苗者，草之莖葉，根所生也。裔者，衣裾之末，衣之餘也。故以爲遠末子孫之稱。"**故於西方各種，亦不爲特立異名。或稱曰羌，羌者發聲詞也。**《説文》："羌，西戎牧羊人也。"《楚辭·離騷》："衆皆競進以貪婪兮，憑不猒乎求索，羌内恕己以量人兮，各興心而嫉妬。"王《注》："羌，楚人語辭也。"《廣雅·釋言》："羌，乃也。"**或稱曰戎，戎者又人之聲轉也。**原注：顔師古《匡謬正俗言》：今之戎獸，字當作猱。戎猱一音之轉，猴類得名，亦由人之轉音，此可互證。〇《禮記·王制篇》"西方曰戎。"戎、人二字，古聲同在《泥》紐。《匡謬正俗》卷六："或問曰：今之戎獸皮可爲褥者，古號何獸，何以謂之戎？答曰：按許氏《説文解字》曰：'夒，貪獸也。'李登《聲類》音人周反，字或作猱（中略）。尋據諸説，驗其形狀，戎即猱也。此字既有柔音，俗語變訛，謂之戎耳。猶今之香葇謂之香戎。今謂猱别造狨字，蓋穿鑿不經，於義無取。"**東方諸國，不與中國抗衡，**《史記·陸賈傳》"欲以區區之越與天子抗衡爲敵國”,《索隱》:“按崔浩云:抗,對也。衡,車軛上横木也。抗衡,言兩衡相對拒,言不相避下。”**故美之曰仁人**,《説文》羌字下云:“唯東夷从大,大,人也。夷俗仁,仁者壽,有君子不死之國。孔子曰:道不行,欲之九夷,乘桴浮於海。有以也。”**號之曰夷種**,《説文》:“夷,从大,从弓,東方之人也。”**夷本人字聲轉得名。夷,古音當讀人脂切,人夷雙聲,其韵爲《脂》《真》次對轉**。朱駿聲曰:“夷,字亦作𡰥,與古文仁同。”章氏《小學荅問》云:“《山海經》以仁羿爲夷羿。古文夷仁皆作𡰥。《説文》儿訓仁人,謂東夷俗仁,仁者壽也。”誠按:《廣韵》夷在《脂》韵,以脂切;人在《真》韵,如鄰切。古韵夷在《脂》部,人在《真》部。**而夷復爲發聲之語,斯又可展轉互證矣**。原注:如云“夷使則介之”,“夷考其行”。○《經傳釋詞》三:“夷,語助也。《周官·行夫》曰:‘居於其國,則掌行人之勞辱事焉,使則介之。’鄭《注》:‘使,故書作“夷使”。夷,發聲。’是也。《孟子·盡心篇》‘夷考其行而不掩焉者也’,言考其行而不掩也。夷,語助也。”**東胡與貉一物也**,東胡者,肅慎之後,族居匈奴之東,故有此稱。秦末勢極强,漢初爲匈奴所滅。遺衆退居烏桓、鮮卑二山,號爲烏桓、鮮卑。詳《史記·匈奴傳》。**胡亦發聲之詞**,見前。**而以名貉種者,胡名初起,宜即九夷之輩**,《爾雅·釋地》:“九夷,八狄,七戎,六蠻,謂之四海。”《論語·子罕篇》“子欲居九夷”,《名義考》:“九夷,東夷也。箕子之封國,即今朝鮮。俗仁而壽,夫子欲居者此也。”按:九夷當即淮夷,詳楊伯峻氏《論語譯注》。輩者,《説文》:"輩,若軍發車百兩爲輩。"段《注》:"引申之爲什伍同等之偁。如鄭《注宫正》云:'使之輩作輩學,相勸帥也。'"**漸以其名施之貉族,亦猶漢世以胡稱匈奴,**《周禮·考工記·總叙》"胡無弓車",鄭司農《注》:"胡,今匈奴。"孫詒讓《正義》:"即今内外蒙古諸部落。"誠按:《史記·匈奴傳》:晉北有林胡、樓煩之戎,燕北有東胡山戎。《趙世家》以此爲三胡。**隋唐人以胡稱西域耳。**《隋書·西域傳》有"商胡往來"、"胡律"、"胡粉"、"胡椒"等語。《舊唐書·西域傳》有"西域諸胡事火祆者皆詣波斯受法"及"文字同於諸胡"等語。《新唐書·地理志》有"龜兹、于闐、焉耆、疏勒、河西内屬諸胡"之語。**反古復始,謂胡者宜屬九夷,非貉族之號也。**劉師培《國學發微》有《釋胡人》一則,據《説文》牛顄垂義推闡,不以爲稱名之轉移。然與章氏所謂視聽噩異則與以特異之名者,義正相合也。劉氏之言曰:"三代之時,北族人民,未知穀食,故頤頰下垂,亦較漢民爲肥大。漢土之民,見彼族頤頰之殊於己族也,遂取頤頰下垂之義,名之爲胡。是猶見北狄辮髪下垂,名曰索虜,見南蠻趾踵相錯而名爲交趾也。"又云:"東北各族,民多長須,如韋室諸國是也。今鄂倫春等部亦然。又日本有蝦夷之族,亦以髯須下垂,其狀如蝦,故錫此名。而今北方之馬賊亦稱爲紅鬍子。意古代稱北族爲胡人,兼取其多須之義乎。"誠按:《禮記·禮器篇》有"反古脩本"之語。**由是言之,施於獸類者,形性絶異,則與之特異之名,形性相似,則與之**

發聲之名；施於人類者，種類絶異，則與之特異之名，種類相似，則與之發聲之名。以此見言語之分，由觸受順違而起也。

人自稱與最親昵之相稱，亦以發聲之詞言之。《左氏·昭三十二年傳》："我一二親昵甥舅，不遑啓處。"《説文》："暱，日近也。昵，暱或从尼。"**如古人稱先生曰兄，**《爾雅·釋親》："男子先生曰兄。"《説文》："兄，長也。"段《注》："兄之本義訓益，引申之則《爾雅》曰男子先生爲兄，後生爲弟。先生之年，自多於後生者；故以兄名之。"**今稱先生曰哥，**《説文》："哥，聲也。"段《注》：此義未見用者。《廣韵》：哥，古作歌字，今呼爲兄也。《韵會》，潁川語：小曰哥，本聲也，今人以配姐字，爲兄弟之稱。誠按：唐人已呼兄爲哥。《日知録》二十四："玄宗《與寧王憲書》稱大哥（原注：又有《同玉真公主過大哥園池》詩，則唐時宫中稱父稱兄皆曰哥）"。黄汝成《集釋》引趙氏翼曰："晉王存勖呼張承業爲七哥，三司使孔謙兄事伶人景進，呼進爲八哥。"此亦稱兄長也。**兄爲發聲詞，**原注：兄即況字。如《詩》"倉兄填兮"，"職兄斯引"，漢石經《尚書·無逸篇》"則兄自敬德"，皆發聲詞也。〇章氏《新方言·釋親屬》："《爾雅》：男子先生爲兄。《詩》用兄字，即今況字。兄、況古音同。段玉裁曰：'今人呼兄爲況老，乃古語也。'朱駿聲曰：'杭州呼兄爲阿況，亦曰況老。'章炳麟按：徽州黟縣稱兄爲況漢。"誠按：《經傳釋詞》四："況，古通作兄，又作皇。《桑柔》曰'倉兄填兮'，《召旻》曰'職兄斯引'，

《傳》並曰:‘兄,兹也。’《書・無逸》曰:‘厥或告之曰,小人怨女詈女,則皇自敬德。’漢石經‘皇’作‘兄’,王肅本作‘況’。《注》曰:況滋益用敬德也。”**哥亦發聲詞也。**原注:哥從可聲,可從𠀀聲,𠀀即今之阿字。發聲詞也。○《説文》:“𠀀,反丂也。讀若呵。”《山海經・南山經》:“青邱之山有鳥焉,其音若呵。”郭《注》:“若呵,如人相呵呼聲。”《廣韵》:“阿,烏何切。”“呵,虎何切。”章氏《新方言・釋親屬》:“《説文》:‘周人謂兄曰罤’,古魂切,經典相承用昆爲之。《見》紐雙聲相轉,今稱兄爲哥,親屬相呼,本於嬰兒初語,其聲不過𠀀丂二者而已。呼父曰考,語本於丂;呼保母曰阿亦曰可者;字變爲妿,語本於𠀀;呼兄曰哥,語亦本𠀀(原注:可、阿、哥皆得聲於𠀀),或古語流傳如是也。”**至親無文,**《禮記・禮器篇》有“至敬無文”之語。翟灝《通俗編》云:“俗訛爲“至親無文”。誠按:《禮記・三年問篇》别有“至親以期斷”之語。**則稱之曰爾,**鄭君箋《詩》注《禮》,屢訓爾爲汝。如《詩・邶風・雄雉》篇“百爾君子”,《箋》云:“爾,汝也。”《儀禮・士冠禮篇》“棄爾幼志,順爾成德”,《注》云:“爾,汝也。”即其例。**曰乃,**《尚書・堯典篇》“乃言底可績”,某氏《傳》:“乃,汝也。”又《盤庚上篇》:“古我先王暨乃祖乃父,胥及逸勤。”**曰若;**《儀禮・士昏禮・記篇》“若則有常”,《考工記・梓人》“惟若寧侯”,鄭《注》並云:“若,女也。”**此皆發聲詞也。**《禮記・檀弓上篇》“爾毋從從爾”,鄭《注》:“爾,語助也。”又《雜記下篇》:“祝稱卜葬虞,子孫曰哀,夫曰乃。”鄭《注》:“乃某卜葬其妻某氏。”

孔《疏》:"乃者,言之助也。"《經傳釋詞》七引王念孫曰:"若,詞之惟也。《盤庚》曰:'予若籲懷兹新邑',《大誥》曰'若昔朕其逝',《君奭》曰'若天棐忱',《吕刑》曰'若古有訓',若字皆是語詞之惟。"**自稱曰朁老子、朁亦發聲詞也。**原注:《説文》:"朁,曾也。"引《詩》"朁不畏明"。古人自稱朕,朕即朁字,正當作朁,朕乃假借耳。朁,古音或如岑,故變爲朕,與台爲舌音雙聲,《之》《蒸》對轉。〇《説文》"朁"下段《注》:"曾者,詞之舒也,曾之言乃也。今《民勞》、《十月》之交,字皆作憯,憯之本義痛也。"《經傳釋詞》八:"《爾雅》:'憯,曾也',郭《注》曰:'發語詞。'曾朁皆詞也,故其字並從曰。或言曾,或言朁,語之轉耳。"誠按:《爾雅·釋詁》:卬,吾,台,予,朕,我也。"郭《注》:"古者貴賤皆自稱朕。"郝懿行《義疏》:"蔡邕《獨斷》云:'朕,我也。古者尊卑共之,貴賤不嫌則可同號之義也。'是朕爲通稱,上下所同,故《書·皋陶謨》'朕言惠',《離騷》云:'朕皇考曰伯庸',是古尊卑同號之證也。秦以後乃爲天子自稱。"誠又按:云朁古音或如岑者,朁从兓聲(《廣韻》:兓,子心切),岑从今聲(《廣韻》:岑,鋤針切),古韵並在《侵》部,古聲同爲齒頭。云朕與台爲舌音雙聲,《之》、《蒸》對轉者,古聲朕在《定》紐,台在《透》紐,旁紐雙聲;古韵朕在《蒸》部,台在《之》部。又徐鉉時已有"昝"字,謂即朁之譌。明人《字彙》又收"喒"字:《注》:俗云我也。《篇海》有"咱"字,云俗稱自己爲咱,音子葛切。鄧之誠《骨董瑣記》云周密,《癸辛雜識》記河間府燒餅主人曰:"咱們祖上亦是農民,流落在此。"是元初已有此稱。"**自稱曰我,**《説文》:"我,施身自謂也。"

我轉爲義、爲儀、爲羲，亦皆發聲詞也。原注:《書》稱“義爾邦君，越爾多士，尹氏御事”。《詩》“我儀圖之”，義、儀皆發聲詞也。《説文》云:“羲，氣也。”凡言烏呼者，亦作於戲。戲，當作羲，猶伏羲亦作伏戲也。於戲之爲發聲，人所共曉。〇《尚書·大誥篇》:“義爾邦君”云云。《詩·大雅·烝民》篇:“我儀圖之，惟仲山甫舉之。”《小爾雅·廣訓》:“烏乎，吁嗟也。”《説文》:“烏，盱呼也。取其助氣，故以爲烏呼。”《禮記·大學篇》引《詩·周頌·烈文》:“於戲、前王不忘(今本作於乎)。”孔《疏》:“於戲，猶言嗚呼矣。”伏戲，見《莊子·大宗師篇》、《荀子·成相篇》(《淮南子·覽冥訓》作虙戲)。**自稱曰言，**原注:《釋詁》:“言，我也。”〇郝懿行《義疏》:“詩内言字，《傳·箋》並訓我。《莊子·山木篇》云:‘言與之偕，逝之謂也。’《釋文》亦云:“言，我也。”**言亦發聲詞也。**原注:如《詩》“言告師氏”、“言念君子”之屬。〇《經傳釋詞》五:“言，云也。語詞也。話言之言謂之云，語詞之云亦謂之言，若《詩·葛覃》之‘言告師氏’，《小戎》之‘言念君子’，皆與語詞之云同義。”**自稱曰阿陽，**原注:見《釋詁注》。〇《爾雅·釋詁》:“陽，予也。”郭《注》:“今巴濮之人自稱阿陽。”郝懿行《義疏》引《魏志·東夷傳》云:“東方人名我爲阿。”**我父曰阿父，我兄曰阿兄，**《木蘭詩》“阿耶無大兒”，阿耶猶言我父。《南史·謝晦傳》:“晦女被髮徒跣與晦訣曰:‘阿父:大丈夫當横屍戰場;奈何狼藉都市。’”《通鑑·宋文帝·元嘉十七年》:“吏部尚書王球，履之叔父也。履性進利，深結義康及〔劉〕

湛。球屢戒之,不從。誅湛之夕,履徒跣告球,球謂曰:‘常日語汝云何,履怖懼不得答。’球徐曰:‘阿父在,汝亦何憂。上以球故,得免死。’”胡《注》:“江南人士呼叔父伯父爲阿父,亦爲伯父叔父者以自呼。”誠按:阿兄見漢樂府《焦仲卿妻》。**阿即𠮛字,亦發聲詞也。**原注:《説文》:“丂,氣欲舒出,上礙於一也。“𠮛,反丂也。”○《廣韵》:“阿,烏何切。大徐《説文》音:“𠮛,虎何切。”**讀若呵,**原注:近世言阿者,其字皆當作𠮛。○《廣韵》:“呵,虎何切。”**此皆無所噩異,故未嘗特制一稱,益明語言之分,由觸受順違而起也。**前節所舉狄、貉、蠻、閩諸族名,近世學者多謂殆以諸獸各别爲其圖騰。當更接近歷史真實也。

語言之初,當先緣天官。《荀子·正名篇》:“然則何緣而以同異;曰:緣天官。”《天論篇》:“耳、目、鼻、口、形。能各有接而不相能也。”**然則表德之名最夙矣。**《詩·召南·采蘩篇》“夙夜在公”,毛《傳》:“夙,早也。”**然文字可見者,上世先有表實之名,以次桄充,而表德、表業之名因之。後世先有表德表業之名,以次桄充,而表實之名因之。**《説文》:“桄,充也。从木,光聲。”朱駿聲曰:“桄字本訓當爲横木。許君用《爾雅》。《爾雅》:‘桄、熲,充也。’實借爲光,爲廣。”**是故同一聲類,其義往往相似,**此義自宋王聖美倡之,所謂右文説也(見沈括《夢溪筆談》卷十四)。其後王觀國、張世南、戴侗輩並有討論(王説見《學林》,張説見《游宦紀聞》,戴説見《六書故》)。迄於清代,若段玉裁、王念孫、焦循、阮元、黄承告諸公，闡述彌多。而章氏及劉師培氏更推演其旨，别抒新見；然劉説或病穿鑿，章説亦得失相參，此不具論。章氏弟子沈兼士氏又有《右文説在訓詁學上之沿革及其推闡》一文，則總結性之作也。然亦有待後來之補正焉。**如阮元説：从古聲者有枯稾、苦窳、沽薄諸義，此已發其端矣。**《揅經室集·釋且》篇陳此義。**今復博微諸説。如立爲字以爲根，爲者母猴也。**許慎誤解"爲"字，説已見前。下文沿許説推論。**猴喜模效人舉止，故引申爲作爲，其字則變作僞；**《荀子·性惡篇》："人之性惡，其善者僞也。"楊《注》："僞，爲也。"**凡作爲者異自然，故引伸爲詐僞，**《説文》："僞，詐也。"**凡詐僞者異真實，故引伸爲譌誤，其字則變作譌；**《説文》："譌，譌言也。从言，爲聲。《詩》曰：'民之譌言。'"《詩·小雅·沔水篇》"民之訛言，寧莫之懲"，鄭《箋》："訛，僞也。"誠按：《説文》有"譌"無"訛"。《玉篇》譌亦訓僞。**爲之對轉爲蝯；**《説文》："蝯，善援，禺屬。"字又作猨，《本草綱目·獸部》："猨善援引，故謂之猨。俗作猿。産川廣深山中，似猴而長大，其臂甚長，能引氣，故多壽。"按：古韵爲在《歌》部，蝯在《寒》部，爲與蝯《歌》、《寒》對轉。**僞之對轉復爲諼矣。**《説文》："諼，詐也。"《漢書·王吉傳》"反懷詐諼之辭"，顔《注》："諼，詐言也。"僞與諼亦《歌》、《寒》對轉。**如立禺字以爲根，禺亦母猴也。**《説文》："禺，母猴屬。"段《注》引《山海經注》曰："禺似獼猴而大，赤目長尾。"誠按：《本草綱目·獸部》亦云："猴，處處深山有之，大而尾長赤目者禺也。”**猴喜模效人舉止，故引伸之，凡模擬者稱禺。《史記·封禪書》云“木禺龍欒車一駟，木禺車馬一駟”是也；**《封禪書》《索隱》云：“禺，一音寓，寄也。寄龍形於木。一音偶，亦謂偶其形於木也。”又《後漢書·劉表傳論》：“表欲卧收天運，擬踪三分，其猶木禺之於人也。”李《注》：“言其如刻木爲人，無所知也。”**其後木禺之字又變爲偶，《説文》云：“偶，桐人也。”**朱駿聲説：“桐、相形近而誤。相人者，像人也。一名俑。”**偶非真物，而物形寄焉；故引申爲寄義，其字則變作寓；**《説文》：“寓，寄也。”《方言》同。**凡寄寓者非能常在，顧適然逢會耳，**顧，猶乃也。《戰國策·趙策》：“雖强大，不能得之於小弱，而小弱顧能得之於强大乎？”適然者，《尚書·康誥篇》“乃惟眚災適爾”，蔡沈《集傳》以偶爾如此訓適爾。**故引伸爲逢義，其字則變作遇；**《説文》：“遇，逢也。”鍇注：“遇之言偶也。”**凡相遇者必有對待，故引申爲對待義，其字則變作耦矣。**《左氏·襄二十九年傳》“射有三耦”，杜《注》：“二人爲耦。”《周禮·考工記·匠人》“耜廣五寸，二耜爲耦”，孔《疏》：“二人各執一耜，若長沮、桀溺耦而耕，此兩人耕爲耦。”**如立乍字以爲根，乍者止亡詞也。**《説文·亡部》：“乍，止也。一曰亡也。”段玉裁改爲“止亡詈也”，謂有人逃亡而一止之也。**倉卒遇之，則謂之乍，**段玉裁曰：“亡與止亡者皆必在倉猝，故引申爲倉猝之稱。《廣雅》曰‘暫也’。

《孟子》'今人乍見孺子將入於井',《左傳》'桓子乍謂林楚',文意正同。"故引伸爲冣始之義,字變爲作,《説文》:"作,起也。"毛《詩·魯頌傳》曰:"作,始也。"《詩·魯頌·駉篇》"思馬斯作",毛《傳》:"作,始也。"《書》言"萬邦作乂","萊夷作牧",作皆始也;"萬邦作乂",見《臯陶謨》篇。"萊夷作牧",見《禹貢》篇。《經義述聞》三引王念孫曰:"《臯陶謨》:'烝民乃粒,萬邦作乂',作與乃相對成文,言烝民乃粒,萬邦始乂也。《禹貢》'萊夷作牧',言萊夷水退始放牧也。'沱潛既道,雲夢土作乂',作與既相對成文,言雲夢之土始乂也。《史記·夏本紀》皆以爲字代之,於文義稍疏矣。"凡冣始者必有創造,故引伸爲造作之義,《詩·周頌·天作篇》"天作高山",毛《傳》:"作,生也。"孔《疏》:"作者造立之言"。《春秋·僖二十九年》"新作南門",杜《注》:"言作以興事。"《公羊·莊二十九年傳》"春,新延廄。新延廄者何?脩舊也",何《注》:"舊,故也。繕故曰新,有所增益曰作,始造曰築。"漢書《禮樂志》"作者之謂聖",顔《注》:"作,謂有所興造也。"凡造作者異於自然,故引伸爲僞義,其字則變爲詐;《爾雅·釋詁》:"詐,僞也。"《説文》:"詐,欺也。"又自冣始之義,引伸爲今日之稱往日,其字則變作昨。《文選·悼亡詩注》引《蒼頡》:"昨,隔日也。"《廣韵·鐸韵》昨字下云:"昨日,隔一宵。"如立屰字以爲根,屰者撥也,撥者刺也。均見《説文》。屰在干部,撥在手部。其字从干,干从倒入,入一爲干,犯也,見《説文》。王筠曰:"一非字，衹是有是物焉而不順理以入之，故从倒入。”入二爲羊，言稍甚也，其音如飪。見《説文》。《廣韵》：“飪，如甚切。”羊訓爲刺，又言稍甚，其實今之甚字，由羊而變。《説文》云：“甚，尤安樂也，从甘匹。匹，耦也。”男女之欲，安樂尤甚，亦有直刺之義。甚字在《説文》甘部。後人改作，凡殊尤之義，則專作甚字；《論語·衛靈公篇》：“民之於仁也，甚於水火。”凡直刺之義，則變爲揕字原注：俗作砍。《史記·刺客傳》曰“左手把其袖，右手揕其匈”是也。《刺客傳》《索隱》：“揕，徐氏音丁枕反，謂以劍刺其胸也。”按：砍字見《篇海》。由刺之義引伸爲勝，字變作戡，《西伯戡黎》是也。《爾雅·釋詁》：“戡，勝也，克也。”郭《注》引《公羊傳》：“克之者何？殺之也。”《説文》：“戡，刺也。从戈，甚聲。”段《注》：“刺者，直傷也。平直皆得云刺，經史多叚此爲堪勝字。”《西伯戡黎》，《尚書·商書》篇名。《説文》作“𢦟”，云“殺也”。引《商書》：“西伯既𢦟黎。”亦借用堪，《墨子·非攻篇》云“往攻之，予必使女大堪之”是也。《爾雅·釋詁》：“堪，勝也。”郭《注》引《書·西伯堪黎》。由勝之義引伸，復爲勝任，由勝任義引伸，復爲支載，於是字變作堪。《説文》云：“堪，地突也。今言堪輿是也。”《説文》“堪”字段《注》：“突者，犬从穴中暫出也。因以爲坳突之偁。俗乃製凹凸字，地之突出者曰堪，《淮南書》曰（誠按：見《天文訓》），堪輿行雄以起雌，許《注》曰：‘堪，天道;輿,地道也。'見《文選》《注》。堪言地高處無不勝任也,所謂雄也。輿言地下處無不容納也,所謂雌也。引申之,凡勝任皆曰堪。"誠按:《論語·雍也篇》:"人不堪其憂,回也不改其樂。"邢《疏》亦以任釋堪。**然由甚字有尤安樂義,其字或借作湛,**湛本訓没,見《説文》。**《毛詩·小雅傳》曰:"湛,樂之久也。"**《小雅·鹿鳴篇》"和樂且湛",毛《傳》:"湛,樂之久。"**其後有專樂飲酒之義,則又變爲酖字。**《説文》:"酖,樂酒也,从酉,冘聲。"段《注》:"樂酒者,所樂在酒,《毛詩》叚耽及湛以爲酖,引申爲凡樂之偁。"**樂極無厭,還以自害,故曰"宴安酖毒",**《左氏·閔元年傳》"宴安酖毒,不可懷也",杜《注》:"以宴安比之酖毒。"《説文》酖字段《注》:"《左傳》曰:'宴安酖毒,不可懷也。'从來謂即鴆字,竊謂非也。所樂非其正即毒也。謂之酖毒。"**於是鳥可以毒人者,亦得是名,字則變爲鴆矣。**《説文》:"鴆,毒鳥也。"段《注》引《左傳正義》:"鴆鳥食蝮,以羽翮擽酒水中,飲之則殺人。"**羊之聲本同任,**《廣韵》《寑》韵:"羊,如甚切。"《侵》韵:"任,如林切。"此二字古聲同在《泥》紐,古韵同在《侵》部。**《太宰》"以九職任萬民",《注》曰:"任,猶倳也。"倳即倳刃之倳、與羊同訓刺。**《周禮·天官·太宰》"六曰事典,以任百官",《注》亦云"猶倳也",《釋文》:"倳,側吏反。"**耕稼發土者,命之爲男,**《孟子·公孫丑上篇》"自耕稼陶漁以至爲帝,無非取於人者"。《説文》:"男,丈夫也。从田、从力,言男用力於田也。"《周禮·地官·序官》鄭

《注》:"種穀曰稼。"舊皆以任訓男,即羊之字變也。以任訓男,見《大戴禮記·本命篇》、《白虎通》《爵》及《嫁娶》兩篇、《釋名·釋長幼》、《廣雅·釋親》。《侵》《冬》自轉,男之字又變爲農矣。《説文》:"農,人也。"段氏依玄應《音義》改爲"耕人也"。章氏《文始》七:"男近轉《冬》,變易爲農,耕也。"如立辛字以爲根,辡者,罪人相與訟也。原注:方免切。○此義見《説文》。引伸則爲治訟者,字變作辯;《説文》:"辯,治也。从言在辡之閒。"段《注》:"謂治獄也。"治訟務能言,引伸則爲辯論、辯析;《荀子·非相篇》"故君子必辯",楊《注》:"辯,謂能談説也。"《春秋穀梁傳序》"《公羊》辯而裁",楊《疏》:"辯謂説事分明。"由辯析義引伸,則爲以刀判物,於是字變作辨;《説文》:"辨,判也。从刀,辡聲。"由刀判義引伸,則有文理可以分析者,亦得是名,其字則變作辬;《説文》:"辬,駁文也。从文,辡聲。"由刀判義引伸,則瓜實可分者,亦得是名,其字則變作瓣矣。《説文》:"瓣,瓜中實。从瓜、辡聲。"如上所説,爲字,禹字,乍字,羊字,辡字,一字遞衍爲數名。原注:廣説此類,其義無邊。今姑舉五事明之。○無邊,亦佛氏用語。《起信論》:"虚空無邊,故世界無邊;世界無邊,故衆生無邊;衆生無邊,故心行差别亦復無邊。"《説文·句部》有拘、鉤,《説文》:"句,曲也。从口、丩聲。""拘,止也。从句,从手,句亦聲。""鉤,曲也。从金,从句,句亦聲。"臤部有緊、堅,《説文》:"臤,堅也。从又,臣聲,讀若鏗鏘之鏗。古文以爲賢字(段《注》:謂握之固也,故从又。)""緊,纏絲急也。从臤,从絲省(段《注》:緊急雙聲)。""堅,剛也。从臤,从土(段氏改爲土剛也,引申爲凡物之剛)。"已發斯例,段氏"鉤"字《注》云"句之屬三字(誠按:句部尚有笱字,曲竹捕魚笱也),皆會意兼形聲。三字皆重句,故入句部。""堅"字《注》云:"緊,堅不入系。土部者,説見句、丩部下。""糾"字《注》云:"丩之屬二字(茻、糾)不入茻。系部者,説與句部同。"此其塗則在轉注假借之閒。轉注者,建類一首,同意相受。今所言類,則與戴、段諸君小異,考、老聲類皆在《幽》部,故曰建類。見下《轉注假借説》。若夫同意相受,兩字之訓,不異豪釐,《禮記·經解篇》"差若豪氂,繆以千里",《釋文》:"豪,依字作毫。氂,李其反,本又作釐。"孔《疏》:"此《易·繫辭》文也。"《史記·東方朔傳》"失之毫氂,差以千里",徐廣注曰:"《易》無此語,《易》緯有之。"今以數字之意,成於遞衍,固與轉注少殊矣。又亦近於假借,何者?冣初聲首未有遞衍之文,則以聲首兼該餘義。自今日言,既有遞衍者,還觀古人之用聲首,則謂之本無其字,依聲託事,故曰在轉注假借閒也。

國故論衡疏證上之九

轉注假借説

清人六書之説，皆以象形、指事、會意、形聲四者爲造字之則，轉注、假借二者爲用字之則。至章氏則以轉注、假借亦在造字之科。比於故老，誠有討論修飾之功矣。尋章氏之説，亦有所自。清曹仁虎《轉注古義考》云："欲定轉注之義，仍當以《説文》'建類一首，同意相受'上語求之。既曰建類一首，則必其字部之相同，而字部異者非轉注也。既曰同意相受，則必其字義之相合，而字義殊者非轉注也。《説文》於轉注，特舉考、老以起例，而考字從丂得聲，則必其字音之相近，而字音别者非轉注也。"惟曹氏以建類一首爲字之同部，章氏則以類爲聲類，首爲語基。細繹兩家之説，蓋大同而小異耳。章氏以音義爲主，而曹氏亦非遺音弗取也；曹氏以形音義並重，章氏亦但言轉注不局於同部，而非謂其多不同部也。綜觀《説文》全部互訓之字，其相爲轉注者，或分隸形義相近相通之部，如《頁部》與《首部》或《面部》，《足部》與《止部》或《辵部》或《走部》之類，其例頗衆。斯可補正曹氏字必同部之論也。而章氏側重音義，又不如曹氏之與形體並重爲得其全也。然此文所謂"轉注者緐而不殺，恣文字之孳乳者也；假借者志而如晦，節文字之孳乳者也。二者消息相殊，正負相待，造字者以爲緐省大例"云云，斯歷來治許書者所未見及，大義炳然，足以準度百代矣。

《説文·叙》曰："轉注者，建類一首，同意相受，考、老是也。"前後異説皆瑣細無足録。詳見曹仁虎《轉注古義考》。**休寧戴君以爲：考，老也；老，考也；更互相注，得轉注名。**戴震《荅江慎修先生論小學書》："轉注之云，古人以其語言立爲名類，通以今人語言，猶曰互訓云爾。轉相爲注，互相爲訓，古今語也。《説文》於考字，訓之曰老也；於老字，訓之曰考也。是以《序》中論轉注舉之。"**段氏承之，以一切故訓，皆稱轉注。**段玉裁《説文叙注》："轉注，猶言互訓也。注者灌也，數字展轉互相爲訓，如諸水相爲灌注，交輸互受也。"又云："建類一首，謂分立其義之類而一其首。如《爾雅·釋詁》第一條説'始'是也。同意相受，謂無慮諸字意恉略同，義可互受相灌注而歸於一首。如'初、哉、首、基、肇、祖、元、胎、俶、落、權、輿'，其於義或近或遠，皆可互相訓釋而同謂之始是也。"**許瀚以爲同部互訓然後稱轉注。**許瀚《轉注舉例》："夫轉，運也；注，灌也。運以輪言，灌以水言，如輪之運轉，水之灌注，循環無端，由此及彼，無窮盡也。求轉注必求諸《説文》本部，許氏所謂建類一首也。部不同非轉注。必求諸同部同義，許氏所謂同意相受也。義不同非轉注。同部同義，則其字必可以相代。蓋轉注所以廣文字之用，與假借同功，凡以供臨文者之挹彼注兹，左宜右有，不使一字膠於一用焉耳。若夫不同部首亦得爲轉注者，必其部首一形相生，近如玉、珏，中、艸、茻，口、吅、品、㗊；遠如目、見，人、㐺，䇂、辛。一意相成如口、欠，又、手，巾、㐺。異名同物如隹、鳥，燕、乙。異體同名如古文大，籀文大作介，籀文人、古文奇字人作儿。此雖不同部，其部首固有相通之道，猶是建類一首，同意相受也。此其變例也。”**由段氏所説推之，轉注不繫於造字，不應在六書**，段氏《説文叙注》：“有指事、象形而後有會意、形聲，有是四者爲體，而後有轉注、假借二者爲用。”誠按：段以轉注爲文字之用，即不繫造字之説。**由許瀚所説推之，轉注乃豫爲《説文》設**，轉注之名，雖創自許慎，而轉注之實，則自昔有之。章氏此語，似嫌稍泥。**《保氏》教國子時，豈縣知千載後有五百四十部書邪？**《保氏》雖不能懸知東漢之有《説文》，然文字各有類屬，則必所審悉，且當以之教國子也。**且夫故訓既明，足以心知其意**，《詩·大雅·烝民篇》“古訓是式”，毛《傳》：“古，故也。”鄭《箋》：“故訓，先王之遺典也。”**虚張類例，亦爲緐碎矣**。虚張類例，猶言空設律例。**又分部多寡，字類離合，古文、籀篆，隨時而異**。原注：五百四十部非定不可增損也。如蠲本从蜀，而《説文》不立《蜀部》，乃令蜀蠲二文同隸《虫部》。是小篆分部，尚難正定，況益以古籀乎。

〇按：許慎於字之歸部，亦多未合。如詹訓多言，乃入《八部》之類是也。**今必以同部互訓爲劑，**《爾雅·釋言》：“劑，齊也。”《説文》同。**《説文》鵰𪆰互訓也，**《説文》：“雕，𪆰也。从隹，周聲。鵰，籀文雕从鳥。”又：“𪆰，雕也。从鳥，敦聲。《詩》曰：‘匪𪆰匪鳶。’”《廣韻》雕鵰並都聊切。鷻，度官切。**䧑𨿽互訓也，**《説文》：“䧑，𨿽也。从隹，氐聲。鴟，籀文䧑从鳥。”又：“𨿽，䧑也。从隹，垂聲。”《廣韻》䧑、鴟並處脂切。𪀗，是僞切。**强、蚚互訓也，**《説文》：“强，蚚也。从虫，弘聲。彊，籀文强从䖵，从彊。”又：“蚚，强也。从虫，斤聲。”《廣韻》：“强，巨良切。”“蚚，渠希切。”**形皆同部，而篆文鵰字作雕，籀文䧑字作鴟，强字作𧒽。是篆文爲轉注者，籀文則非，**如鴟與𨿽，𧒽與蚚。**籀文爲轉注者，篆文復非。**如雕與𪆰。**更蒼頡，史籀，李斯，二千餘年，**如以蒼頡爲黄帝史官，蓋當公元前二六九八（一説二六九七）至前二五九七年閒人，以籀爲周宣王太史，蓋當公元前八二七至七八〇年閒人。李斯之卒，在公元前二〇八年。**文字異形，**《説文叙》有此語。**部居遷徙者，**《説文叙》：“分别部居，不相雜厠也。”**其數非徒什伯計也。**《莊子·徐無鬼篇》：“非徒知具茨之山，又知大隗之所存。”《吕氏春秋·異用篇》高《注》：“徒，猶但也。”《孟子·滕文公上篇》“或相倍蓰，或相什百”，趙《注》：“什，十倍也。”阮元《校勘記》：“閩監毛三本，韓本‘百’作‘伯’”。**苟形體有變而轉注隨之，故訓焉得不凌亂邪。**鮑照《舞鶴賦》“輕迹凌亂”，謝朓《和劉繪》詩“雲錦相凌亂”。**余以轉注、假借悉爲造字之則，**《説文》：“悉，詳盡也。”“則，等畫物也。”段《注》：“引申之爲法則。”**汎稱同訓者，後人亦得名轉注，非六書之轉注也。同聲通用者，後人雖通號假借，非六書之假借也。蓋字者孳乳而寖多，字之未造，語言先之矣。**《説文·叙》段《注》：“孳者，汲汲生也。人及鳥生子曰乳。寖，猶漸也。字者，乳也。”此言字之始也。**以文字代語言，各循其聲，方語有殊，名義一也。其音或雙聲相轉，疊韵相迆，則爲更制一字，此所謂轉注也。**《説文》：“迆，衺行也。”《尚書·禹貢篇》“東迆北會於匯”，孔《疏》：“迆，言靡迆。”《詩·秦譜》孔《疏》：“境界廣被之意。”**孳乳日緐，即又爲之節制。故有意相引申，音相切合者，義雖少變，則不爲更制一字，此所謂假借也。**許慎以“本無其字，依聲託事”説假借。章氏更從而申明之。然於引申假借之界，似未截然盡分。**何謂建類一首？類謂聲類。鄭君《周禮序》曰：“就其原文字之聲類。”**賈公彦《序周禮廢興》引鄭玄《周禮序》曰：“玄竊觀二三君子之文章，顧省竹帛之浮辭。其所變易，灼然如晦之見明，其所彌縫，奄然如合符復析，斯所謂雅達廣攬者也。然猶有參錯，同事相違，則就其原文字之聲類，考訓詁，捃祕逸。”**《夏官·序官注》曰：“薙，讀如鬀小兒頭之鬀。書或爲夷，字從類耳。”**此《周禮·秋官·序官·薙氏注》也。段玉裁《漢讀考》：“經注薙皆作雉，淺人加艸於雉爲薙,猶稻人加艸於夷爲荑也。此雉或作夷,爲同音同字。”誠按:《漢書·揚雄傳》載其《甘泉賦》云“列新雉於林薄”,服虔曰:“新雉,香草也。雉、夷聲相近。”師古曰:“新雉即辛夷耳。”今查《廣韵》,“雉,直几切”,爲《澄》紐字,古歸《定》紐。雉聲之薙及鬀字,並他計切,屬《透》紐。雉、薙、鬀三字,古爲舌音雙聲。夷,以脂切,古讀亦近《定》紐。**古者類、律同聲,**原注:《樂記》“律小大之稱”,《樂書》作“類小大之稱”。《律曆志》曰:“既類旅於律吕,又經歷於日晨。”又《集韵》六《術》:“類,似也,音律。”此亦古音相傳,蓋類、律聲義皆相近也。○《史記·樂書》《索隱》:“類,今《禮》作律。”按:類、律二字,古聲同在《來》紐,古韵同在《隊》部。**以聲韵爲類,猶言律矣。首者,今所謂語基。**語基,今通謂根詞。**《管子》曰“凡將起五音凡首”,**原注:《地員篇》。○章氏《管子餘義》:“尹注:‘凡首,謂音之總先也。’此説非是。凡字乃風之省借。風即《宙合》所謂‘君失音則風律必流’之風。首者,調也。凡樂之一調,詩之一篇,皆謂之首。《古詩十九首》,此詩篇曰首也。《莊子·養生主》‘乃中經首之會’,崔氏以爲樂章名。蓋經即《釋樂》‘角謂之經’之經。經首者,以角爲調也。此樂調曰首也。此風首,下文黄鍾小素之首,皆與經首義同。”**《莊子》曰“乃中經首之會”,此聲音之基也。**原注:《養生主篇》。○章氏《莊子解故》:“《釋樂》‘角謂之經首’,即《古詩十九首》之首。經首即角調矣。”**《春秋傳》曰“季孫召外史掌惡臣而問盟首焉”,杜《解》曰:“盟**

首，載書之章首。”此《左氏·襄二十三年傳》及杜《注》文。又《襄九年傳》:“晉士莊子爲載書。”杜《注》:“載書，盟書。”《史記·田儋列傳》曰:“蒯通論戰國之權變爲八十一首。”《田儋傳》有“蒯通善爲長短説”之語。首或言頭。《吴志·薛綜傳》曰:“綜承詔造祝祖文。權曰:‘復爲兩頭，使滿三也。’綜復再祝，辭令皆新。”此篇章之基也。《廣韵》首在《審》紐，書九切，古通舌頭，故首或曰頭。《方言》曰:人之初生謂之首，見《方言》卷十二。初生者對孳乳寖多，此形體之基也。孳乳寖多，《説文叙》語。見前。考、老同在《幽》類，其義相互容受，其音小異。考在《溪》紐(《廣韵》:苦浩切)，老在《來》紐(《廣韵》:盧晧切)。《來》紐字常與牙音字諧聲，故云小異。按形體，成枝別;《説文》:“枝，木別生條也。”鍇注:“自本而分也。”審語言，同本株;《説文》:“株，木根也。”鍇《注》:“入土曰根，在土上者曰株。”雖制殊文，《藝文類聚》四十六引沈約《王儉碑》:“殊文共會，異軫同歸。”《通志·六書略》後，附有《古今殊文圖》、《一代殊文圖》、《諸國殊文圖》三篇。論之云:“觀諸國殊文，知三代之時，諸國之書，有同有異，各隨所習而安，不可彊之使同。”其實公族也。《詩·召南·麟之趾篇》“麟之角，振振公族”，毛《傳》:“公族，公同祖也。”非直考、老，非直，猶言不特。言壽者亦同。原注:《詩·魯頌傳》:“壽，考也。”考、老、壽皆在《幽》類。○《詩·魯頌·閟宫篇》“俾而壽而臧”,毛《傳》:“壽,考也。”**循是以推,有雙聲者,有同音者,其條例不異。**何休《公羊解詁序》:“往者略依胡毋生條例,多得其正。”《後漢書·班彪傳論》:“《史記》又進項羽、陳涉而黜淮南、衡山,細意委曲,條例不經。”《晉書·劉寔傳》:撰《春秋條例》二十卷。**適舉考、老叠韵之字,以示一端得包彼二者矣。**《孟子·告子上篇》“飲食之人無有失也,則口腹豈適爲尺寸之膚哉”,趙岐以豈但釋豈適。王念孫云:“《説文》適、啻聲相近,故古以適爲啻。”劉淇《助字辨略》云:“啻,亦僅也。”誠按:《詩·小雅·我行其野篇》“成不以富,亦祇以異”,毛《傳》:“祇,適也。”**夫形者,七十二家改易殊體,**《史記·封禪書》:“古者封泰山、禪梁父者,七十二家,而夷吾所記者十有二焉。”《説文叙》:“著於竹帛謂之書,書者如也。以迄五帝三王之世,改易殊體,封於泰山者,七十有二代,靡有同焉。”**音者,自上古以逮李斯無變,**原始漢語之音,時賢方事探索,是否即同周秦,今日尚未敢言。**後代雖有遷譌,**《後漢書·方術傳贊》:“如或遷訛,實乖玄奥。”**其大閾固不移。**《爾雅·釋宫》“柣謂之閾”,郭《注》:“閾,門限。”**是故明轉注者,經以同訓,緯以聲音,而不緯以部居形體。同部之字。聲近義同,固亦有轉注者矣。許君則聯舉其文,以示微旨。如:芓,麻母也;萁,芓子。古音同在《之》類。**《説文·艸部》列字:芓次十五,萁次十六。《廣韵》:“芓,疾置切。”“萁,羊吏切。”二字同在《志》

韵,惟《從》、《喻》異紐耳。**葍,葍也;葍,葍也;同得畐聲,古音同在《之》類。**原注:葍、葍二文,《釋草》已轉相訓。藒車、芞輿亦同。然實是一字。古多以同字爲訓者,如《説文》云:"舄,誰也。"是其例。○《爾雅·釋草》:"葍,葍。"《廣韵》四十九《宥》引作"葍,葍"。《釋草》又云:"藒車,芞輿。"《釋文》:"車,本多無此字。"臧琳《經義雜記》十三云:"車即輿字之駁文,猶曰藒輿云爾。"《説文》:"藒,芞輿也。""芞,芞輿也。""舄,鵲也。象形。誰,篆文舄,从隹答。"誠按:艸部列字,葍次一百二十九,葍次一百三十。藒次五十九,芞次六十。《廣韵》葍有方副、芳福兩切。葍,方六切。藒,丘竭切。芞有去訖、許迄兩切。葍、葍二字,僅去入之異。藒在《薛》韵,芞在《迄》韵。先秦則《泰》、《隊》相轉。**蓨,苗也;苗,蓨也。古音同在《幽》類。**《説文·艸部》列字:蓨次一百三十一,苗次一百三十二。《廣韵》:蓨在《錫》韵,他歷切。苗有丑六、徒歷兩切,兼入《錫》《屋》兩韵。古聲二字同在《透》紐(或《透》、《定》異紐)。**藒,芞輿也;芞,芞輿也。古音《泰》、《隊》相轉。**芞从氣聲,古韵在《隊》部。藒从曷聲,古韵在《泰》部。如章氏説:《泰》《隊》同居互轉。古聲二字同在《溪》紐(或《溪》、《曉》異紐)。**蕭,艾蒿也;萩,蕭也。古音同在《幽》類。**《説文·艸部》列字:蕭次二百四,萩次二百五。《廣韵》:蕭在《蕭》韵,蘇彫切,萩在《尤》韵,七由切。二字《心》、《清》異紐。**走,趨也;趨,走也。古音同在《侯》類。**《説文》《走部》列字:走次一,趨次二。《廣韵》:走有子荀、則候兩切，兼入《孚》、《候》兩韵。趨音七逾切，今在《虞》韵。二字《精》、《清》異紐，**逆，迎也；迎，逢也。古音《陽》、《魚》對轉。**《説文・辵部》列字：逆次三十三，迎次三十四。逆从屰聲，古韵在《魚》部。迎从卬聲，古韵在《陽》部。《廣韵》：逆在《陌》韵，宜戟切。迎有語京、魚敬兩切，兼入《庚》、《映》兩韵。**遺，亡也；遂，亡也。**原注：遺遂同聲。如旞或作䡩，是其例。**古音出入《脂》、《隊》二類。**《説文》："旞，導車所載，全羽以爲允。允，進也。从㫃，遂聲。䡩，或从遺作。"《辵部》列字：遺次八十三，遂次八十四。《廣韵》：遺有以追、以醉兩切，兼入《脂》、《至》兩韵。遂音徐醉切，在《至》韵。**遲，徐行也；邌，徐也。古音同在《脂》類。**原注：遲明，或作黎明，是其聲通。〇《漢書・高帝紀》"遲明圍宛城三匝"，顔《注》："《史記》'遲'字作'邌'。"今《史記》"邌"作"黎"。《索隱》："黎，猶比也，謂比至天明也。"王念孫云："黎遲聲相近。故《漢書》作遲，黎明、遲明，皆謂比明也。"《説文・辵部》列字：遲次五十七，邌次五十八。《廣韵》遲在《脂》韵，直尼切。邌在《齊》韵，郎奚切。**遷，近也；邇，近也。古音《至》、《脂》相轉。**《説文・辵部》列字：遷次九十二，邇次九十三。遷从臸聲，在《至》部。邇从爾聲，在《脂》部。據《成均圖》：《至》與《脂》爲旁轉。《廣韵》遷在《質》韵，陟栗切。邇在《紙》韵，兒氏切。**誡，敕也；諅，誡也。古音同在《之》類。**《説文・言部》列字；誡次五十三，諅次五十四。《廣韵》誡在《怪》韵，古拜切。諅在志韵，渠記切。

譸，詶也；詶，譸也。古音同在《幽》類。《説文・言部》列字：譸次一百四十，詶次一百四十一。《廣韻》：譸在《尤》韵，張流切。詶有職流、承呪兩切，兼入《尤》、《宥》兩韵，二字惟《知》、《照》異紐耳。**幺，小也；幼，少也。古音同在《幽》類。**《説文・幺部》只此二字。《廣韵》幺在《蕭》韵，於堯切。幼在《幼》韵，伊謬切。**丝，微也；幽，隱也。古音同在《幽》類。**《説文・丝部》列字：丝、幽相聯。《廣韵》《幽》韵：丝、幽並音於虯切。**刑，剄也；剄，刑也。古音同在《青》類。**《説文・刀部》列字：刑次五十九，剄次六十。《廣韵》刑在《青》韵，户經切。剄在《迥》韵，古挺切。二字《匣》、《見》異紐。**箠，擊馬也；築，箠也。古音同在《歌》類。**《説文・竹部》列字：箠次百七，築次百八。《廣韵》箠有竹垂、之累兩切，兼入《支》、《紙》兩韵。菜有陟瓜，徒果兩切，兼入《麻》、《果》兩韵。**標，木杪末也；杪，木標末也。古音同在《宵》類。**《説文・木部》列字：標次百七十一，杪次百七十二。《廣韵》標有甫遥、方小兩切，兼入《宵》、《小》兩韵。杪在《小》韵，亡沼切。二字《幫》(《非》)、《明》(《微》)異紐。**桯，牀前几；桱，桱桯也。同得壬聲。古音同在《青》類。**《説文・木部》列字：桯次二百六十五，桱次二百六十六。桯从呈聲，桱从巠聲，而呈又从壬聲，巠則从壬省聲。《廣韵》桯有他丁、户經兩切，並在《青》韵。桱音古定切，在《徑》韵。二字惟喉牙與舌異紐耳。**鄠，右扶風縣名；扈，**

夏后同姓所封在鄠。古音同在《魚》類。《説文·邑部》列字:鄠次二十一,扈次二十二。《廣韻》《姥》韵,鄠、扈並音侯古切。**晄,明也;曠,明也。同得光聲。古音同在《陽》類。**《説文·日部》列字:晄次十二,曠次十三。曠从廣聲,廣从黄聲,黄,从田,从炗,炗亦聲,炗,古文光。《廣韵》:晃在《蕩》韵,胡廣切。曠在《宕》韵,苦謗切。二字《匣》、《溪》異紐。**晏,天清也;曣,星無雲也。古音同在《寒》類。**《説文·日部》列字:晏次二十一,曣次二十二。《廣韵》晏有烏旰、烏澗、於諫三切,兼入《翰》、《諫》兩韵。曣音於甸切,在《霰》韵。**晧,日出貌;暤,晧旰也。古音《宵》、《幽》相轉。《唐韵》並胡老切。**《説文·日部》列字:晧次二十四,暤次二十五。《廣韵》《晧》韵,晧、暤並音胡老切。按:晧从告聲,古韵在《宵》部。暤从皋聲,古韵在《幽》部。**窅,冥也;窔,深也。古音同在《宵》類。**《説文·穴部》列字:窅次四十二,窔次四十三。《廣韵》窅有烏皎、烏叫兩切,兼入《篠》、《嘯》兩韵。窔,烏叫切。**瘍,頭創也;痒,瘍也。古音同在《陽》類。**《説文·疒部》列字:瘍次二十四,痒次二十五。《廣韵》瘍在《陽》韵,與章切。痒有似羊、餘兩兩切,兼入《陽》、《養》兩韵。**頵,無髪也;頟,秃也。古音《諄》、《隊》對轉。**《説文·頁部》列字:頵次七十一,頟次七十二。頵从困聲,古韵在《諄》部;頟从氣聲,古韵在《隊》部。《廣韵》頵有苦昆、苦悶兩切,兼入《魂》、《慁》兩韵。頟有苦本、苦骨兩切,兼入《混》、《没》兩韵。**焜,火也;燬,火也。古音同**

在《脂》類。《説文·火部》列字:焜次三、燬次四。《廣韵》焜、燬二字並音許偉切,焜在《尾》韵,燬在《紙》韵。**焯,明也;照,明也。古音同在《宵》類。**《説文·火部》列字:焯次八十二,照次八十三。《廣韵》焯在《藥》韵,之若切。照在《笑》韵,之少切。**竫,亭安也;靖,立竫也。古音同在《青》類。《唐韵》皆疾郢切。**《説文·立部》列字:竫次七,靖次八。《廣韵》竫、靖二字在《静》韵,並疾郢切。**洪,洚水也;洚,水不遵道。古音《東》、《冬》相轉。**《説文·水部》列字:洪次百五十二,洚次百五十三。洪从共聲,古韵在《東》部。洚从夅聲,古韵在《冬》部。《廣韵》洪在《東》韵,户公切。洚有户公、户冬、下江、古巷四切,兼入《東》、《冬》、《江》、《絳》四韵。**永,長也;羕,冰長也。古音同在《陽》類。**《説文·永部》只此二字。《廣韵》永在《梗》韵,于憬切。羕在《漾》韵,餘亮切。**霖,雨三日以往爲霖;霂,霖雨也。古音同在《侵》類。**《説文·雨部》列字:霖次二十四,霂次二十五。《廣韵》霖、霂並在《侵》韵:霖,力尋切;霂,魚金切。(霂尚有五佳、擬皆兩切,乃訓雨聲。)**霽,雨止也;霎,霽謂之霎。古音同在《脂》類。**《説文·雨部》列字:霽次三十四,霎次三十五。《廣韵》霽在《霽》韵,子計切。霎在《齊》韵,七稽切。**鯀,魚也;鰥,魚也。古音同在《寒》類。**原注:《經典釋文》:禹父之字亦書作鰥。○《説文》鯀字下段《注》:"禹父之字,古多作骸,作骸,《禮記》及《釋文》作鰥。”誠按：《説文》《魚部》列字：鮌次十五，鰥次十六。《廣韻》鮌在《混》韻，古本切。鰥有姑頑、古幻兩切，兼入《山》、《襉》兩韻。**耴，耳垂也；𦕈，小垂耳也。古音無舌上，耴、輒、縶皆讀如墊，耴、𦕈同在《盍》類。**《説文·耳部》列字：耴次二，𦕈次三。《廣韻》耴在《葉》韻，陟葉切。𦕈在《添》韻，丁兼切。《説文》“耴”下引《春秋傳》曰：“秦公子輒者，其耳下垂，故以爲名。”《穀梁·昭二十年傳》：“兩足不能相過，齊謂之綦，楚謂之踂，衛謂之輒。”《釋文》：“劉兆云：綦，連併也。踂，聚合不解也。輒，本亦作縶，劉兆云：如見絆縶也。”誠按：《廣韻》《葉》韻：輒、耴同紐，縶在《緝》韻，音陟立切。皆中古《知》紐字也。又按：耴聲古韻在《盍》部，𦕈从占聲，古韻在《談》部，平入相轉。**㨨，引也；擢，引也。古音《幽》、《宵》相轉，同在舌頭。**《説文·手部》列字：㨨次百六十八，擢次百六十九。㨨从畱聲，古韻在《幽》部。擢从翟聲，古韻在《藥》部。章氏不立《藥》部，以《藥》附《宵》。《廣韻》㨨在《尤》韻，丑鳩切。擢在《覺》韻，直角切。又㨨在《徹》紐，擢在《澄》紐，皆中古舌上音字，上古讀舌頭。**探，遠取之也；撢，探也，古音同在《侵》類。**《説文·手部》列字：探次百七十六，撢次百七十七。《廣韻》探在《覃》韻，他含切。撢有餘針、他含、他紺三切，兼入《侵》、《覃》、《勘》三韻。**搰，掘也；掘，搰也。古音同在《隊》類。**《説文·手部》列字：搰次二百五，掘次二百六。《廣韻》搰在《没》韻，户骨切。掘有衢物、其月兩切，兼入《物》、《月》兩韻。**妴，婉也；婉，順也。古音**

同在《寒》類。《説文·女部》列字：㛄次九十四，婉次九十五，大徐《説文》音："㛄，於阮切。"《廣韻》婉音同。**䖮，螫也；螫，蟲行毒也。古音同在《魚》類。**《説文·虫部》列字：䖮次百六，螫次百七。《廣韻》蠚（注云：亦作䖮）在《鐸》韻，呵各切。螫（注云：亦作蠚）在《昔》韻，施隻切。**颮，疾風也；颸，大風也；颶，大風也。古音同在《隊》類。**《説文·風部》列字，颮次八，颸次九，颶次十。《廣韻》颮有許勿、呼骨兩切，兼入《物》、《没》兩韻。颸有于貴、王勿兩切，兼入《未》、《物》兩韻。颶在《質》韻，于筆切。**垚，土高也；堯，高也。古音同在《宵》類。**《説文·垚部》，只此二字。《廣韻》《蕭》韻，垚、堯二字並五聊切。**午，啎也；啎，屰也。古音同在《魚》類。**《説文·午部》，只此二字。《廣韻》午在《姥》韻，疑古切；啎在《暮》韻，五故切。**若斯類者，同韻而紐或異，則一語離析爲二也。**以上所舉轉注字組，其韻同紐異者，若芓之與萁，一在《從》紐，一在《喻》紐；蕭之與萩，一在《心》紐，一在《清》紐；走之與趨，一在《精》紐，一在《清》紐；遺之與遂，一在《喻》紐，一在《邪》紐；遲之與邌，一在《定》(《澄》)紐，一在《來》紐；遷之與邇，一在《端》(《知》)紐，一在《泥》(《日》)紐；諴之與諰，一在《見》紐，一在《羣》紐；譸之與詶，一在《端》(《知》)紐，一在《定》(《禪》)紐；刑之與剄，一在《匣》紐，一在《見》紐；箠之與笨，一在《照》紐，一在《端》(《知》)紐；標之與杪，一在《滂》(《敷》)紐，一在《明》(《微》)紐；桯之與桱，一在《透》紐，一在《見》紐；晄之與曠，一在《匣》紐，一在《溪》紐，瘍之與痒，一在《喻》紐，一在《邪》紐；霖之與霝，一在《來》紐，一在《疑》紐；霽之與霎，一在《精》紐，一在《清》紐；擂之與擢，一在《透》(《徹》)紐，一在《定》(《澄》)紐；揖之與掘，一在《匣》紐，一在《羣》紐；蚩之與螫，一在《曉》紐，一在《審》紐；颮之與颺，一在《曉》紐，一在《喻》紐；颶亦在《喻》紐。**即紐韵皆同者，于古宜爲一字。**《漢書·西南夷傳》《集注》："即，猶若也。"按此節所舉轉注字組，䔰、葍同在《之》類，又同隸《幫》(《非》)紐；蓨、苗同在《幽》類，又同隸《透》紐；幺與小，丝與幽，既同在《幽》類，又同隸《影》紐；扈、鄠同在《魚》類，又同隸《匣》紐；晏、晵同在《寒》類，又同隸《影》紐；窅、窔同在《宵》類，又同隸《影》紐；焜、燬同在《脂》類，又同隸《曉》紐；焯、照同在《宵》類，又同隸《照》紐；竫、靖同在《青》類，又同隸《從》紐；永、羕同在《陽》類，又同隸《喻》紐；鯀、鰥同在《寒》類，又同隸《見》紐；耴、聑同在《盍》類，又同隸《端》(《知》)紐；探、撢同在《侵》類，又同隸《透》紐；娶、婉同在《寒》類，又同隸《影》紐；垚、堯同在《宵》類，又同隸《疑》紐；午、啎同在《魚》類，又同隸《疑》紐。其它聲紐雖同，而韵則在對轉、旁轉之科者，如逆與迎，《魚》、《陽》對轉，同屬《疑》紐；頤與頷，《諄》、《隊》對轉，同屬《溪》紐；藒與芞，《泰》、《隊》旁轉，同屬《溪》紐；晧與暤，《宵》、《幽》旁轉，同屬《匣》紐；洪與洚，《東》、《冬》旁轉，同屬《匣》紐。此類字，不當徑稱爲同韵也。**漸及秦漢以降，字體乖分，音讀或小與古異。**《荀子·脩身篇》"知慮漸深"，《議兵篇》"是漸之也"，楊《注》並云："漸，進也。"《凡

將》、《訓纂》，相承别爲二文，故雖同義同音，不竟説爲同字。此轉注之可見者。《漢書·藝文志》："武帝時，司馬相如作《凡將篇》，無復字。元帝時，黄門令史游作《急就篇》。成帝時，將作大匠李長作《元尚篇》，皆《倉頡》中正字也。《凡將》則頗有出矣。"《志》又云："至元始中，徵天下通小學者以百數，各令記字於庭中。揚雄取其有用者以作《訓纂篇》，順續《倉頡》，又易《倉頡》中重復之字，凡八十九章。"《説文·叙》云："凡《倉頡》已下十四篇，凡五千三百四十字。羣書所載，略存之矣。"**顧轉注不局於同部，但論其聲，其部居不同若文不相次者，**《説文·叙》云："分别部居，不相雜厠。"部居不同，謂異部轉注也。若，猶或也。《管子·白心篇》："夫或者何，若然者也（詳《經傳釋詞》七）。"文不相次，謂雖是同部轉注，而部中列字不相比次也。**如：士與事，**《説文·士部》："士，事也。"《史部》："事，職也。"此二字古聲同在《從》紐，古韵同在《之》部。《廣韵》士在《止》韵，鉏里切。事在《志》韵，側吏切。**了與尥，**《説文·了部》："了，尥也。"《尢部》："尥，行脛相交也。"此二字古聲同在《來》紐，古韵同在《宵》部。《廣韵》了在《篠》韵，盧鳥切；尥在《嘯》韵，力弔切。**丰與菶，**《説文·生部》："丰，艸盛丰丰也。"《艸部》："菶，艸盛。"此二字古聲同在舌頭（僅《滂》、《幫》小異），古韵同在《東》部。《廣韵》丰在《鍾》韵，敷容切。菶在《董》韵，補蠓切。**火與焜、燬，**此三字古聲同在《曉》紐，古韵同在《脂》部。《説文·火部》："火，燬也。"焜、燬二字亦並訓火。部中列字，焜次三，熤次四，《廣韵》音切已見前。**羊與戡**，《説文・干部》："羊，撥也。讀若能。"《戈部》："戡，刺也。"此二字古聲同在舌頭（羊在《泥》紐、戡在《定》紐），古韵同在《侵》部。《廣韵》羊、戡並在《寑》韵：羊，如審切；戡，張甚切、（又音口含切，乃别一義）。**癶與䟺**，《説文・癶部》："癶，足剌癶也。讀若撥。"《足部》："䟺，步行獵跋也。"此二字古聲同在《幫》紐，古韵同在《泰》部。《廣韵》癶在《末》韵，北末切；䟺在《泰》韵，博蓋切。**倞與勍**，《説文・人部》："倞，彊也。"《力部》："勍，彊也。"此二字古聲同在《羣》紐，古韵同在《陽》部。《廣韵》倞在《映》韵，渠敬切。勍在《庚》韵，渠京切。**辛與愆**，《説文・辛部》："辛，辠也。讀若愆。"《心部》："愆，過也。"此二字古聲同在《溪》紐，古韵同在《寒》部。《廣韵》《仙》韵辛、愆二字並去乾切。**恫與痛、俑**，《説文・心部》："恫，痛也，一曰呻吟也。"《疒部》："痛，病也。"《人部》："俑，痛也。"此三字古聲同在《透》紐，古韵同在《東》部。《廣韵》恫在《東》韵，他紅切（又徒弄切、則在《送》韵《定》紐）。痛在《送》韵，他貢切。俑亦在《東》韵，音同恫（又余隴切，乃别一義。）**敬與憼**，《説文・茍部》："敬，肅也。"《心部》："憼，敬也。"此二字古聲同在《見》紐，古韵同在《耕》部。《廣韵》敬在《映》韵，居慶切。憼在《梗》韵，居影切。**忌與惎、諅**，《説文・心部》："忌，憎惡也。惎，毒也。"《言部》："諅，忌也。"此三字古聲同在《羣》紐，古韵同在《之》部。《廣韵》《志》韵收此三字，並渠記切。**欺與諆**，《説文・欠部》："欺，詐欺也。"《言部》："諆，欺也。"此二字古聲同在《溪》紐、古韵同在《之》部。《廣韵》《之》韵，收此二字，並去其切。**慐與悠**，《説文·心部》："慐，愁也。""悠，憂也。"慐次二百三十二，悠次二百二十四。此二字古聲同爲喉音（慐在《影》，悠在《喻》。章氏《影》、《喻》不分），古韵同在《幽》部。《廣韵》《尤》韵收此二字，慐，於求切。悠，以周切。**斿與游**，《説文·㫃部》：斿游二字同義，皆訓旌旗之流也。斿次十一，游次十七。此二字古聲同在《喻》紐，古韵同在《幽》部。《廣韵》游在《尤》韵，以周切。《説文》斿字大徐音同。**夋、竣與蹲**，《説文·夂部》："夋，行夋夋也。一曰倨也。从夂，允聲。"《立部》："竣，偓竣也。"《足部》："蹲，踞也。"此三字古聲同爲齒頭（夂、竣在《清》紐，蹲在《從》紐），古韵同在《諄》部。《廣韵》《諄》韵收夋、竣二字，並七倫切。蹲在《魂》韵，徂尊切。**顛與巽、羿、僎**，《説文·頁部》："顛，選具也。""巽，巽也。""羿，具也。"皆在《丌部》。巽次四，羿次六。又《人部》："僎，具也。"此四字古聲同爲齒頭（巽、羿同在《心》紐，顛、僎同在《船》〔《崇》〕紐），古韵同在《寒》部。《廣韵》顛、僎二字在《獮》韵，並士勉切；巽、羿二字在《慁》韵，並蘇困切。**姝與姁**，《説文·女部》，姝、姁同訓好。姝次八十，姁次八十四。此二字古聲同在《照》（《昌》）紐，古韵同在《侯》部。《廣韵》姝在《虞》韵，昌朱切。姁字大徐音同。**敝與幣**，《説文·㡀部》："敝，帗也。一曰敗衣。"《巾部》："幣，帛也。"此二字古聲同在《並》紐，古韵同在《泰》部。《廣韵》《祭》韵，敝、幣並音毗祭切。**此類尤衆。在古一文而已。其後聲音小變，**

若丰與奉,一在《滂》紐,一在《幫》紐,皆唇音也。羊與戠,一在《泥》紐,一在《端》紐,皆舌音也。㥑與悠,一在《影》紐,一在《喻》紐,皆喉音也。又夋、竣與蹲,《清》、《從》異紐,顨、巽與顛、僎,《心》、《牀》異紐,皆齒音也。**或有長言短言**,長言短言,謂聲調之長短也。《公羊·莊二十八年傳》:"《春秋》伐者爲主,伐人者爲客。"何休《注》:"伐人者爲客,讀伐長言之;見伐者爲主,讀伐短言之。皆齊人語也。"誠按:此節所舉諸例,若勍與倞、恫與痛,乃平去之異,了與尥,憼與敬,乃上去之異,而趼與癶,又去入之異也。**判爲異字,而類義未殊,悉轉注之例也**。《説文》:"判,分也。"類,即上文所説聲類之類。又火與焜燬,㥑與悠,斿與游,顨與巽,姝與姣,皆所謂文不相次者。**若夫畐、葡同在《之》類**。《説文·畐部》:"畐,滿也。讀若伏。"《用部》:"葡,具也。"《廣韵》畐在《職》韵,芳逼切。葡在《至》韵,平祕切。**用、庸同在《東》類**。《説文·用部》:"用,可施行也。""庸,用也。"次三。《廣韵》用爲韵目,余頌切。庸在《鍾》韵,餘封切。**畫、挂同在《支》類**。《説文·畫部》:"畫,界也。"《手部》:"挂,畫也。"《廣韵》畫有胡卦、胡麥兩切,兼入《卦》、《麥》兩韵。挂在卦韵,古賣切。**龏、恭同在《東》類**。《説文·収部》:"龏,慤也。"《心部》:"恭,肅也。"《廣韵》龏有九容、俱用兩切,兼入《鍾》、《用》兩韵。恭亦音九容切。(龏又有於角一切,乃別一義)**恥、恧同在《之》類**。《説文·心部》:"恥,辱也。""恧,慙也。"恥次二百五十一,恧次二百五十五。《廣韵》恥在《止》韵,敕里切。

恧有女六、女力兩切，兼入《屋》、《職》兩韵。**可、哿同在《歌》類。**《説文·可部》："可，肎也。""哿，可也。"哿次三。《廣韵》《哿》韵："可，枯我切。""哿，古我切。"**𠂹、朵同在《歌》類。**《説文·𠂹部》："𠂹，艸木華葉𠂹。象形。"《木部》："朵，樹木垂朵朵也。"《廣韵》𠂹在《支》韵，是爲切。朵在《果》韵，丁果切。**咼、𤷍同在歌類。**《説文·口部》："咼，口戾不正也。"《疒部》："𤷍，口咼也。"《廣韵》咼在《佳》韵，苦緺切。𤷍在《紙》韵，韋委切。**䜌、敾同在《寒》類。**《説文·言部》："䜌，亂也。一曰治也。一曰不絶也。"《攴部》："敾，煩也。"《廣韵》䜌有落官、吕員、力卷三切，兼入《桓》、《仙》、《線》三韵。敾在《換》韵，郎段切。**讋、慴、㦻同在《緝》類。**《説文·言部》："讋，失气言。一曰不止也。傅毅讀若慴。"《心部》："慴，失气也。"次二百三十六。"㦻，懼也，讀若疊。"次二百四十。《廣韵》《葉》韵：讋、慴二字並之涉切。㦻有之涉、徒協兩切，兼入《葉》、《帖》兩韵。**㱿、搉同在《宵》類。**《説文·殳部》："㱿，擊頭也。"《手部》："搉，敲擊也。"《廣韵》《覺》韵：㱿，苦角切。搉有古岳、苦角兩切。**本、皋同在《宵》類。**《説文·本部》："本，進趣也。讀若滔。""皋，气皋白之進也。"次五。《廣韵》《豪》韵：本，土刀切。皋，古勞切。**夰、敖同在《宵》類。**《説文·夰部》："夰，放也。"《放部》："敖，出游也。"《廣韵》夰在《晧》韵，有古老、胡老兩切；敖在《豪》韵，五勞切。**奡、傲同在宵類。**《説文·夰部》："奡，嫚也。讀若傲。"《人部》："傲，倨也。"《廣韵》《號》韵，奡、傲二字並五到切。**昭、照同在《宵》類**。《說文·日部》:"昭,日明也。"《火部》:"照,明也。"《廣韻》昭在《宵》韻,止遥切。照在《笑》韻,之少切,**劀、刮《隊》、《泰》相轉**。《說文·刀部》,劀次四十,刮去惡創肉也。刮次四十三,掊把也。按:劀从矞聲,古韻在《隊》部。刮从昏聲,古韻在《泰》部。依章氏《成均圖》:《泰》、《隊》旁轉。《廣韻》劀在《黠》韻,古滑切;刮在《鎋》韻,古頒切。**㕯、訥同在《隊》類**。《說文·㕯部》:"㕯,言之訥也。"《言部》:"訥,言難也。"《廣韻》㕯有女滑、内骨兩切,兼入《鎋》、《没》兩韻;訥亦音内骨切。**氒、橜同在《泰》類**。《說文·氏部》:"氒,木本。讀若厥。"《木部》:"橜,弋也,一曰門梱也。"《廣韻·月韻》:"氒,居月切。"橜有居月、其月兩切。**譸、詶、詘同在《幽》類**。譸、詶二字已見前。《說文·言部》"詘,詶也。"次百四十三。《廣韻》詘在《宥》韻,直佑切。**迂、往同在《陽》類**。《說文·辵部》:"迂,往也。"《彳部》:"往,之也。"《廣韻》迂有俱往、于放兩切,兼入《養》、《漾》兩韻;往在《養》韻,于兩切。**惶、恇同在《陽》類**。《說文·心部》:"惶,恐也。"次二百四十五。"恇,怯也。"次二百三十四。《廣韻》惶在《唐》韻,胡光切。恇在《陽》韻,去王切。**妹、娟同在《隊》類**。《說文·女部》:"妹,女弟也。"次四十。"娟,楚人謂女弟曰娟。"次四十二。《廣韻》妹在《隊》韻,莫佩切(又莫撥切,别一義)。娟在《未》韻,于貴切。**煖、煗同在《寒》類**。《說文·火部》:"煖,温也。"次百。"煗,温也。"次百一。《廣韻》煖有況袁、乃管兩切,兼入《元》、《緩》兩韻,煗亦音乃管切。**雈、鸛同在《寒》類。**《説文·雈部》:“雈,鴟屬,讀若和。”《鳥部》:“鸛,鴟也。”《廣韵》雈在《桓》韵,胡官切。鸛在《山》韵,户閒切。**午、牾、屰同在《魚》類。**午、牾二字已見前。《説文·干部》:“屰,不順也。”《廣韵》屰在《陌》韵,宜戟切。**西、舌同在《泰》類。**原注:西,讀若誓。○《説文·谷部》:“西,舌皃。丙,古文西。一曰讀若誓。”《舌部》:“舌,在口,所以言也,别味也。”《廣韵》西在《栝》韵,他念切。讀若誓,則在《祭》韵。舌在《薛》韵,食列切。**漄、渓、澆同在《宵》類。**《説文·水部》:“漄,灌也。”次三百四十七。“渓,溉灌也。”次二百九十三。“澆,渓也。”次四百十一。大徐《説文》音:漄,口角切,又公沃切,兼入《覺》、《沃》兩韵。渓,烏酷切,在《沃》韵。《廣韵》澆有古堯、五弔兩切,兼入《蕭》、《嘯》兩韵。**涿、注同在《侯》類。**《説文·水部》:“涿,流下滴也。”次三百二十九。“注,灌也。”次二百九十二。《廣韵》涿在《覺》韵,竹角切;注在《遇》韵,之戍切。**妁、嫗同在《侯》類。**《説文·女部》:“姁,嫗也。”次三十四。“嫗,母也。”次三十二。《廣韵》姁在《麌》韵,況羽切(《虞》韵之其俱、況于兩切,乃别義);嫗在《遇》韵,衣遇切。**勞、勦同在《宵》類。**《説文·力部》:“勞,劇也。”次二十五。“勦,勞也。”次二十九。《廣韵》勞有魯刀、郎到兩切,兼入《豪》、《号》兩韵;勦有《鉏交》、《子小》兩切,兼入《肴》、《小》兩韵。**戮、鏐同《在》幽類。**《説文·戈部》:“戮,殺也。”《金部》:“鏐,殺也。”《廣韵》戮在《屋》韵,力竹切;鏐在《尤》韵,力求切。**瀏、漻同**

在《幽》類。《説文・水部》:"瀏,流清皃。"次百七十二。"漻,清深也。"次百七十六。《廣韵》瀏有力求、力久兩切,兼入《尤》、《有》兩韵;漻在《蕭》韵,落蕭切。**晏、安同在《寒》類。**《説文・女部》:"晏,安也。"《宀部》:"安,静也。"大徐《説文》音:晏,烏諫切。《廣韵》《寒》韵:安,烏寒切。**鬄、鬍同在《支》類。**《説文・髟部》:"鬄,鬍髮也。"次三十五。"鬍,鬄髮也。"次三十三。《廣韵》《霽》韵,鬄有他計、特計兩切,鬍有施隻、他歷兩切,兼入《昔》、《錫》兩韵。**黹、襦同在《脂》類。**《説文・黹部》:"黹,箴縷所紩衣。"《衣部》:"襦,紩衣也。"《廣韵》《旨》韵:黹,豬几切。大徐《説文》音:襦,諸几切。**启、闓、開同在《脂》類。**《説文・口部》:"启,開也。"《門部》:"開,張也。"次二十六。"闓,開也。"次二十七。《廣韵》启在《旨》韵,康禮切;開在《咍》韵,苦哀切;闓在《海》韵(亦音開),苦亥切。**叚、豭同在《魚》類。**《説文・彑部》:"叚,豕也。讀若瑕。"《豕部》:"豭,牡豕也。"《廣韵》豭在《麻》韵,古牙切。大徐《説文》音:叚,乎加切。**旣、嘰《泰》、《脂》相轉。**《説文・皀部》:"旣,小食也。"《口部》:"嘰,小食也。"按旣从旡聲,在《泰》部。嘰从"幾"聲,在《脂》部。《廣韵》旣在《未》韵,居豙切;嘰在《微》韵,居依切。**匏、瓢《幽》、《宵》相轉。**《説文・包部》:"匏,瓠也。"《瓠部》:"瓢,蠡也。"按:匏从包聲,在《幽》部。瓢从票聲,在《宵》部。《廣韵》匏在《肴》韵,薄交切;瓢在《宵》韵,符霄切。**此于古語皆爲一**

名，以音有小變，乃造殊字，此亦所謂轉注者也。此節所舉轉注字組，有僅紐異者：如畫(《匣》)與挂(《見》)，哿(《見》)與可(《溪》)，本(《透》)與皋(《見》)，妹(《明》)與娟(《喻》)，惶(《匣》)與恇(《溪》)，癸(《匣》)與猳(《見》)是也。有僅調異者：如丙(《法》)與舌(《入》)，涿(《入》)與注(《去》)，启、闓(上)與開(平)，庸(平)與用(去)，緜(平)與斅(去)，昭(平)與照(去)，譸、詶(平)與詘(去)，鐂(平)與劉(入)，午、啎(上)與屰(入)，葡(去)與畐(入)，鬌(去)與鬄(入)，晏(去)與安(平)是也。紐調兩異者：如夰(《見》上)，與敖(《疑》平)，潅(《溪》入)，泆(《影》入)與澆(《見》平)，譸(《端》平)與詘(《定》去)，恥(《透》上)與恧(《泥》入)，瓜(《禪》、《定》平)與朵(《端》上)，咼(《溪》平)與瘍(《喻》上)，姁(《曉》上)與嫗(《影》去)，勞(《來》平)與勦(《猜》上)是也。韵近者：如萑(《桓》)與鸛(《山》)是也。韵轉者：如剢(《黠》)與刮(《鍺》)，既(《泰》)與嘰(《脂》)，匏(《肴》)與瓢(《宵》)是也。此皆所謂音有小變也。其它各組，大抵皆同音也。**其以雙聲相轉，一名一義，而孳乳爲二字者，尤彰灼易知。**《尚書·皋陶謨篇》"彰厥有常，吉哉"，某氏《傳》："彰，明也。"《廣雅·釋訓》："灼灼，明也。"**如屏與藩，**《説文》："屏，屏蔽也。从户，并聲。""藩，屏也。从艸，潘聲。"《廣韵》屏有薄經、府盈、必郢三切；藩有附袁、甫煩兩切。此二字古聲同在《並》紐或《幫》紐。**并與匕，**《説文》："并，相从也。""匕，相與比叙也。"《廣韵》并有府盈、畀政兩切。匕音卑履切，此二字古聲同在《幫》紐。**旁與溥，**

《説文》:“旁,溥也。”“溥,大也。”《廣韻》:“旁,步光切。”古聲在《並》紐。溥有滂古、補各兩切,古聲在《滂》或《幫》紐。此二字爲旁紐雙聲。**亡與霖林**,《説文》:“亡,逃也。”“無,亡也。”《廣韻》:“亾,武方切。”“無,武扶切。”此二字古聲同在《明》紐。**象與豫**,《説文》:“象,長鼻牙,南越大獸,三年一乳。”“豫,象之大者。”《廣韻》:象,徐兩切,在《邪》紐。豫,羊洳切。在《喻》紐。《古雙聲説》以爲喉牙與齒音可以通轉。誠按:《喻》四與《邪》,關係密切,兩紐字常互諧聲,同一字又常有《喻》、《邪》兩讀,皆可爲證。**墻與序**,《説文》:“牆,垣蔽也。从嗇,爿聲。”“序,東西牆也。”《廣韻》:牆,在良切,在《從》紐。序,徐吕切,在《邪》紐。此二字爲旁紐雙聲。**謀與謨**,《説文》:“謀,慮難曰謀。”“謨,議謀也。”《廣韻》:謀,莫浮切。謨,莫胡切。此二字古聲同在《明》紐。**勉與懋慔**,《説文》:“勉,彊也。”懋、慔二字皆訓勉。《廣韻》:勉,亡辨切。懋,莫候切。慔,莫故切。此三字古聲同在《明》紐。**敚與緢、緬**,《説文》:“敚,妙也。”“緢,旄絲也。”“緬,微絲也。”《廣韻》:敚,無非切。緢有武瀌,莫飽、莫教三切。緬,彌兖切。此三字古聲同在《明》紐。**楙、茂與霖**,《説文》:“楙,木盛也。”“茂,草豐盛。”“霖,豐也。”《廣韻》:楙、茂二字並音莫候切(楙又有莫袍一切,别一義)。霖,文甫切。此三字古聲同在《明》紐。**攺與撫**,《説文》:“攺,撫也。讀與撫同。”“撫,安也。一曰循也。”《廣韻》攺、撫二字並音武夫切,古聲同在《明》紐。**迎、逆與訝**,迎、逆已見前。《説文》:“訝,相迎也。"《廣韻》吾駕切。此三字古聲同在《疑》紐。**攷與敂**，《説文》："攷，敂也。""敂，擊也。讀若扣。"《廣韻》：攷，苦浩切。敂，苦厚切。此二字古聲同在《溪》紐。**笭與籠**，《説文》："笭，車笭也。""籠，舉土器也。一曰笭也。"《廣韻》笭有郎丁、力鼎兩切。籠有盧紅、力鍾、力董三切。此二字古聲同在《來》紐。**龍與龗**，《説文》："龍，鱗蟲之長。""龗，龍也。"《廣韻》：龍，力鍾切。龗，郎丁切。此二字古聲同在《來》紐。**空與窠**，《説文》："空，竅也。""窠，空也。"《廣韻》：空有苦紅、苦貢兩切。窠，苦禾切。此二字古聲同在《溪》紐。**丘與虚**，《説文》："丘，土之高也。""虚，大丘也。"《廣韻》：丘，去鳩切。虚，去魚切（又朽居切，别一義）。此二字古聲同在《溪》紐。**泱與滃**，《説文》："泱，滃也。""滃，雲氣起也。"《廣韻》泱有於良、烏朗兩切；滃，烏孔切。此二字古聲同在《影》紐。**凷與䏌**，《説文》："凷，墣也（墣，塊也）。""䝭（䏌），䝭商，小塊也。从𠂤，从臾。臾，古文蕢字。"《廣韻》："凷，苦對切。䏌，去演切。此二字古聲同在《溪》紐。**遝與逮**，《説文》："遝，迨也。""逮，唐逮，及也。"《廣韻》：遝，徒合切。逮有徒耐、特計兩切。此二字古聲同在《定》紐。**但與裼**，原注：古音如摘。○《説文》："但，裼也。""裼，袒也。"《廣韻》但有徒旱、徒旦、徒干三切，在《定》紐（又得按切，在《端》紐）；裼本先擊切（《心》紐），讀如摘，則在《透》紐。與但爲旁紐雙聲。**鴈與䳘**，《説文》："鴈，鵝也。""鵝，鴚䳘也。"《廣韻》：鴈，五晏切。䳘，五何切。此二字古聲同在《疑》紐。**揣與㛐**，《説文》："揣，量也。一曰捶之。""㛆,量也。"《廣韵》:揣,丁果切。㛆,都唾切。此二字古聲同在《端》紐(揣又有初委切一音,在《穿》〔《初》〕紐)。□與圓、圜,《説文》:"□,回也。""圓、圜,全也。讀若員。""圜,天體也。"《廣韵》:□,雨非切。圓、圜並音王權切(圜又音争關切)。此三字古聲同在《喻》紐。回與囩,《説文》:"回,轉也。""囩,回也。"《廣韵》:回,户恢切,在《匣》紐。囩,爲贇切,在《喻》紐。古聲二字同爲一類。弱與柔、栠、㞋,《説文》:"弱,橈也。""柔,木曲直也。""栠,弱皃。""㞋,柔皮也。"《廣韵》:弱,而灼切。柔,耳由切。栠,如甚切。㞋,尼展切。此四字古聲同在《泥》紐。芮與茸,《説文》:"芮,芮芮,艸生皃。讀若汭。""茸,艸茸茸皃。"《廣韵》:芮,而鋭切。茸,而容切。此二字古聲同在《泥》紐。冃與冡,《説文》:"冃,小兒蠻夷頭衣也。""冡,覆也。"《廣韵》:冃,莫報切。冡,莫紅切。此二字古聲同在《明》紐。究、簐與竆,《説文》:究、簐並訓窮。"竆,極也。"《廣韵》:究,居祐切。簐,居六切。竆,渠弓切。究、簐在《見》紐,竆在《羣》紐。此三字古爲旁紐雙聲。誦與讀,《説文》:"誦,諷也。""讀,誦書也。"《廣韵》:誦,似用切。讀,徒谷切。誦在《邪》紐,讀在《定》紐。章氏誤以《邪》歸《禪》。《禪》與《定》古聲則爲同類。媪與嫗,《説文》:"媪,女老偁也。讀若奥。""嫗,母也。"《廣韵》:媪,烏晧切。嫗,衣遇切。此二字古聲同在《影》紐。雕與鷻,《説文》:"雕,鷻也。""鷻,雕也。"《廣韵》:雕,都聊切。鷻(《韵》作鷻)、度官切。雕在《見》紐,鷻在《定》紐,古爲旁紐雙聲。依與㐆,《説文》:

“依，倚也。”“㥯，所依據也。”《廣韵》：依，於希切。㥯，於謹切。此二字古聲同在《影》紐。**爨與炊**，《説文》：“爨，齊謂之炊爨（段删之字）。”《廣韵》：爨，七亂切。炊，昌垂切。爨在《清》紐，炊在《穿》紐。章氏併《清》于《穿》，以爲一類。**此其訓詁皆同而聲紐相轉，本爲一語之變，益粲然可覩矣。若是者爲轉注。**粲然，明白之皃。已見《小學略説》篇。**類謂聲類，不謂五百四十部也；首謂聲首，不謂凡某之屬皆从某也。**説見前。**戴、段諸君，説轉注爲互訓，大義炳然。**《説文》：“炳，明也。”**顧不明轉注一科爲文字孳乳之要例，乃汎謂初，哉、首、基、肇、祖、元、胎、俶、落、權輿訓始，並爲轉注。**已見前。**夫聲韵紐位不同，則非建類也；語言根柢各異，則非一首也。**原注：十二字中，惟胎與始近轉注，自餘則非。〇按：《説文》：“始，女之初也。”“胎，婦孕三月也。”《廣韵》：胎，土來切。在《透》紐。始，詩止切，在《審》紐（三等）。古聲通爲一類。**雖《説文》𡫳窒、蓋苫之屬，展轉相解，同意相受則然矣，而非建類一首，猶不得與之轉注之名。**《説文·土部》：“𡫳（塞），隔也。”《穴部》：“窒，塞也。”《廣韵》塞有先代、蘇則兩切，皆在《心》紐。窒有丁結、陟栗兩切，皆在《端》（《知》）紐。又《艸部》：“蓋，苫也。”“苫，蓋也。”《廣韵》蓋有胡臘、古太、古盍三切，分屬《匣》、《見》兩紐。苫有失廉、舒贍兩切，皆在《審》紐。誠按：塞之與窒，蓋之與苫，聲類既隔、聲首亦殊,故不得謂之轉注也。**二君立例過嗌,于造字之則既無與。**《説文》:"嗌,過差也。"《穀梁·僖十九年傳》范《注》:"與,厠豫也。"《釋文》:"與,音豫。"**元和《朱駿聲》病之,乃以引申之義爲轉注,則六書之經界慢。**《孟子·滕文公上篇》"夫仁政必自經界始",趙《注》:"經亦界也。"《御覽·刑法部》五引《書大傳》"寬而不察是慢也。"《淮南子·時則訓》高《注》:"慢,不牢也。"朱駿聲《説文·通訓定聲》卷首《論轉注》云:"轉注者,即一字而推廣其意,非合數字而雷同其訓。"又云:"轉注者,體不改造,引意相受,令、長是也。凡一意之貫注,因其可通而通之,爲轉注;就本字本訓而因以展轉引申爲他訓者曰轉注。轉注一字具數字之用而不煩造字。轉者旋也,如發軔之後,愈轉而愈遠。轉者還也;發軌轍之一,雖轉而同歸。"**引申之義,正許君所謂假借。**許君以"本無其字、依聲託事"説假借,初未涉及義之引申。惟其立意雖明而語焉太簡,又適以令、長二字爲例,遂致異説叢生。精卓如戴震,乃云大致一字既定其本義,則外此音義引伸,咸六書之假借(見《荅秦尚書蕙田書》)。迄於章氏。亦以引申當六書之假借,而劉師培竟謂"若列引申於假借之外,則六書當易爲七書矣。"(見《中國文學教科書》)然假借與引申,其界域本極清明。假借者,造字之則也。引申者,用字之方也。蓋詞義本相遠,徒以音同或音近,便以彼當此,是之謂假借。自一基本義推展爲有關諸義,而形音又復無改,是之謂引申。詞義生發,賴此兩途。斯漢語所獨擅也。**轉注者,繇而不**

殺，恣文字之孳乳者也。《公羊·僖二十三年傳》"《春秋》辭繁而不殺者，正也"。何《注》："繁，多也。殺，省也。"恣者，《説文》："恣，縱也。"《孟子·滕文公下篇》"諸侯放恣"。**假借者，志而如晦，節文字之孳乳者也。**節謂節制。《左氏·成十四年傳》："《春秋》之稱，微而顯，志而晦。"杜《注》："志，記也。晦亦微也。謂約言以記事，事叙而文微。"**二者消息相殊，正負相待，造字者以爲緐省大例。**消謂滯止。息謂滋長。待謂對待。《周易·豐卦·彖辭》："天地盈虚，與時消息。"**知此者希，**《説文·叙》云："知此者稀，儻明所尤。"**能理而董之者鮮矣。**理董，謂治而正之。已見《小學略説篇》。

問曰：古有以相反爲義，獨亂訓爲治，《説文》𤔔、亂本與敽分。《説文·𠬪部》："𤔔，治也。幺子相亂，𠬪治之也。讀若亂同。一曰理也。"《乙部》："亂，治也。从乙，乙治之也，从𤔔。"《攴部》："敽、煩也。从攴，从𤔔，𤔔亦聲。"**其他若苦爲快，**《方言》卷二："苦，快也。"郭《注》："苦而爲快者，猶以臭爲香，以亂爲治，以徂爲存，此訓義之反覆用之是也。"**徂爲存，**《爾雅·釋詁》："徂，存也。"郭《注》："以徂爲存，猶以亂爲治，以曩爲曏，以故爲今，此皆詁訓義有反覆旁通，美惡不嫌同名。"**故爲今，**《爾雅·釋詁》："故，今也。"郭《注》："今亦爲故，故亦爲今，此義相反而兼通者。"**今雖習爲故常，都無本字，豈古人語言簡短，諸言不言非者，皆**

簡略去之邪?《莊子·天運篇》:“變化齊一,不主故常。”荅曰:語言之始,義相同者,多從一聲而變;義相近者,多從一聲而變;義相對相反者,亦多從一聲而變。相同之例,舉如前矣。相近者亦以一聲轉變。若穀不孰爲饑;音變則疏不孰爲饉。此《爾雅·釋天》文。《説文》同。饑字(《廣韵》:居依切)古聲在《見》紐,古韵在《脂》部。饉字(《廣韵》:渠遴切)古聲在《羣》紐,古韵在《諄》部。《見》、《羣》旁紐雙聲,《脂》、《諄》陰陽對轉。按:疏不孰,今《説文》作蔬不孰,段《注》:“許書無蔬字,此蔬當是本作疏。”地氣發天不應爲霚,音變則天氣下地不應爲霿。亦《釋天》文。今本《爾雅》霿作雺或作霧,段玉裁以爲皆非是。霚字(《廣韵》:亡遇切)古聲在《明》紐,古韵在《侯》部。霿字(廣韵:莫弄切)古聲在《明》紐,古韵在《東》部。《侯》、《東》陰陽對轉。人之昜氣爲性,音變則人之侌氣爲情。見《説文·心部》。性字(《廣韵》:息正切)古聲在《心》紐,情字(廣韵:疾盈切),古聲在《清》紐。二字旁紐雙聲,古韵同在《耕》(《清》)部。妻得聲於中,音變則爲妾。原注:如接、捷同聲,是其例。○《説文·女部》:“妻,婦與夫齊者也。从女,从中,从又,中聲(此二字段補)。”《辛部》:“妾,有辠女子給事之得接於君者。从辛女。”《廣韵》妻有七稽、七計兩切;妾,七接切。此二字古聲並在《清》紐,而韵相去甚遠。接、捷則同在《盍》部也。娣從弟聲,音變則爲姪。原注:姪,古音本徒結切,與弟雙聲。弟,古音亦可讀鮷,正同姪音。

○《説文》："娣，女弟也。从女，从弟，弟亦聲。""姪，兄之女也。从女，至聲。"《廣韵》："娣，徒禮切。"姪有徒結、直一兩切。此二字古聲同在《定》紐，古韵娣在《脂》部，姪在《至》(《質》)部。又《廣韵》《質》韵："𧯛，直一切。"古聲在《定》紐。《説文·豊部》："𧯛，爵之次弟也。"**紅似絳，音亦如絳。**《説文》："紅，帛赤白色。""絳，大赤也。"《廣韵》：紅，户公切。絳，古巷切。此二字古聲喉牙相轉，古韵紅在《東》部，絳在《冬》部。**欒似欄，音亦如欄。**《説文》："欒，木似欄。从木，䜌聲。"《周禮·考工記·㡃氏》"湅帛以欄爲灰"，鄭《注》："以欄木之灰漸釋其帛也。"《廣韵》欒在《桓》韵，落官切；欄在《寒》韵，落干切。此二字古聲同在《來》紐，古韵同在《寒》部。**鴈似雁，音亦如雁。**《説文》："鴈，鵝也。""雁，鳥也。讀若鴈。"《廣韵》《諫》韵：鴈、雁並音五晏切。此二字古聲同在《疑》紐，古韵同在《寒》部。**雅似烏，音亦如烏。**《説文》："雅，楚烏也。秦謂之雅。""烏，孝烏也。"《廣韵》雅在《馬》韵，五下切；烏在《模》韵，哀都切。此二字古聲牙喉相轉，古韵同在《魚》部。**閭似驢，音亦如驢。**《儀禮·鄉射禮記》"於郊則閭中"，鄭《注》："閭，獸名。如驢，一角。或曰如驢，岐蹄。"《説文》："驢，似馬，長耳。从馬，盧聲。"《廣韵》《魚》韵：閭、驢並音力居切。此二字古聲同在《來》紐，古韵同在《魚》部。**江、漢、河、淮、沇，四瀆之水相似，以雙聲呼之。**《爾雅·釋水》："江、河、淮、濟爲四瀆。四瀆者，發源注海者也。"《説文》："江水出蜀湔氐、徼外崏山，入海。从水，工聲。""漢，漾也。東爲滄浪水，从水，難省聲。”“河水出焞煌塞外昆侖山，發原注海。从水，可聲。”“淮水出南陽平氏桐柏大復山，東南入海。从水。隹聲。”“沇水出河東東垣王屋山。東爲泲。从水，允聲。”《廣韵》：漢，呼旰切。其江、淮、沇四字音切，已見《古雙聲説疏證》。古聲江在《見》紐，漢在《曉》紐，河、淮在《匣》紐，沇在《喻》紐，並喉牙二聲字。**吴、華、恒、衡、岱，**原注：古音如弋。**五嶽之山相似，以雙聲呼之。是其則也。**《爾雅·釋山》：“泰山爲東嶽，華山爲西嶽，霍山（即衡山）爲南嶽，恒山爲北嶽，嵩高爲中嶽。”按：此所謂五嶽也。《釋山》又云：“河西嶽”，《周禮·職方》《注》以爲吴嶽。《漢書·地理志》“右扶風汧，吴山在西、古文以爲汧山。”《尚書·禹貢篇》：“大行恒山，至于碣石，入于海。”《説文》：“華山在弘農華陰。”“岱，太山也。”《風俗通·山澤篇》：“南方衡山，一名霍山。”按：《廣韵》吴、華、恒、衡四字音切，已見《古雙聲説疏證》。岱在《代》韵，徒耐切。中古在《定》紐。章氏云古音如弋，則在《喻》紐。此五字者，古聲吴在《疑》紐，華、恒、衡在《匣》紐，岱在《喻》紐，亦皆喉牙二聲字。**相對相反者，亦以一音轉變。故先言天，從聲以變則爲地。**《説文》：“天，顛也。至高無上。”“地，元氣初分，輕清揚爲天，重濁陰爲地，萬物所陳列也。”《廣韵》天在《先》韵，他前切：地在《至》韵，徒四切。古聲天在《透》紐，地在《定》紐，旁紐雙聲。**先言昜，從聲以變則爲侌。**《説文》：“昜，開也。一曰飛揚。一曰長也。一曰彊者衆皃。”“霒，雲覆日也。侌，古文或省。”

《廣韻》昜在《陽》韻，與章切。霒在《侵》韻，於金切。古聲昜在《喻》紐，侌在《影》紐，旁紐雙聲。**先言古，從聲以變則爲今**。《説文》："古，故也。""今，是時也。"《廣韻》古在《姥》韻，公户切；今在《侵》韻，居吟切。此二字古聲同在《見》紐。**先言始**，原注：古音如台。**從聲以變則爲冬**。原注：今終之本字。○《説文》："始，女之初也。""冬，四時盡也。从仌，从舟。舟，古文終字。"《廣韻》《止》韻："始，詩止切。"在審紐。章氏云古音如台，則在《透》紐。又《冬》韻：冬，都宗切。在《端》紐《東》韻："終，職戎切。"在《照》紐；古聲始冬（終）二字，旁紐雙聲。**先言疏，從聲以變則爲數**。《説文》："疏，通也。"《孟子·梁惠王上篇》："數罟不入洿池，魚鼈不可勝食也。"趙《注》："數罟，密網也。"《廣韻》疏在《魚》韻，所葅切。數有所矩、色句、所角三切。頻數義當讀所角切。此二字古聲同在《生》（《心》）紐。**先言精**，原注：音本如青。**從聲以變則爲粗**。《説文》："精，擇也。""粗，疏也。"《廣韻》精在《精》紐，子盈切。音本如青，則在《清》紐。又粗在《從》紐，徂故切。此二字古爲旁紐雙聲。粗又音干胡切，則與精之古讀同在《清》紐。**先言疾，從聲以變則爲徐**。《詩·大雅·召旻篇》"昊天疾威"，鄭《箋》："疾，猶急也。"《淮南子·説山訓》："破乃愈疾"，高《注》："疾，速也。"《説文》："徐，安行也。"《廣韻》疾在《質》韻，秦悉切。徐在《魚》韻，似魚切。古聲疾在《從》紐，徐在《邪》紐，旁紐雙聲。**先言來，從聲以變則爲棱**。《説文》："來，周所受瑞麥來麰，天所來也，故爲行來之來。”“夌,去也。从去,夌聲,讀若陵。”《廣韻》來在《咍》韻,落哀切。夌在《蒸》韻,力膺切。此二字古聲同在《來》紐。**先言生,從聲以變則爲死。**《説文》:“生,進也。象艸木生出土上。”“死,澌也。人所離也。”《廣韻》生在《庚》韻,所庚切。死在《旨》韻,息姊切。古聲生在《審》(《山》)紐,死在《心》紐,通爲一類。**先言燥,從聲以變則爲溼。**《説文》:“燥,乾也。”“溼,幽溼也。”《廣韻》燥在《晧》韻,蘇老切。溼在《緝》韻,失入切。古聲燥在《心》紐,溼在《審》(《書》)紐。章氏《紐目表》以爲同類。**先言加,從聲以變則爲減。**《説文》:“加,語相增加也。”“減,損也。”《廣韻》加在《麻》韻,古牙切。減在《豏》韻,古斬切。古聲二字同在《見》紐。**先言消,從聲以變則爲息。**《説文》:“消,盡也。”《周禮·地官·大司徒》“以保息六養萬民”,鄭《注》:“保息,謂安之使蕃息也。”《漢書·宣帝紀》“刑者不可息”,顔《注》:“息,謂生長也。”《廣韻》消在《宵》韻,相邀切,息在《職》韻。相即切。古聲二字同在《心》紐。**先言鋭,從聲以變則爲鈍。**《説文》:“鋭,芒也。”“鈍,錭也。”《廣韻》鋭在《祭》韻,以芮切。鈍在《慁》韻,徒困切。古聲《喻》(四)、《定》多相通轉。**先言長,**原注:古音在舌頭。**從聲以變則爲短。**《説文》:“長,久遠也(此引申義)。”“短,有所長短,以矢爲正。”《廣韻》長在《陽》韻,直良切。短在《緩》韻,都管切。古聲長在《定》紐,短在《端》紐,旁紐雙聲。**先言規,從聲以變則爲榘。**《説文》:“規,有法度也。”“巨,規巨也。榘。巨或从木矢。”《廣韻》規在《支》韻,居隋切。渠在《麌》韵，俱羽切。古聲二字同在《見》紐。**先言文，從聲以變則爲武。**《説文》："文，錯畫也。""武，楚莊王曰：'夫武，定功戢兵，故止戈爲武（此非本義）。"《廣韵》文在《文》韵，無分切。武在《麌》韵，文甫切。古聲二字同在《明》紐。**先言褒，從聲以變則爲貶。**《説文》："褒，衣博裾。从衣，𠊊省聲。𠊊，古文保。"段《注》："博裾，謂大其褒囊也。《漢書》'褒衣大袑'，謂大其衣袴之上也。引申之爲凡大之稱，爲褒美。"《説文》又云："貶，損也。"《廣韵》褒在《豪》韵，博毛切。貶在《琰》韵，方斂切。古聲二字同在《幫》紐。**先言男，從聲以變則爲女。**原注：古音在《泥》紐。〇《説文》："男，丈夫也。""女，婦人也。"《廣韵》男在《覃》韵，那含切。女在《語》韵，尼吕切。古聲二字同在《泥》紐。**先言夫，從聲以變則爲婦。**《説文》："夫，丈夫也。""婦，服也。"《廣韵》夫在《虞》韵，甫無切。婦在《有》韵，房久切。古聲夫在《幫》紐，婦在《並》紐，旁紐雙聲。**先言公，**原注：古音多借翁爲之，則音亦如翁。**從聲以變則爲媪。**《説文》翁本訓"鳥頸毛"，段《注》："俗言老翁者，借翁爲公也。"《説文》又云："媪，女老偁也。讀若奥。"《廣韵》翁在《東》韵，烏紅切。媪在《晧》韵，烏晧切。古聲公讀如翁，則與媪同在《影》紐。**先言腹，**原注：得聲於畐，古音如偪。**從聲以變則爲背。**《説文》："腹（腹），厚也。"段《注》："謂腹之取名，以其厚大。"《説文》又云："背，脊也。"《廣韵》腹在《屋》韵，方六切。背在《隊》韵，補妹切。古聲二字同在《幫》紐。**先言凭，從聲以變則**

爲負。原注:古音如倍,然實借爲背。○《説文》:"凭,依几也。""負,恃也。"《廣韻》凭在《蒸》韻,扶冰切。負在《有》韻,房久切。古聲二字同在《並》紐。**先言本,從聲以變則爲標**。《説文》:"本,木下曰本。""標,木杪末也。"《廣韻》本在《混》韻,布忖切。標有甫遥、方小兩切,兼入《宵》、《小》兩韻。此二字古聲同在《幫》紐。**此以雙聲相轉者也。先言起,從聲以變則爲止**。《説文》:"起,能立也。"《詩·鄘風·相鼠篇》"人而無止",毛《傳》:"止,所止息也。"《禮記·閒傳篇》"大功貌若止",孔《疏》:"止,平停不動也。"《廣韻》起、止二字同在《止》韻;起,墟里切;止,諸市切。古韻二字同在《之》部。**先言卯,從聲以變則爲丣**。《説文》:"卯,冒也。""酉,就也。丣,古文酉从卯。卯爲春門,萬物已出,酉爲秋門,萬物已入。一,閉門象也。"《廣韻》卯在《巧》韻,莫飽切。丣在《有》韻,與久切。古韻二字同在《幽》部。**先言寒,從聲以變則爲煖**。《説文》:"寒,凍也。""煖,温也。"《廣韻》寒在《寒》韻,胡安切。煖在《元》韻,況袁切。古韻二字同在《寒》部。**先言出,從聲以變則爲内**。《説文》:"出,進也。"段《注》:"本謂艸木,引申爲凡生長之稱。又凡言外出,爲内入之反。"《説文》又云:"内,入也。"《廣韻》出在《術》韻,赤律切。内在《隊》韻,奴對切。古韻二字同在《隊》部。**先言央,從聲以變則爲徬**。《説文》:"央,中央也。""徬,附行也。"古韻二字同在《陽》部。**先言斠**,原注:本訓平,引伸訓直、經典以覺、較爲之。**從聲以變則爲曲**。《説文》:"斠,平斗斛也。"

“曲，象器曲受物之形。”《詩・小雅・斯干篇》“有覺其楹”，鄭《箋》：“覺，直也。”《爾雅・釋詁下》：“較，直也。”郝懿行《義疏》：“較與梏鵠聲近義同。《司裘》及《大射儀注》並云：‘鵠之言較，較，直也。’《尚書大傳》云‘覺兮較兮’，鄭《注》：‘較兮，謂直道者也’。較與覺聲義同，故《楚辭・遠逝篇》云‘服覺酷以殊俗兮’，王逸《注》：‘覺、較也。’《左氏・襄廿一年傳》‘夫子覺者也’，杜預《注》：‘覺，較然正直。’然則較之爲言覺也。”誠按：《廣韵》斠在《覺》韵，古岳切；曲在《燭》韵，丘玉切。古韵二字同在《屋》部，舊附《侯》部。**先言新，從聲以變則爲塵。**《廣雅・釋言》：“新，初也。”《文選》張衡《思玄賦》“允塵邈而難窺”，李《注》：“塵，久也。”《廣韵》新塵並在《真》韵。新，息鄰切。塵，直珍切。古韵二字亦在《真》部。**先言水，從聲以變則爲火。**《説文》：“水，準也。”“火，燬也。”《廣韵》水在《旨》韵，式軌切。火在《果》韵，呼果切。古韵二字同在《脂》部。**先言晨，從聲以變則爲昏。**《説文》：“晨，早昧也。”“昏，日冥也。”《廣韵》晨在《真》韵，植鄰切。昏在《魂》韵，呼昆切。古韵二字同在《諄》部。**先言旦，從聲以變則爲晚。**《説文》：“旦，明也。”“晚，莫（暮）也。”《廣韵》旦在《翰》韵，得按切。晚在《阮》韵、無遠切。古韵二字同在《寒》部。**先言頭，從聲以變則爲足。**《説文》：“頭，首也。”“足，人之足也。在下。”《廣韵》頭在《侯》韵，度侯切。足在《燭》韵，即玉切。古韵頭在《侯》部；足在《屋》部，舊附《侯》部。**先言好，從聲以變則爲醜。**《説文》：“好，美也。”

“醜，可惡也。”《廣韵》好在《晧》韵，呼晧切。醜在《有》韵，昌九切。古韵二字同在《幽》部。**先言老，從聲以變則爲幼。**《説文》：“老，考也。七十曰老。”“幼，少也。”《廣韵》老在《晧》韵，盧晧切。幼在《幼》韵，伊謬切。古韵二字同在《幽》部。**先言聽，從聲以變則爲聾。**《説文》：“聽，察也。”“聾，無聞也。”《廣韵》聽聾同在《東》韵。“聽，倉紅切。”“聾，盧紅切。”古韵二字亦同在《東》部。**先言受，從聲以變則爲授。**《説文》：“受，相付也。”“授，予也。”《廣韵》受在《有》韵，殖酉切。授在宥韵，承呪切。古韵二字同在《幽》部。**先言祥，從聲以變則爲殃。**《説文》：“祥，福也。”“殃，咎也。”《廣韵》祥、殃並在《陽》韵。祥，似羊切。殃，於良切。古韵二字亦同在《陽》部。**此以疊韵相迆者也。亦有位部皆同，訓詁相反者。**位謂發音部位，部謂韵部。**始爲基，終爲期爲極。**《爾雅・釋詁》：“基，始也。”《詩・小雅・南山有臺篇》“萬壽無期”，孔《疏》以無有期竟釋無期。按：《説文》期本訓會，借爲期年期月字，亦終竟之義。《吕氏春秋・制樂篇》“衆人焉知其極”，高注：“極，猶終也。”《廣韵》基期同在《之》韵。“基，居之切。”“期，渠之切。”極在《職》韵，渠力切。古聲基在《見》紐，期與極在《羣》紐，旁紐雙聲。古韵基、期同在《之》部，極在《職》部，舊附《之》部。**聯爲叕，斷爲絶。**《説文》：“叕，聯也。”“絶，斷絲也。”“斷，截也。”《廣韵》叕、絶同在《薛》韵。叕、陟劣切。絶，情雪切。古聲叕在《端》紐，絶在《從》紐，皆舌音也。古韵則同在《泰》部。**濁亂爲溷，清**

治爲汩。《説文》:“淈,濁也。一曰滒泥。一曰水出皃。”“汩,治水也。”《廣韻》:淈在《没》韻,古忽切。汩在《質》韻,于筆切。古聲淈在《見》紐,汩在《喻》紐,牙喉通轉。古韻淈、汩同在《隊》部。**明瀞爲絜,薉亂爲丰**。潔淨之潔,經典作絜。《史記·五帝本紀》“直哉維静絜”,《正義》:“絜,明也。”潔乃《説文》新附字,云“瀞也”。丰者,《説文》云:“丰,艸蔡也。象艸生之散亂也。讀若介。”《廣韻》絜在《屑》韻,古屑切。丰在怪韻,古拜切。此二字古聲同在《見》紐,古韻同在《泰》部。**相類爲似,相殊爲異**。《説文》:“似,象也。”“異,分也。”《廣韻》似在《止》韻,詳里切。異在《志》韻,羊吏切。古聲《邪》紐字常與《喻》紐(四等)字互諧。古韻似、異二字同在《之》部。**説樂爲喜,爲僖,爲娭,悲痛爲譆**。《説文》喜、僖皆訓樂,娭訓説樂,譆訓痛。《廣韻》喜在《止》韻,虚里切。僖、娭同在《之》韻。僖,許其切。娭,與之切。譆在《微》韻,於希切。此四字古聲皆喉音也。古韻則同在《之》部。**勉力爲勸,㥯事爲券**。《説文》:“勸,勉也。”“券,勞也。”段《注》:“《輈人》‘終日馳騁,左不楗’,書楗或作券,鄭云:‘券,今倦字也。’據此則漢時已倦行券廢矣。”誠按:《廣韻》勸在《願》韻,去願切。券在《線》韻,渠卷切。古聲勸在《溪》紐,券在《羣》紐,旁紐雙聲。古韻二字同在《寒》部。**具食爲饌,徹食爲餕**。原注:餕字《説文》不録,然《禮經》已有之。○《説文》:“籑,具食也。饌,或从巽。”《論語·爲政篇》鄭《注》:“食餘曰餕。”按:餕字見《禮記·曲禮上》、《玉藻》、《祭統》、《郊特牲》諸篇，《説文新附》收之。《廣韵》饌有雛鯇、士戀兩切，兼入《潸》、《線》兩韵。餕在《稕》韵，子峻切。古聲饌在《牀》(《崇》)紐，餕在《精》紐，通爲一類。古韵二字同在《諄》部。**上升爲陟，下降爲墊**。《説文》："陟，登也。""墊，下也。"《廣韵》陟在《職》韵，竹力切。墊在《桥》韵，都念切(又徒協切)。此二字古聲同在《端》紐。古韵陟在《職》部(舊附《之》部)，墊在《緝》部。《成均圖》以《緝》、《之》(《職》)爲次對轉。**彊力爲偲，畏慎爲諰**。《説文》："偲，彊力也。""諰，思之意。"段《注》："荀卿曰'諰諰然常恐天下之一合而軋己也'，《漢書》'諰'作'鰓'。蘇林曰：'讀如慎而無禮則葸之葸。鰓，懼皃也。'按又作狸，又作偲，皆訓懼，與思訓義近。"按：《廣韵》偲在《咍》韵，倉才切。諰在《止》韵，胥里切。古聲偲在《清》紐，諰在《心》紐，旁紐雙聲。古韵二字同在《之》部。**從隨爲若**，原注：本如字。**不順爲婼**。《説文》若訓"擇菜"，與从隨義無涉，故云"本如字"，如乃訓从隨也。《説文》又云："婼，不順也。"《廣韵》若、婼同在《藥》韵。若，而灼切。婼，丑略切。古聲若在《泥》紐，婼在《透》紐，旁紐雙聲。古韵二字同在《鐸》部，舊附《魚》部。**黠慧爲傆，謹敕爲愿**。《説文》："傆，黠也。""愿，謹也。"《廣韵》《願》韵：傆、愿並音魚怨切。此二字古聲同在《疑》紐，古韵同在《寒》部。**益之爲員**，原注：見《詩・小雅傳》，字亦孳乳爲䁥。《説文》：䁥，外博衆多視也。**減之爲損**。《詩・小雅・正月篇》"無棄爾輔，員于爾輻"，毛《傳》："員，益也。"《説文》："損，減也。""䁥，外博衆多視也。讀若運。”段《注》:“博,大通也。外大通而多所視也。”《廣韵》員有王權、王分、王問三切,兼入《仙》、《文》、《問》三韵,損在《混》韵,蘇本切。古聲員在《喻》紐,損在《心》紐。章氏《古雙聲説》以爲喉音可以發舒爲齒音,齒音又可遒斂爲喉牙。古韵二字同在《諄》部。**圜者爲規,方者爲圭。**《説文》:“規,有法度也。”“圭、瑞玉也,上圜下方。”《楚辭・大招》“曲眉規只”,王《注》:“規,圜也。”《廣韵》規在《支》韵,居隋切。圭在《齊》韵,古攜切。此二字古聲同在《見》紐,古韵同在《支》部。**直修爲股,横短爲句。**《説文》:“股,髀也。”“句,曲也。”已詳《古雙聲説疏證》。《廣韵》股在《姥》韵,公户切。句在《侯》韵,古侯切(又古候、其俱、九遇三切,各别爲義)。此二字古聲同在《見》紐,古韵同在《侯》部。**有目爲明,無目爲盲。**《禮記・檀弓上篇》“子夏喪其子而喪其明”,鄭《注》:“明,目精。”《説文》:“盲,目無牟子。”《廣韵》明、盲同在《庚》韵。明,武兵切。盲,武庚切。此二字古聲同在《明》紐,古韵同在《陽》部。**等畫爲則,毁則爲賊。**《説文》:“則,等畫物也。从刀,从貝。貝,古之物貨也。”“賊,敗也。”《國語・魯語》:“毁則者爲賊。”《廣韵》則、賊並在《德》韵。則,子德切。賊,昨則切。古聲則在《精》紐,賊在《從》紐,旁紐雙聲。古韵同在《職》部,舊附《之》部。**並以一語相變。既有殊文,故民無眩惑。**眩惑,謂所見不瞭,目爲之眩、而中無主張也。《淮南子・氾論訓》:“同異嫌疑者,世俗之所謂眩惑也。”**自餘亦有制字者,然相承多用通借。**

若特爲牛父，引伸訓獨，而《詩傳》又訓爲匹，則是讀爲等夷之等也。《説文》："特，朴特，牛父也。"段《注》："特本訓牡，陽數奇，引伸之爲凡單獨之稱。一與一爲耦，故'實維我特'、'求爾新特'，毛《傳》：'特，匹也。'"誠按：段所引《詩》，前句見《邶風·柏舟篇》，後句見《小雅·我行其野》篇。毛以外昏解新特。等夷，猶言同輩，已見《小學略説篇疏證》。《廣韵》特在《德》韵，徒得切。等在《等》韵，多肯切。古聲特在《定》紐，等在《端》紐，旁紐雙聲。古韵特在《職》部，舊附《之》部。等在《蒸》部。特與等《之》、《蒸》對轉。**介爲分畫，引伸宜訓兩，而《春秋傳》以介特爲單數，則是讀爲孑孓之孑也。**《説文》："介，畫也。从八，从人，人各有介。"《左氏·昭十四年傳》："長孤幼，養老疾，收介特。"杜《注》："介特，單身民也。"《説文·了部》又云："孑，無右臂也。从了，乚，象形。""孓，無左臂也。从了、亅象形。"《廣韵》介在《怪》韵，古拜切。孑在《薛》韵，居列切。此二字古聲同在《見》紐，古韵同在《泰》(《月》)部。**苦、徂、故爲快、存、今，亦同斯例。**見前。**顧終古未制本字耳。**《莊子·大宗師篇》"終古不忒"，《釋文》引崔《注》："終古，久也。"《文選·吴都賦》"藏埋於終古"，劉《注》："終古，猶永古也。"**若從雙聲相轉之例，雖謂苦借爲快，徂借爲存，故借爲今，可也。**苦、快同在《溪》紐，徂、存同在《從》紐，故、今同在《見》紐，自可相借。

既作是説，逾三年，有以形體之説進者，曰：同意

者不謂同義，造字之意同耳。説文稱𠔿頭與禽离頭同。《説文·𠔿部》："𠔿如野牛而青。象形。與禽、离頭同。"《内部》："禽，走獸總名。象形。今聲。禽、离𠔿頭相似。""离，山神獸也。从禽頭。歐陽喬説：离，猛獸也。"《廣韵》𠔿在《旨》韵，徐姊切。禽在《侵》韵，巨金切。离在《支》韵，丑知切，又吕支切。**兔頭與㲋頭同。**《説文·兔部》："兔，獸名，象踞、後其尾形。兔頭與㲋頭同。"《㲋部》："㲋，獸也。似兔青色而大。象形。頭與兔同。足與鹿同。"《廣韵》兔在《暮》韵，湯故切。㲋在《藥》韵，丑略切。**龜頭與它頭同。**《説文·龜部》："龜，从它。龜頭與它頭同。"《它部》："它，蟲也。从虫而長，象冤曲垂尾形。"《廣韵》龜在《脂》韵，居追切。它在《歌》韵，託何切。**黽頭與它頭同。**《説文·黽部》："黽，鼃黽也。从它，象形。黽頭與它頭同。"《廣韵》黽在《耿》韵，武幸切。**此所謂建類一首也。巫與工同意。**《説文·巫部》："巫，祝也。女能事無形，以舞降神者也。象人兩褎舞形。與工同意。"《工部》："工，巧飾也。象人有規榘也。與巫同意。"《廣韵》巫在《虞》韵，武夫切。工在《東》韵，古紅切。**壬與巫同意。**《説文》以壬爲象人褢妊之形。段氏以巫象人兩袖舞，壬象人腹大釋壬與巫同意句。説並非是。據金文，壬乃象大斧形也。此不具論。《廣韵》壬在《侵》韵，如林切。**求與衰同意。**《説文·裘部》："求，皮衣也。从衣，象形。與衰同意。"《衣部》："衰，艸雨衣。从衣，象形。"《廣韵》裘在《尤》韵，巨鳩切。蓑在《戈》韵，蘇禾切。**高與倉、舍同**

意。《説文·高部》:"高,崇也。象臺觀高之形。从冂口,與倉舍同意。"《倉部》:"倉,穀藏也。"《亼部》:"舍,市居曰舍。"《廣韻》高在《豪韻》,古勞切。倉在《唐》韻,七岡切。舍在《禡》韻,始夜切。**臺與室、屋同意**。《説文·至部》:"臺,觀四方而高者。从至,从高省;與室屋同意。"《宀部》:"室,實也。从宀,从至,至所止也。"《尸部》:"屋,居也。从尸,尸,所主也。一曰尸象屋形。从至,至,所止也。屋室皆从至。"《廣韻》臺在《咍》韻,徒哀切。室在《質》韻,式質切。屋在《屋》韻,烏谷切。**美與善同意**。《説文·羊部》:"美,甘也。从羊,从大,羊在六畜主給膳也。美與善同意。"《誩部》:"譱,吉也。从誩、从羊,此與義美同意。善,篆文善从言。"《廣韻》美在《旨》韻,無鄙切。善在《獮》韻,常演切。**善與義美同意**。《説文·我部》:"義,己之威儀也。从我羊。"段《注》:"从羊者,與善美同意。"《廣韻》義在《寘》韻,宜寄切。**亞與畱同意**。《説文·土部》:"亞,止也。从土,从畱省。土,所止也。此與畱同意。坐,古文坐。"《田部》:"畱,止也。从田,丣聲。"段《注》"坐"字云:"皆謂所止也,故曰同意。"《廣韻》坐在《過》韻,徂卧切。畱在《尤》韻,力求切。**㝷與嚣同意。此所謂同意相受也**。《説文·寸部》:"㝷,繹理也。从工、从口、从又,从寸。工口,亂也;又寸;分理之。彡聲。此與嚣同意。"《㗊部》:"嚣,亂也。从爻工交吅,讀若禳。"段《注》:"嚣不云理、㝷不云亂者,互見其義也。"《廣韻》㝷在《侵》韻,徐林切。嚣在《庚》韻,乃庚切。**此所謂同意相受也。應之曰:構**

造文字之耑，在一字者，指事、象形、形聲、會意盡之矣。如向諸文。不能越兹四例。或人所舉：工字是指事也。冡、离等字是象形也。美、善等字是會意也。禽、畱等字是形聲也。説解者必曰同，或曰同意，以其取象難明，故舉其比物以相曉喻。《詩・小雅・六月篇》"比物四驪"，《釋文》："比，毗志反，齊同也。"説解之例，有同狀相明者，斯類是也。《荀子・正名篇》："物有同狀而異所者，有異狀而同所者。"有異狀相明者：入一爲干；《説文・干部》："𢆉，犯也。从反入，从一。"《文始》云："此合體指事也。"《廣韵》干在《寒》韵，古寒切。入二爲羊；《説文・干部》："羊，撴也（撴訓刺）。从干，入一爲干，入二爲羊。讀若飪。言稍甚也。"《廣韵》羊在《寑》韵，如甚切。不上去而至下來，是也。《説文・不部》："不，鳥飛上翔不下來也。从一。一，猶天也。象形。"《至部》："至，鳥飛从高下至地也。从一，一，猶地也。象形。不上去而至下來也。"按：許氏解此二字皆誤。據甲骨文："不"象萼蒂，當是帝之初文。"至"象矢著地，又象艸生出地面。今以同狀相明爲轉注，異狀相明復云何？云何，猶言如何。《詩・唐風・揚之水篇》有"既見君子，云何不樂"，"既見君子，云何其憂"之句。且以頭同者説爲一首，《説文》亦云"鳥鹿足相似"，《説文・鳥部》："鳥，長尾禽總名也。象形。鳥之足似匕。"《鹿部》："鹿，獸也。象頭角四足之形。鳥鹿足相似。"《廣韵》鳥在

《篠》韵，都了切。鹿在《屋》韵，盧谷切。**“虎足象人足”，**《説文·虍部》：“虎，山獸之君。虎足象人足。象形。”《廣韵》虎在《姥》韵，呼古切。**“彘足與鹿足同”，**《説文·彑部》：“彘，豕也。後蹏廢謂之彘。彘足與鹿足同。”《廣韵》彘在《祭》韵，直例切。**“龟足與鹿同”，**見前。**“魚尾與燕尾相似”。復可云建類一足、建類一尾邪。**《説文·魚部》：“魚，水蟲也。象形。魚尾與燕尾相似。”《燕部》：“燕，玄鳥也。籋口，布翄，枝尾。”《廣韵》魚在《魚》韵，語居切。燕在《霰》韵，於甸切。**苟舉是爲標識，終無解於考老。考從老省，説解不可言考頭與老頭同，亦不可言考從人毛，與老同意。**嵇康《聲無哀樂論》：“夫言非自然一定之物，五方殊俗，同事異號，舉一名以爲標識耳。”**然則向者諸文不得以例考老，審矣。**司馬遷《報任安書》：“且勇怯，勢也；彊弱，形也；審矣。”《説文》：“宷，悉也。知宷諦也。審，篆文宷从番。”**定海黄君又徵《素問》“肺輸精皮毛，六八面焦，髮頒白”，故老從毛匕。肺氣衰則氣欲舒出，上礙於一，故曰考，其字從丂。是則考老轉注，本在肺衰，益隱曲難知矣。**黄以周《六書通故》：“轉注者，字之意恉互相灌注者也。考、老者，人之形氣相爲表裏者也。凡人之陽氣，出於肺而會於首，壯年陽氣盛甚，髮長而直，衰則氣丂而髮曲，不久變白。《素問·經脈别論》云：‘肺朝百脈，輸精於皮毛。’《六節臧象論》云：‘肺者氣之本，魄之處也。其華在毛，其充在皮。’《上古天真論》云：‘六八而後，陽氣衰竭於上。面焦，髮須頒白。’是則氣丂於内，髮變於外，此物理之自然也。老之从人毛匕者，形之匕化諸外者也。考之从人毛丂者，氣之丂諸内者也。形與氣事相因，考與老義相成。”誠按：《素問・陰陽别論》云：“不得隱曲。”

國故論衡疏證上之十

理惑論

此章氏關於古文字之學說也。文中自揭五疑以難吉金外,餘皆明辨甲骨之不可憑者。誠按:《國故論衡》於一九一〇年(清宣統二年)寫定。《理惑論》之作,雖尚未確知其歲月,然國人首見之甲骨文字及其考釋,莫先於劉鶚之《鐵雲藏龜》、孫詒讓之《契文舉例》。劉書於一九〇三年(清光緒二十九年)影行,孫書於一九〇四年(清光緒三十年)問世。則章氏此文當作於爾後數年閒可知。自羅振玉、王國維以來,研究甲骨文字,已成專門之業。迄於今日,斯學更蔚爲大國矣。章氏早年,由於所見不廣,又鑒於古器物之多僞造,考辨金文之多逞臆說,於是發爲此論。而晚歲所見,則頗異乎其前。一九三五年六月,《與金祖同論甲骨文第一書》有云:"鐘鼎可信爲古器者,什有六七。甲骨之爲物,真僞尚不可知。"是於彝器已多所肯定,於甲骨已不復斷言其僞。蓋門下高弟若黄侃者,嘗先其師而知甲骨金文之不可非矣。其《與人書》有云:"山川鼎彝,洨長所信。今不信其所信,徒執木版傳刻之篆書，以爲足以羽翼《説文》，抑何隘耶。”又云："近世洹上發得古龜，斷缺之餘，亦有瓌寶”云云。是豈無所爲而發哉。黄君既自求購《殷虚文字存真》，又嘗以所得《殷虚書契前編》，爲章氏壽。既用是質之於師，師於胸懷獨契之弟子，又未必不虚受其言，相從論難，而文字觀遂與年俱變。故郭沫若氏亦言："此先生爲學之進境也。再隔若干年，余深信甲骨可信爲古物者什有六七之語。必將出於章先生之筆下。”斯蓋事所必然，而惜乎先生之不享大年也。即其早歲因甲骨來歷不明而疑之，亦信如姜亮夫氏所云，固治學謹嚴者應有之態度矣。誠又按：東漢有牟子《理惑論》（舊題牟融撰），此文借以標題。

《説文》録秦漢小篆九千餘文，《説文解字·叙》云："此十四篇，五百四十部也。九千三百五十三文。重一千一百六十三。”段《注》："今依大徐本所載字數覈之，正文九千四百卅一，增多者七十八文。重文千二百七十九，增多者百一十六文。此由列代有沾（添）注者。今難盡爲識别，而亦時可裁僞，去太去甚。略見注中。”**而古文大篆未備。**《説文·叙》云："今叙篆文，合以古籀。”商承祚《説文中之古文攷》云："古文者，壁中書也。許氏所據，尚得其真，婁經傳鈔，遂多失型。”又云："郭忠恕《汗簡》夏竦《古文四聲韵》，乃廣集古文以成專書。其目録多至七十餘家，十九不存於世，學者疑之。”又云："許氏慨文字之不章，古籀文之淩獵，乃著《説文解字》，附録古籀文，其體固别出小篆，非同小篆不録，乃不同小篆而附者。所以知其然，於部首‘㽉’則曰亦古文鬲（鬲亦部首），明此等字，與古文同，其它則非古文。段氏《説文解字注》云：‘小篆之於古籀，或仍之，或省改之。仍者十之八九，省改者十之一二而已。仍則小篆皆古籀也，故不更出古籀，省改則古籀非小篆也，故更出之（“古文弌”《注》）。’此乃擬議之辭，非許氏意。且不知文字之變遷也（籍使相同，亦不過小部分，絶不能盡合）。今試就小篆及甲骨文金文觀之：相合者不過十之二三，不合者十之七八，古籀文何能異例乎。”又云：“其掇録籀文而攷之者，僅王國維之《史籀篇疏證》，據甲骨金文爲之爬梳，辭賅義博，其功蓋不下於《三蒼》也。”**後人抗志慕古，或趨怪妄。**抗志，猶言執意。《六韜·文韜·上賢篇》“士有抗志高節，以爲氣勢”，《後漢書·申屠蟠傳》“抗志彌高，所尚益固”。《説文·叙》云：“郡國亦往往於山川得鼎彝，其銘即前代之古文，皆自相似。而世人大共非訾，詭更正文，鄉壁虚造不可知之書，變亂常行，以燿於世。”**余以爲求古文者，宜取《説文》獨體，觀其會通。攝以音訓，九千之數，統之無慮三四百名。此則蒼頡所始造也。**《周易·繫辭上篇》：“聖人有以見天下之動而觀其會通，以行其典禮。”《説文·手部》：“攝，引持也。”段《注》：“凡云攝者，皆整飭之意。”《廣雅·釋訓》：“無慮，都凡也。”王念孫《疏證》：“無慮，亦大數之名。《宣十一年左傳釋文》云：‘無慮，如字。一音力於反。’無慮，疊韵字也。”誠按：章氏造《文始》，剌取

《説文》獨體，命以初文，其諸渻變，與聲具而形殘，若同體複重者，謂之準初文。都五百十字，集爲四百五十七條。討其類物，比其聲均。音義相讎，謂之變易。義自音衍，謂之孳乳。坒而次之，得五六千名（《文始敘》）。此由排斥甲骨金文，故誤以許書爲可盡信，誤謂初文爲倉頡所造，所以來後生之紛紛辨正也。**五帝三王之世，改易殊體。**語見《説文·敘》。段《注》："黄帝爲五帝之始。自黄帝而帝顓頊高陽，帝嚳高辛，帝堯，帝舜，爲五帝。夏禹，商湯，周文武；爲三王。其間文字之體，更改非一，不可枚舉。傳於世者，槩謂之倉頡古文，不皆倉頡所作也。"**今既不獲遠求遂古，**《楚辭·天問篇》"遂古之初，誰傳道之"，王《注》："遂，往也。"又見《廣雅釋詁》一。**《周禮》故書，《儀禮》古文，有《説文》所未録者，足以補苴闕遺。**故書，猶言舊本。《周禮·天官·大宰》"以九貢致邦國之用，二曰嬪貢"，鄭《注》："嬪，故書作賓。"孫詒讓《正義》引徐養原云："《周禮》有故書、今書之别，《疏》謂劉向未校以前爲古文，既校以後爲今文，非也。以鄭《注》考之，凡杜子春、鄭大夫、鄭司農所據之本，並是故書。故書、今書，猶言舊本、新本耳。"胡承珙《儀禮古今文疏義序》："《後漢書·儒林傳》云：'《前書》魯高堂生傳《禮》十七篇，至梁人戴德及德兄子勝，於是德爲《大戴禮》，勝爲《小戴禮》。'"又云："鄭玄本習《小戴禮》，後以古經校之，取其義長者順故，爲鄭氏學。是則鄭《注》所謂今文者，乃《小戴》本，所謂古文者，則前書云古經出於魯淹中者也。鄭君作注，參用二本。從今文者,則今文在經,古文出注;從古文者,則古文在經,今文出注。然有不言今古文,但云某或作某者,殆當時行用,更有别本。此十七篇文字異同之由,而今文、古文所以流傳也。"又孫詒讓云:"《周禮》故書、今書與《儀禮》古文、今文不同。《儀禮》自有古今文兩家之學,《周禮》則自劉歆以來,止有古文之學,無所謂今文。徐氏謂故書亦爲校後之本,故書、今書猶言舊本、新本,足正賈《疏》之誤。"誠按:補苴已見《音理論篇疏證》。**邯鄲淳《三體石經》,作在魏世,去古猶近。** 章氏《新出三體石經考》:"宋蘇望所摹《三體石經》,洪氏録入《隸續》。洪氏考《水經注》,乃知正始所刻與熹平蔡邕所書者異事。前此《後漢書》、《經典釋文》、《資治通鑑》皆誤以三體書爲熹平所立。趙明誠先辨之(誠按:見《金石録》)。衛恒既與淳有舊(誠按:見《晉書·衛恒傳》),没時去正始才五十年。而范曄去正始幾二百年,以三體歸之蔡邕。傳聞之與目睹,虛實易辨,不須博徵。"**其閒殊體,若虞字作䖵之類,庶可采録。** 章氏於《三體石經》,評價甚高。其言有云:"經文專取先秦故書,《説文》所未録、《經典釋文》所闕者,於是乎可考。斯乃東序秘寶、天球河圖之亞。七八百年所不睹,而於末世獲之,誠非吾儕始願所及也。"又商承祚《説文中之古文考》亦云:"近年來、芒洛之虛,出魏正始《三字石經》,其古文大都與郭、夏同。知漢唐及宋古文之學尚盛行。《石經》古文,點畫多中矩,殆爲太學定本,故攷之詳。自非隨意采録,率爾操觚者比也。"采者,《説文》:"采,藏也。

呆，古文保。"段《注》："宲與保音同義近。"**旁有陳倉石鼓，得之初唐**，陳倉，今陝西寶雞市東，石鼓之出土，時在唐初，地在天興縣（今寶雞市）南二十里三時原。鼓數凡十。每鼓刻四言詩十首（第八鼓已無字）。隋以前未見著録，自唐韋應物、韓愈作《石鼓歌》，其名始顯。原物屢經遷徙，殘損殊甚。宋歐陽修所録，已僅四百六十五字。清天一閣所藏北宋拓本，爲四百六十二字。而王昶《金石萃編》所録，則爲四百六十四字。**晚世疑爲宇文新器，蓋非其實**，此金馬定國、清莊述祖説。宇文者，北周也。**雖叵復見遠流，亦大篆之次也。**原注：按石鼓不知作於何時，必云宣王所作，史籀所書，固無其徵，然大致不相遠。○雖叵復見遠流，用《説文·叙》語。玄應《音義》二十四引《三蒼》云："叵，不可也。"誠按：以石鼓爲周宣王時物，始於唐之張懷瓘、韓愈諸人。其它異説甚多，此不縷舉。至清乾隆帝，遂定爲宣王時矣。而近人考證，以爲秦之遺物；視諸家爲近實也。又按：石鼓字體在籀篆之閒，自明楊慎以來，考釋之者，多有成書。時賢郭沫若氏亦有《石鼓文研究》專著。**四者以外，宜在闕疑之科。**四者，指上所説《説文》獨體、《周禮》故書與《儀禮》古文、正始《三體石經》及《石鼓文》。《論語·爲政篇》"多聞闕疑"，劉寶楠《正義》："闕疑者，《左氏·昭二十年傳注》：'闕，空也。'其義有未明，未安於心者、闕空之也。"科者，《説文》："科，程也。"《廣雅·釋言》："科，品也。"**而世人尊信彝器，以爲重寶。**《左氏·定四年傳》："官司彝器"，杜《注》："彝器，常用器。"孔《疏》:"常用之器,蓋罇、罍、俎、豆之屬。"龔自珍《説宗彝》:"彝者常也。百器之總名也。"王國維《説彝》:"尊彝皆禮器之總名也。古人作器,皆云作寶尊彝,或云作寶尊,或云作寶彝,然尊有大共名之尊(禮器全部),有小共名之尊(壺、卣、罍等總稱),又有專名之尊(盛酒器之侈口者),彝則爲共名而非專名。"誠按:彝器之見寶重,歷代皆然。説詳阮元《商周銅器説下》。**皮傅形聲,曲徵經義,顧以《説文》爲誤,斯亦反矣**。自宋以來,考釋金文諸家,誠有穿鑿紕繆之處。然許君闕誤,賴金文而補訂之者,正復不少。而文字變遷之跡,亦因以大明。固未可以考釋之誤而輕疑金文之本體也。雖然,末流之弊,李慈銘亦嘗慷慨言之,《越縵堂日記》(第十六册)有云:"金石固不可不講。而近之後生,往往全不讀書,惟持一破瓦之背,以爲是漢也、魏也;一壞象之髻,以爲是北魏也,北齊也。模粘文字,不識點畫,而曰可正《説文》。杜撰年號,不辨時代,而曰可補正史;文理不通,字體不正,而游揚聲氣,干謁公卿,磬行妄言,習爲狂傲,是風氣之大害也。"按:李氏此論,深切著明,或章所未及,故並録之。皮傅者,《後漢書·張衡傳》載其上疏云:"且河洛六藝,篇録已定,後人皮傅,無所容篡。"李《注》:"揚雄《方言》曰:'秦晉言非其事謂之皮傅謂不深得其情核,皮膚淺近,强相傅會也。'無所容竄(本作篡,亦通),謂不容妄有加增也。"**彝器之出,自宋始盛**。北宋以後,高原古冢,所獲吉金,數量之多,前此未有,詳見王國維《宋代金文著録表》。僅就王表所録樂器、禮器、兵器、度量衡器、雜器等五類計之,即達六百四十又三事。除少數疑僞,其三代遺物,竟達五百六十又四。秦漢以後,僅六十器耳。**然郭忠恕《汗簡》、**宋郭忠恕撰《汗簡》三卷,又目録叙略一卷,分部從《説文》之舊。徵引古文凡七十一家,分隸諸字,即用古文之偏旁,其所徵引諸家,存於今者,不及二十之一,故後之考古文者,大抵以此書爲據依也。《宋史》卷四四二有《郭忠恕傳》。**夏竦《古文四聲韵》、**宋夏竦撰《古文四聲韵》五卷,集前後所獲古文字,凖唐《切韵》,分爲四聲,本《汗簡》而成之。所得古文,標目凡九十八家,多於郭書者二十七家。《宋史》卷二八三有《夏竦傳》。**王欽若天書,即出其閒。**《宋史·真宗紀》:"大中祥符元年春正月乙丑,有黄帛曳左承天門南鴟尾上。守門卒塗榮告有司以聞。上召羣臣拜迎於朝元殿。啓封,號稱天書。夏四月乙未,以知樞密院事王欽若、參知政事趙安仁爲泰山封禪經度制置使。六月乙未,天書再降於泰山醴泉北。壬寅,迎泰山天書於含芳園。四年正月丙申,詔以六月六日天書再降日爲天貺節。丁酉,奉天書發京師。贊曰:及澶淵既盟,封禪事作,祥端沓臻,天書屢降,導迎奠安,一國君臣,如病狂然。《論》曰:天書之誣,造端於欽若。"又《王欽若傳》:"大中祥符初,爲封禪經度制置使,兼判兖州,爲天書儀衛副使。先是真宗嘗夢神人言:賜天書於泰山,即密諭欽若,欽若因言:六月甲午,木工董祚於醴泉亭北見黄素曳草上,有字不能識。皇城吏王居正見其上有御名,以告。欽若既得之,具威儀奉導至社首,跪授中使馳奉以進。真宗至含芳園奉迎,出所上天書,再降祥瑞圖示百僚。"誠按:合《紀傳》觀之,可得天書事之首尾。《宋史紀事本末》卷二十二有"天書封祀"專則。**方士詭僞,固已多矣。**方士,謂方術之士。詭僞,猶言欺詐。《史記·秦始皇本紀》:"三十五年,悉召文學方術士甚衆,欲以興太平。方士欲練以求奇藥。"《玉篇》:"詭,欺也,謾也。"《類篇》:"詭,詐也。"誠按:正始《石經》,章氏深崇信之,而其所載古文,大都同於郭、夏。然則兩家之書,自非方士詭僞之比。**且輕用民力,莫如漢魏,浚深穿堅,時時閒作。**兩漢三國,迭興大役。諸如修繕長城,擴展疆域,采集銅鐵,興治水利,以及城郭宫室之建造,陂池井渠之開鑿,無不徵用巨大人力爲之。浚者,《公羊·莊九年傳》:"浚之者何,深之也。"《漢書·溝洫志》"其處易浚",顔《注》:"浚,謂治道之令其深。"閒者,《詩·周頌·桓篇》:"皇以閒之",毛《傳》:"閒,代也。"《後漢書·班彪傳下》李《注》:"閒,迭也。"**由晉訖隋,土均尚厲,彝器顧少掊得,**《周禮·地官》:"土均掌平土地之政,以均地守,以均地事,以均地貢。"鄭《注》:"政,讀爲征,所平之税,邦國都鄙也。地守,虞衡之屬;地事,農圃之職;地貢,諸侯之九貢"。《文選·洛神賦》李《注》:"厲,急也。""顧,猶反也。傳注多言之。"《説文》:"掊,把也。今鹽官入水取鹽爲掊。"《史記·封禪書》:"見地如鉤狀,掊視得鼎。"《漢書·郊祀志》顔《注》:"掊,謂手杷土也。"誠按:《説文叙》稱:"郡國亦往往於山川得鼎彝。"足見文物之出,爾時尚盛。魏晉以降,世積亂離,民生憔悴。轉慕玄虚,始扇清談之風,嗣多佛法之奉,金石專業,宜非所崇，重以歷世破壞，有如潘祖蔭列舉之六厄（詳潘氏《攀古樓彝器款識·自序》），故宋人所載秦漢以下彝器，遂不滿百矣，豈能但憑著録之希逕疑掊得之寡哉。**下及宋世，城郭陂池之役簡於前代，而彝器出土反多，其疑一也。**宋承五季之後，民得暫蘇。重以刻書流行，人知嚮學，文物之出，宜所致意，著録日富，勢有必然。斯蓋無庸置疑者也。《孟子·公孫丑下篇》："三里之城，七里之郭。"《説文》："陂，阪也，一曰池也。"**自宋以降，載祀九百，轉相積絫，其器愈多。**《左氏·宣三年傳》"載祀六百"，《詩·鄘風·載馳傳》："載，辭也。"《爾雅·釋天》："夏曰歲，商曰祀，周曰年；唐虞曰載。"《説文》："絫，增也。"按：宋太祖趙匡胤建國，在公元九六〇年，下迄清光緒二十六年，當公元一千九百年，約舉成數，故云九百。又據王國維《國朝金文著録表》，鮑鼎《國朝金文著録表補遺》及王氏《原本奪漏諸器表》，三者合計，凡七千一百四十有三器。其中三代之遺爲五千八百有四。列國先秦器爲一百六十有四。漢以後器爲一千一百七十有六。**然發之何地，得之何時，起自何役，獲自誰手，其事狀多不詳。就有一二詳者，又非衆所周見。其疑二也。**此殆不宜以今衡古。今之科學伐掘無論矣。即土木興建，山川行役，得一器於何時何地何人，無不詳爲紀載，以資考信。而昔人於此，雖尟措意，亦未嘗無計及者。王國維《宋代金文著録表序》云："竊謂《考古》、《博古》二圖。摹寫形制，考訂名物，用力頗鉅，所得亦多。乃至出土之地，藏器之家，苟有所知，無不畢紀，後世著録家當奉爲準則。”斯可見矣。**古之簠簋、咸云竹木所爲，**《説文》：“簠，黍稷圜器也。”“簋，黍稷方器也。”二字皆从竹。又《儀禮·公食大夫禮》鄭《注》：“進稻粱者以簠，舊《禮》家以爲刻木爲之。”誠按：簋之别有三，或以木制，其形圓，所以盛黍稷；或以竹制，其形方，所以盛棗栗之屬；又或以銅爲之，所以盛肴饌。其形制與施用，皆有不同。**管仲鏤簋，已譏其侈，**《禮記·禮器篇》：“管仲鏤簋朱紘，君子以爲濫矣。”鄭《注》：“濫亦盜竊也。鏤簋，謂刻而飾之。大夫刻爲龜耳。”又《雜記下篇》：“孔子曰：管仲鏤簋而朱紘，旅樹而反坫，山節而藻棁，賢大夫也，而難爲上也。”鄭《注》：“言其僭。天子諸侯鏤簋，刻爲蟲獸也。”**而晚世所獲，悉是鎔金，著録百數。何越禮者之多。其疑三也。**據王國維《國朝金文著録表》、鮑鼎《國朝金文著録表補遺》及王氏《原本奪漏諸器表》綜計：簠凡一百有八事（少數疑僞），簋凡八十事。誠按：器銘文字：簠作[illegible]、作匲、作鋪。《周禮》又有“旊人爲簋”之文。銘文簋作𣪕，無从竹者。蓋此二器，始皆爲陶，中經竹木，後乃進於冶鑄；此制作之演進，非所論於越禮也。今傳世簠簋悉是銅制，其朔已不可見。**祭饗庸器，非匹庶之家所有；**《説文》：“祭，祀也。”“祀，祭無已也。”段《注》：“統言則祭祀不别也。”《周禮·秋官·大行人》“饗禮九獻”云云，鄭《注》：“饗，設盛禮以飲賓也。”又《春官·序官·典庸器》，鄭《注》：“庸，功也。鄭司農云：‘庸器，有功者鑄器銘其功。’”誠按：匹庶猶言庶民。《後漢書·黨錮傳序》：“令行私庭，權移匹庶，任俠之方。成其俗矣。”**至於戈、戟、刀、鈹，布在行伍；**《説文》：“戈，平頭戟也。”“戟，有枝兵也。”“刀，兵也。”“鈹、火鍼也。一曰劒如刀裝者。”此四者皆兵器也。誠按：戈與戟形製相似，舊説皆以戈爲商物，傳世甚多，而戟則甚少。《禮記·中庸篇》：“布在方策。”賈誼《過秦論》：“躡足行伍之閒。”又《文選》張衡《西京賦》“結部曲，整行伍”，善《注》：“《左傳》曰‘行出犬雞’，杜預云：二十五人爲行。行亦卒之行列也。《周禮》曰：‘五人爲伍。’”濟注：“行伍，校隊之名。”**錡、釜、耒、耨，用之家人；**《詩·召南·采蘋篇》“維錡及釜”，毛《傳》：“錡，釜屬。有足曰錡，無足曰釜。”《釋文》：“錡，三足釜也。”《方言》：“鍑，或謂之鑊。江淮陳楚之閒謂之錡。”《説文》：“錡，鉏鋤也。江淮之閒，謂釜曰錡。”“耒，手耕曲木也。”《國語·齊語》韋《注》：“耨，鎡錤也。”此四者皆農具也。誠按：《周易》有《家人》卦。**少多之劑，千萬相越，**《説文》：“劑，齊也。”謂分齊也。相越，猶言相遠，已見《小學略説篇疏證》。**然晚世所見者，禮器有餘，兵農之器反寡，其疑四也。**遠在殷商武丁以前，已有成套禮器。武丁以後，新型彌繁。禮器者，祭祀之瑞寶，權力之信物，謂爲有繫家國宗廟之吉凶常變、興滅存亡者也。王室貴族，畸重之而首鑄之，此其所以獨多。至於兵器，宋人所紀，僅有四事，故章氏以爲寡。然清代著録，則逾五百，禮器之外，以此爲衆。斯由統治者擴充武裝所必需也。青銅農具，傳世良少。蓋既見珍視，必防損壞之易；故不甘大量鑄造，付之奴隸耳。要之，以上三者,或多或少,皆有其故,無可致疑。**刀、布埶輕,失則易墜**;《荀子·榮辱篇》“餘刀布,有囷窌(窖)”,楊《注》:刀、布,皆錢也。刀取其利,布取其廣。”《史記·平準書》“農工商交易之路通,而龜貝金錢刀布之幣興焉”,《索隱》:“布者,言貨流布。刀者,錢也。以其形如刀,故曰刀。以其利於人也。”誠按:《説文》:“隊,从高隊也。”今用墜。**鐘鼎質重,載之及溺**;《墨子·魯問篇》:“攻其鄰國,殺其民人,取其牛馬粟米貨財,則書之於竹帛,鏤之於金石,以爲銘於鐘鼎,傳遺後世子孫。”《詩·大雅·桑柔篇》“載胥及溺”,鄭《箋》:“胥,相;及,與也。皆相與陷溺於禍難”。《説文》:“休,没也。从水,从人,讀與溺同。”段《注》:“此沉溺之本字也。”**所以亡國之虚,下有積錢**;就戰國史實言之:各國首都既多爲鑄造金屬貨幣及其發行之主要地,又全國財賄所聚,故自古迄今;時有古幣出土。如齊都臨淄遺址之齊夻化、齊建邦造夻化兩種刀幣,燕下都遺址之各種明刀幣,秦都咸陽遺址之半兩幣,洛陽王城遺址鑄有東周、大信字樣方孔圓錢。又咸陽所出趙國鑄造之陳爰金版諸物,皆其彰彰者也。虚者,《説文》:“虚,大丘也。”《左氏·昭十七年傳》:“宋,大辰之虚也。”《釋文》:“虚,起居反。”孔《疏》:“虚者,舊居之處也。”錢者,朱駿聲《説文·通訓定聲》云:“古者貨貝而寶龜。周太公立九府圜法,乃有泉。至秦廢貝行錢。《史記·平準書》‘龜貝金錢’,《索隱》:‘本名泉,言貨之如流泉也。’《周語》‘景王二十一年,將鑄火錢’,《注》:‘錢者金幣之名。古曰泉,後轉曰錢。’”又章氏《小學荅問》云:“古之鑄錢者,形如契刀,故謂之刀。亦象臬銛,故謂之錢。”**秦致九鼎,淪入泗水;理之恒也。**《左氏·宣三年傳》:“王孫滿曰:昔夏之方有德也,遠方圖物,貢金九牧,鑄鼎象物,百物而爲之備,使民知神姦。桀有昏德,鼎遷於商,載祀六百,商紂暴虐,鼎遷於周。”《漢書·郊祀志》:“禹收九牧之金,鑄九鼎,象九州。”《史記·秦始皇本紀》:“二十八年,始皇還,過彭城、齋戒禱祠,欲出周鼎泗水,使千人没水求之,弗得。”又《封禪書》云:“其後(周太史儋語秦獻公之後)百二十歲而秦滅周,周之九鼎入於秦。或曰宋太丘社亡而鼎没於泗水彭城下。其後百一十五年而秦并天下。”《説文》:“淪,一曰没也。”“恒,常也。”**自餘觶、爵、簠、簋之倫,輕不如錢,重不如鼎,其漂流墊陷蓋少,得失之分,未論其由。其疑五也。**之倫,猶言之屬。《説文》:“倫,輩也。”“觶,鄉飲酒角也。受四升。”“爵,禮器也。象爵之形,中有鬯酒,又持之也。”此與簠、簋皆禮器,鑄之既多,流布遂廣且久,於輕重得失無與也。《説文》又云:“漂,浮也。”“墊,下也。”《荀子·儒效篇》“其言多當矣,而未論也”,楊《注》:“未論,謂未盡曉其義。”**然則吉金著録,寧皆鴈器,**吉金,謂祭禮所用鼎彝之屬。《韓城鼎銘》:“堅久吉金,用作寶尊鼎。”鴈器者,僞器也。此義今字作贋。《韓非子·説林下篇》:“齊伐魯,索讒鼎,魯以其鴈往。齊人曰:鴈也。魯人曰:其也。”**而情僞相雜,不可審知,**情僞,猶言真僞。《周易·繫辭下》“聖人設卦以盡情僞”。審者,《説文》:“宷,悉也。知宷諦也。从宀,从釆。審,篆文宷从審。"《吕氏春秋·察微篇》"公怒不審",高《注》:"審,詳也。"**必令數器互讎,文皆同體,**原注:如丁作,祖作且,惟作隹之類。〇讎謂校讎。《文選·魏都賦》《注》引劉向《别録》云:"一人讀書,校其上下得繆誤爲校,一人持本,一人讀書,若怨家相對爲讎。"誠按:丁作,見《師旂鼎》、《癲鍾》等器。祖作且,見《盂鼎》、《秦公鐘》等器。惟作隹,見《昌鼎》等器。數器互讎之法,孫詒讓早用之矣。**斯隺然無疑耳。**《經傳釋詞》八:"斯,猶乃也。"《説文》:"隺,高至也。《易》曰:'夫乾隺然。'"按:今本《繫辭》"隺"作"確"。《釋文》:"確,苦角反。"**單文閒見,宜所簡汏,**謂雜厠其中無可比勘之鮮見文字,當别擇而清洗之也。《禮記·玉藻篇》、《左氏·隱三年傳》《釋文》並云:"閒,閒厠之'閒'。"《戰國策·秦策》"簡練以爲揣摩",高《注》:"簡,汰也。"《説文》:"汏,淅瀟也。"段《注》:"淅字賸。《釋詁》曰:'汏,墜也。'汏之則沙礫去矣,故曰墜也。凡沙汏、淘汏,用淅米之義引申之,或寫作汰,多點者誤也。"**無取詭效殊文,**《文選》班固《幽通賦》"變化故而相詭兮,孰云預其終始,李《注》引曹大家云:'詭,反也。'"殊文、謂異形之文字。沈約《王儉碑》:"殊文共會。"宋鄭樵嘗掇一代或異代異國之鐘鼎錢刀古器文同字異形者爲《古今殊文圖》、《一代殊文圖》、《諸國殊文圖》三篇,附於《通志·六書略》之後。**用相誑燿,**謂妄言欺人以自炫燿也。《説文叙》云:"變亂常行,以燿於世。"**故曰:"索隱行怪、吾弗爲之矣。"**語見《禮記·中庸篇》,

"索"作"素"。朱熹《章句》:"素,按《漢書》當作'索'。索隱行怪,言深求隱僻之理而過爲詭異之行也。"誠按:《漢書·藝文志》顔《注》:"《禮記》載孔子之言索隱,求索隱暗之事而行怪迂之道。"**穿鑿之徒,務欲立異。**穿鑿,謂字之不可通者,輒任意牽合,以求其通也。《後漢書·徐防傳》:"孔子稱述而不作。今不依章句,妄生穿鑿,輕侮道術,寖以成俗。"**自莊述祖、龔自珍好玩奇辭,文致瑑兆。**文致,猶言文飾,附會。《後漢書·賈逵傳論》:"桓譚以不善讖流亡,鄭興以遜辭僅免,賈逵能附會文致,最差顯貴。"李《注》:"賈逵附會文致,謂引左氏明漢爲堯後也。"瑑兆者,《説文》:"瑑,圭璧上起兆瑑也。"鍇《注》:"瑑,謂起爲壠,若篆文之形。"段《注》:"《周禮》先鄭注云:瑑,有圻鄂瑑起也。兆者,垗也。営域之象,先鄭所謂垠堮也。"誠按:莊述祖生清乾隆十五年(公元一七五〇年),卒嘉慶二十一年(公元一八六一年),年六十七歲,江蘇武進人。龔自珍生乾隆五十七年(公元一七九二年),卒道光二十一年(公元一八四一年),年五十歲,浙江仁和人。莊氏著有《説文古籀疏證》、《鐘鼎彝器釋文》、《石鼓然疑》等書。晚歲嘗爲口號,有"慣看模黏字、耑攻穿鑿文"之句,此夫子自道也。龔氏著有《商周彝器文録》、《漢器文録》、《金石通考》(未成)、《吉金款識》、《泉文記》、《瓦録》等書,蓋自十七歲游太學見《石鼓文》,遂抗志欲爲此學矣。唐蘭論莊氏之學曰:"乾隆時,許學正盛行,莊述祖却想利用彝器文字來建設出一個古籀系統來代替《説文》,但是他所苦的,還是材料太少,認識不足。並且他想把一切文字都推源於甲子等二十二字。

這是一種玄想。”又論龔氏曰:“乾嘉以後,金文學雖極盛,但辨識文字方面,進步很少。陳慶鏞、龔自珍等所釋,往往穿鑿不經”云云。**晚世則吴大澂尤憙銅器。**吴大澂,晚清吴縣人。酷嗜古金石器,藏有宋微子鼎等寶物。所著如《愙齋集古録》、《説文古籀補》、《恒軒金石録》諸書,皆有名於世。**亦有燔燒餅餌,毁瓦畫墁,以相欺紿。不悟僞迹,顧疑經典有譌,《説文》未諦。**此阮元、吴大澂等見欺之事也。章氏《與金祖同論甲骨文第二書》云:“近世精於賞鑒者,推阮芸臺、吴清卿,然其受人欺紿、醲爲嘲笑之事甚多,況今人之識,又下於阮、吴甚遠耶。”毁瓦畫墁,見《孟子·滕文公下篇》。朱熹《集注》:“墁,牆壁之飾也。”紿者,《説文》:“絲勞即紿。”段《注》:“古多叚爲詒字。《言部》曰:詒者,相欺詒也。”**逭孫詒讓,頗檢以六書,勿令離局。**孫詒讓生清道光二十八年(公元一八四八年),卒光緒三十四年(公元一九〇八年),年六十一歲,浙江瑞安人。於章氏爲前輩學者。其下世之前一年,覆書章氏,有“近惟以研翫古文大篆自遣”之語。逭者,《詩·召南·摽有梅》篇“逭其吉兮”,鄭《箋》:“逭,及也。”《方言》三:“逭,及也。東齊曰逭。”檢者,《華嚴經音義》上引《漢書音義》:“檢,局也。”《文選·演連珠》李《注》引《蒼頡》:“檢,法度也。”局者,《爾雅·釋言》:“局,分也。”郭《注》:“局,謂分部也。”《禮記·曲禮上篇》“左右有局,各司其局”,鄭《注》:“局,部分也。”**近校數家,諒爲慎密。**《國語·齊語》“合羣叟比校民之有道者”,韋《注》:“校,考合也。”

《詩·小雅·何人斯篇》"諒不我知"，鄭《箋》："諒，信也。"唐蘭氏曰："小學家不能深通金文，而金文家不治小學，所以辨識古文字的方法和條理，没有人去注意。和吴氏同時的孫詒讓、以小學家兼金文家，條理清晰，方法精密，前此未有。所著《古籀拾遺》、《古籀餘論》、《契文舉例》、《名原》等書，雖不免錯誤，但他所懸的以商周文字展轉變易之迹，上推書契之初軌的鵠的，却頗有一部分的成功。"**然彝器刻畫，素非精理。**孫氏《古籀拾遺序》："意必之論，刊除未盡，且僅據傳摩，罕覯墨本，點畫漫缺，或滋妄説。"**形有屈伸，則説爲殊體；字有暗昧，而歸之缺泐。**《説文》："缺，器破也。""泐，水石之理也。《周禮》曰：'石有時而泐。'"鍇《注》："言石因其脈理而解裂也。"**乃云李斯妄作，**孫氏《名原敘》云：李斯之作小篆，廢古籀，尤爲文字之大戹。秦漢閒諸儒傳讀經典，已不能精究古文。《書》《詩》傳自伏生、毛公，《左氏春秋》上於張蒼。大毛公當六國時，前於李斯，伏固秦博士，張則柱下史，咸逮見李斯者。三君所傳，尚不無舛駁，斯之學識，度未能遠過三君，而乃奮肊制作，徇俗蔑古，其違失倉史之恉，寧足責邪。**叔重貤繆，**《説文》："貤，重次第物也。"段《注》："重次第者，既次第之，又因而重之也。"《廣雅·釋詁》一："貤，益也。"王念孫《疏證》："貤之言移也，移此以益彼也。"誠按：孫氏《名原》謂許君不能盡見古文，《説文》所録，頗多遺闕（《見説文補闕篇》）。其所載者。又多舛誤；於古文而異之奇字，許書又不悉識别（見《古籀撰異篇》）。此孫氏言論之大略也。**此蓋**

吾之所未諭也。唐蘭《中國文字學前論》云:"我的同鄉老儒金蓉鏡先生寫信給我,批評孫詒讓祧許慎而祖倉頡。在老先生的眼光裏,這就是不可恕的罪狀。但在我們看來,只有這樣,文字學纔有新的生命、出路。"**又近有掊得龜甲者,**據羅振玉《洹洛訪古記》:清光緒初年,河南安陽小屯村殷虚,已有甲骨出土,乃農民犂田時得之者。**文如鳥蟲,又與彝器小異。**王莽六書有鳥蟲書。段玉裁曰:"謂其或像鳥、或像蟲。"**其人蓋欺世豫賈之徒。**豫賈,見《荀子·儒效篇》、《淮南子·覽冥訓》、《史記·循吏傳》、《説苑·反質篇》,謂虚定高價以誑人也。《儒效篇》云:"仲尼將爲司寇,魯之粥牛馬者不豫賈。"王引之曰:"豫,猶誑也,《周官·司市注》曰'使定物價,防誑豫'是也。豫與誑同義。"誠按:甲骨出土後,其初土人目之爲龍骨;或乃以填枯井,藥店購之,一斤才得數錢,後漸爲骨董商人注意,於原地賤值收買,轉運京津,高價出售。一八九九年(清光緒二十五年),濰縣骨董商人范維卿初以甲骨文字介紹於世,福山王懿榮旋以重金陸續从若輩得數百片,是爲學人重視此物之始,**國土可鬻,何有文字,**爾時世變日亟,故有此憤激之語。《説文》:"鬻,賣也。"《詩·鴟鴞釋文》同。劉寶楠《論語·里仁篇》《正義》引《後漢·列女傳》注:"何有,言若無有。"**而一二賢儒,信以爲質,斯亦通人之蔽。**一二賢儒,謂劉鶚、孫詒讓也。劉鶚定龜甲文爲殷人刀筆書。孫詒讓信之,謂爲不誣。劉氏既多得王懿榮遺物,又求之於來自北京琉璃廠之骨董商,與曾爲王氏奔走之趙執齋，以及與范維卿交易之友人，從中選擇一千〇五十八片，都爲一集。於公元一九〇三年（清光緒二十九年），以《鐵雲藏龜》之名，影印行世。斯甲骨文字著録成書之始。越年，孫詒讓資之以作《契文舉例》，於卜辭内容，分門别類，概爲十章。此爲考釋甲骨文字之始。質者，《左氏・襄九年傳》"要盟無質"，孔《疏》引服虔注："質，誠也。"通人者，王充《論衡・超奇篇》云："通書千卷以上，萬卷以下，弘暢雅閑，審定文讀，而以教授爲人師者，通人也。"又許慎《説文・叙》有"博采通人"之語。蔽者，《荀子・解蔽篇》楊《注》："言不能通明，滯於一隅，如有物壅閉之也。"**按《周禮》有釁龜之典**，《周禮・春官・龜人》"上春釁龜，祭祀先卜"，鄭《注》："釁者，殺牲以血之神之也。"誠按：《詩・周頌・維清篇》"文王之典"，毛《傳》："典，法也。"**未聞銘勒**，孫詒讓之説則不然。以爲"契龜刻甲，古所恒覯，不足異也。"《國語・晉語》"其銘有之"，韋《注》："刻器曰銘。"《禮記・月令篇》："孟冬，命工師效功，物勒工名，以考其誠。"鄭《注》："勒，刻也。刻工姓名於其器，以察其信。"**其餘見於《龜策列傳》者，乃有白雉之灌，酒脯之禮**。褚先生《補史記龜策傳》，述宋元王時，"漁者舉網而得神龜，龜自見夢宋元王、元王召博士衛平，告以夢龜狀。平諫王留神龜以爲國重寶，元王乃刑白雉及與驪羊，以血灌龜，脯酒禮之，身全不傷。"誠按：《説文》："脯，乾肉也。"**粱卵之祓，黄絹之裹**，《龜策傳》又云："常以月旦祓龜。先以清水澡之，以卵祓之。祝曰：'今日吉，謹以粱卵焍黄祓去玉靈之不祥。'"《索隱》:"拂洗之以水,雞卵摩之而呪。粱,米也。卵,雞子也。焍,灼龜木也。黄者,以黄絹裹粱卵以祓龜也。必以黄者,中之色,主土而信,故用雞也。"**而刻畫書契無傳焉。**《孟子·梁惠王上篇》:"是以後世無傳焉。"**假令灼龜以卜,**《説文》:"灼,炙也。""卜,灼剥龜也。象炙龜之形。一曰:象龜兆之縱横也。"**理兆錯迎,璺裂自見,**《龜策傳》云:"理達於理,文相錯迎。"王念孫曰:"理達於理,文不成義。理達當爲程達。程理右半相似,又涉下理字而誤也。程與呈,古字通。灼龜爲兆,其理縱横,呈達於外,故曰程達於理,文相錯迎也。《太平御覽·方術部》引此正作程達於理。"**然非所論於二千年之舊藏也。**甲骨乃盤庚遷殷以後之物。遷殷之舉,在公元前一四〇一年。舊藏之出,在公元十九世紀晚期。**夫骸骨入土,未有千年不壞,積歲少久,故當化爲灰塵。**近年出土古尸,有遠在兩千年以前者,足見骸骨外表,可以歷久不壞。而自其化學性質言之,則有機質分解以後,所餘無機物爲易破碎耳。**龜甲蜃珧,其質同耳。**《周禮·天官·鼈人》"以時簎魚鼈龜蜃凡貍物",鄭《注》:"蜃,大蛤。"《爾雅·釋魚》:"蜃,小者珧。"誠按:龜甲與蜃珧,其質不同。從發育本源言:龜之甲來自中胚層,而蜃珧則來自外胚層,從化學成分言:前者主要含磷酸鈣;後者主要含碳酸鈣;從分類學所處地位言:龜屬爬行動物,而蜃珧爲軟體,品級遠低於龜。**古者隨侯之珠,**《淮南子·覽冥訓》"隋侯之珠",高《注》:"隋,漢東之國,姬姓諸侯也。隋侯見大蛇傷斷，以藥傅之，後蛇於江中銜大珠以報之，因曰隋侯之珠，蓋明月珠也。"誠按：隋，《説山訓》及《史記・鄒陽傳》並作"隨"。**照乘之寶**，《史記・田敬仲完世家》："魏王與齊威王會田于郊。梁王曰：'若寡人國，小也，尚有徑寸之珠照車前後各十二乘者十枚。'"**琫珌之削**，《説文》："琫，蜃屬。禮：佩刀：士琫琫而珧珌（段《注》：《詩》《正義》作琫琫而琫珌）。""琫，佩刀上飾也。天子以玉，諸侯以金。""珌，佩刀下飾。天子以玉（段《注》：此當云天子以珧，諸侯以玉）。""削，鞞也。""鞞，刀室也（段《注》：漢人曰削，俗作鞘）。"**餘蚳之貝，今無有見世者矣**。《爾雅・釋魚》："餘貾，黄白文。"陸德明所見本，"貾"作"蚳"。郭《注》云："以黄爲質，白文爲點。"誠按：《詩・小雅・巷伯篇》"成是貝錦"，毛《傳》："貝錦，錦文也。"鄭《箋》："錦文者，文如餘泉餘蚳之貝文也。"孔《疏》引李巡曰："餘蚳貝甲，黄爲質，白爲文彩。"**足明堊質白盛，其化非遠**，《説文》："堊，白涂也。"段《注》："以白物涂白之也。涂白爲堊，因謂白土爲堊。古用蜃灰。《周禮》：其白盛之蜃。《注》云：'謂飾牆使白之蜃也。今東萊用蛤，謂之叉灰云。'"誠按：六十年來，經科學伐掘，古珠玉器不斷出土。僅安陽殷虚一地，即數以千計。而一九七六年，伐掘婦好墓，所得玉器，達七百五十五事，幾占隨葬品總數百分之四十。**龜甲何靈，而能長久若是哉**。龜甲之能長久若是，早經科學鑒定矣。**鼎彝銅器，傳者非一，猶疑其僞，況於速朽之質，易薶之器**，《禮記・檀弓上篇》"喪欲速貧，死欲速朽"，《説文》:"薶,瘞也。"錯注:"藏於草下也。古之葬者,厚衣之以薪。"**作僞有須臾之便**,今觀甲骨文字,無不精雕細刻,蓋非倉猝之所能辦也。**傳者非貞信之人**,章氏僅見《鐵雲藏龜》、雖多得之骨董商人,然若曹所售,寧皆贋器,更無論於爾,後之科學伐掘矣。傳之者若羅振玉輩,亦不宜以其人而廢其言。貞者,《新書·道術篇》云:"言行抱一謂之貞。"《釋名·釋言語》:"貞,定也,精定不動惑也。"章氏《新方言·釋言》:"《説文》:'貞,卜問也。'凡貞異於常問,以有固必審諦之意,故引伸爲真實。"**而羣相信以爲法物**,《後漢書·光武紀》:"益州傳送公孫述瞽師、郊廟樂器、葆車、輿輦,於是法物始備。"王先謙《集解》引《通鑑》胡《注》:"法物;即上樂器、葆車、輿輦之類。"**不其傎歟**。《穀梁·僖二十八年傳》"以爲晉文公之行事爲已傎矣",范《注》:"以臣召君,傎倒行事。"**夫治小學者,在乎比次聲音,推迹故訓,以得語言之本。不在信好異文,廣徵形體**。《周禮·春官·世婦》"比其具",鄭《注》:"比,次也。"推迹,已見《小學略説篇》。誠按:文字者語言之符號,非即語言也。治語言可不拘牽形體。而治文字則非廣徵形體,無以明其遞嬗之由,似未可並爲一談也。**曩令發玉牒於泰岱**,《史記·封禪書》:"封泰山下東方,如郊祠太一之禮。封廣丈二尺,高九尺,其下則有玉牒書,書祕。"《説文》:"岱,大山也。"段《注》:"作太作泰皆俗。"**探翮翼於泗淵**,《史記·楚世家》:"吞三翮六翼,以高世主,非貪而何。"《索隱》:"翮,亦作鬲,同。音歷。三翮六翼,亦謂九鼎也。空足曰翮，六翼即六耳。”**萬人貞觀，不容作僞者，**《周易·繫辭下》“天地之道，貞觀者也”。《禮記·文王世子篇》“萬國以貞”，鄭《注》：“貞，正也。”**以補七十二家之微文、**《史記·封禪書》：“古者封泰山、禪梁父者七十二家，而夷吾所記者，十有二焉。”段玉裁《説文叙注》：“封大山者七十二家，見《管子》、《韓詩外傳》、司馬相如《封禪文》、《史記·封禪書》。”**備鑄器象物之遺法，**《左氏·宣三年傳》有“鑄鼎象物”之語，引見前。杜《注》：“象所圖物，鑄之於鼎。”**庶亦可矣。**《論語·先進篇》“回也其庶乎”，何《注》：“言回庶幾聖道。”《説文》：“尚，庶幾也。”**若乃奉矯誣之器，**《經傳釋詞》七：“若乃，轉語詞也。”《尚書·僞仲虺之誥篇》：“夏王有罪，矯誣上天，以布命於下。”某氏《傳》：“言託天以行虐於民，乃桀之大罪。”**信荒忽之文，**《文選》張衡《思玄賦》“追荒忽於地底兮”，李《注》：“荒忽，幽昧貌。”**以與召陵正書相角。**召陵正書，謂許慎所著《説文解字》也。慎，東漢汝南召陵縣萬歲里人。角者，《漢書·賈誼傳》“非親角材而臣之也”，顏《注》：“角，校也，競也。”**斯于六書之學，未有云補。**《經傳釋詞》三：“云，語中助詞也。”**擬之前代，**《漢書·揚雄傳上》“常擬之以爲式”，顏《注》：“擬，謂比象也。”**則新垣玉杯之刻，**《史記·孝文本紀》：“十七年，得玉杯。刻曰：‘人主延壽。’於是天子始更爲元年。”又《封禪書》云：“其明年，新垣平使人持玉杯、上書闕下獻之。平言上曰：‘闕下有寶玉氣來者，已視之，果有獻玉杯者，刻曰“人主延壽”。’人有上書告新垣平所言氣神事皆詐也。下平吏治，誅夷新垣平。”**少翁牛腹之書也**，事見《史記·孝武本紀》及《封禪書》。《書》云：“其明年，齊人少翁以鬼神方見上。居歲餘，其方益衰，神不至。乃爲帛書以飯牛，詳不知。言曰：‘此牛腹中有奇’，殺視得書，書言甚怪。天子識其手書，問其人，果是僞書。於是誅文成將軍。”**寧可與道古邪**。《楚辭·天問篇》：“遂古之初，誰傳道之。”《廣雅·釋詁》二：“道，説也。”

國故論衡疏證上之十一

正言論

晚清語文運動之大旗，曰文言合一。其義有二：一指書面語與口頭語相一致；一指文字制度與拼切語音要求相符合。前者爲當時白話文運動之原則；後者爲當時漢字改革者之主張。一八九八年，裘廷梁《論白話爲維新之本》，提出崇白話而廢文言之口號。一八九九年，陳榮衮《論報章宜改用淺説》，有"文言之禍亡中國其一端矣"之語。宋恕則在一八九一年倡造切音文字多種以便幼學之議（見《六齋卑議》），而黄遵憲先於一八八七年夏完成之《日本國志》中，已昌言漢文漢字之當改革。其《學術志》二有云："周秦以下，文體屢變，逮夫近世，章疏移檄，告諭批判，明白曉暢，務期達意，其文體絶爲古人所無，若小説家言。更有直用方言以筆之於書者，則語言文字幾幾乎複合矣。余又烏知夫他日者不更變一文體爲適用於今，通行於俗者乎。"又云："文字者，語言之所從出也。雖然，語言有隨地而異者焉，有隨時而異者焉，而文字不能因時而損益，畫地而施行。言有萬變，而文止一種，則語言與文字離矣。居今之日,讀古人書,徒以父兄師長遞相授受,童而習焉,不知其艱。苟迹其異同之故,其與異國之人進象胥舌人而後通其言辭者,相去能幾何哉。”凡此,並章氏所謂“時彦諱言”也。《太炎文別録》卷二《論漢字統一會》中有與此論互相發明者,兹移録之。其文云:“俗士有恒言,以言文一致爲準。所定文法,率近小説演義之流。其或純爲白話,而以藴藉温厚之詞閒之。所用成語,徒唐宋文人所造。何若一返方言,本無言文歧異之徵,而又深契古義,視唐宋儒言爲典則邪。昔陸法言作《切韵》,蓋集合州郡異音,不悉以隋京爲準。今者音韵雖宜一致(原注:如所謂官音者。然順天音過促急,平入不分,難爲準則),而殊言別語,終合葆存。但令士大夫略通小學,則知今世方言上合周漢者衆,其寶貴過於天球九鼎,皇忍撥棄之爲。彼以今語爲非文言者,豈方言之不合於文,顧士大夫自不識字耳。若强立程限,非直古書將不可讀,雖今語亦有窒礙不周者。代以同音之字,則異地者勿能通曉。夫正名百物,所以明民共財,汗漫書之,甚無謂也。”合兩論而觀之,益足明其立言之意矣。

文言合一,蓋時彦所諱言也。《爾雅·釋訓》:“美士爲彦。”郭《注》:“人所喭詠。”《説文》:“彦,美士有文,人所言也。”“諱,譨也。”**此事固未可猝行。**《説文》:“猝,犬从草暴出逐人也。”段《注》:“叚借爲凡猝乍之稱,古多叚卒字爲之。"《廣雅·釋詁》:"暴、暫,猝也。"王念孫《疏證》引《方言注》:"謂急速也。"**藉令行之,不得其道,徒令文學日窳。**《漢書·陳勝傳集注》引服虔:"藉,猶借也。"《説文》:"窳,汙窬也。"段《注》:"汙窬蓋與汙衺同,亦謂下也。"**方國殊言,閒存古訓,亦即隨之消亡。**《詩·大雅·大明篇》:"厥德不回,以受方國。"漢揚雄撰《方言》,其《答劉歆書》,自稱《殊言》十五卷。此云方國殊言,即子雲所謂别國方言也。章氏《新方言序》:"今之殊言,不違姬漢。"即此所謂閒存古訓也。消者,《説文》:"消,盡也。"段《注》:"未盡而將盡也。"**以此闓闡烝黎,翩其反矣。**闓闡已見《成均圖〔説〕疏證》。猶開明也。《詩·大雅》有《烝民篇》毛《傳》:"烝,衆也。"《尚書·堯典篇》"黎民於變時雍",某氏《傳》:"言天下衆民皆變化從上。"《論語·子罕篇》引逸《詩》"唐棣之華,偏其反而",《詩·桑柔》《釋文》:"偏,本亦作翩。"**余以爲文字訓故,必當普教國人。九服異言,咸宜撢其本始。**《周禮·夏官·職方氏》:"乃辨九服之邦國:方千里曰王畿,其外方五百里曰侯服,又其外方五百里曰甸服,又其外方五百里曰男服,又其外方五百里曰采服,又其外方五百里曰衛服,又其外方五百里曰蠻服,又其外方五百里曰夷服,又其外方五百里曰鎮服,又其外方五百里曰藩服。"鄭《注》:"服,服事天子也。《詩》云:'侯服於周。'"撢者,《説文》云"探也"。已見《古雙聲説篇》。**乃至出辭之法,**《論語·泰伯篇》:"出辭氣,斯遠鄙倍矣。"**正名之方,**《論語·子路篇》:"必也正名乎。名不正則言不順。"《集解》:"馬曰:正百事之名。"又《荀子》有《正名篇》。**各得準繩,悉能解諭。**《孟子·離婁上篇》:"聖人既竭目力焉,繼之以規矩準繩,以爲方圓平直,不可勝用也。"朱熹《集注》:"準,所以爲平;繩,所以爲直。"《説文》:"諭,告也。"段《注》:"凡曉諭人者,皆舉其所易明也。《周禮·掌交注》曰:'諭,告曉也。'曉之曰諭,其人因言而曉亦曰諭。諭,或作喻。"**當爾之時,諸方别語,庶將斠如畫一,**此用《史記·曹相國世家》語。錢大昕《十駕齋養新録》四:"'《説文》:斠,平斗斛也。'古岳切,即《月令》角斗甬之角。鄭康成《注》:'角,謂平之也。'《漢書·曹參傳》:'蕭何爲法,講若畫一。'文穎曰:'講,或爲較,《史記》作顜。'顜即斠之異文。"**安用豫設科條,彊施檃括哉。**《戰國策·秦策》:"科條既備,民多僞態。"《荀子·大略篇》:"乘輿之輪,太山之木也,示諸檃括。"楊《注》:"示,讀爲寘。檃括,矯煣木之器也。"**世人徒見遠西諸國,文語無殊,遂欲取我華風,遠同彼土。**《太炎文録初編·别録》卷一《中華民國解》云:"神靈之胄,自西方來,以雝梁二州爲根本。雝州之地,東南至於華陰而止。梁州之地,東北至於華陽而止。就華山以定限,名其國土曰華,則緣起如是也。其後人迹所至,徧及九州,華之名於是始廣。華本國名,非種族之號,然今世已爲通語。世稱山東人爲侉子者,侉即華之遺言矣。"誠按:歐美謂亞洲之東部曰遠東,我亦因謂歐美諸邦曰遠西。**不悟疆域異形,大小相絶,**《文選》左思《魏都賦》:"爾其疆域則旁極齊秦,結湊冀道,開胸殷衛，跨躡燕趙。"《淮南子·墬形訓》"絶國殊俗僻遠幽閒之處"，高《注》："絶，遠也。"**彼之一國，當我數道，**漢制：縣有蠻夷曰道。唐貞觀時，分天下爲十道（後析增五道爲十五道），猶今之省。清分一省爲數道，以布政司領之，體制與唐異。此文所云"道"，主要就清制言之。若亞美利加等國，則不可同日而語矣。**地既陜迫，舎俗易同。**《説文》："陜，隘也。""迫，近也。""舎，徒歌（段《注》：舎、謡古今字）。""俗，習也。"《史記·貨殖列傳》："夫天下物所鮮所多，人民謡俗，山東食海鹽，山西食鹽鹵，領南沙北固往往出鹽。大體如此矣。"**我則經略廣員，**《左氏·昭七年傳》"天子經略"，杜《注》："經營天下，略有四海，故曰經略。"《詩·商頌·長發篇》"幅隕既長"，毛《傳》："幅，廣也；隕，均也。"鄭《箋》："隕，當作圓，圓，謂周也（阮元《校勘記》：圓，小字本作員）。"孔《疏》："言中國廣大而圓周也。"**兼包區夏，**《尚書·康誥篇》"用肇造我區夏"，某氏《傳》："始爲政於我區域諸夏。"**剛柔燥溼，風土互殊。其異一也。**《漢書·地理志》，凡民函五常之性云云，已引見《古音娘日二紐歸泥説疏證》。《國語·周語上》："是日也，瞽帥音官以省風土。"韋《注》："音官、樂官以音律省土風，風氣和則土氣養也。"**又彼土常言，多原羅馬，**今歐洲羅馬尼亞語、法語、西班牙語、意大利語等皆屬印歐語系羅馬語族。其文字又皆采用拉丁字母。**乃復雜以土風，**如羅馬尼亞語，即有四種方言。《文選》左思《魏都賦》："蓋音有楚夏者，土風之乖也。"向《注》："土，土壤；風，風俗。”按:《左氏・成九年傳》:“樂操土風,不忘舊也。”乃謂鄉土歌謡,非此義。**雅鄭相貿**。《論語・陽貨篇》“惡鄭聲之亂雅樂也”,《集解》:包曰:“鄭聲,淫聲之哀者。惡其亂雅樂。”《史記集解序》:“世之惑者,定彼從此,是非相貿,真僞舛雜。”《説文》鍇《注》:“貿,猶亂也。”徐灝《箋》:“貿亂當是瞀之假借。”**借使羅馬先民,復生今日**,《詩・大雅・抑篇》:“借曰未知,亦既抱子。”毛《傳》:“借,假也。”鄭《箋》:“假令人云王尚幼少”云云。先民,已見《古雙聲説篇疏證》。**聞彼正音,方當欸爲畔喭**。《説文》:“欸,欸欸,戲笑皃。”《論語・先進篇》“由也喭”,《集解》鄭云:“子路之行,失於畔喭。”《尚書・無逸篇》“乃逸乃諺”,某氏《傳》:叛諺不恭。叛諺與畔喭同。《詩・大雅・皇矣篇》作畔援,《漢書・叙傳》《注》作畔換,《文選・魏都賦》作叛换。誠按:公元前六世紀已有拉丁語文獻,隨古羅馬之擴張而傳布於西南歐各地,而法、意、西等語,則在羅馬帝國崩潰之後,分化而成,拉丁語之消亡久矣。**夫以非正爲正,則正者譎矣;兩在非正之位,則一不獨正矣**。《説文》:“譎,權詐也。益梁曰謬。”《莊子・天下篇》:“而倍譎不同,相謂别墨。”成玄英《疏》:“譎,異也。俱誦《墨經》,而更相倍異,相呼爲别墨。”**反觀諸夏語言,承之在昔**,諸夏,已見《小學略説篇疏證》。承,謂承續。《詩・商頌・那》篇:“自古在昔,先民有作。”毛《傳》:“先王稱之曰在(當作自)古,古曰在昔,昔曰先民。”**殊方俚語,各有本株**,班固《西都賦》:“踰崐崘,越巨海,殊方異類,至於三萬里。”誠按:班固所云,蓋指異域,此則謂方國爾。俚語,猶言俗語。《五代史·王彦章傳》:"彦章武人,不知書。常爲俚語謂人曰:'豹死留皮,人死留名。'本株,已見《轉注假借説篇疏證》。"《太炎文别録》卷二於此曾舉數例云:"《小爾雅》肆訓極、《説文》肆訓極陳,《大雅》'其風肆好',肆好者,極好也。今遼東謂極備曰有得肆,蘇州謂極熱曰熱得肆,訓肆爲極,是與古同。楚人發語言羌,今湖北黄梅人冠語多用羌字,音歛如姜。《釋詁》訓都爲於,今江南蘇州人言於則用都字,音促如篤。冰出爲凌,見諸《國風》、《官禮》,淮西猶謂雨而木冰爲油光凌,暴雨爲涷,徵之《楚辭》、《淮南》、川陝閒猶謂夏月暴雨曰偏涷雨。類此即俚語之本株也。"**故執旋機以運大象,**《尚書·堯典篇》:"在璿璣玉衡,以齊七政。"璿璣,《大傳》作琁機、《史記·天官書》及《律書》作旋璣,《漢書·律曆志》作旋機。史遷以北斗七星爲旋璣玉衡,鄭玄以璿璣玉衡爲渾天儀(見《史記集解》及《宋書·天文志》)。《老子》三十五章"執大象,天下往",王《注》:"大象,天象之母也。"奚侗曰"大象,道也。道本無象,彊云大象,四十一章所謂大象無形也。"誠按:《周易·乾·卦象》曰孔《疏》:"此大象也。十翼之中,第三翼總象一卦,故謂之大象。"**得環中以應無窮,**《莊子·齊物論篇》"樞始得其環中,以應無窮",郭《注》:"夫是非反復,相尋無窮,故謂之環,環中空矣。今以是非爲環,而得其中者,無是無非也。無是無非,故能應夫是非;是非無窮,故應亦無窮。"成《疏》:"夫絶待獨化,道之本始,爲學之要,故謂之樞。"**比合土訓,在其中乎。**《周禮·地官·土訓》"掌道地圖以詔地事”，鄭《注》：“道，説也，説地圖九州形勢，山川所宜，告王以施其事也。”**若枉徇偏方**，枉徇，猶言曲從。《説文》：“枉，衺曲也。”段《注》：“本謂木衺曲，因以爲凡曲之稱。”《左氏・文十一年傳》“國人弗徇”，杜《注》：“徇，順也。”《三國志・吴書・薛綜傳》：“遂受偏方之任，總河北之軍。”**用爲權槩**，《禮記・月令篇》“正權槩”，鄭《注》：“稱錘曰權。槩，平斗斛者。”《説文》：“槩，杚斗斛也。”段《注》：“槩本器名，用之平斗斛亦曰槩。凡平物曰杚，所以杚斗斛曰槩。”**既無雅俗之殊，寧得隨情取舍，其異二也。**《經傳釋詞》六：“甯（寧），猶豈也。成二年《左傳》曰‘甯不亦淫從其欲以怒叔父’是也。”**又彼土自日耳曼以來，仍世樸塞**，日爾曼族屬印歐族歐洲派。今之德、奥、英諸國，皆其後裔。仍世，猶言累代。《晉書・武帝紀》“粤在魏室，仍世多故”。樸塞者，《淮南子・精神訓》“契大渾之樸”，高《注》：“樸，猶質也。”又《主術訓》“此治道之所以塞”，高《注》：“塞，猶閉也。”**畫革旁行，無過迻書聲氣**，《史記・大宛列傳》：“〔安息〕畫革旁行，以爲書記。”《集解》韋昭云：“外夷書皆旁行。今扶南猶中國，直下也。”迻者，《説文》：“迻，遷徙也。”段《注》：“今人假未相倚移之移爲遷迻字。”誠按：《周易・乾・文言》云：“同聲相應，同氣相求。”**雖有增華，離質非遠。**蕭統《文選序》：“踵其事而增華，變其本而加厲。”**我則口耳竹帛，文質素殊**，口耳相傳者口語也，箸之竹帛者文學語也。**今若以語代文，便將廢絶誦讀；若以文代語，又令喪失故言；文語交困，**

未見其益。其異三也。劉歆《移讓太常博士書》:"往者綴學之士,不思廢絶之闕,苟因陋就寡,分文析字,煩言碎辭。"**世方瞀亂,**《説文》:"瞀,低目謹視也。"段《注》:"《班志》云區霿,服虔云人儚瞀,荀卿云儚猶瞀儒。他書或云嫈瞀,或云瞉瞀,或云怐愗。《説文·子部》云"㝅瞀,皆謂冒亂不明。其字則霿爲正字。《雨部》云:'霿,晦也。'"**余之所懷,旦莫難遂。**《説文》:"懷,念思也。"旦莫即旦暮。言時之短速也。《莊子·齊物論篇》:"萬世之後而一遇大聖,知其解者,是旦暮遇之也。"遂者,《禮記·月令篇》"百事乃遂",鄭《注》:"遂,猶成也。"《吕氏春秋·圜道篇》"遂於四方",高《注》:"遂,達也。"**猶願二三知德君子、考合舊文,索尋古語。**《論語·衛靈公篇》:"知德者鮮矣。"《國語·周語》韋《注》:"考,合也。"《禮記·曲禮下篇》"大夫以索牛",鄭《注》:"索,求得而用之。"**庶使夏聲不墜,**《詩·檜風·素冠篇》"庶見素冠兮",毛《傳》:"庶,幸也。"鄭《箋》:"覬幸一見素冠。"夏聲,謂諸夏之聲。《左氏·襄二十九年傳》:"吴公子札來聘,請觀於周樂,爲之歌秦。曰:此之謂夏聲。"杜《注》:"秦去戎狄之音而有諸夏之聲,故謂之夏聲。"《國語·晉語》"敬不墜命",韋《注》:"墜,失也。"**萬民以察,**《説文·叙》:"萬品以察。"**芳澤所被,不亦遠乎。**鄭玄《詩譜序》:"欲知芳臭氣澤之所及,則傍行而觀之。"司馬遷《報任安書》:"斯不亦遠乎。"《經傳釋詞》三:"凡言不亦者,皆以亦爲語助。"

今以紐韵正音料簡州國,《釋名》有《釋州國篇》。料簡，猶言量選。蔡邕《太尉楊秉碑》："沙汰虛冗，料簡貞實（見本集及《藝文類聚》四十六）。"**譌音變節，隨在而有，**《太炎文别録》卷二《駁中國用萬國新語説》："今之聲韵，或正或譌，南北皆有偏至。北方分紐，善符於神珙，而韵略有函胡；廣東辨韵，眇合於法言，而紐復多殽混。"**妙契中聲，亦或獨至。**妙契，猶言善符。《莊子·寓言篇》"九年而大妙"，王《注》："妙，善也。"《管子·輕重乙篇》"使無券契之責"，尹《注》："合之曰契。"中聲，已見《小學略説篇疏證》。章氏前文又云："南北相校，惟江漢處其中流。江陵武昌，韵紐皆正。然猶須旁采州國，以成夏聲。"**明當以短長相覆，爲中國正音，**相覆，謂易短爲長也。**既不可任偏方，亦不合慕京邑。**偏方，猶言一方。京邑，今言首都。《顔氏家訓·音辭篇》云："自兹厥後（按指反切行用以後），音韵鋒出，各有土風，遞相非笑，指馬之喻，未知孰是。共以帝王都邑參校方俗，考覈古今，爲之折衷。搉而量之，獨金陵（按：孫吴、東晉、宋、齊、梁、陳，皆建都於此）與洛下（按：曹魏、西晉、後魏，皆建都於此，亦周漢之東都也）耳。"誠按：此以京邑音爲正音之説也。而章氏《文别録》卷二《論漢字統一會》有云："今者音韵雖宜一致（原注：如所謂官音者），然順天音過促急，平入不分，難爲準則。"則又不慕京邑之説也。**其表如左方。**吾友詹伯慧氏，今之精研方言者也。誠嘗寫書與論此表，欲乞爲之訂補。伯慧乃語我云："章氏所論方言概況，限於當時條件，自難完美無疵。倘以今日之是而苛責先輩學者，殊非歷史主義觀點，不如存其真之爲妙，不妄置評述之爲宜也。"所見良爲閎通。今從其議，於下表所列各事，非必要不復申論。以見八十年前，章氏爲此之不易。且自審獨力難周，更有博徵海内之舉矣。又按：章氏此表、原係旁行，今易直行，以利省覽而便箋釋。**濁音去聲變清音界直隸、山東、河南、山西，**今北方話去聲，大抵不分清濁，不獨冀、魯、豫、晉爲然。按清置直隸省、民國改稱河北省，今仍之。**清音去聲變濁音界湖北、湖南、廣東、廣西、福建，**今湘方言（如長沙）、粤方言（如廣州、潮州）、閩方言（如厦門、福州）、客家話（廣東梅縣），去聲皆分清濁。**濁音上聲變去聲界除浙江嘉興、湖州二府，他處皆然。**濁上，指全濁聲母之上聲字。今温州、廣州、潮州、博白等地，濁上仍保留原讀。按：明置湖州府，清仍之，轄歸安等七縣，民國廢。**去聲不别《影》《喻》二紐界除江南、浙江，他省皆然。上聲似平界陝西，入聲似去界直隸、山東、河南、山西，**今北京話，清入字分别變讀陰、陽、上、去，全濁入聲變陽平，次濁之入乃讀去聲。濟南話清入轉陰平，其餘與北京話同。洛陽話全濁入聲歸陽平，次濁入聲及清入歸陰平。而太原話清入及次濁之入皆讀陰入，全濁之入讀陽入，大同則入聲不論清濁，仍讀促調。**舌上音歸舌頭界福建，**今厦門、福州、建甌、潮州等地皆然。**舌上音歸喉音界廣東，**喉音當作牙音。下同。已詳《小學略説篇疏證》。**舌上音變正齒界江南、浙江、廣東、湖南、廣西、雲南、貴州，輕唇音歸牙音界除廣東，**

他省多有。牙音，當作喉音。下同。詳《小學略説篇疏證》。今湘、贛、閩、粵、客家等方言，大都輕脣與《曉》《匣》不分。江淮方言、西南方言，亦或混讀。如"夫"與"呼"同音，"飛"與"灰"同音，"方"與"荒"同音之類。而閩方言固無輕脣聲母，輕脣字之讀書音，一般歸喉。**牙音誤輕脣音界廣東，**在粵方言中：中古《非》、《敷》、《奉》三紐字與《曉》、《匣》兩紐之合口韵字聲母不分。如"呼"、"夫"同聲，"灰"、"飛"同聲，"荒"、"方"同聲，"昏"、"分"同聲之屬。**喉音誤齒頭音界廣東，齒頭音歸喉音界各省多有。齒頭音變正齒音界各省多有。《匣》紐變《喻》紐界浙江，《疑》紐誤《娘》紐界除廣東、他省多有。《泥》紐變《娘》紐界除雲南、貴州，他省多有。《泥》紐變《來》紐界直隸、山東、河南、江蘇北部、安徽北部，**中古《泥》《來》兩紐字，在大部分西南方言、一部分江淮方言與西北方言中，大抵混讀不分。惟吴、粵、客家諸方言以及華北、東北地區，分别比較清楚。此所云《泥》變《來》，如"南"字本屬《泥》紐，而南京、揚州、南昌諸地皆讀爲《來》紐矣。**彈舌音變《來》紐界安徽北部，彈舌音誤《禪》紐界江南、浙江、江西、湖南、雲南、貴州、廣東，《魚》韵誤《支》韵界雲南、貴州、廣東、浙江**客家、閩南等方言以及雲南、貴州一帶，韵頭惟有齊齒、合口兩類。其撮口呼韵母，或與齊齒呼合流（如昆明、梅縣），或與合口呼合流（如厦門），或分别轉爲開合兩呼（如潮州）。**鼻音收舌收脣無别界除廣東、他省皆然。**今北方、吴、湘、贛等方言，-m 尾韻俱已消失而併入-n 尾韻中。惟粵、客家、閩南等方言，仍保存之，自我體系。《東》《冬》二韻無別界除湖南、江西、安徽，他省皆然。《青》《真》二韻無別界除廣東，他省皆然。《真》《諄》二韻無別界除嶺北諸省，𨑹南諸省皆然。《江》《陽》二韻無別界。除江西，他省皆然。《術》、《物》等韻誤入《模》韻界直隸、河南、湖北、湖南，《麻》韻誤如《曷》、《末》平聲界除江蘇江寧府、浙江紹興府，他處皆然。清置江寧府，轄江寧、上元等七縣。南宋置紹興府，明清因之，轄山陰、會稽等八縣。《麻》韻誤《先》韻《幽》韻界除浙江、江西、湖南、廣東，他省皆有。

國故論衡疏證中之一

文學總略

《論語》《先進篇》："文學，子游、子夏。"《墨子・非命中篇》："凡出言談，由文學之爲道也。"又《荀子・大略》、《非相》、《王制》，《韓非子・五蠹》、《顯學》等篇，俱言文學，其名義至廣，蓋龕有一切學術藝文之部。今之所論，則爲一切文辭之法式。其關於小學者，則上卷論之；關於哲學者，則下卷論之。故此所云文學與周秦亦别也。《漢志》言劉歆"總羣書而奏其《七略》"。略者，《説文》云"經略土地也"，《吴都賦注》云"分界也"，《檢論・徵七略》云"略者，封畛之正名。傳曰：天子經略"。此篇專論文學之界義，故曰"文學總略"。

文學者，以有文字著於竹帛，故謂之文；論其法式，謂之文學。此言文學之定義。或病其過爲廣漠，然文學本以文字爲基，無句讀文與有句讀文初無根本之别，其容至博，不可削之使狹。證之西方，亦有謂游克力之幾何、牛頓之物理，莫非文學者矣。專主藻采，則必遠於修辭立誠之旨。世人惟不能抉破一切狹陋文論，故有應用文與美文之别。流宕不反，竟有謂美文乃可不重内容，乃可不求人解，乃可不受常識與論理之裁判者，良由持論偏狹，故不勝末流之弊矣。

凡文理、文字、文辭皆言文。言其采色發揚，謂之彣。《説文》"彣，槭也"，段《注》曰："《有部》：'槭，有彣彰也。'是則有彣彰者謂之彣。彣與文義别。凡言文章，皆當作彣彰，作文章者省也。文訓遣畫，與彣義别。"**以作樂有闋，**《説文》："闋，事已閉門也。"《文王世子》"有司告以樂闋"，鄭《注》云："闋，終也。"**施之筆札，**《漢書·郊祀志》、《司馬相如傳》《注》並云："札，木簡之薄小者也。"**謂之章。**《説文》："章，樂竟爲一章。从音十。十，數之終也。"**《説文》云："文，錯畫也。象交文。""章，樂竟爲一章。""彣，槭也。""彰，文彰也。"或謂文章當作彣彰，則異議自此起。**段玉裁之説，見上注。**傳曰"博學於文"，**語見《論語·雍也篇》。劉寶楠《正義》曰："博文者，《詩》《書》《禮》《樂》與凡古聖所傳之遺籍是也。"傳者，《禮記·曲禮疏》云："傳謂傳述爲義，或親承聖旨，或師儒相傳。"按：《論語》爲孔子應答時人及弟子相與言而接聞於夫子之語。是即親承聖旨，師儒相傳之典籍。又其書書以八寸策，不同於二尺四寸之經，故謂之傳也。**不可作彣。《雅》曰"出言有章"，**語見《小雅·都人士篇》。《箋》曰："吐口言語，又有法度文章。"**不可作彰。古之言文章者，不專在竹帛諷誦之間。孔子稱堯舜"焕乎其有文章"，**語見《論語·泰伯篇》。何晏《集解》云："焕，明也。其立文垂制又著明。"劉寶楠《正義》云："上世人質，歷聖治之，漸知禮義，至堯舜而後文治以盛，故《尚書》獨載堯以來。自授時外，復作大章之樂。”又《大戴禮·五帝德》言堯事云：“黄黼黻衣，丹車白馬，伯夷主禮，夔教舞。”皆是立文垂制之略可考見也。**蓋君臣朝廷尊卑貴賤之序，車輿衣服宫室飲食嫁娶喪祭之分，謂之文。八風從律，百度得數，謂之章。**《禮記·樂記》云“八風從律而不姦，百度得數而有常”。八風者，隱五年《左傳》云“舞所以節八音而行八風”，杜《注》：“八風，八方之風。以八音之器，播八方之風。”《疏》引《易通卦驗》云：“立春調風至，春分明庶風至，立夏清明風至，夏至景風至，立秋涼風至，秋分閶闔風至，立冬不周風至，冬至廣莫風至。”八風從律者，鄭注《樂記》云：“應節至也。”百度得數者，鄭云：“百度，百刻也。言日月晝夜不失正也。”尋《樂記》此語以言樂之成功，而章之立名，本依於樂，故云然也。**文章者，禮樂之殊稱矣。其後轉移施於篇什。**古言文章猶禮樂爾。其後名義漸移，若《論語·公冶長篇》“夫子之文章”，《集解》以文彩章明説之，於義爲短。皇侃《義疏》謂文章爲六籍，劉寶楠《正義》謂即《詩》《書》《禮》《樂》夫子以爲教者，斯説得之。篇什者，陸德明《毛詩釋文》云：“什者，若五等之君有詩，各繫其國，舉《周南》即題《關雎》，至於王者施教，統有四海，歌詩之作，非止一人，篇數既多，故以十篇編爲一卷，名之爲什。”**太史公記博士平等議曰：“謹案詔書律令下者，文章爾雅，訓辭深厚。”**原注：《儒林列傳》。○按：《漢書注》師古曰：“爾雅，近正也，言詔辭雅正而深厚也。”**此寧可書作彣彰邪？**此言文章以指詔書律令，何可以采飾爲説。**獨以五采彰施五色，有言黻，言黼，言文，言章者，**《尚書·臯陶謨》云“以五采彰施於五色作服”，《注》鄭康成曰：“性曰采，施曰色；未用謂之采，已用謂之色。”《考工記》曰：“青與赤謂之文，赤與白謂之章，白與黑謂之黼，黑與青謂之黻，五采備謂之繡。”**宜作彣彰，然古者或無其字，本以文章引伸。今欲改文章爲彣彰者，惡夫沖淡之辭，而好華葉之語，**《荀子·非十二子篇》“神禫其辭”，楊倞云：“當爲沖澹。”《論衡·超奇篇》：“且淺意於華葉之言，無根核之深，不見大道體要，故立功者希。”**違書契記事之本矣。**《易·繫辭下》云：“上古結繩而治，後世聖人易之以書契。”**孔子曰：“言之無文，行而不遠。”**襄二十五年《左傳》，記鄭子産獻捷於晉，晉不能難，引仲尼曰：“志有之：‘言以足志，文以足言。’不言，誰知其志？言之無文，行而不遠。晉爲伯，鄭入陳，非文辭不爲功。慎辭也。”**蓋謂不能舉典禮，非苟欲潤色也。**《論語·憲問篇》云：“東里子産潤色之。”《廣雅·釋詁》云：“潤，飾也。”**《易》所以有《文言》者，梁武帝以爲文王作《易》，孔子遵而修之，故曰“文言”，**《周易》孔《疏》云：“《文言》者，是夫子第七翼也。以《乾》《坤》其《易》之門户邪，其餘諸卦及爻，皆從《乾》《坤》而出，義理深奥，故特作《文言》以開釋之。莊氏云：“文謂文飾，以《乾》《坤》德大，故特文飾以爲《文言》。今謂夫子但贊明《易》

道，申説義理，非是文飾華采。"按：莊氏之説孔《疏》不取是也，而阮元《文言説》即祖莊氏，駁見下文。其言梁武帝云云者，陸德明《周易釋文》曰："《文言》，梁武帝云是文王所制。"按：此非謂文王作此《文言》也，謂此名爲"文言"者，以《易》是文王所制，孔子贊《易》，因名"文言"也。宋以前無疑《十翼》者。陸氏語簡，故此引而釋之云爾。非矜其采飾也。夫命其形質曰文，狀其華美曰彣，指其起止曰章，道其素絢曰彰。《論語·八佾篇》"素以爲絢兮"，《集解》馬融曰："絢，文貌。"《論語釋文》引鄭玄曰："文成章曰絢。"劉寶楠《正義》曰："素以爲絢，當是白采用爲膏沐之飾，如後世所用素粉矣。絢有衆飾，而素則後加，故曰素以爲絢。"凡彣者必皆成文，凡成文者不皆彣。是故搉論文學，以文字爲準，不以彣彰爲準。今舉諸家之法，商訂如左方。《説文》："訂，平議也。"

《論衡·超奇》云："能説一經者爲儒生，《漢書·儒林傳》云："博士弟子一歲皆輒課，能通一蓺以上，補文學掌故缺。"又曰："元帝好儒，能通一經者皆復。"博覽古今者爲通人，通人有二説。《論衡》云："通書千卷以上，萬卷以下，弘暢雅閑，審定文讀，而以教授爲人師者，通人也。"此一説也。許慎《説文·序》曰"博采通人，至於小大"，段《注》曰："許君博采通人，載孔子、楚莊王、韓非、司馬相如、淮南王、董仲舒、京房、劉歆、揚雄、爰禮、尹彤、逯安、王育、張林、莊都、歐陽喬、黄顥、譚長、周成、官溥、張徹、甯嚴、桑欽、杜林、衛宏、徐巡、班固、傅毅等説，皆所謂通人也。”此又一説也。**采掇傳書以上書奏記者爲文人，**《文心雕龍·書記篇》：“戰國以前，君臣同書。秦漢立儀，始有表奏。王公國内，亦稱奏書。迄至後漢，稍有名品、公府奏記，而郡將奏箋。”**能精思著文連結篇章者爲鴻儒。”又曰：“州郡有憂，有如唐子高、谷子雲之吏，**《漢書·鮑宣傳》：王莽時清名之士，沛郡唐林子高。又《谷永傳》：永字子雲，長安人。**出身盡思，竭筆牘之力，煩憂適有不解者哉?”**《荀子·王霸篇》：“審吾所以適人，適人之所以來我也。”王氏《釋詞》曰：“下‘適’字訓爲是。”又《吕覽·胥時篇》：“王子光見伍子胥而惡其貌，不聽其説，而辭之曰：‘其貌適吾所甚惡也。’”劉歆《與揚雄書》曰：“今聖朝留心典誥，發精於殊語，欲以驗考四方之事，適子雲攘意之秋也。”王氏曰：“適，猶是也。”按：此“適”字並與諸“適”字同。**又曰：“長生死後，**會稽周長生，在州爲刺史任安舉奏，在郡爲太守孟觀上書，事解憂除，州郡無事。又作《洞歷》十篇，上自黄帝，下至漢朝，鋒芒毛髮之事莫不紀載。並見《超奇篇》。又《案書篇》亦稱“長生爲能知之囊橐文雅之英雄”。錢大昕《養新録》十二云：“周長生名樹，見《北堂書鈔》引謝承《書》。”**州郡遭憂，無舉奏之吏，以故事結不解，徵詣相屬，文軌不尊，筆疏不續也。豈無憂上之吏哉？乃其中文筆不足類也。”又曰：“若司馬子長、劉子政之徒，累積篇第，文以萬數，其過子雲、子高遠矣。然而因成前紀，無匈中之造。**《漢志》：《太史公》百三十篇。劉向所序六十七篇。諸書並由采掇羣籍而成，非胸中之造也。若夫陸賈、董仲舒，《漢志》:《陸賈》二十三篇，《董仲舒》百二十三篇。論説世事，由意而出，不假取於外，然而淺露易見，觀讀之者猶曰傳記。陽城子長作《樂經》、楊子雲作《太玄經》，造於助思，極窅冥之深，非庶幾之才，不能成也。"《繫辭》下云"顔氏之子其殆庶幾乎"，《疏》云:"言聖人知幾，顔子亞聖，未能知幾，但殆近庶慕而已。"桓君山"作《新論》，論世間事，辯照然否，虚妄之言，僞飾之辭，莫不證定。《後漢書》:桓譚，字君山，作《新論》二十九篇。按:此書已佚，清嚴可均輯《後漢文》，有《新論》三卷。彼子長、子雲論説之徒，君山爲甲。《論衡·定賢篇》曰:"世間爲文者衆矣，是非不分，然否不定，桓君山論之，可謂得實矣。論文以察實，則君山漢之賢人也。如君山得執漢平，用心與爲論不殊旨矣。孔子不王，素王之業在於《春秋》。然則桓君山素丞相之跡存於《新論》者也。"又《案書篇》曰:"仲舒之言道德政治，可嘉美也。質定世事，論説世疑，桓君山莫上也。故仲舒之文可及，而君山之論難追也。"自君山以來，皆爲鴻眇之才，故有嘉令之文。"以上《論衡》。準此，文與筆非異塗。所謂文者，皆以善作奏記爲主。自是以上，乃有鴻儒。鴻儒之文，有經傳、解故、諸子，陽成子長、楊子雲所作，經也；司馬子長、劉子政所作，傳也；董仲舒所作，傳也，解故也；陸賈、桓譚所作，諸子也。**彼方目以上第，非若後人擯此於文學外，沾沾焉惟華辭之守。**《漢書·竇嬰傳》"魏其沾沾自喜耳"，張晏曰："沾沾，言自整頓也。"王先謙曰："沾沾自喜，猶言詡詡自得。"惟守華辭，謂若阮元之徒是也。**或以論説、記序、碑志、傳狀爲文也。**以論説等爲文，若姚鼐之徒是也。曾國藩《經史百家雜鈔序例》曰："近世一二知文之士，纂録古文，不復上及《六經》，以云尊經也。然溯古文所以立名之始，乃由屏棄六朝駢儷之文而返之於三代兩漢。今舍經而降以相求，是猶言孝者敬其父祖，而忘其高曾；言忠者曰：'我家臣也，焉敢知國?'將可乎哉?"又曰："《姚姬傳》撰次古文，不載史傳，其説以爲史多不可勝録也。然吾觀其'奏議類'中，録《漢書》至三十八首，'詔令類'中，録《漢書》二十四首，果能屏諸史而不録乎?"**獨能説一經者，不在此列，諒由學官弟子，曹偶講習須以發策決科，**《漢書·黥布傳》"乃率其曹偶，亡之江中"，師古曰："曹，輩也。"《法言·學行篇》："或曰：'書與經同而世不尚，治之可乎?'曰：'可。'或人啞爾笑曰：'須以發策決科。'"《漢書·儒林傳》："歲課甲科四十人爲郎中，乙科二十人爲太子舍人，丙科四十人補文學掌故。"**其所撰著，猶今經義而已，是故遮列使不得與也。**《禮記·玉藻篇》鄭《注》："列之言遮列也。"《説文》："迾，遮也。"

自晉以降，初有文筆之分。范曄自述其《後漢書》曰："文患其事盡於形，情急於藻，義牽其旨，韻移

其意。政可類工巧圖繢，竟無得也。手筆差易，文不拘韻故也。"范曄《獄中與諸甥姪書》，見《宋書》本傳。有韻爲文，無韻爲筆。有韻之文，或拘於體式，或溺於藻采，或務辭而害意，或屈意以就韻，故文成而離質愈遠，則如工巧圖繪，無復本體可得，故不如無韻之筆，可以曲折盡意也。《文心雕龍》云："今之常言，有文有筆：有韻者文也，無韻者筆也。"然《雕龍》所論列者，藝文之部一切并包。是則科分文筆，以存時論，故非以此爲經界也。《文心雕龍》語見《總術篇》。文筆之別，起自魏晉以來。《晉書·蔡謨傳》曰："文筆議論，有集行於世。"史傳言文筆始此。《南史·顔延之傳》曰："竣得臣筆，測得臣文。"此明言文筆之異體也。南北各史言文筆者至衆，詳見阮元《揅經室三集·學海堂文筆策問考》。梁元帝《金樓子·立言篇》曰："屈原、宋玉、枚乘、長卿之徒，止於辭賦，則謂之文。至如不便爲詩如閻纂，善爲章奏如伯松，若此之流，泛謂之筆。吟咏風謡，流連哀思者謂之文。"又曰："筆退則非謂成篇，進則不云取義，神其巧惠，筆端而已。至如文者，惟須綺縠紛披，宫徵靡曼，脣吻遒會，性靈摇蕩。"此説可與范曄、劉勰之言相爲發明。劉師培《中古文學史》曰："區別文筆，蓋漢魏以來，均以有藻韻者爲文，無藻韻者爲筆。東晉以還，説乃稍別。據梁元帝《金樓子》，惟以吟咏風謡，流連哀思者爲文。據范曄《與甥姪書》及《雕龍》所引時論，則又有韻爲文，無韻爲筆。今以宋齊梁陳各史傳證之，知當時所謂筆者，非徒全任質素，亦非偶語爲文，單語爲筆也。蓋當時世俗之文有質直序事悉無浮藻者，如今本《文選》任昉《彈劉整文》所引劉寅妻范氏詣台訴詞是也。亦有以語爲文無復偶詞者，如齊世祖敕晉安王子懋諸文是也。然史傳諸云文筆詞筆，以及所云長於載筆，工於爲筆者，筆之爲體，統該符檄、牋奏、表啓、書札，其彈事、議對之屬，亦屬於筆，史策亦然。凡文之偶而弗韻者，皆晉宋以來所謂筆類也。”又曰：“更即《雕龍》篇次言之，由第六訖於第十五，以《明詩》、《樂府》、《詮賦》、《頌贊》、《祝盟》、《銘箴》、《誄碑》、《哀弔》、《雜文》、《諧讔》諸篇相次，是均有韻之文也。由第十六迄於第廿五，以《史傳》、《諸子》、《論説》、《詔策》、《檄移》、《封禪》、《章表》、《奏啓》、《議對》、《書記》諸篇相次，是均無韻之筆也。此非《雕龍》隱區文筆二體之驗乎？或曰：彦和既區文筆二體，何所著之書總以“文心”爲名？不知當時世論，雖區分文筆，然筆不該文，文可該筆。故對言則筆與文别，散言則筆亦稱文。故史書所記無韻之作亦或統稱文章。觀於王儉《七志》，於集部總稱文翰；阮孝緒《七録》則稱文集；而《昭明文選》，其所選録，不限有韻之詞，此均文可該筆之證也。”按：劉氏此論，至爲辨晰。惟《雕龍》篇次，有韻無韻，各從其類，自然之體也，不必爲區分文筆之驗。至其篇中文筆並詞，若《序志篇》云“論文取筆”，《總術篇》云“文場筆苑”，斯亦隨俗之稱名，諒非畫疆之持論也。**昭明太子序《文選》也，其於史籍，則云不同篇翰，其於諸子，則云不以能文爲貴**。梁昭明太子《文選序》曰：“姬公之籍，孔父之書，與日月俱懸，鬼神爭奥，孝敬之準式，人倫之師友。豈可重以芟夷,加之剪截?老莊之作,管孟之流,蓋以立意爲宗,不以能文爲本。今之所撰,又亦略諸。若賢人之美辭,忠臣之抗直,謀夫之話,辨士之端,冰釋泉涌,金相玉振,所謂坐狙丘,議稷下,仲連之却秦軍,食其之下齊國,留侯之發八難,曲逆之吐六奇,蓋乃事美一時,語流千載,概見墳籍,旁出子史。若斯之流,又亦繁博,雖傳之簡牘,而事異篇章。今之所集,亦所不取。至於記事之史,繫年之書,所以褒貶是非,紀別異同,方之篇翰,亦已不同。若其讚論之綜緝辭采,序述之錯比文華,事出於沈思,義歸乎翰藻,故與夫篇什雜而集之。"**此爲裒次總集,自成一家,體例適然,非不易之定論也。**《抱朴子·百家篇》曰:"**陜見之徒,**陜,與狹同。**區區執一。惑詩賦瑣碎之文,而忽子論深美之言。**《文心雕龍·諸子篇》曰:"博明萬事爲子,適辨一理爲論。"**真僞顛倒,玉石混殽。同廣樂於桑間,**《史記·趙世家》:"簡子寤,語諸大夫曰:'我之帝所,甚樂,與百神游於鈞天,廣樂九奏萬舞。'"《禮記·樂記篇》:"桑間濮上之音,亡國之音也。"**均龍章於素質。"**《文選》趙景真《與嵇茂齊書》"表龍章於裸壤",李善《注》:"龍,袞龍之服也。章,章甫之冠也。"**斯可以箴矣。**原注曰:《世説·文學篇》《注》引《惠帝起居注》曰:"裴頠著二論以規虚誕之弊,文辭精富。"此即《崇有》二論也。《世説》又言王長史宿搆精理,並撰其才藻,往與支道林語,敘致作數百語,自謂是名理奇藻。又云:支道林通《莊子·漁父篇》,作七百許語,敘致精麗,才藻奇拔,是皆名理之言,諸子之鼓吹也。而以精富才藻爲目，足知晉時所謂翰藻正在此類。且沈思孰若莊周、荀卿，翰藻孰若《吕氏》、《淮南》，總集不摭九流之篇，格於科律，固不應爲之辭。《隋書·經籍志》曰："總集者，以建安之後辭賦轉繁，衆家之集日以滋廣，晉代摯虞苦覽者之勞倦，於是採摘孔翠，芟剪繁蕪，自詩賦〔下〕各爲條貫，合而編之，謂之《流别》。是後又集總鈔，作者繼軌，屬詞之士，以爲覃奥而取則焉。"觀此，明總集之作，本以囊括别集，采其英華，經史諸子，不登於録，其體制則然。昭明選文，本知此意，序言自非略其蕪穢，集其清英，蓋欲兼功，太半難矣。豈非摯氏之旨，乃不登子史。而必以不文及篇翰爲言，則從而爲之辭也。誠以文筆區分，《文選》所集，無韻者猥衆，《魏都賦注》引《廣雅》曰："猥，衆也。"寧獨諸子？若云文貴其彣邪，未知賈生《過秦》、魏文《典論》同在諸子，何以獨堪入録？有韻文中，既録漢祖《大風》之曲，即《古詩十九首》亦皆入選，而漢晉樂府反有憖遺。《文選》"樂府類"惟録《古樂府》以下十家，餘如《郊祀》、《鐃歌》之大，《子夜》、《讀曲》之細，皆所不取，知其所重不在音節也。憖遺者，哀十六年《左傳》："不憖遺一老。"憖，語詞也。亦有用之句首者，昭廿八年《左傳》："憖使吾君聞勝與臧之死也以爲快。"是也。是其於韻文也，亦不以節奏低卬爲主，獨取文采斐然，足燿觀覽，又失韻文之本矣。是故昭明之説，本無以自立者也。原注：《晉書·樂廣傳》："請潘岳爲表，便成名筆。"

《成公綏傳》:"所著詩賦雜筆十餘卷。"《張翰傳》:"文筆數十篇行於世。"《曹毗傳》:"所著文筆十五卷。"《王珣傳》:"夢人以大筆如椽與之,既覺,語人曰:'此當有大手筆事。'俄而帝崩,哀策謚議皆珣所草。"《南史·任昉傳》:"既以文才見知,時人云任筆沈詩。"《徐陵傳》:"國家有大手筆,必命陵草之。"詳此諸證,則文即詩賦,筆即公文,乃當時恒語。阮元之徒猥謂儷語爲文,單語爲筆。任昉、徐陵所作,可云非儷語邪?○按:阮元有《書昭明太子文選序後》,附載其略於此云:昭明所選,名之曰文,蓋必文而後選,非文則不選也。經史子不可專名曰文,故昭明特明其不選之故。必沈思翰藻,始名爲文,始以入選也。或曰:昭明必以沈思翰藻爲文,於古有徵乎?曰:事當求其始,凡以言語著之簡策,不必以文爲本者,皆經也,子也,史也。言必有文,專名之曰文者,自孔子《易》《文》《言》始。傳曰:"言之無文,行之不遠。"故古人言貴有文。孔子《文言》實爲萬世文章之祖。此篇奇偶相生,音韻相和,如青白之成文,如《咸》《韶》之合節,非清言質説者比也,非振筆縱書者比也,非佶屈澀語者比也。是故昭明以爲經也,子也,史也,非可專名爲文也。專名爲文,必沉思翰藻而後可也。自齊梁以後,溺於聲律。彦和《雕龍》,漸開四六之體。至唐而四六更卑。然文體不可謂之不卑,而文統不得謂之不正。又曰:如必以比偶非文之古者而卑之,而孔子自名其言曰《文言》,一篇之中,偶句凡四十有八,韻語凡三十有五,豈可以爲非文之正體而卑之乎?又曰:《四書》文之體,皆以比偶成文,真乃上接唐宋四六爲一脈,爲文之正統也。然則今人所作之古文，名之爲何？曰：凡説經講學，皆經派也；傳志記事，皆史派也；立意爲宗，皆子派也。惟沈思翰藻，乃可名之爲文也。非文者尚不可名之爲文，况名之曰古文乎？又《與友人論古文書》曰：昭明《選序》體例甚明，後人讀之，苦不加意。《選序》之法，於經史子三家不加甄録，爲其以立意記事爲本，非沈思翰藻之比也。今之爲古文者，以彼所棄，爲我所取，立意之外，惟有紀事，是乃子史正流，終與文章有别。以上阮氏之論，至推極八比，以爲正統，其偏狹可知也。

近世阮元，以爲孔子贊《易》，始著《文言》，故文以耦儷爲主，又牽引文筆之説以成之。阮元《文言》説曰："許氏《説文》：'直言曰言，論難曰語。'《左傳》曰：'言之無文，行之不遠。'此何也？古人以簡策傳事者少，以口舌傳事者多；以目治事者少，以口耳治事者多。故同爲一言，轉相告語，必有愆誤。是必寡其詞，協其音，以文其言，使人易於記誦，無能增改，且無方言俗語雜於其間，始能達意，始能行遠。此孔子於《易》所以著《文言》之篇也。古人歌詩、箴銘、諺語，凡有韻之文，皆此道也。孔子於《乾》《坤》之言自名曰'文'，此千古文章之祖也。爲文章者，不務協音以成韻，修辭以達遠，使人易記易誦，而惟以單行之語，縱横恣肆，動輒千言萬字，不知此乃古人所謂直言之言，論難之語，非言之有文者也，非孔子之所謂文也。孔子於此發明《乾》《坤》之藴，既多用韻，且多用偶。凡偶皆文也，於物兩色相偶而交錯之，乃得名曰文，文即象其形也。然則千古之文，莫大於孔子之言《易》。孔子以用韻比偶之法，錯綜其言，而自名曰'文'。何後人之必欲反孔子之道，而自命曰‘文’，且尊之曰‘古’也。又有文韻説，謂梁時所謂韻者，固指韻脚，亦兼謂章句中之音韻，此其牽引之説也。”又《學海堂文筆策問》，阮福擬對，其末記云：“家大人以文筆策問課士，教福擬對，家大人以爲此可與書《文選序後》相發明也，命附刻三集之末。”**夫有韻爲文，無韻爲筆，是則駢散諸體，一切是筆非文。藉此證成，適足自陷。既以《文言》爲文，《序卦》、《説卦》又何説焉？且文辭之用，各有體要，**《周書·畢命》“辭尚體要，不惟好異”，《某氏傳》：“辭以理實爲要。”**《彖》、《象》爲占繇，**閔二年《左傳注》：“繇，卦兆之占辭。”**占繇故爲韻語；《文言》、《繫辭》爲述贊，述贊故爲儷辭；《序卦》、《説卦》爲目録箋疏，目録箋疏故爲散録。必以儷辭爲文，何緣《十翼》不能一致，豈波瀾既盡，有所謝短乎？**波瀾，謂爲文之才思也。《論衡》有《謝短篇》，謝亦短也。《十翼》不能一致，此由文體各有其宜，非孔氏之才思竭盡也。《十翼》者，《漢志》云：《易經》十二篇。又曰：文王作上下篇，孔子爲之《彖》、《象》、《繫辭》、《文言》、《序卦》之屬十篇。孔穎達《周易正義·論十翼》曰：“《上彖》一、《下彖》二、《上象》三、《下象》四、《上繫》五、《下繫》六、《文言》七、《説卦》八、《序卦》九、《雜卦》十，鄭學之徒並同此説。”朱彝尊《經義考》引陳淳曰：“孔子黜《八索》而作《十翼》，曰《彖上傳》、《彖下傳》，所以釋文王所繫彖上下經文之辭。曰《象上傳》、《象下傳》，所以釋伏羲卦之上下兩象及周公所繫兩象六爻之辭。曰《繫辭上傳》、《繫辭下傳》，所以述文王、周公所繫卦爻辭之傳，而通論一經之大旨。曰《文言傳》，所以申言《乾》《坤》《彖》《象》之旨，而爲諸卦之例。曰《説卦傳》，所以詳其所未盡之意。曰《序卦傳》，所以序其先後。曰《雜卦傳》，所以錯雜而言之。”

蓋人有陪貳，物有匹耦，愛惡相攻，剛柔相易，人情不能無然，故辭語應以爲儷。《大雅·蕩篇》云“以無陪無卿”，《傳》曰：“無陪貳也。”《疏》曰：“陪貳謂副貳。”《方言注》曰：“耦亦匹也。”《文心雕龍·麗辭篇》曰：“造化賦形，支體必雙。神理爲用，事不孤立。夫心生文辭，運裁百慮，高下相須，自然成對。”李兆洛《駢體文鈔序》曰：“天地之道，陰陽而已，奇偶也，方圓也，皆是也。陰陽相并俱生，故奇偶不能相離，方圓必相爲用。道奇而物偶，氣奇而形偶，神奇而識偶。孔子曰：道有動變，故曰爻；爻有等，故曰物；物相雜，故曰文。又曰：分陰分陽，迭用柔剛，故易六位而成章，相雜而迭用。文章之用，其盡於此乎。”**諸事有綜會，待條牒然後明者，《周官》所陳，其數一二三四是也。**此言排比之辭，有不得不然者。凡事有綜會，必待件别條舉，如《周禮》一曰某、二曰某、三曰某、四曰某之屬是也。《莊子·天下篇》曰：“以法爲分，以名爲表，以参爲驗，以稽爲决，其數一二三四是也，百官以此相齒。”**反是或引端竟末，若《禮經》、《春秋經》、《九章算術》者，雖欲爲儷無由。**此言單行之辭，有不得不然者。《九章算術》相傳爲漢張蒼撰，魏劉徽注。**猶耳目不可隻，而胸腹不可雙，各任其事。舍是二者，單複**

固恣意矣。未有一用單者，亦未有一用複者，原注：案宋代以來，言文章者皆謂儷語爲俳。阮氏之論亦發憤而作也，不悟宋人儷語亦自不少，蘇軾《上皇帝書》，其著者也，曾鞏《戰國策·序》、《移滄州疏》，其間儷語與齊梁人不殊，下者直如當時四六矣，其他類此者衆。蓋非簡策之書而純爲單語者，世所鮮有。○按：阮氏之論諒爲矯枉之作。至單複相間，則《六經》已然。彦和所謂奇偶適變，不勞經營，斯則通方之論矣。**顧張弛有殊耳。文之名實，未在是也；所以爲古今者，亦未在是也。**張弛，以弓弩喻文體也。言文之單複，一張一弛，每從俗尚，有不同耳。《禮記·雜記》曰："一張一弛，文武之道也。"蓋文質之化常隨其時，奇偶之施各於其黨。然道有並行不悖，物有相得益彰。議者不察，則引一端以自蔽：懲齊梁之綺靡，即曰六代無高文；鑑方姚之橫流，遂推八比爲正統；反脣相稽，不已過乎？李兆洛《駢體文鈔序》曰："吾甚惜夫岐奇偶而二之者之毗於陰陽也，毗陽則躁剽，毗陰則重膇，理所必至也。"包世臣《文譜》曰："討論體勢，奇偶爲先。凝重多出於偶，流美多出於奇。體雖駢，必有奇以振其氣；勢雖散，必有偶以植其骨。儀厥錯綜，至爲微妙。"朱一新《無邪堂答問》曰："天地之道，有奇必有偶。周秦諸子之書，駢散互用，間多協韻，《六經》亦然。西京揚馬諸作，多用駢偶，皆已開其先聲。"又曰："古文參以排偶，其氣乃厚，馬班、韓柳皆如此。今人亦莫不然，日用之而不知耳。"王闓運《王志》曰："古今文體分單複二派，蓋《六經》以來，秦漢之後，形格日變，要莫能再創他體也。至詭異者，莫如陳隋，駢四儷六，古文所無，蓋由宫體而變。晉宋諸賦，雖有偶句，非其趣也。文孔演《易》，全用複體；《商書》多單，《周書》多寓複於單，尤爲雋永；而《禮記》文最工，雖聖作不能勝也。以《檀弓》、《公羊傳》記事與《左傳》比之，同記一事，精神迴異，便知七十子之聖於文矣。然皆單行，不可複也。"又曰："文家單複二法，單者頓挫以取回轉，複者疏宕以行氣勢，鬼神相變，即所謂物雜故文也。故《國策》、《史記》、賈、鼂、向、操諸人能用單，《國語》、班《書》、東漢以至梁初諸家之文善用複，不能者襲其貌。單者純單，始於北周，而韓愈揚其波，趙宋以後奉宗之，至近代歸、方而靡矣。複而又複，始於陳隋，而王勃等淈其泥，中唐以後小變焉，至南宋汪、陸而塌矣。元結、孫樵，化複爲單，庾信、陸贄，運單成複，皆似有使轉而終限町畦，卒非先覺，反失故步。"孫德謙《六朝麗指》曰："自昌黎韓氏創造古文，學者翕然從之，於是别自名家，遂與六朝駢文作鴻溝之劃，其甚者執東坡八代起衰之説，卑視六朝，黜爲俳優。近世桐城一派，且以對偶辭句，不得摇其筆端，爲古文之大戒。吾謂文無駢散，往讀賈誼《過秦論》，即據篇首秦孝公數語，以爲此即駢散合一之理，删除複語，純用單行，未嘗不辭簡而意足，然文則索漠無生氣矣。"又曰："作駢文而全用排偶，文氣易致窒塞。"以上略舉諸説，足以平齊楚之得失矣。至王氏謂單以取回轉，複以行氣勢，與包氏謂體雖駢必有奇以振其氣，勢雖散必有偶以植其骨，語意尤憭，皆微至之談也。**或舉《論語》言辭達者，以爲文之與辭，較然異職。**此劉師培之説，亦本之阮氏。阮福《文筆對》曰："《孟子》曰'説《詩》》

者不以文害辭'，趙岐《注》曰：'文，《詩》之文章所引以興事也。辭，詩人所歌詠之辭。'是文者，音韻鏗鏘，藻采振發之稱；辭，特其句之近于文而異乎直言者耳。"然則《文言》稱"文"，《繫辭》稱"辭"，體格未殊，而題號有異，此又何也？董仲舒云："《春秋》文成數萬"，兼彼經傳總稱爲文，《太史公自序》："余聞董生曰：《春秋》文成數萬，其指數千。"《集解》："張晏曰：'《春秋》萬八千字，當言減而云成，數字誤也。'駰謂太史公此辭是述董生之言，董仲舒自治《公羊春秋》，《公羊經》、《傳》凡有四萬四千餘字，不得如張議，但論經萬八千字便謂之誤。"猶曰今文家曲説云爾。太史公亦云"論次其文"，見《自序》。此固以史爲文矣。又曰："漢興，蕭何次律令，韓信申軍法，張蒼爲章程，叔孫通定禮儀，則文學彬彬稍進。"亦見《自序》。律令、軍法、章程、禮儀，皆爲文學，蓋即周秦文學之義。《藝文志》言秦"燔滅文章，以愚黔首"。文章者，謂經傳諸子，《論衡·書解篇》及《孟子題辭》，並謂秦不燒諸子。章氏駁之，謂秦於祕書私匧無所不燒，説詳《文録·秦獻記》。遷、固所稱，半非耦儷之文也。阮氏《書文選序後》及《與友人論古文書》，并引班固《兩都賦序》所謂文章者以爲耦儷之正名，故引《漢志》以駁之。屈、宋、唐、景所作，既是韻文，亦多儷語，而《漢書·王褒傳》已有《楚辭》之目。《王褒傳》曰："徵能爲楚辭九江被公。"王逸仍其舊題，不曰“楚文”，斯則韻語耦語亦既謂之辭矣。《漢書·賈誼傳》云：“以屬文稱於郡中。”其文云何？以爲賦邪？《惜誓》載於《楚辭》，文辭不别。以爲奏記條議？適彼之所謂辭也。《司馬相如傳》云：“景帝不好辭賦。”《法言·吾子》云：“詩人之賦麗以則，辭人之賦麗以淫。”李軌《注》：“則謂陳威儀，布法則；淫謂奢侈相勝，靡麗相越，不歸於正也。”按：詩人謂《三百篇》作者，辭人謂屈宋之徒也。“或謂：‘君子尚辭乎？’曰：‘君子事之爲尚。李軌云：“貴事實，賤虚辭。”事勝辭則伉，辭勝事則賦，事辭稱則經。’”李軌云：“夫事功多而辭美少，則聽聲者伉其動也；事功省而辭美多，則賦頌者虚過也；事辭相稱，乃合經典。”《音義》曰：“伉，健也。”以是見韻文耦語，並得稱辭，無文辭之别也。且文辭之稱，若從其本以爲部署，則辭爲口説，《説文》：“辭，訟也。從𤔔辛。𤔔辛猶理辜也。”按：世人謂文辭或言辭者，字當爲詞，《説文》云“意内而言外也”。然二義之本皆爲口説。文爲文字。古者簡帛重煩，多取記臆，故或用韻文，或用耦語，爲其音節諧適，易於口記，不煩紀載也。説見阮氏《文言説》。戰國縱横之士，抵掌摇脣，亦多積句，是則耦麗之體適可稱職。游説之士馳騁求售，往往排比鋪張，以取聽於世主。是則排耦之文適可稱以爲辭，以辭本口説故也。乃如史官方策，有《春秋》、《史記》、《漢書》之屬，適當稱爲文

耳。方策單行之文,彼所謂辭也。然文本文字,方策所載適當稱爲文耳。**由是言之,文辭之分,反覆自陷,可謂大惑不解者矣。**大惑不解,《莊子·天地篇》語也。自阮氏爲《文言説》謂詞之飾者乃得爲文,不得謂詞即文也。其子福作《文筆對》,復引《孟子》以就其説,而知其難通也,則孫其言曰:"辭特句之近于文而異於直言者耳。"及劉師培作《文章原始》,則襲阮氏之説,又引《論語》言"辭達而已",謂即不飾之辭,言"辭達"不言"文達",足證辭與文别,不知持論過狹適以自陷。此段兼駁二家之説,略無餘義矣。然阮氏之説亦有不可廢者,黄侃《文心雕龍札記》曰:"竊謂文辭封略,本可弛張。推而廣之,則凡書以文字,著之竹帛者皆謂之文,非獨不論有文飾與無文飾,抑且不論有句讀與無句讀,此至大之範圍也。故《文心·書記篇》,雜文多品,悉可入録。再縮小之,則凡有句讀者皆爲文,而不論文飾與否,純任文飾,固謂之文矣,即樸質簡拙,亦不得不謂之文。此類所包,稍小於前,而經傳諸子,皆在其籠罩。若夫文章之初,實先韻語;傳久行遠,實貴偶詞;修飾潤色,實爲文事;敷文摛采,實異質言。則阮氏之言,良有不可廢者。即彦和泛論文章,而《神思》以下之文,乃專有所屬,非泛爲著之竹帛者而言,亦不能徧通於經傳諸子。然則拓其疆宇,則文無所不包;揆其本原,則文實有專美。特雕飾愈甚,則質日以漓,淺陋是崇,則文失其本。又況文辭之事,章采爲要,盡去既不可法,太過亦足召譏,必也酌文質之宜而不偏,盡奇偶之變而不滯,復古以定則,裕學以立言,文章之宗,其在此乎?"

或言學説文辭所由異者：學説以啓人思，文辭以增人感。曾國藩《湖南文徵序》曰："人心各具自然之文，約有二端：曰理，曰情。二者人之所固有。就吾所知之理以筆諸書而傳諸世，稱吾愛惡悲愉之情，綴辭以達之，若剖肺肝而陳諸簡策，斯皆自然之文。按理文即啓思之學説，情文即增感之文辭，然謂皆爲自然之文。"文之名義廣矣，近世以學説與文辭對立，蓋本之泰西文家，與曾説相似也。謝無量《中國文學史》謂西人戴昆西於《詩人蒲白論》中，嘗釋文學曰：文學之别有二：一屬於知，一屬於情。屬於知者，其職在教；屬於情者，其職在感。譬則舟焉，知如其柁，情爲帆棹。知標其理悟，情通於和樂，斯其義矣。此亦一往之見也。何以定之？凡云文者，包絡一切著於竹帛者而爲言，故有成句讀文，有不成句讀文，兼此二事，通謂之文。局就有句讀者，謂之文辭。諸不成句讀者，表譜之體，旁行邪上，《梁書·劉杳傳》："王僧孺被敕撰譜，訪杳血脈所因。杳云：'桓譚《新論》云"《三代世表》旁行邪上"。以此而推，當起周代。'"條件相分，會計則有簿録，算術則有演草，地圖則有名字，不足以啓人思，亦又無以增感，不得言文辭，非不得言文也。文者，錯畫也。此等雖無句讀，要爲錯畫之文。諸成句讀者，有韻無韻則分。諸在無韻，史志之倫，記大傀異事則有感，《周禮·春官·大司樂》："凡日月食，五嶽崩，大傀異烖，令去樂。"鄭《注》："傀，猶怪也。"記經常典憲則無感，既不可齊一矣。此説記事之文，有感人者，有不感者。**持論本乎名家，辨章然否，言稱其志，未足以動人。**持論當本名家，説見《論式篇》。然名家之論，絜約簡練，析理則察，其以感人，則不足也。**《過秦》之倫，辭有枝葉，**《禮記·表記》："天下無道，則辭有枝葉。"鄭《注》："言有枝葉，是衆虚華也。"**其感人顧深摯，**《詩·關》鄭《箋》曰："摯之言至也。"**則本之從横家，**《過秦》之屬，敷張揚厲，實本戰國從横之學。而從横又原本《詩》教，故能感人深摯。章學誠《文史通義》曰："從横之學，本於古者行人之官。孔子曰：'誦《詩》三百，授之以政，不達，使於四方，不能專對，雖多奚爲？'是則比興之旨，諷諭之義，固行人之所肄。縱横者流推而衍之，是以能委折而入情，微婉而善諷也。"又曰："《過秦》、《王命》、《六代》、《辨亡》諸論，詩人諷諭之旨也。"**然其爲論一也。**此説持論之文，有感人者，有不感者。**不可以感人者爲文辭，不感者爲學説。且文曲變化，**《荀子·正論》曰："聚人徒，立師學，成文曲。"《非十二子》曰："終日言成文曲。"章氏《文始》曰："文曲即文句。"**其度無窮。陸雲論文，先辭後情，尚絜而不取悦澤，**原注：《與兄平原書》。○按：《陸雲集》云："往日論文，先辭而後情，尚絜而不取悦澤。嘗憶兄道張公父子論文，實欲自得，今日便欲宗其言。"又《文心雕龍·鎔裁篇》謂"士龍思劣，而雅好清省"，是其尚絜之證。既曰"後情"，又曰"不取悦澤"，則是不重情感也。**此寧可以一概齊哉？就言有韻，其不感人者亦多矣，《風》《雅》《頌》者，蓋未有離**

於性情，獨賦有異。《詩·序》曰："詩有六義：一曰風，二曰賦，三曰比，四曰興，五曰雅，六曰頌。"**夫宛轉偯隱，賦之職也。**《禮記·閒傳》鄭《注》："偯，聲餘從容也。"《廣雅·釋詁》曰："㥯，哀也。"按：偯、隱雙聲字。**儒家之賦，意存諫誡，若《荀子·成相》一篇，**楊倞《注》曰："《漢書·藝文志》謂之'《成相雜辭》'，蓋亦賦之類也。"俞樾曰："此相字即舂不相之'相'。《禮記·曲禮篇》'鄰有喪，舂不相'，鄭《注》曰：'相謂送杵聲。'蓋古人於勞役之事，必爲謳歌以相勸勉，亦舉大木者呼邪許之比，其樂曲即謂之相。請成相者，即請成此曲也。《漢志》有《成相雜辭》，足徵古有此體也。"**其足以感人安在？乃若原本山川，極命草木，**《文選》枚乘《七發》曰："於是使博辯之士，原本山川，極命草木。"《注》云："趙岐《孟子注》曰：命，名也。"**或寫都會、城郭、游射、郊祀之狀，若相如有《子虛》，揚雄有《甘泉》、《羽獵》、《長楊》、《河東》，左思有《三都》，郭璞、木華有《江》、《海》，**《河東賦》見《揚雄傳》，餘並見《文選》。**奥博翔實，**翔，與詳同。《漢書·西域傳》曰："其土地山川，王侯户數，道里遠近，翔實矣。"**極賦家之能事矣，其亦動人哀樂未也。其專賦一物者，若孫卿有《蠶賦》、《箴賦》，**見《荀子·賦篇》。**王延壽有《王孫賦》，**見《古文苑》。**禰衡有《鸚鵡賦》，**見《文選》。**侔色揣稱，**謝惠連《雪賦》曰："抽子祕思，騁子妍辭，侔色揣稱，爲寡人賦之。"**曲成形相，嫠婦**

孽子讀之不爲泣，介冑戎士詠之不爲奮。當其始造，非自感則無以爲也，比文成而感亦替，斯不可以一端論。一文之成，非自有深感，則不能工，且無以爲也。工矣而亦有不必感人者，如上所舉諸賦是也。良由處境不同，則所感亦異。是豈有成型者哉？章學誠《文史通義》嘗論之曰："比如懷人見月而思，月豈必主遠懷？久客聽雨而悲，雨豈必有愁況？然而月下之懷，雨中之感，豈非天地之至文？而欲以此感此懷藏爲秘密，或欲嘉惠後學，以爲凡對明月與聽霖雨，必須用此悲感，方可領略，則適當良友乍逢及新昏燕爾之人，必不信矣。"此言情感不可以一端論也。**又學説者，非一往不可感人。凡感於文言者，在其得我心。是故飲食移味，居處縕愉者，**《曾子立孝》曰"飲食移味，居處温愉"，盧注"移味"曰："隨所欲也。"又《曲禮》曰"食肉不至變味"，孔《疏》曰："變味者，少食則味不變，多食則口味變也。"《廣雅·釋詁》四曰："縕，饒也。"《説文》："愉，樂也。"按：温與縕同，縕、愉雙聲字。**聞勞人之歌，心猶怕然。**宣十五年《公羊傳解詁》説古代采詩民間之事云："五穀畢入，民皆居宅。里正趨緝績，男女同巷相從夜績，至於夜中。故女工一月得四十五日，作從十月盡正月止。男女有所怨恨，相從而歌。飢者歌其食，勞者歌其事。男年六十，女年五十無子者，官衣食之，使之民間采詩。鄉移於邑，邑移於國，國以聞於天子。"《説文》："怕，無爲也。"此言生事優饒，情以境異，雖陳危苦之辭，而猶怕然不動也。龔自珍《與江居士箋》曰："陳餓夫之晨呻於九賓鼎食之席，則吒矣；愬寡女之夜哭於房中琴好之家，則誶矣。"亦是此義。**大愚不靈，無所憤悱者，**《莊子·天地篇》曰："大愚者終身不靈。"《論語·述而篇》"不憤不啓，不悱不發"，鄭《注》曰："孔子與人言，必待其人心憤憤，口悱悱，乃後啓發爲説之。如此則識思之深也。"朱熹《集註》曰："憤者，心求通而未得之意。悱者，口欲言而未能之貌。"**睹眇論則以爲恒言也。**《史記·貨殖列傳》："雖户説以眇論，終不能化。"**身有疾痛，聞幼眇之音，則感慨隨之矣。**《漢書·中山靖王勝傳》曰："天子置酒，勝聞樂聲而泣，問其故，勝對曰：'臣聞悲者不可爲絫欷，思者不可爲歎息。故高漸離擊筑易水之上，荆軻爲之低而不食；雍門子壹微吟，孟嘗君爲之於邑。今臣心結日久，每聞幼眇之聲，不知涕泣之横集也。'"師古曰："幼眇，精微也。"按：幼、眇疊韻。**心有疑滯，睹辨析之論，則悦懌隨之矣。故曰：發憤忘食，樂以忘憂。**葉公問孔子於子路，子路不對，孔子自言其如此。見《論語·述而篇》。**凡好學者皆然，非獨仲尼也。以文辭學説爲分者，得其大齊，**齊猶限也，大齊猶大界爾。《列子·楊朱篇》曰："百年，壽之大齊。"《荀子·樂論篇》曰："樂者，天下之大齊。"**審察之則不當。**

如上諸説，前之昭明，後之阮氏，持論偏頗，誠不足辯。最後一説，以學説文辭對立，其規摹雖少廣，然其失也，祇以彣彰爲文，遂忘文字，故學説不彣者，乃悍然擯諸文辭以外。惟《論衡》所説略成條貫，《文心雕龍》張之，其容至博，顧猶不知無句讀文，此亦未明文學之本柢也。余以書籍得名，實馮傅竹木而起，以此見言語文字，功能不齊。世人以經爲常，以傳爲轉，以論爲倫，一切書籍皆依其本始材朴以爲名。即如書籍二名，《説文》云："書，著也。從聿，者聲。"《説文序》云："著於竹帛謂之書。書者如也。""籍，簿書也，從竹耤聲。"云"世人以經爲常，以傳爲轉，以論爲倫"者，漢以來並同此説也。劉熙《釋名·釋典藝》曰："經，徑也，常典也，如徑路無所不通，可常用也。""傳，傳也，以傳示後人也。""論，倫也，有倫理也。"又《釋書契》曰："傳，轉也。"此皆後儒訓説，非必睹其本真。案經者，編絲綴屬之稱。《説文》："經，織從絲也。""從絲"二字段玉裁據《御覽》補。異於百名以下用版者，《聘禮記》"百名以上書於策，不及百名書於方"，鄭《注》："名，書文也。策，簡也。方，版也。"亦猶浮屠書稱修多羅。《魏書·釋老志》云："浮屠正號曰佛陁。佛陁與浮圖聲相近。"《佛學辭典》云："又作浮頭。"修多羅通別有二説：前爲聖教之都名，譯作契經；後者契經中直説法義長行之文，譯作法本。修多羅者，直譯爲線，譯義爲經，蓋彼以貝葉成書，故用線聯貫也。此以竹簡成書，亦編絲綴屬也。傳者，專之假借，《論語》"傳不習乎"，《魯》作"專不習乎"。《經典釋文》引鄭《注》云："《魯》讀'傳'爲'專'，今從《古》。"《説文》訓專爲"六寸簿"。薄即手版，古謂之

忽，原注：今作笏。**書思對命，以備忽忘**，《禮記·玉藻》"史進象笏，書思對命"，鄭《注》曰："思，所思念將以告君者也。對，所以對君者也。命，所受君命者也。書之於笏，爲失忘也。"《説文》段《注》曰："《説文》無簿有薄，後人易艸爲竹，以分别其字耳。六寸簿，蓋笏也。《曰部》云：'㫚，佩也。'無笏字。《釋名》曰：'笏，忽也，君有命則書其上，備忽忘也。或曰：薄可以薄疏物也。'徐廣《車服儀制》曰：'古者貴賤皆執笏，即今手版也。'杜注《左傳》：'珽，玉笏也，若今吏之持簿。'《蜀志》'秦宓見廣漢太守以簿擊頰'，裴松之曰：'簿，手板也。'"**故引伸爲書籍記事之稱。書籍名簿，亦名爲專**。《廣雅·釋詁》四曰："專，業也。"按：業亦板也，其義足與《説文》相明。**專之得名，以其體短，有異於經，鄭康成《論語·序》云：《春秋》二尺四寸，《孝經》一尺二寸，《論語》八寸**。《聘禮記》、《左傳序》兩《疏》並引鄭玄《論語·序》云："《易》、《詩》、《書》、《禮》、《樂》、《春秋》策皆二尺四寸；《孝經》謙，半之；《論語》八寸策，三分居一，又謙焉。"**此則專之簡策當復短於《論語》，所謂六寸者也**。原注：《漢·藝文志》言劉向校中古文《尚書》，有一簡二十五字者。而服虔注《左氏傳》，則云古文篆書一簡八字。蓋二十五字者，二尺四寸之經也；八字者，六寸之傳也。古官書皆長二尺四寸，故云二尺四寸之律，舉成數言則曰三尺法。經亦官書，故長如之。其非經律，則稱短書，皆見《論衡》。○按：服虔注《左氏》語，引見《聘禮記正義》。《六經》之策皆二尺四寸，説見上文。《後漢·周磐傳》云:"編二尺四寸簡,寫《堯典》一篇。"亦其例證。又《曹褒傳》云:"撰次禮制,寫以二尺四寸簡。"《鹽鐵論·詔聖篇》曰:"二尺四寸之律,古今一也。"禮與律皆官書,舉成數則曰三尺法,或曰三尺律令。《漢書·杜周傳》:"君爲天下決平,不循三尺法。"《朱博傳》:"奉三尺律令以從事耳。"是也。又《論衡·謝短篇》云:"二尺四寸,聖人文語。"《宣漢篇》云:"虞夏商周,載在二尺四寸。"亦足與諸説相證。《謝短篇》又曰:"漢事未載於經,名爲尺籍短書。"蓋以策短,故遂有此名也。**論者,古但作侖。比竹成册,各就次第,是之謂侖。**《説文》:"侖,思也。從亼册。"段《注》曰:"'侖'下曰:'侖,理也。'《大雅》毛《傳》曰:'論,思也。'論者,侖之假借;思猶鰓也。凡人之思,必依其理,倫、論字皆以侖會意。從亼册者,聚集簡册,必依其次第,求其文理。"**籥亦比竹爲之,**《莊子·齊物論》云:"人籟則比竹是已。"《説文》云:"籥,参差管樂,象鳳之翼。"段《注》曰:"《周禮·小師注》:'籥,編小竹管,如今賣飴餳所吹者。'《周頌箋》同。"**故龠字從侖。**《説文》:"龠,樂之竹管,三孔,以和衆聲也。從品侖,侖,理也。"**引伸則樂音有秩亦曰侖,"於論鼓鐘"是也;**《大雅·靈臺篇》文。**言説有序亦曰侖,"坐而論道"是也。**《考工記》云:"或坐而論道。"又曰:"坐而論道,謂之王公。"**《論語》爲師弟問答,乃亦略記舊聞,散爲各條,編次成帙,**《説文》:"帙,書衣也。"**斯曰侖語。是故繩線聯貫謂之經,簿書記事謂之專,比竹成册謂之侖,各**

從其質以爲之名，亦猶古言方策，漢言尺牘，《漢書·陳遵傳》："性善書，與人尺牘主皆藏去以爲榮。"《説文》："牘，書版也。"今言札記矣。《説文》："札，牒也。"《釋名·釋書契》曰："札，櫛也，編之如櫛齒相比也。"諸書不見題署者，亦往往從質名。太公之書而稱《六弢》，《説文》："弢，弓衣也。"《漢·藝文志》"《周史六弢》六篇"，師古曰："即今之《六韜》也。蓋言取天下及軍旅之事。弢字與韜同也。"《隋·經籍志》："《太公六韜》五卷，周文王師姜望撰。"黄帝之書而稱《九卷》，原注：今《靈樞經》晉時稱《鍼經》，漢末《傷寒論序》直稱《九卷》。直謂書囊有六，摶帛有九也。摶者，《考工記》云："卷而摶之，欲其無迤也。"雖古之言肄業者，昭四年《左氏傳》："臣以爲肄業及之也。"亦謂肄版而已。《釋器》云："大版謂之業。"郝懿行《爾雅義疏》曰："《説文》云：'版，判也。''業，大版也，所以飾縣鐘鼓，捷業如鋸齒，以白畫之，象其鉏鋙相承也。'《釋名》曰：'筍上之板曰業，刻爲牙，捷業如鋸齒也。'《詩·靈臺》及《有瞽》《傳》并云'業，大板也'，《正義》引孫炎曰：'業所以飾栒，刻版捷業如鋸齒也。'《明堂位注》：'簨，以大版爲之謂之業。'是鄭、許、孫、劉諸家俱本毛《傳》，以《爾雅》之業爲樂縣之飾也。"書有篇第，而習者移書其文於版，原注：學童習字用觚，觚亦版也。故云肄業。《管子·宙合》云："退身不舍端，修業不息版。"《管子》房玄齡《注》曰："版，牘也。賢者雖復退身，終不捨其端操,不息修業,亦不息其版籍。”以是徵之,則肄業爲肄版明矣。凡此皆從其質爲名,所以别文字于語言也。其必爲之别何也? 文字初興,本以代聲氣,乃其功用有勝於言者。言語僅成線耳,喻若空中鳥迹,甫見而形已逝。故一事一義得相聯貫者,言語司之。文字代言之説,詳見上卷《語言緣起説》及劉師培《小學發微·正名隅論》諸篇。言語有前後之聲響耳,後聲甫出,前聲已逝,故事義相聯,乃言語所專屬也。及夫萬類坌集,《漢書·司馬相如傳》“坌入曾宫之嵯峨”,《注》:“坌,並也。”《新唐書·儒學傳》:“四方秀艾,挾策負素,坌集京師。”棼不可理,言語之用,有所不周,於是委之文字。文字之用,足以成面,故表譜圖畫之術興焉。凡排比鋪張,不可口説者,文字司之。及夫立體建形,向背同現,文字之用,又有不周,於是委之儀象。儀象之用,足以成體,故鑄銅雕木之術興焉,凡望高測深不可圖表者,儀象司之。此論語言、文字、儀器三者功能之不同也。蓋初民治事惟恃言語,聲氣所宣,亦以周用。及夫飾僞萌生,耳治不足,意有所至,於是符號生焉,文字是也。文字既行,易無迹爲有迹,視而可識,其用至閎,非獨代言而已。然猶局於一面,顧此失彼,欲令向背畢呈,則不得不表以形器,此儀象之所以興也。線面體者,以數學爲喻也,《數理精藴》曰:“凡論數度,必始於一點,自點引而爲線,自線廣之而爲面,自面積之而爲體,是名三大綱。是以有長而無闊者謂之線,有長與闊而無厚者謂之面,長與闊、厚俱全者謂之體。"然則文字本以代言,其用則有獨至,凡無句讀文,皆文字所專屬也,以是爲主。故論文學者,不得以興會神旨爲上。昔者文氣之論,發諸魏文帝《典論》,而韓愈、蘇轍竊焉。《典論》云:"文以氣爲主。氣之清濁有體,不可力强而致。"韓愈《答李翊書》云:"氣,水也;言,浮物也。水大而物之浮者大小畢浮,氣之與言猶是也。氣盛則言之長短與聲之高下皆宜。"蘇轍《上樞密韓太尉書》云:"文者氣之所形,然文不可以學而能,氣可以養而致。"文德之論,發諸王充《論衡》,原注:《論衡·佚文篇》:"文德之操爲文。"又云:"上書陳便宜,奏記薦吏士,一則爲身,二則爲人。繁文麗辭,無文德之操。治身完行,徇利爲私,無爲主者。"楊遵彦依用之,原注:《魏書·文苑傳》:楊遵彦作《文德論》,以爲古今辭人皆負才遺行,澆薄險忌,惟邢子才、王元景、温子昇彬彬有德素。而章學誠竊焉。《文史通義》有《文德篇》,略謂古人未有言文德者,以古人所言,皆兼本末,包内外,猶合道德文章而一之,未嘗就文辭之中,言其有才有學有識又有文之德也。凡爲古文辭者,必敬以恕。臨文必敬,非修德之謂也;論古必恕,非寬容之謂也。敬非修德之謂者,氣攝而不縱,縱必不能中節也;恕非寬容之謂者,能爲古人設身而處地也。嗟乎,知德者鮮,知臨文之不可無敬恕,則知文德矣。"氣非竄突如鹿豕,德非委蛇如羔羊。《召南·羔羊序》云:"召南之國,化文王之政,在位皆節儉正直,德如羔羊也。"《詩》云"委蛇委蛇”,《傳》曰:“委蛇,行可從迹也。”**知文辭始於表譜簿録,則修辭立誠其首也。**《易·乾文·言》曰:“修辭立其誠。”《文史通義·言公篇》曰:“《易》曰:‘修辭立其誠。’誠不必於聖人之極致,始足當於修辭之立也。學者有事於文辭,毋論辭之如何,其持之必有其故,而初非徒爲文具者皆誠也,有其故而修辭以副焉。是其求工於是者,所以求達其誠也。”又《遺書·評沈梅村古文》曰:“《易》曰:‘言有物而行有恒。’又曰:‘修辭立其誠。’所謂物與誠者,本於人心之所不容已。仁者見仁,智者見智,要於實有所見,故其言自成仁智而不誣,不必遽責聖賢之極致,始謂修辭之誠也。蓋人各有能有不能,與其飾言而道中庸,不如偏舉而談狂狷,此言貴誠不尚飾也。”**氣乎德乎,亦末務而已矣。**原注:案《文選序》云:“謀夫之話,辯士之端,雖傳之簡牘,而事異篇章。”此即語言文字之分也。然《選》例亦未一致,依史所載,荆卿《易水》,漢祖《大風》,皆臨時觸興而作,豈嘗先屬草稿,亦與出話何異,而文選固録之矣。至于辭命,則有草創潤色之功,蘇張陳説,度亦先有篇章。《文選》録《易水》、《大風》二歌而獨汰去辯説,亦自相鉏吾矣。士衡《文賦》云:“説煒曄而譎誑。”是亦列爲文之一種,要于修辭立誠,有不至耳。

《文選》之興,蓋依乎摯虞《文章流别》,謂之總集。《隋書·經籍志》曰:“總集者,以建安之後辭賦轉繁,衆家之籍日以孳廣,晉代摯虞苦覽者之勞倦,於是芟翦繁蕪,自詩賦下,各爲條貫,合而編之,謂之

《流别》。”《隋志》云:《文章流别集》四十一卷,梁六十卷,志二卷,論二卷,摯虞撰。**然則李充之《翰林論》,劉義慶之《集林》,沈約、丘遲之《集鈔》,放于此乎?**《隋志》:《翰林論》三卷,李充撰,梁五十四卷。《集林》一百八十一卷,宋臨川王劉義慶撰,梁二百卷。《集鈔》十卷,沈約撰。梁有《集鈔》四十卷,丘遲撰,亡。**《七略》惟有詩賦,及東漢銘誄論辯始繁,荀勖以四部變古,李充、謝靈運繼之,則集部自此著。**《隋志》云:“魏氏代漢,采掇遺亡,藏在祕書中、外三閣。魏祕書郎鄭默始制《中經》,祕書監荀勖又因《中經》更著《新簿》,分爲四部,總括羣書。一曰甲部,紀六藝及小學等書;二曰乙部,有古諸子家、近世子家、兵書、兵家、術數;三曰丙部,有史記、舊事、皇覽簿、雜事;四曰丁部,有詩賦、圖讚、《汲冢書》,大凡四部合二萬九千九百四十五卷。惠懷之亂,京華蕩覆,渠閣文籍,靡有孑遺。東晉之初,漸更鳩聚。著作郎李充以勖舊簿校之,其見存者,但有三千一十四卷。充遂總没衆篇之名,但以甲乙爲次。自爾因循,無所變革。其後中朝遺書,稍流江左。宋元嘉八年,祕書監謝靈運造《四部目録》,大凡六萬四千五百八十二卷。”《文選·王文憲集序注》引王隱《晉書》曰:“荀勖,字公曾,領祕書監,與中書令張華依劉向《别録》整理錯亂,又得《汲冢竹書》,身自撰次,以爲《中經》。”臧榮緒《晉書》:“李充,字弘度,爲著作郎,于時典籍混亂,删除煩重,以類相從,分爲四部,甚有條貫。祕閣以爲永制。《五經》爲甲部,史記爲乙部,諸子爲丙部,詩賦爲丁部。"據此，知荀勖《中經》以後，李充、謝靈運皆依其部署也。至文集之名，《隋志》以爲東京所創，章學誠《文史通義》則謂范、陳二史所次文士諸傳，皆云所著詩賦碑箴頌誄若干篇，而不云文集若干卷，則文集之實已具，而文集之名猶未立也。自摯虞創爲《文章流别》，學者便之，於是别聚古人之作，標爲别集，則文集之名實仿於晉代。今按：章説亦未諦。魏文帝《與吴質書》云："徐陳應劉，一時俱逝，撰其遺文，都爲一集。"則晉以前已有此目，故陳壽定諸葛故事直云《諸葛氏集》矣。總集者，本括囊别集爲書，故不取六藝、史傳、諸子。非曰别集爲文，其他非文也。《文選》上承其流，而稍入《詩序》、史贊、《新書》、《典論》諸篇，故不名曰《集林》《集鈔》，然已痟矣。《史記·太史公自序》"申、吕肖矣"，《集解》徐廣曰："肖，音痟。痟猶衰微。"《正義》曰："申、吕後痟微。"其序簡别三部，蓋總集之成法，顧已迷誤其本，以文辭之封域相格，慮非摯虞、李充意也。《漢書·賈誼傳》："逐利不耳，慮非顧行也。"王念孫曰："慮猶大氐也。"《經籍志》别有《文章英華》三十卷，《古今詩苑英華》十九卷，皆昭明太子撰。又以詩與雜文爲異，即明昭明義例不純。《文選序》率爾之言，《論語·先進篇》："子路率爾而對。"陸機《文賦》："或操觚以率爾。"不爲恒則。《釋詁》："則，法也。"且總、别集與他書經略不定，經略猶經界也，説見上。更相闌入者多矣。《漢書·成帝紀》"闌入尚方掖門"，應劭曰："無符妄入宫曰闌。"《汲黯傳注》亦曰:"闌,妄也。"**今以《隋志》所録總集相稽,自《魏朝雜詔》而下,訖《皇朝陳事詔》,凡十八家,百四十六卷;**《隋志》云:《魏朝雜詔》二卷。《録魏吴二志詔》二卷。《晉咸康詔》四卷。《晉朝雜詔》九卷。《録晉詔》十四卷。《晉義熙詔》十卷。《宋永初雜詔》十三卷。《宋孝建詔》一卷。《宋元嘉副詔》十五卷。《齊雜詔》十卷。《齊中興二年詔》三卷。《後魏詔集》十六卷。《後周雜詔》八卷。《雜詔》八卷。《雜赦書》六卷。《陳天嘉詔草》三卷。《皇朝詔集》九卷。《皇朝陳事詔》十三卷。凡十八家,百四十六卷。**自《上法書表》而下,訖《後周與齊軍國書》,凡七家,四十一卷;**《隋志》云:《上法書表》一卷,虞和撰。《梁中表》十一卷,梁邵陵王撰。《雜露布》十二卷。《山公啓事》三卷。《范甯啓事》三卷。《梁魏周齊陳皇朝聘使雜啓》九卷。《後周與齊軍國書》二卷。凡七家,四十一卷。**而《漢高祖手詔》、匡衡、王鳳、劉隗、孔羣諸家奏事書既亡佚,復傳其録。**《隋志》:梁有《漢高祖手詔》一卷,亡。又云:梁有《漢丞相匡衡奏》、《大司馬王鳳奏》五卷,《孔羣奏》二十二卷,亡。**然《七略》高祖孝文詔策悉在《諸子》"儒家",**《漢志》"儒家"有《高祖傳》十三篇,高祖與大臣述古語及詔策也;《孝文傳》十一篇,文帝所稱及詔策。**《奏事》二十卷隸"春秋",**《漢志》"春秋家":《奏事》二十篇,秦時大臣奏事及刻石名山文也。**此則總集有六藝諸子之流矣。陳壽定諸**

葛亮故事,命曰《諸葛氏集》,見《蜀志·諸葛亮傳》。然其目録有《權制》、《計算》、《訓厲》、《綜覈》、《雜言》、《貴和》、《兵要》、《傳運》、《法檢》、《科令》、《軍令》諸篇;《魏氏春秋》言"亮作八務、七戒、六恐、五懼,皆有條章,以訓厲臣子";見《諸葛亮傳注》。若在往古,則《商君書》之流,而《隋志》亦在"别集"。故知集品不純,章學誠《文史通義》謂:"漢世作者皆成一家之言,與諸子未甚相遠。其後别聚古人之作,標爲别集。而後世應酬牽率之作,决科俳優之文,亦汎濫横裂,而爭附别集之名,是誠《劉略》所不能收,《班志》所無可附。而所爲之文,亦矜情飾貌,矛盾參差,非復專門名家之語無旁出也。"又《校讎通義》謂:"樂家與集部之樂府子部之藝術相出入,故事與集部之詔誥奏議相出入,集部之詞曲與史部之小説相出入,非重複互注之法,無以免後學之抵牾。"又曰:"漢魏六朝著述略有專門之意,至唐宋詩文之集,則浩如煙海矣。今即世俗所説唐宋大家之集論之,如韓愈之儒家,柳宗元之名家,蘇洵之兵家,蘇軾之縱横家,王安石之法家,皆以平生所得見於文字,旨無旁出,即古人之所以自成一子者也。其體既謂之集,自不得强列以諸子部次矣。"又曰:"文集熾盛,不能定百家九流之名目。四部之不能返《七略》,此亦其一因也。"選者亦無以自理。阮元之倫,不悟《文選》所序,隨情涉筆,視爲經常,而例復前後錯迕。曾國藩又雜鈔經史百家,曾説詳見上。經典成文,布在方策,不虞潰散,鈔將何爲?

若知文辭之體，鈔選之業，廣陿異塗，庶幾張之弛之，並明而不相害。《中庸》云："萬物並育而不相害，道並行而不相悖。"**凡無句讀文，既各以專門爲業，今不亟論。**圖畫、表譜、簿録、算草，皆專門之業。**有句讀者，略道其原流利病，分爲五篇，非曰能盡，蓋以備常文之品而已。其贈序、壽頌諸品，既不應法，故棄捐弗道爾。**贈序之作始自唐人，本以親故離别以詩相貽，因爲之序。其後則有徒序而無詩者，牽率繁稱，適爲文弊而已。至於壽文，則元代始有作者，及明世而大行，名爲善頌，實則貢諛，益遠於修辭立誠之旨。曾國藩選《經史百家雜鈔》，於此二體皆擯不使與。其《書歸震川文集後》有曰："蓋古之知道者，不妄加毁譽於人，非特好直也。内之無以立誠，外之不足以信後世，君子耻焉。自周《詩》有《崧高》、《烝民》諸篇，漢有《河梁》之詠，沿及六朝，餞别之詩，動累卷帙，於是有爲之序者。昌黎韓氏爲此體特繁，至或無詩而徒有序，駢拇枝指，於義爲已侈矣。熙甫則未必餞别而贈人以序，有所謂賀序者，謝序者，壽序者，此何説也？"辭尚體要，戒在詤濫，曾氏之言得之矣。